# ISO 9001:2015
# 文件编写实战通用教程

张智勇　编著

机械工业出版社

本书共 8 章。第 1 章讲述了 ISO 9001：2015 对文件的要求、如何建立质量方针、如何建立质量目标及在文件编写过程中如何落实过程方法。第 2 章是一个质量手册案例。第 3 章至第 7 章是 23 个程序文件案例及其配套的表格。第 8 章是企业中比较重要的作业指导书案例，如设计和开发、质量检验等类别的作业指导书。

本书案例具有实用性、可操作性和可移植性的特点，读者稍作改写，即可成为其企业的质量管理体系文件。

本书的读者对象为实施 ISO 9001：2015 的各类组织的管理人员、内审员及质量管理体系负责人。

## 图书在版编目（CIP）数据

ISO 9001：2015 文件编写实战通用教程/张智勇编著. —北京：机械工业出版社，2016.9（2025.8 重印）

ISBN 978-7-111-54646-7

Ⅰ. ①I… Ⅱ. ①张… Ⅲ. ①质量管理体系—国际标准—文件—编写—教材 Ⅳ. ①F273.2

中国版本图书馆 CIP 数据核字（2016）第 200020 号

机械工业出版社（北京市百万庄大街 22 号　邮政编码 100037）
策划编辑：李万宇　责任编辑：李万宇
责任校对：佟瑞鑫　封面设计：马精明
责任印制：刘　媛
北京富资园科技发展有限公司印刷
2025 年 8 月第 1 版第 10 次印刷
169mm×239mm・20.75 印张・383 千字
标准书号：ISBN 978-7-111-54646-7
定价：55.00 元

凡购本书，如有缺页、倒页、脱页，由本社发行部调换

电话服务　　　　　　　　　　网络服务
服务咨询热线：010-88361066　机 工 官 网：www.cmpbook.com
读者购书热线：010-68326294　机 工 官 博：weibo.com/cmp1952
　　　　　　　010-88379203　金 书 网：www.golden-book.com
封面无防伪标均为盗版　　　　教育服务网：www.cmpedu.com

# 前言
PREFACE

与 ISO 9001：2008 相比，ISO 9001：2015 在结构、内容，尤其是理念上有了很大的变化。

ISO 9001：2015 采用 ISO/IEC 导则——第 1 部分——ISO 增刊附件 SL 规定的管理体系的通用结构，这一通用结构有利于对多个管理体系进行整合。ISO 9001：2015 强调按照"过程方法+基于风险的思维+PDCA"的模式来运行，以便有效利用机遇并防止发生非预期结果，从而达到提高组织的有效性和效率，满足顾客要求、增强顾客满意度的目的。ISO 9001：2015 在内容上新增了"理解组织及其环境""理解相关方的需求和期望""应对风险和机遇的措施""实现质量目标的计划措施""组织的知识""外部供方财产的管理"等要求；强化了过程方法的应用、最高管理者的责任、更改控制、绩效评价等要求；删减了质量手册、管理者代表、预防措施等条款；整合了文件要求、文件控制、记录控制等要求。ISO 9001：2015 的这些变化为质量管理体系的实施和审核提出了挑战。

质量管理体系文件的编写是质量管理体系运行的前提条件，文件的好坏很大程度上决定了质量管理体系能否有效运行。

为了帮助企业按照 ISO 9001：2015 的要求编写出一套行之有效的文件，笔者编著了这本《ISO 9001：2015 文件编写实战通用教程》。

本书中的文件案例来自于作者的现场实践，摒弃了繁琐的理论说教，具有实用性、可操作性和可移植性的特点，读者稍作改写，即可成为其企业的质量管理体系文件。

在 ISO 9001 认证日趋商业化的今天，笔者给企业领导人一点忠告：必须实实在在地推行 ISO 9001 质量管理体系标准！如果 ISO 9001 这些基本功都没有做扎实，就去赶形式搞零缺陷、六西格玛，只会让员工越来越糊涂，企业越来越劳民伤财。其实，踏踏实实地把 ISO 9001 这些基础的工作做好，企业的产品质量就会有很大的提高。

在写作本书的过程中，参考了一些网络上的资料，在此对这些作者表示感谢！

希望这本书能为读者带来裨益。

笔者新浪博客：http://blog.sina.com.cn/qiushiguanli。

对本书中的不足之处，请读者不吝赐教！

张智勇

2016 年 5 月于深圳

# 目录 CONTENTS

前 言
第 1 章　ISO 9001：2015 质量管理体系文件的几个要点 ·················· 1
  1.1　ISO 9001：2015 对文件的要求 ······················································ 1
    1.1.1　ISO 9001：2015 有关文件、程序的术语 ································ 1
    1.1.2　ISO 9001：2015 所需的成文信息 ············································ 3
    1.1.3　ISO 9001：2015 文件的命名 ···················································· 5
    1.1.4　ISO 9001：2015 文件的结构 ···················································· 6
  1.2　如何建立质量方针 ········································································· 8
  1.3　如何建立质量目标 ······································································· 10
    1.3.1　关于目标、指标定义的说明 ················································· 10
    1.3.2　建立质量目标的基本要求 ····················································· 10
    1.3.3　质量目标的分类 ····································································· 11
    1.3.4　质量目标的构成要素 ····························································· 13
    1.3.5　质量目标的建立原则 ····························································· 13
    1.3.6　质量目标的建立流程与展开方式 ········································· 14
    1.3.7　制订质量目标的实施计划 ····················································· 15
  1.4　在文件编写过程中落实过程方法的几个要点 ··························· 17
    1.4.1　单一过程的构成要素 ····························································· 17
    1.4.2　单一过程分析图——乌龟图 ················································· 18
    1.4.3　过程网络图 ············································································· 19
    1.4.4　过程流程图 ············································································· 20

第 2 章　ISO 9001：2015 质量手册 ······················································· 28
  0　引言 ····································································································· 30
    0.1　发布令 ······················································································· 30
    0.2　手册说明 ··················································································· 30
    0.3　术语和定义 ··············································································· 31
  1　企业概况 ····························································································· 31

# ISO 9001：2015 文件编写实战通用教程

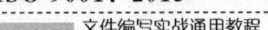

| | |
|---|---|
| 2 企业组织结构图、部门职责 | 31 |
| 2.1 组织结构图 | 31 |
| 2.2 高管及部门职责 | 31 |
| 3 手册章节与 ISO 9001 标准章节对照表 | 34 |
| 4 组织环境 | 37 |
| 4.1 理解组织及其环境 | 37 |
| 4.2 理解相关方的需求和期望 | 37 |
| 4.3 确定质量管理体系的范围 | 37 |
| 4.4 质量管理体系及其过程 | 37 |
| 5 领导作用 | 38 |
| 5.1 领导作用和承诺 | 38 |
| 5.2 方针 | 38 |
| 5.3 组织的岗位、职责和权限 | 38 |
| 6 策划 | 39 |
| 6.1 应对风险和机遇的措施 | 39 |
| 6.2 质量目标及其实现的策划 | 39 |
| 6.3 变更的策划 | 40 |
| 7 支持 | 40 |
| 7.1 资源 | 40 |
| 7.2 能力 | 41 |
| 7.3 意识 | 41 |
| 7.4 沟通 | 42 |
| 7.5 成文信息 | 42 |
| 8 运行 | 43 |
| 8.1 运行策划和控制 | 43 |
| 8.2 产品和服务的要求 | 44 |
| 8.3 产品和服务的设计和开发 | 45 |
| 8.4 外部提供的过程、产品和服务的控制 | 46 |
| 8.5 生产和服务提供 | 47 |
| 8.6 产品和服务的放行 | 49 |
| 8.7 不合格输出的控制 | 49 |
| 9 绩效评价 | 50 |
| 9.1 监视、测量、分析和评价 | 50 |
| 9.2 内部审核 | 51 |

## 9.3 管理评审 ... 51
## 10 改进 ... 52
### 10.1 总则 ... 52
### 10.2 不合格和纠正措施 ... 52
### 10.3 持续改进 ... 53
## 附录 1 过程关系图 ... 54
## 附录 2 过程分析表 ... 55
## 附录 3 职能分配矩阵表 ... 59
## 附录 4 质量目标清单 ... 61
## 附录 5 程序文件清单 ... 62

# 第 3 章 ISO 9001：2015 程序文件——策划类 ... 63
## 3.1 风险控制程序 ... 63
表 3.1-1 风险后果的严重性判断标准 ... 67
表 3.1-2 风险发生的可能性判断标准 ... 67
表 3.1-3 风险等级判断标准 ... 68
表 3.1-4 风险接受准则 ... 68
表 3.1-5 风险识别、风险分析与评价表 ... 68
表 3.1-6 风险应对计划 ... 68
## 3.2 质量目标管理程序 ... 70
表 3.2-1 质量目标清单 ... 74
表 3.2-2 质量目标行动计划 ... 74

# 第 4 章 ISO 9001：2015 程序文件——支持类 ... 75
## 4.1 设备管理程序 ... 75
表 4.1-1 设备验收单 ... 80
表 4.1-2 设备台账 ... 81
表 4.1-3 设备日常检查保养记录 ... 81
表 4.1-4 设备定期检查保养记录 ... 82
表 4.1-5 设备检修单 ... 83
## 4.2 工装管理程序 ... 84
表 4.2-1 工装验收报告 ... 89
表 4.2-2 工装台账 ... 90
表 4.2-3 工装定期检查保养记录 ... 90
表 4.2-4 易损工装更换计划 ... 91
表 4.2-5 工装履历卡 ... 92

## 4.3 监视和测量设备管理程序 ·················· 93
  表 4.3-1 监测设备台账 ·················· 100
  表 4.3-2 监测设备年度检定/校准计划 ·················· 100
  表 4.3-3 监测设备校准（内校）记录表 ·················· 101
  表 4.3-4 监测结果的评估报告（测量设备不符合预期用途时）·················· 102
## 4.4 知识管理控制程序 ·················· 103
  表 4.4-1 专题文件发布申请表 ·················· 106
  表 4.4-2 专题文件评审表 ·················· 107
## 4.5 培训管理程序 ·················· 108
  表 4.5-1 培训计划 ·················· 112
  表 4.5-2 培训效果评价表 ·················· 113
  表 4.5-3 员工培训记录表 ·················· 114
## 4.6 文件控制程序 ·················· 115
  表 4.6-1 文件取号登记表 ·················· 120
  表 4.6-2 文件分发清单 ·················· 121
  表 4.6-3 文件分发回收记录 ·················· 121
  表 4.6-4 文件领用申请表 ·················· 121
  表 4.6-5 文件更改申请单 ·················· 122
  表 4.6-6 文件更改通知单 ·················· 122
  表 4.6-7 文件归档编目清单 ·················· 123
  表 4.6-8 部门使用文件清单 ·················· 123
  表 4.6-9 文件评审表 ·················· 123
  表 4.6-10 文件借阅登记表 ·················· 124
  表 4.6-11 文件使用情况检查表 ·················· 124

# 第 5 章 ISO 9001：2015 程序文件——运行类 ·················· 125
## 5.1 合同管理程序 ·················· 125
  表 5.1-1 合同/订单评审表 ·················· 130
  表 5.1-2 合同/订单更改通知单 ·················· 131
  表 5.1-3 合同/订单跟进控制表 ·················· 132
## 5.2 顾客投诉处理程序 ·················· 133
  表 5.2-1 顾客投诉记录表 ·················· 137
  表 5.2-2 顾客投诉处理报告单 ·················· 137
## 5.3 设计和开发控制程序 ·················· 138
  表 5.3-1 设计任务书 ·················· 146

表 5.3-2　产品设计和开发计划书 …… 147

表 5.3-3　方案设计评审报告 …… 149

表 5.3-4　试制过程记录表 …… 150

表 5.3-5　试制总结报告 …… 150

表 5.3-6　（样机）鉴定报告 …… 151

表 5.3-7　生产试制通知单 …… 152

表 5.3-8　产品鉴定报告 …… 153

表 5.3-9　产品图样及技术文件移交清单 …… 154

表 5.3-10　设计更改申请表 …… 154

表 5.3-11　图样及技术文件更改通知单 …… 155

5.4　供应商管理程序 …… 156

表 5.4-1　供应商基本情况调查表 …… 163

表 5.4-2　供应商现场审核评价表 …… 164

表 5.4-3　供应商入选审批表 …… 168

表 5.4-4　供应商业绩评价表 …… 168

5.5　采购管理程序 …… 169

表 5.5-1　采购月计划 …… 174

表 5.5-2　采购订单 …… 174

表 5.5-3　采购进度控制表 …… 175

5.6　生产过程管理程序 …… 176

表 5.6-1　生产条件确认表（1）…… 183

表 5.6-2　生产条件确认表（2）…… 185

表 5.6-3　特殊过程确认报告 …… 186

表 5.6-4　生产统计日报表 …… 187

5.7　产品交货管理程序 …… 188

5.8　产品检验控制程序 …… 192

表 5.8-1　进料检验报告单 …… 198

表 5.8-2　首件检验记录表 …… 199

表 5.8-3　质检员巡查记录表 …… 200

表 5.8-4　成品检验报告（1）…… 201

表 5.8-5　成品检验报告（2）…… 202

5.9　不合格品控制程序 …… 203

表 5.9-1　返工报告单 …… 208

表 5.9-2　让步接收申请表 …… 209

# 第 6 章 ISO 9001：2015 程序文件——绩效评价类 ... 210

## 6.1 顾客满意度调查控制程序 ... 210
表 6.1-1 顾客满意度调查表 ... 213
表 6.1-2 顾客满意度调查结果及分析报告 ... 214

## 6.2 分析与评价控制程序 ... 215
表 6.2-1 数据和信息传输要求一览表 ... 220

## 6.3 内部质量管理体系审核控制程序 ... 221
表 6.3-1 内部审核方案 ... 226
表 6.3-2 内部审核计划 ... 227
表 6.3-3 不合格项报告表 ... 228
表 6.3-4 内部审核报告 ... 229
表 6.3-5 不符合项分布表 ... 230
表 6.3-6 内部审核检查表（按过程进行审核） ... 233
表 6.3-7 内部审核检查表（按部门进行审核） ... 236

## 6.4 管理评审控制程序 ... 245
表 6.4-1 管理评审计划 ... 250
表 6.4-2 管理评审报告 ... 253

# 第 7 章 ISO 9001：2015 程序文件——改进类 ... 255

## 7.1 纠正措施控制程序 ... 255
表 7.1-1 临时应急措施要求表 ... 260
表 7.1-2 纠正措施报告单 ... 261

## 7.2 创新管理程序 ... 262
表 7.2-1 课题选择评估表 ... 265
表 7.2-2 课题实施对策表 ... 265

# 第 8 章 质量管理体系作业指导书 ... 266

## 8.1 设计和开发类 ... 266
### 8.1.1 产品图样和技术文件的编号方法 ... 266
### 8.1.2 产品图样及设计文件完整性要求 ... 271
### 8.1.3 产品图样和设计文件审查程序及签署人员责任制 ... 274
### 8.1.4 产品图样及技术文件管理制度 ... 275
### 8.1.5 产品图样及设计文件的更改办法 ... 278

## 8.2 质量检验类 ... 283
### 8.2.1 来料检验方案 ... 283
### 8.2.2 成品入库检验方案 ... 286

  8.2.3 产品质量不合格严重性分级标准 …………………………………… 289
  8.2.4 进料检验规程 …………………………………………………………… 293
  8.2.5 实验室样品管理规定 …………………………………………………… 294
 8.3 监测设备、生产设备、工装管理类 ……………………………………… 296
  8.3.1 内部校准规程 …………………………………………………………… 296
  8.3.2 设备维护保养规程 ……………………………………………………… 296
  8.3.3 工装日常使用、维护、保管规程 ……………………………………… 297
 8.4 人力资源类 …………………………………………………………………… 299
  8.4.1 岗位说明书 ……………………………………………………………… 299
  8.4.2 岗位绩效指标 …………………………………………………………… 302
 8.5 其他类 ………………………………………………………………………… 303
  8.5.1 记录管理制度 …………………………………………………………… 303
  8.5.2 协商和沟通管理制度 …………………………………………………… 308
  8.5.3 产品标识和可追溯性管理制度 ………………………………………… 310
  8.5.4 检验和试验状态管理制度 ……………………………………………… 311
  8.5.5 顾客财产管理制度 ……………………………………………………… 313
  8.5.6 4M 变更管理 …………………………………………………………… 316

**参考文献** ………………………………………………………………………………… 318

# 第 1 章

# ISO 9001：2015 质量管理体系文件的几个要点

## 1.1　ISO 9001：2015 对文件的要求

ISO 9001：2015 倡导组织在建立、实施质量管理体系及提高其有效性时采用过程方法，要求组织确定质量管理体系所需的过程。为了确保过程的有效运行，ISO 9001：2015 中 4.4.2 条款明确要求：

① 保持成文信息以支持过程运行；

② 保留成文信息以确信其过程按策划进行。

ISO 9001：2015 中的"成文信息"，就是 ISO 9001：2008 中的"质量手册""形成文件的程序""文件""记录"。ISO 9001：2015 的 4.4.2 条款就是要求组织要建立、实施并保持文件化的质量管理体系，并保留质量管理体系按策划的要求进行运行的必要的证据（记录）。

下面对 ISO 9001：2015 中的有关文件、程序的术语，ISO 9001：2015 所需的成文的信息，ISO 9001：2015 文件的命名，ISO 9001：2015 文件的结构进行讲解。

### 1.1.1　ISO 9001：2015 有关文件、程序的术语

ISO 9001：2015 采用 ISO 9000：2015 界定的术语和定义。读者有必要了解数据、信息、文件、形成文件的信息、程序、规范、质量手册、记录的定义。

**1. 数据**

数据是指"关于客体的事实"。客体是指产品、服务、过程、人、组织、体系、资源等。

**2. 信息**

信息是指"有意义的数据"。

### 3. 文件

文件是指"信息及其载体"。文件可以是记录、规范、程序文件、图样、报告、标准。文件的载体可以是纸张，磁性的、电子的、光学的计算机盘片，照片或标准样品，或者是它们的组合。一组文件，如若干个规范和记录，英文中通常被称为 documentation。

### 4. 成文信息

成文信息（documented information）是指"组织需要控制和保持的信息及其载体"。

成文信息可以以任何格式和载体存在，并可来自任何来源。

成文信息可包括：

① 管理体系，包括相关过程；

② 为组织运行产生的信息（一组文件）；

③ 结果实现的证据（记录）。

### 5. 程序

程序是指"为进行某项活动或过程所规定的途径"。程序可以形成文件，也可以不形成文件。形成的文件称作"程序文件"。

### 6. 规范

规范是指"阐明要求的文件"。规范可以是质量手册、质量计划、技术图样、程序文件、作业指导书。规范可能与活动有关（如程序文件、过程规范和试验规范）或者与产品有关（如产品规范、性能规范和图样）。

规范通过陈述要求，也可以陈述设计和开发实现的结果。因此，在某些情况下，规范也可以作为记录使用。

### 7. 质量手册

质量手册是指"组织的质量管理体系的规范"。

为了适应组织的规模和复杂程度，质量手册在其详略程度和编排格式方面可以不同。

### 8. 记录

记录是指"阐明所取得的结果或提供所完成活动的证据的文件"。

记录可用于正式的可追溯性活动，并为验证、风险控制和纠正措施提供证据。通常，记录不需要控制版本。

## 1.1.2 ISO 9001：2015 所需的成文信息

在 ISO 9001：2008 中使用特定的术语，如文件或形成文件的程序、质量手册或质量计划的地方，ISO 9001：2015 以"保持（maintain）成文信息"的形式加以表达。

在 ISO 9001：2008 中使用术语"记录"以指明所需提供满足要求证据的文件的地方，ISO 9001：2015 则以"保留（retain）成文信息"的形式加以表达。

ISO 9001：2015 提及"信息"而非"成文信息"的地方，并不要求将此信息形成文件。在此情况下，组织可以决定是否有必要适当保持形成文件的信息。

ISO 9001：2015 所需的成文信息包括如下内容：

1）ISO 9001 标准明确要求形成文件的信息。在标准中凡是有"保持（maintain）成文信息""保留（retain）成文信息"的地方，均需根据标准要求形成文件的信息。ISO 9001 标准共有 25 处要求形成文件的信息（3 处"保持"、2 处"保持和保留"、18 处"保留"，除此之外，还有 2 处要求形成文件的信息。见表 1.1-1），在这些形成文件的信息中，有些是必需的，有些可根据需要设置。

表 1.1-1 ISO 9001：2015 要求成文信息的地方

| 序号 | ISO 9001 条款 | 要求成文信息的地方 | 保持和/或保留 |
| --- | --- | --- | --- |
| 1 | 4.3 | 组织的质量管理体系范围应作为成文信息，可获得并得到保持 | 保持 |
| 2 | 4.4.2 | 在必要的范围和程度上，组织应：<br>a）保持成文信息以支持过程运行<br>b）保留成文信息以确信其过程按策划进行 | 保持和保留 |
| 3 | 5.2.2 | 质量方针应：<br>a）可获得并保持成文信息 | 保持 |
| 4 | 6.2.1 | 组织应保持有关质量目标的成文信息 | 保持 |
| 5 | 7.1.5.1 | 组织应保留适当的成文信息，作为监视和测量资源适合其用途的证据 | 保留 |
| 6 | 7.1.5.2 | a）对照能溯源到国际或国家标准的测量标准，按照规定的时间间隔或在使用前进行校准和（或）检定，当不存在上述标准时，应保留作为校准或检定依据的成文信息 | 保留 |
| 7 | 7.2 | 保留适当的成文信息，作为人员能力的证据 | 保留 |
| 8 | 8.1 e） | 在必要的范围和程度上，确定并保持、保留成文信息：<br>1）确信过程已经按策划进行<br>2）证实产品和服务符合要求 | 保持和保留 |
| 9 | 8.2.3.2 | 适用时，组织应保留与下列方面有关的成文信息：<br>a）评审结果<br>b）产品和服务的新要求 | 保留 |

（续）

| 序号 | ISO 9001 条款 | 要求成文信息的地方 | 保持和/或保留 |
|---|---|---|---|
| 10 | 8.3.2j） | 证实已经满足设计和开发要求所需的成文信息 | |
| 11 | 8.3.3 | 组织应保留有关设计和开发输入的成文信息 | 保留 |
| 12 | 8.3.4 f） | 保留这些活动的成文信息 | 保留 |
| 13 | 8.3.5 | 组织应保留有关设计和开发输出的成文信息 | 保留 |
| 14 | 8.3.6 | 组织应保留下列方面的成文信息：<br>a）设计和开发变更<br>b）评审的结果<br>c）变更的授权<br>d）为防止不利影响而采取的措施 | 保留 |
| 15 | 8.4.1 | 对于这些活动和由评价引发的任何必要的措施，组织应保留形成文件的信息 | 保留 |
| 16 | 8.5.1 a） | 可获得成文信息，以规定以下内容：<br>1）拟生产的产品、提供的服务或进行的活动的特征<br>2）拟获得的结果 | |
| 17 | 8.5.2 | 当有可追溯要求时，组织应控制输出的唯一性标识，且应保留所需的成文信息以实现可追溯 | 保留 |
| 18 | 8.5.3 | 若顾客或外部供方的财产发生丢失、损坏或发现不适用情况，组织应向顾客或外部供方报告，并保留所发生情况的成文信息 | 保留 |
| 19 | 8.5.6 | 组织应保留成文信息，包括有关更改评审结果、授权进行更改的人员以及根据评审所采取的必要措施 | 保留 |
| 20 | 8.6 | 组织应保留有关产品和服务放行的成文信息。成文信息应包括：<br>a）符合接收准则的证据<br>b）可追溯到放行人员的信息 | 保留 |
| 21 | 8.7.2 | 组织应保留下列成文信息：<br>a）描述不合格<br>b）描述所采取的措施<br>c）描述获得的让步<br>d）识别处置不合格的授权 | 保留 |
| 22 | 9.1.1 | 组织应评价质量管理体系的绩效和有效性。组织应保留适当的形成文件的信息，以作为结果的证据 | 保留 |
| 23 | 9.2.2 f） | 保留成文信息，作为实施审核方案以及审核结果的证据 | 保留 |
| 24 | 9.3.3 | 组织应保留成文信息，作为管理评审结果的证据 | 保留 |
| 25 | 10.2.2 | 组织应保留成文信息，作为下列事项的证据：<br>a）不合格的性质以及随后所采取的措施<br>b）纠正措施的结果 | 保留 |

2）组织为确保质量管理体系有效运行而适当增加的形成文件的信息。除上述1）提到的形成文件的信息外，组织可以根据自身产品、服务及过程的实际情况增加形成文件的信息。这类形成文件的信息包括质量管理体系策划和运行所需的外来文件的信息。

质量管理体系形成文件的信息的范围和详细程度取决于组织的规模、活动、过程、产品和服务的类型，过程及其相互作用的复杂程度，人员的能力等。

形成文件的信息可以任何形式和媒介出现。形成文件的信息的形式可以是视频、音频、图像、文字等，媒介可以是纸张、电子格式等。

### 1.1.3　ISO 9001：2015 文件的命名

ISO 9001：2015 减少了对管理体系文件的"限定性"要求，用"成文信息"取代了 ISO 9001：2008 中"文件"和"记录"的表述，不再硬性提出"形成文件的程序""质量手册"等规定要求，文件可以有多种表现形式。

"成文信息"是一个笼统的概念，企业从方便管理出发，有必要对"成文信息"进行分类、分层，名称由企业自定。也就是说，仍然可以把文件分成质量手册、程序文件、作业指导书；也可以把文件称为制度、程序文件；同样也可以把证据类文件称为记录。总之，只要有效、方便就行。

很多企业，企业制度编写一套文件，推行 ISO 9001 时编写一套文件，推行标准化时编写一套文件，推行 3C 认证时编写一套文件，产品出口商检时又编写一套文件，整个企业文件系统繁杂。实际上应该对这些文件进行整合，形成一套完整的文件系统。

按管理对象来分，可将文件分为技术标准、管理标准、工作标准；按文件层次来分，可将文件分为管理手册、程序文件、作业指导书。一份文件，如"供应商管理程序"，在 ISO 9001 系统内是"程序文件"，在标准化系统内是"管理标准"，但都是同一份文件，只是从不同的角度来区分而已。就像一位少女，从性别看，她是女性；从年龄看，她是少年。

不要认为写有"标准"字样的文件才是标准，"××管理程序""××作业指导书"等，都可以是标准。同样，不要认为写有"作业指导书"字样的文件才是作业指导书，工艺卡、工序卡、检验规范等，都可以是作业指导书。

从作用上分，"成文信息"可分为规范性文件、证据性文件。人们平常所说的质量手册、程序文件、作业指导书等都是规范性文件，记录属于证据性文件（表格是规范性文件，当表格填写了内容后，变为证据性文件，称为记录）。

### 1.1.4　ISO 9001：2015 文件的结构

ISO 9001：2015 在其 "0.1 总则" 里开宗明义地强调：
① 不要求所有组织有统一的质量管理体系架构；
② 不要求组织的文件与 ISO 9001 标准的条款结构一致；
③ 不要求组织使用的术语与标准特定术语一致。

这些要求使得组织在建立文件化质量管理体系、确定文件结构时，有更多的自主权。本书作者认为，为了保持延续性，为了照顾长久的习惯，建议组织还是采用质量手册—程序文件—作业指导书这样的文件结构模式，还是使用 "质量手册" "程序文件" "记录" 这样的术语。

有些专家，以前标准中强调须有质量手册时，他们就论证说质量手册多重要；现在标准中删除了质量手册，他们又说质量手册是多么的有害无益。总之，他们总是有道理，但就是不能给予企业行之有效的指导。还有的专家说中国人不习惯按程序执行，而习惯按制度办事，现在取消了程序文件，更有利于 ISO 9001 在中国的推广。更有甚者，说 ISO 9001：2008 让企业编制文件的活动空间不大，文件一编出来就是一大堆，而 ISO 9001：2015 能让中小企业放心大胆地去编写属于自己的文件，文字上也不必表达的十分精准。这些似是而非的论述，不一而足，除了让企业无所适从外，没有一点益处。这样的专家，难免不被人们称为 "砖家"。

在质量管理体系标准已经推行数十年的今天，人们已经习惯了质量手册、程序文件、作业指导书这样的文件结构模式，轻易地进行改变只会引起企业认知上的模糊，操作上的混乱，因此本书作者建议组织继承原来的文件结构模式，不必在这方面搞形式上的改变，而应把主要精力放在如何使现有文件更加具有实用性，如何使质量管理体系不再徒具形式。

质量管理体系文件的层次见图 1.1-1。必须说明的是，这种划分不是唯一的。图 1.1-1 中任何层次的文件，既可以分开，又可以合并。

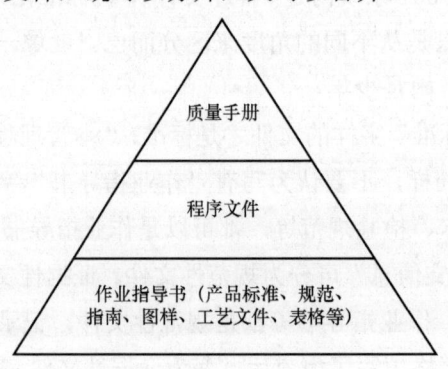

图 1.1-1　质量管理体系文件层次

质量管理体系文件还涉及记录（在本书中，"记录"与"证据性文件"具有一样的内涵）。图 1.1-1 中未将记录列入，是由于记录一般是以其他文件为载体存在的，在不同层次的文件中都有可能存在。

### 1. 质量手册

质量手册是阐明组织的质量方针、质量目标并描述其质量管理体系的纲领性文件。质量手册至少包括下列内容。

① 质量方针、质量目标。
② 组织结构图、部门职责和权限。
③ 质量管理体系的范围，包括任何不适用的细节和正当的理由。
④ 为质量管理体系编制的形成文件的程序或者对其引用。
⑤ 质量管理体系过程之间的相互作用的表述。

### 2. 程序文件

程序文件是描述开展质量管理体系过程活动的文件。

程序文件是质量手册的展开和具体化，使得质量手册中原则性和纲领性的要求得到展开和落实。

程序文件规定了执行质量活动的具体办法，内容包括：活动的目的和范围；做什么和谁来做；何时、何地和如何做；如何对活动进行控制和记录；如何对过程中的风险和机遇进行控制；如何对过程绩效进行监视。

### 3. 作业指导书

规定基层活动途径的操作性文件，包括产品标准、规范、指南、图样、工艺文件、表格等，这类文件统称为作业指导书。

作业指导书属于程序性文件范畴，只是层次较低，内容更具体而已。并非每份程序文件都要细化为若干指导书，只有在程序文件不能满足某些活动的特定要求时，才有必要编制作业指导书。特定的要求是由于产品或服务、过程、部门、岗位的不同而产生的。

## 1.2　如何建立质量方针

**1. 质量方针内容上的要求**

最高管理者应制定质量方针，质量方针在内容上应做到"一个适应与支持，两个承诺，一个框架"。

（1）适应组织的宗旨和环境并支持其战略方向（一个适应与支持）

组织的宗旨、方针是全面的、多方位的，通常有必要首先建立，包括经营利润、业务发展、营销或销售策略、财务策略、环境安全绩效、员工队伍建设等，可涉及组织各方面的管理，如经营管理、财务管理、质量管理、环境管理、职业健康安全管理和人力资源管理等。质量方针是为实现组织总方针服务的，应与以上其他方面的追求相辅相成、协调一致。在组织总方针的基础上建立质量方针是适宜的、容易的。

质量方针的制定离不开组织的环境、行业特点，一定要考虑组织的内、外部环境。一个只有十几个员工的五金厂，管理还停留在初级阶段，却把"世界一流"作为自己的质量方针，就不太合适了。

质量方针应具有挑战性，应支持组织的战略方向。

一家制药公司的质量方针是：全体员工参与，确保公司生产的药品满足国家、行业相关法律法规要求，持续改进质量管理体系，提高药品纯度，开发新药，不断满足顾客要求，造福患者，进而壮大企业。这家企业的质量方针充分体现了企业的宗旨与行业特点，同时也支持了企业的"造福患者，进而壮大企业"的战略方向。

（2）对满足适用要求做出承诺，对持续改进质量管理体系做出承诺（两个承诺）

① 质量方针中必须做出满足适用要求的承诺。要求至少包括顾客的要求和适用的法律法规的要求。要求可由不同的相关方提出，包括明显的、通常隐含的或者必须履行的需求或期望。

② 质量方针中必须做出持续改进质量管理体系的承诺。

某造纸厂的质量方针如下：

以市场需求为中心，提供符合要求的产品；

以持续创新为动力，改进质量表现；

以相关方满意为宗旨，实现公司纸业再发展。

"以市场需求为中心，提供符合要求的产品"体现了满足要求的承诺；"以持续创新为动力，改进质量表现"体现了持续改进的承诺；"以相关方满意为宗旨，实现公司纸业再发展"与企业的宗旨与环境相适应并支持企业的战略方向。

（3）提供制定质量目标的框架（一个框架）

质量方针是宏观的，但不能空洞无内容。质量方针应能为质量目标的建立、评审提供方向、途径。

质量目标是质量方针展开的具体化，质量目标应与质量方针相对应，并依据质量方针逐层展开、分解。

例如，铁路旅客运输服务质量方针中的"安全、正点"可以通过具体量化的质量目标来落实：行车安全事故为0；火灾爆炸事故为0；旅客人身伤亡事故为0；不发生食物中毒、行包被盗事故；不发生旅客坠车、跳车、挤砸、烫伤事故；责任晚点事件为0，确保客车正点运行等。

"质量是生命，顾客是上帝""科学管理，世界一流""质量第一，顾客满意""科技、创造、发展"等"放之四海而皆准"的口号作为质量方针是不适宜的。

**2. 质量方针的制定技巧**

质量方针可长可短，只要能体现上述要求即可。

质量方针分为如下两类。

一类质量方针语言精炼，易于记忆，读起来朗朗上口。这类质量方针容易被员工理解和宣传。

企业将针对这类质量方针的大量的管理性内容拿出来放在质量手册中进行描述。

例如，某塑胶制品厂的质量方针：

以市场需求为中心，提供符合要求的产品；

以持续创新为动力，改进质量表现；

以相关方满意为宗旨，实现公司塑胶制品再发展。

另一类质量方针内容比较详尽，它将形成文件、传达到全体员工、可为公众所获得等管理性内容也列入其中。这类质量方针的好处是员工能知道一些管理内容，缺点是不易记忆。

## 1.3 如何建立质量目标

### 1.3.1 关于目标、指标定义的说明

ISO9000：2015 的 3.7.1 条款关于目标的定义中，明确指出目标可用多种方式表述。例如，采用预期的结果、活动的目的或操作规程作为质量目标，或者使用其他有类似含意的词（如目的、终点或指标）。也就是说"目标"与"指标"这两个术语的含义是兼容等效的，只是在不同的场合使用不同的术语而已。

一般而言，在目标管理中使用"目标"这个术语，而在绩效管理中更多地使用"指标"这个术语。

### 1.3.2 建立质量目标的基本要求

1）质量目标应建立在质量方针的基础上，应在质量方针给定的框架内展开，但须注意不要机械地一一对应。质量目标追求的结果应能实现质量方针的质量承诺。质量目标的内容中尤其是对满足适用要求和质量管理体系的持续改进的承诺方面，应与质量方针保持一致。

例如，某公司的质量方针提出"服务及时"，其相应的质量目标可规定服务的及时率为90%，也可分解落实，将维修的时间量化为：一般故障在30分钟内解决；投诉电话铃响不超过三声必须接听等。这样，质量目标从内容上就与质量方针中提出的"服务及时"的框架相吻合。

2）在相关职能部门、层次和过程上建立质量目标。质量目标建立在哪些职能部门，由其与质量方针的框架关系决定。质量目标分解到哪一层次，视具体情况而定，通常应展开到可实现、可检查的层次，关键是能确保质量目标的落实和实现。

质量目标展开时，不必要求"横到边""纵到底"。也就是说，不要求同一层次的部门、岗位都要建立质量目标（横到边），也不要求一定要将质量目标展开到个人（纵到底），有时展开到部门或班组就行了。要求"横到边""纵到底"，不利于质量目标的理解和执行。

还需要注意的是，在制定各部门、岗位的质量目标时，仅是直接分解组织总的目标是不充分的，有些具体过程是间接支持总目标的，这些过程也应建立目标。只有这样，才能真正通过质量目标的建立，明确各项活动的质量管理追

求的目的，把质量管理过程预期应达到的结果确定下来，同时也为过程有效性的评价提供依据。

3）过程质量目标（也称过程绩效指标）应包含过程结果指标（目标）和过程运行指标（目标）。

仅有过程结果指标是不够的，如为产品巡检过程设置了结果指标——产品入库检验合格率，产品入库检验合格率高，说明巡检过程的工作质量高。但可能有这样一种情况，装配车间本身在某个阶段加强了质量控制，此时即使巡检员睡大觉，产品入库检验合格率也很高，因此，仅为产品巡检过程设置一个结果指标——产品入库检验合格率是不够的，还需为产品巡检过程设置过程运行指标，如要求巡检员每天要巡检多少回。

4）质量目标应是可测量的。测量可以定量也可以定性，如考评、测评、评价等。测量的方法和内容要规范、科学，包括测量的时机、样本的抽取等，以保证质量目标测量结果的可靠性。质量目标尽可能量化，要确定实现目标的时间框架，以便于测量。定性的质量目标如果能够进行评价，也是符合要求的。

某公司制定的质量目标是：提高员工素质，稳定产品质量；加强设备管理，保障生产顺利进行。这样的质量目标是不符合 ISO 9001 标准要求的，因为无法测量或评价——提高员工素质，如何提高？如何评价员工素质提高了多少？加强设备管理，加强到什么程度？

5）建立质量目标时应考虑适用的要求，包括顾客的要求、法律法规的要求等。

6）质量目标应包括产品、服务的符合性，以及增强顾客满意方面的内容。也就是说既要有产品和服务的质量目标（如产品一次交验合格率≥98%，投诉电话铃响不超过三声必须接听），也要有过程的质量目标（如设计责任事故≤2次/年，生产线直通率≥95%）、顾客满意的质量目标（如顾客满意度≥90%）。

## 1.3.3 质量目标的分类

这里从大的质量观来阐述质量目标，其实也就是企业的经营目标。

怎样设立质量目标，怎样才能保证质量目标的完整性呢？采用双坐标设置法建立质量目标可以解决这些问题。双坐标即类别系—结果系，见图1.3-1。

类别系主要从组织的长远发展出发，在财务、顾客、内部运作、学习与发展4个方面建立质量目标，这就是通常所说的平衡计分卡 BSC（Balanced Score Card）的4个维度（见图1.3-2）。表1.3-1是按类别系建立的质量目标。

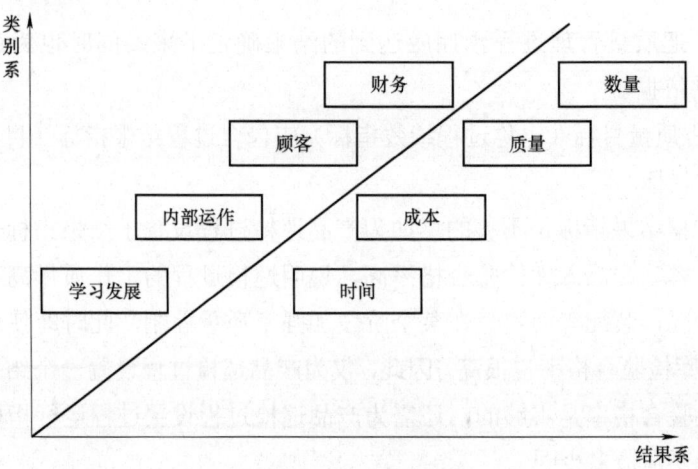

图 1.3-1　质量目标系统

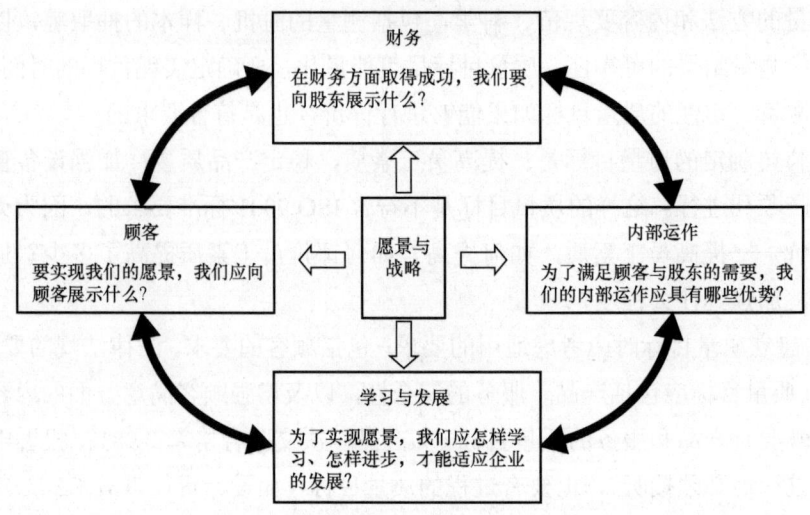

图 1.3-2　平衡计分卡的 4 个维度

表 1.3-1　用平衡计分卡 4 个维度建立的质量目标

| 财务类目标： | 顾客类目标（外部顾客）： |
|---|---|
| 利润总额，净销售收入，资产回报率，毛利率，现金流量，成本费用预算达成率，总资产周转率，应收账款周转率，呆账比率，坏账比率，在制品周转率，材料周转率 | 市场占有率，新顾客增加数，重要顾客满意度，公共关系活动的次数，准时交付比例，顾客投诉数量 |
| 内部运作类目标： | 学习与发展类目标： |
| 产品工时定额普及率，产品市场调查及时完成率，新产品上市周期，研发样品交验及时率，研发样品一次交验合格率，采购及时到货率，来料合格率，订单需求满足率，生产计划完成率，产品一次交验合格率，平均送货时间，客户投诉妥善处理率，周转率 | 任职资格达标率，培训计划的及时性，培训合格比率，员工流失率，员工满意度 |

结果系主要是从工作的效益和效果出发,在数量、质量、成本、时间 4 个方面建立质量目标。表 1.3-2 是按结果系建立的质量目标。

表 1.3-2　按结果系建立的质量目标

| 数量类目标:<br>产量、销售额、利润率、客户保持率、每年推出的新产品数量等 | 质量类目标:<br>合格率、满意度、通过率、达标率、投诉率等 |
| --- | --- |
| 成本类目标:<br>成本节约率、回报率、折旧率、费用控制率、劣质成本等 | 时间类目标:<br>期限、天数、及时性、推出新产品周期、计划达成率等 |

一个目标,既属于类别系,又属于结果系,只是从不同的角度来区分而已。建立目标时,既要从类别系考虑,又要从结果系考虑。

一个企业为了长远的发展,必须从财务、顾客、内部运作、学习与发展 4 个方面建立质量目标,但一个部门、一个过程(或岗位)应包括哪些类别的目标,应根据实际情况而定。例如,内部搞卫生的过程,其质量目标中不存在顾客类的目标。

### 1.3.4　质量目标的构成要素

1)定量目标。定量目标的构成三要素包括目标项目、目标值、期限。例如,到 2016 年 8 月产品一次交验合格率要达到 99%,其中,产品一次交验合格率是目标项目,99% 是目标值,2016 年 8 月是期限。

2)定性目标。定性目标的构成二要素包括目标项目、期限。例如,到 2016 年 9 月组织应完成 ISO 9001:2015 换版认证,其中,完成 ISO 9001:2015 换版认证是目标项目,2016 年 9 月是期限。

### 1.3.5　质量目标的建立原则

目标建立时,要遵循 SMART 原则。

1)S——明确具体(Specific)。制定的目标一定要明确具体,不要模棱两可。例如,"员工要热情对待顾客"这样的目标就不具体。什么叫"热情"呢?含含糊糊。沃尔玛对此有明确的要求:3 米之内,露出你的上 8 颗牙微笑。

2)M——可衡量(可测量)的(Measurable)。表示目标是可以衡量的。如果目标不能衡量,就意味着将来没法考核。

3)A——可实现的(Attainable)。目标在付出努力的情况下是可以实现的,避免设立过高或过低的目标。质量目标应具有先进性和可实现性。从定义来看,质量目标是可追求的，可追求的就应该是先进的。但质量目标也应该是现实的，制定时应考虑组织现在的水平和同行业的情况，在现实的基础上考虑一定的提升空间，使质量目标既高于现实，又经过努力可以达到，真正起到改进质量管理的作用。

4）R——相关性（Relevant）。建立的目标必须与部门、工作岗位紧密相关。例如，一名前台员工，让她学点日常英语以便接电话的时候用得上就很好；让她学习六西格玛就与其工作内容毫不相关了。

5）T——时限性（Time-based）。目标的时限性就是讲目标的实现是有时间限制的。质量目标可分为保持型与改进型两类，一般都有时间方面的限制。如保持，在多长时间内，保持在什么水平；如改进，指多长时间内达到什么水平。

### 1.3.6 质量目标的建立流程与展开方式

**1. 质量目标的建立流程**

质量目标的建立流程见图1.3-3。

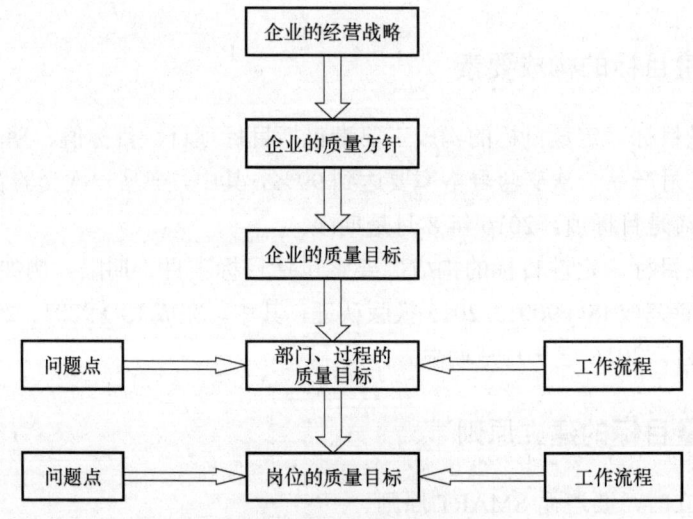

图1.3-3 质量目标的建立流程

企业的质量目标来自企业的经营战略、质量方针。企业各部门根据上一级的质量目标，结合本部门的工作流程与问题点，制订本部门的质量目标。下一级的质量目标由上一级的质量目标展开而来。上一级的质量目标可能展开到几个下级部门。各岗位的质量目标是根据本部门的质量目标、本岗位的工作流程及本岗位的问题点制订的。

将问题点作为部门、岗位质量目标的输入条件，是为了体现持续改进的思想。

将工作流程而不是部门（或岗位）职责作为部门（或岗位）质量目标的输入条件，是为了体现过程管理的思想。本书作者认为，传统的强调岗位的责任是不够的，必须强调流程的责任。

### 2. 质量目标的纵向展开方式

上面讲到，下一级的质量目标由上一级的质量目标展开而来。那么是如何展开的呢？

举个例子，总经理的目标是利润，为了实现这个目标，就要采取很多措施，其中之一是增加销售收入。这一措施与销售经理有直接关系，这样销售收入就成了销售经理的目标。同样销售经理为了实现销售收入这个目标，也要采取很多措施，如增加在网络上的广告投入，这样，广告的点击量就成了广告工程师的目标。

从这个例子可以看出，公司级目标相应的措施构成部门的目标，部门目标的措施构成岗位的目标。每个中间环节都身兼两职：既是上一级别的措施，又是下一级别的目标，构成了一个连锁系列。只要岗位级的措施得到落实，基层管理得到保证，就能依次向上层层保证，最终实现企业的战略目标。图 1.3-4 形象地说明了这一质量目标的纵向展开方式。

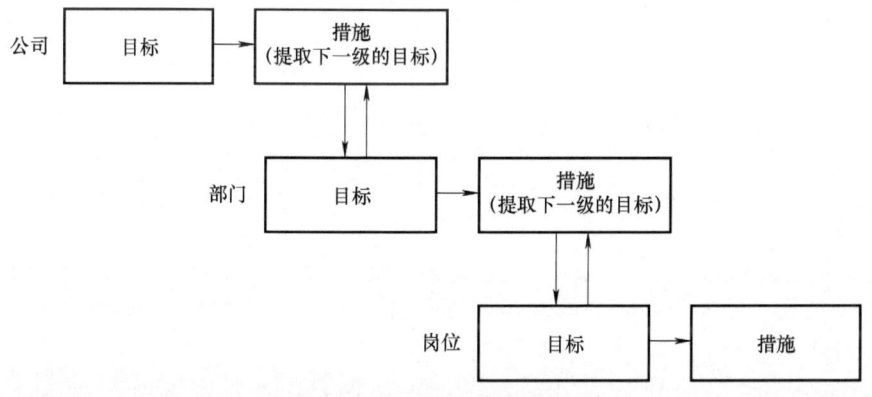

图 1.3-4　质量目标的纵向展开方式

### 3. 质量目标的横向展开方式

质量目标的横向展开是随着时间展开的，一般可分为长期质量目标、中期质量目标和短期质量目标。

## 1.3.7　制订质量目标的实施计划

质量目标的实施计划一般包括 5W1H 最基本的内容，即 Why（为什么做，质量目标）、What（做什么，实现目标的措施）、Who（谁做，职责和权限）、Where

（哪里做）、When（何时做，何时完成）、How（如何做，步骤、方法、资源，以及对结果如何评价等）。

表 1.3-3 是质量目标实施计划的实例。

表 1.3-3　质量目标实施计划

| 序号 | 目标 | 方法措施 | 负责人 | 资源需求 | 启动时间 | 完成时间 | 结果评价方法 |
|---|---|---|---|---|---|---|---|
| 1 | 客户验货一次通过率≥98% | 1）在顾客验货前，由 QA 质量员对出货进行抽检，抽检的 AQL 值要比顾客小一个等级 | QA 质检员 | …… | 2016/8 | 一直进行下去，直到另有规定 | 每个月统计一次客户验货一次通过率 |
| | | 2）对去年的客户验货情况进行统计，找出主要的不合格项目，制订措施加以解决 | 品管部经理 | …… | 2016/7/5 | 1）2016/7/10 制订措施 2）2016/8/30 进行效果验证 | 1）2016/7/11 检查措施制订情况 2）2016/9/1 对 7、8 月份的客户验货一次通过率进行统计分析 |

## 1.4 在文件编写过程中落实过程方法的几个要点

### 1.4.1 单一过程的构成要素

过程的定义是"利用输入提供预期结果的相互关联或相互作用的一组活动"。从过程的定义看,过程应包含 3 个要素:输入、预期结果和活动。组织为了增值,通常对过程进行策划,并使其在受控条件下运行。组织在对每一个过程进行策划时,要确定过程的输入(包括输入的来源)、输出(包括输出的接收者)和为了达到预期结果所需开展的活动,也要确定监视和测量过程绩效的控制和检查点。每一过程的监视和测量检查点会因过程的风险不同而不同。图 1.4-1 是单一过程要素示意图。

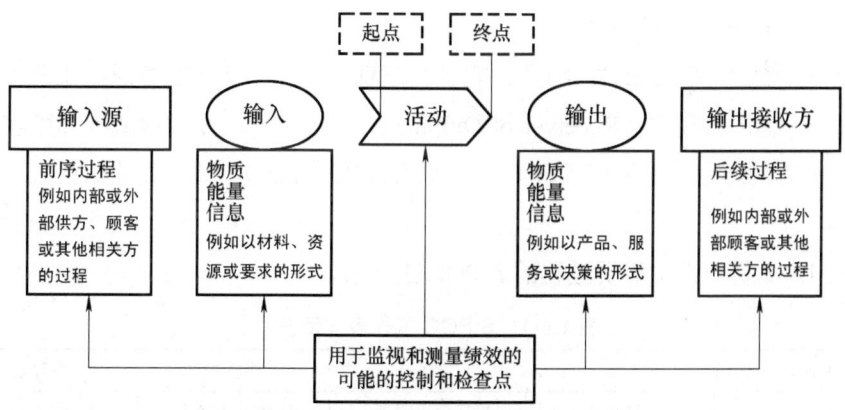

图 1.4-1 单一过程要素示意图

此处的单一过程要素分析示意图,采用的是 SIAOR 图或 SIPOC 图(宏观流程分析图,六西格玛中常用),见图 1.4-2、图 1.4-3。SIAOR 图、SIPOC 图表达的意思相同。

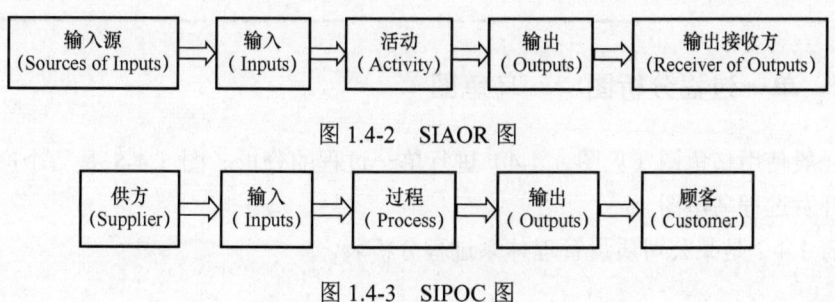

图 1.4-2 SIAOR 图

图 1.4-3 SIPOC 图

SIAOR 来自于输入源、输入、活动、输出和输出接收方的第一个英文字母的缩写；SIPOC 来自于供方、输入、过程、输出和顾客的第一个英文字母的缩写。

S——输入源（Sources of Inputs）：前序过程，如内部或外部供方、顾客或其他相关方的过程。也可以理解 S 是指供方、供应者（Supplier），即提供输入的组织和个人。

I——输入（Inputs）：物质、能量、信息，如以人员、机器、材料、方法、环境或要求的形式。

A——活动（Activity）：将输入转化为输出的活动，也就是过程（Process）。过程是使输入发生改变的一组步骤，理论上，这个过程（由这些步骤组成的过程）将增加输入的价值。要设立对过程绩效进行监视和测量的监控点（风险点），确保过程的活动得到管理和控制。

O——输出（Outputs）：物质、能量、信息，如以产品和服务或决策的形式。

R——输出接收方（Receiver of Outputs）：后续过程，如内部或外部顾客或者其他相关方的过程。也可以理解 C 是指顾客（Customer），即接收输出的人、组织或过程。

表 1.4-1 是一设备租赁过程的 SIPOC 工作表。

表 1.4-1　SIPOC 工作表（示例）

| 供方 S | 输入 I | 过程 P | 输出 O | 顾客 C |
|---|---|---|---|---|
| 申请人 | 租赁申请 | 顾客信用调查 | 批准的申请表 | 申请人 |
|  | 资质证明 | 设备确认与准备 | 出租的设备 |  |
|  | 信用证明 | 随机文件的准备 | 随机文件 |  |
| 信用调查部门 | 信用报告 | 收取押金 | 服务信息 |  |
|  |  | 交付 |  |  |

### 1.4.2　单一过程分析图——乌龟图

一般使用乌龟图（见图 1.4-4）进行单一过程的分析。图 1.4-5 是一个产品设计和开发过程乌龟图。

表 1.4-2 是某公司质量管理体系过程分析表。

# 第1章 ISO 9001：2015 质量管理体系文件的几个要点

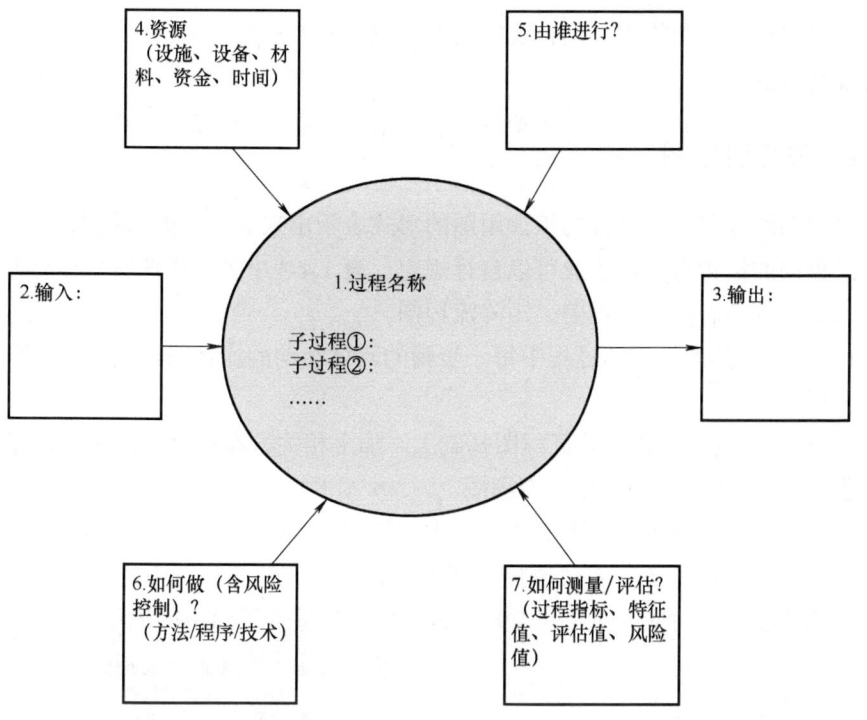

说明：

| 编号 | 内容 |
|---|---|
| 1 | 过程名称及主要活动（或子过程） |
| 2 | 过程输入，如文件、要求、报告、信息、计划等 |
| 3 | 过程输出，如产品、文件、计划、报告、信息等 |
| 4 | 过程中使用的资源，包括设备、计算机系统（硬件和软件）、材料、工具等（填上重要的即可） |
| 5 | 责任部门/人的职责，要考虑与之匹配的教育、培训和经历要求 |
| 6 | 相关的过程控制（含风险控制）文件、程序、规定 |
| 7 | 反映过程有效性的过程绩效指标、特征值、风险值等 |

图 1.4-4 乌龟图（示意图）

## 1.4.3 过程网络图

质量管理体系是由多个过程组成的，过程与过程之间存在一定的关系。一个过程的输出通常是其他过程的输入，这种关系往往不是一个简单的按顺序排列的结构，而是一个比较复杂的网络结构：一个过程的输出可能成为多个过程的输入，而几个过程的输出也可能成为一个过程的输入。

为了了解质量管理体系各个过程的关系，建立质量管理体系过程网络图是很有必要的。

建立过程网络图的方式因企业的具体情况不同而有所差异。图1.4-6是某企业的过程网络图。

### 1.4.4 过程流程图

流程图就是将一个过程的步骤用图的形式表示出来的一种图示技术。

流程图的标识符号，企业可以自行规定，表1.4-3中的流程图符号仅供参考。

常用流程图有任务流程图、矩阵流程图。

1）任务流程图。描述过程中每一步骤的具体活动的流程图，图1.4-7即为一任务流程图。

2）矩阵流程图。在任务流程图基础上，加上相关方在过程中的关系，即为矩阵流程图，图1.4-8即为一矩阵流程图。

在程序文件中，流程图要结合控制要求一起使用,具体情况参见第3章~第7章。

有时左边放流程图，右边放控制要求，并保持左边流程图中的活动与右边的活动控制要求一一对应（见图1.4-9）。这一模式只适合于简单的流程图。

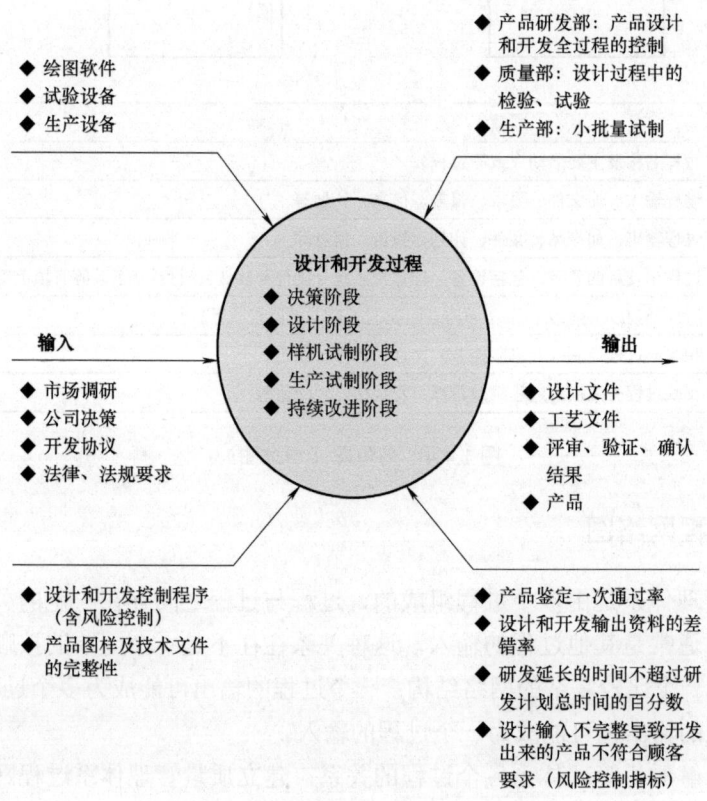

图1.4-5 产品设计和开发过程乌龟图

# 第1章 ISO 9001：2015质量管理体系文件的几个要点

表1.4-2 质量管理体系过程分析表

| 序号 | 过程名称 | 过程输入 | 过程输出 | 过程绩效指标 | 主管人/部门 | 方法/相关文件 |
|---|---|---|---|---|---|---|
| 1 | 风险控制 | ◆ 企业内、外部的环境信息<br>◆ 组织的业务活动及活动场所 | ◆ 风险识别、风险分析与评价表<br>◆ 风险应对计划<br>◆ 风险应对计划实施的检查记录 | 风险控制达标率 | 质量部 | 风险控制程序 |
| 2 | 质量目标管理 | ◆ 公司战略<br>◆ 工作流程<br>◆ 问题点 | ◆ 质量目标及其行动计划<br>◆ 质量目标及行动计划实施的检查记录 | 质量目标达成率 | 质量部 | 质量目标管理程序 |
| 3 | 设备管理 | ◆ 工艺改进的需求<br>◆ 设备保养的需求<br>◆ 设备配置更新的需求 | ◆ 合格的设备<br>◆ 设备台账<br>◆ 设备操作指导书<br>◆ 保养计划<br>◆ 设备保养、维修记录 | 1）设备月平均故障时间<br>2）设备月故障次数超过3次的机台百分数 | 设备部 | 设备管理程序 |
| 4 | 工装管理 | ◆ 新产品开发需求<br>◆ 老产品改进需求<br>◆ 生产和更换需求<br>◆ 现有工装状况 | ◆ 合格的工装<br>◆ 工装台账<br>◆ 工装维护、保养、处置记录 | 1）工装月平均故障时间<br>2）月故障次数超过3次的工装百分数<br>3）工装采购/制作及时率 | 设备部 | 工装管理程序 |
| 5 | 监视和测量设备管理 | ◆ 监测设备的配置需求<br>◆ 监视和测量能力保证的需要<br>◆ 国家法律法规的要求 | ◆ 合格的监视和测量设备<br>◆ 检定/校准证书 | 1）按期校准/检定完成率<br>2）周期校准/检定合格率 | 质量部 | 监视和测量设备管理程序 |
| 6 | 知识管理 | ◆ 内部来源：失败和成功的项目、未成文的个人经验等<br>◆ 外部来源：学术交流、专业会议等 | ◆ 作业指导文件<br>◆ 发布在公司网站共享的知识 | 知识发布准时率 | 人力资源部 | 知识管理控制程序 |

(续)

| 序号 | 过程名称 | 过程输入 | 过程输出 | 过程绩效指标 | 主管人/部门 | 方法/相关文件 |
|---|---|---|---|---|---|---|
| 7 | 培训管理 | ◆新进员工<br>◆转岗员工<br>◆在职提高需要 | ◆员工培训记录表<br>◆培训效果评价表<br>◆上岗证 | 1)培训计划达成率<br>2)培训效果满意度 | 人力资源部 | 培训管理程序 |
| 8 | 文件控制 | ◆文件编写的需求<br>◆文件更改的需求<br>◆外来文件 | ◆受控文件分发、回收记录<br>◆文件更改通知单<br>◆现场表得到适宜的受控文件<br>◆文件得到妥善保护 | 1)每月在现场发现非有效版本文件的份数<br>2)每月发现没有文件的地方没有文件的次数 | 文控中心 | 文件控制程序 |
| 9 | 合同管理 | ◆顾客合同订单及其变更<br>◆法律、法规要求 | ◆合同/订单评审表<br>◆顾客订货要求表<br>◆签订正式合同<br>◆合同/订单更改通知单<br>◆合同/订单统计台账 | 1)合同/订单评审及时率<br>2)订单交期准确率 | 营销部 | 合同管理程序 |
| 10 | 顾客投诉处理 | ◆顾客投诉<br>◆顾客退货 | ◆临时应急措施要求表<br>◆顾客投诉处理报告单 | 1)顾客投诉回复延误次数<br>2)顾客投诉相同问题的次数 | 质量部 | 顾客投诉处理程序 |
| 11 | 设计和开发 | ◆市场调研<br>◆公司决策<br>◆开发协议<br>◆法律、法规要求 | ◆设计文件<br>◆工艺文件<br>◆评审、验证、确认结果<br>◆产品 | 1)产品鉴定一次通过率<br>2)设计和开发输出资料的差错率<br>3)研发延长的时间不超过研发计划总时间的百分数 | 产品研发部 | 设计和开发控制程序 |

# 第1章 ISO 9001：2015 质量管理体系文件的几个要点

（续）

| 序号 | 过程名称 | 过程输入 | 过程输出 | 过程绩效指标 | 主管人/部门 | 方法/相关文件 |
|---|---|---|---|---|---|---|
| 12 | 供应商管理 | ◆ 供应商开发需求<br>◆ 现有供应商动态管理需求 | ◆ 合格供应商名单<br>◆ 供应商业绩评价表 | 1）A 类供应商比例<br>2）质量评价得分大于 35 分的供应商百分数 | 采购部 | 供应商管理程序 |
| 13 | 采购管理 | ◆ 物料需求计划<br>◆ 物料请购单 | ◆ 符合要求的采购物料<br>◆ 进料检验报告<br>◆ 外购入库单 | 1）来料批合格率<br>2）交期准时率 | 采购部 | 采购管理程序 |
| 14 | 生产 | ◆ 生产计划<br>◆ 订单要求<br>◆ 原辅材料、零件 | ◆ 合格产品<br>◆ 检验记录<br>◆ 生产报表 | 1）生产计划达成率<br>2）入库检验一次通过率<br>3）物料报废率 | 生产部 | 生产过程管理程序 |
| 15 | 产品交货 | ◆ 顾客订单<br>◆ 待出产品<br>◆ 合同/订单跟进控制表 | ◆ 产品交付给顾客<br>◆ 送货单 | 交货准时率 | 营销部 | 产品交货管理程序 |
| 16 | 产品检验 | ◆ 待检产品<br>◆ 顾客要求<br>◆ 技术要求 | ◆ 检验过的产品<br>◆ 检验记录 | 1）材料上线不良率<br>2）来料上线异常批次数<br>3）半成品入库批合格率<br>4）顾客批退货数<br>5）顾客退货率 | 质量部 | 产品检验控制程序 |
| 17 | 不合格品控制 | ◆ 不合格品<br>◆ 状态可疑产品 | ◆ 不合格品处理记录<br>◆ 返工以后检验记录<br>◆ 不合格品得到处理 | 不合格品发被处理次数 | 质量部 | 不合格品控制程序 |
| 18 | 顾客满意度调查 | ◆ 顾客满意的信息 | ◆ 顾客满意度调查结果及分析报告<br>◆ 纠正措施报告单 | 1）调查表发放覆盖率<br>2）调查表回收率 | 营销部 | 顾客满意度控制程序 |

（续）

| 序号 | 过程名称 | 过程输入 | 过程输出 | 过程绩效指标 | 主管人/部门 | 方法/相关文件 |
|---|---|---|---|---|---|---|
| 19 | 分析与评价 | ◆监视和测量表获得的适当的数据和信息 | ◆数据和信息分析结果的利用（确定质量管理体系的绩效和有效性及需要的改进） | 分析和评价报告报交的准时性 | 管理者代表 | 分析与评价控制程序 |
| 20 | 内部审核 | ◆ISO 9001 标准<br>◆质量管理体系文件<br>◆相关法律法规<br>◆顾客要求 | ◆内部审核报告<br>◆不合格项报告表 | 1）每次审核不合格项按时关闭率<br>2）不合格项重复发生率 | 管理者代表 | 内部审核控制程序 |
| 21 | 管理评审 | ◆以往管理评审所采取措施的实施情况<br>◆与质量管理体系相关的内外部因素的变化<br>◆有关质量管理体系绩效和有效性的信息<br>◆资源的充分性<br>◆应对风险和机遇所采取措施的有效性<br>◆改进的机会、意见和建议 | ◆管理评审报告（含改进的机会、质量管理体系所需的变更、资源需求） | 管理评审输出中的决定和措施的按时完成率 | 总经理 | 管理评审控制程序 |
| 22 | 纠正措施控制 | ◆不合格信息 | ◆临时应急措施要求表<br>◆纠正措施报告单 | 纠正措施按时完成率 | 管理者代表 | 纠正与措施控制程序 |

# 第 1 章 ISO 9001：2015 质量管理体系文件的几个要点

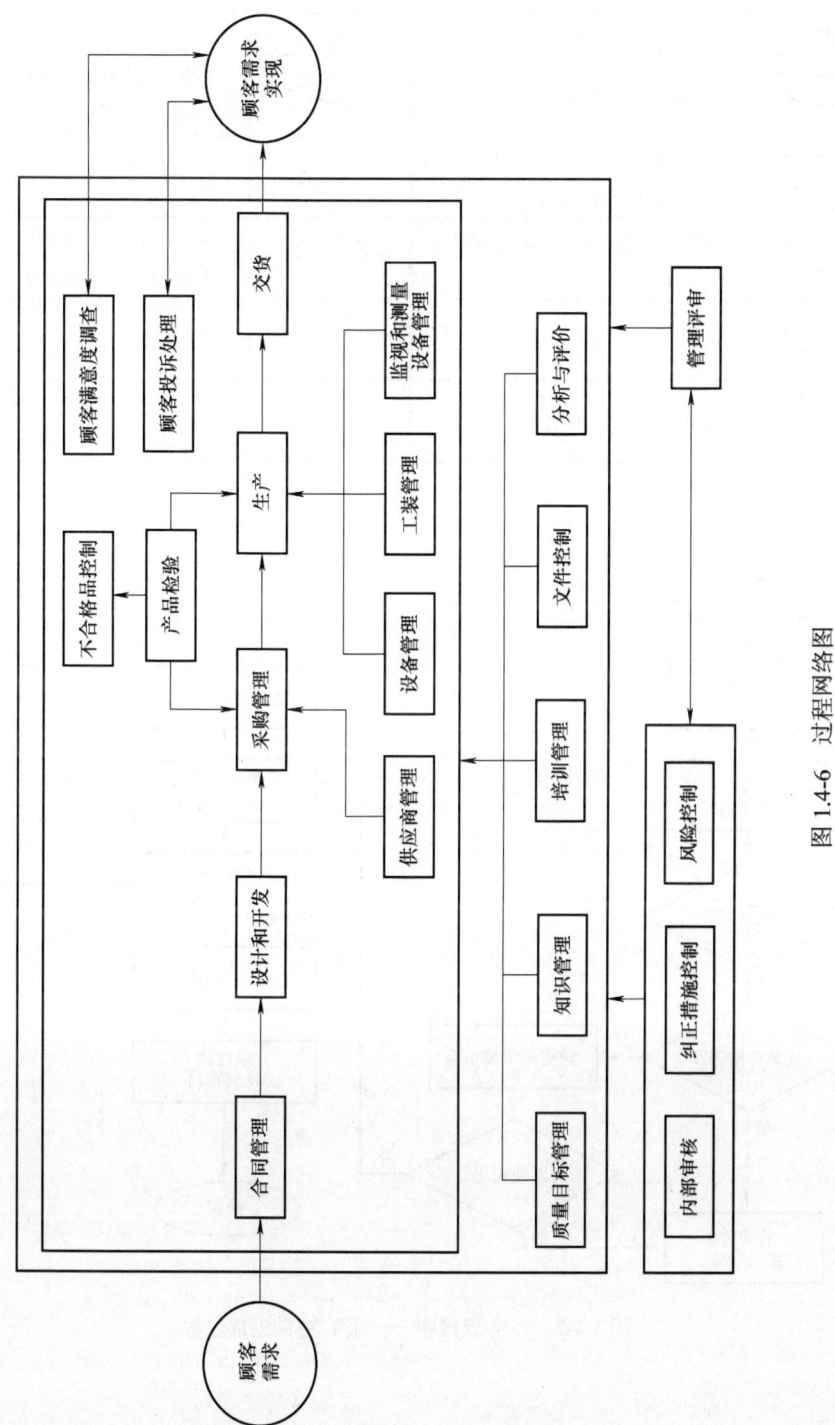

图 1.4-6 过程网络图

表 1.4-3 流程图符号

| 图形 | 说明 | 图形 | 说明 |
|---|---|---|---|
| ⬭ | 流程的开始或结束 | ◇ | 根据判定条件自动选择下一个分支流向 |
| ▭ | 具体任务或工作，如步骤说明、流入条件、责任人、消耗项等 | → | 连接线，箭头表示流向 |
| ⬢ | 设置等待时间和流入条件后由系统自动启动 | ⬡ | 两个并行节点之间的所有分支必须全部完成才能跳出继续 |
| ▱ | 备注 | ⬯ | 信息来源 |
| ▱ | 过程中涉及的文档信息 | ⬠ | 两个节点之间有一个分支完成就能跳出继续 |

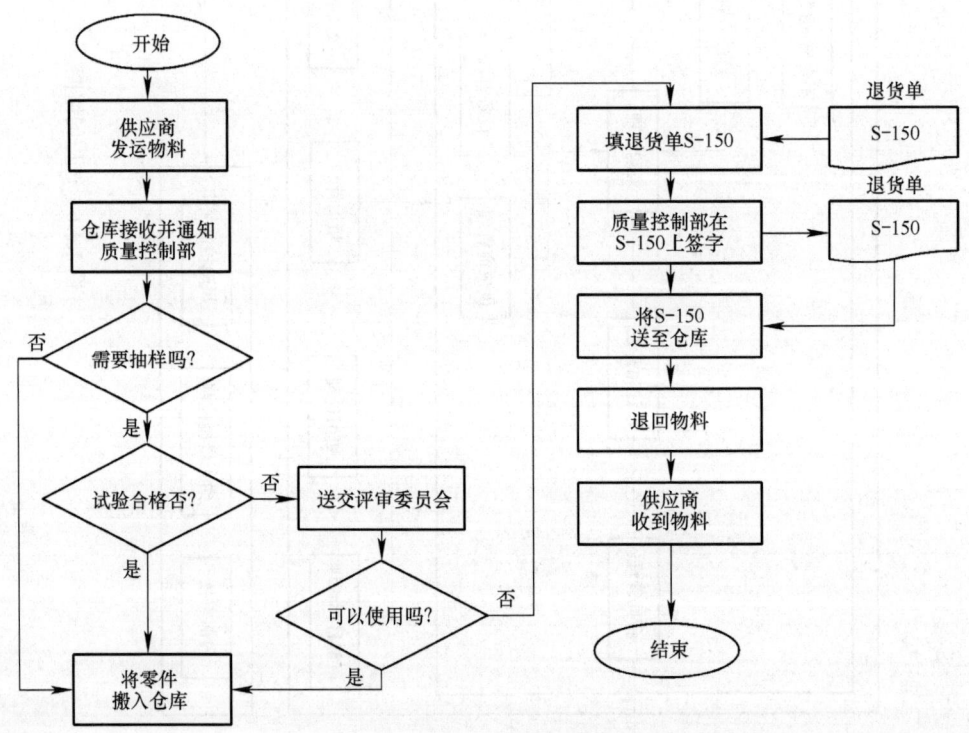

图 1.4-7 任务流程图——采购物料进货过程

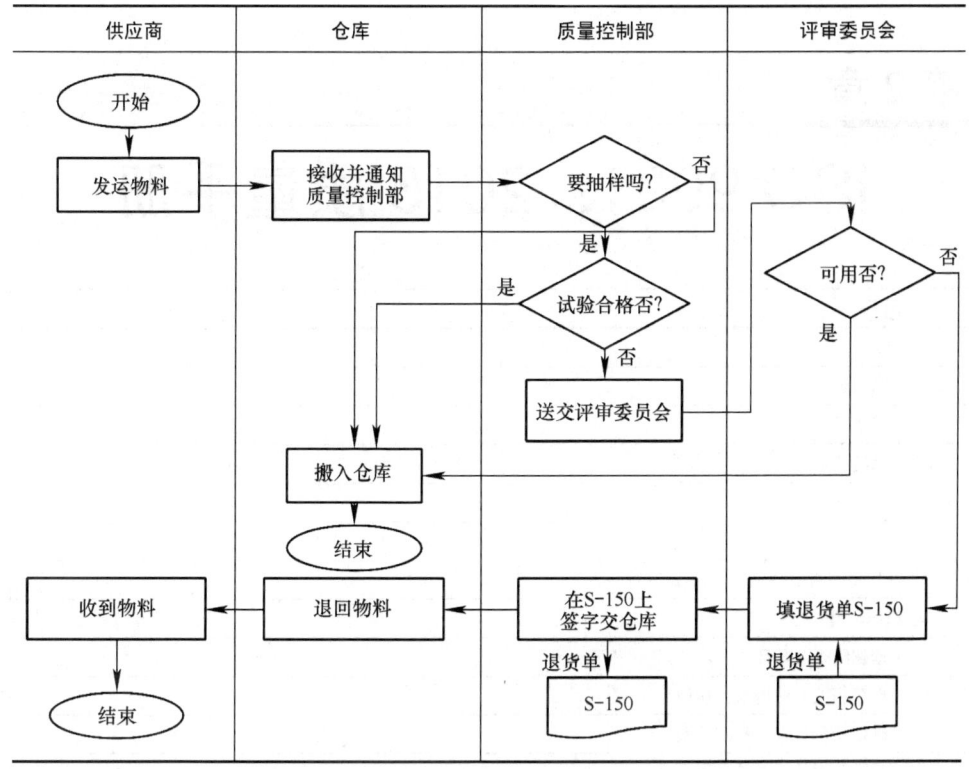

图 1.4-8 矩阵流程图——采购物料进货过程

| 流程 | 权责 | 衡量指标 | 主要活动描述 | 支持文件/相关记录 |
|---|---|---|---|---|
| 生产件批准提出 | 项目小组，相关部门主管工程师 | | 5.1 当出现"生产件批准实施时机"（附录A）的情况时，若是新产品由项目小组负责提出要求；若是老产品，由相关部门的主管工程师提出要求 | 生产件批准实施时机 |
| 实施准备 | 设计工程公司主管工程师，相关部门主管工程师 | | 5.2 设计工程公司根据提出的生产件批准的要求组织相关部门与顾客就提交日期、提交等级、提交文件清单、样品数量等进行协商，涉及供应商的还要与其协商，并取得一致，最终得到顾客批准 | |

图 1.4-9 左边放流程图，右边放控制要求的情况

# 第 2 章

# ISO 9001：2015 质量手册

| 目录 |
|---|
| 0　引言 |
| 0.1　发布令 |
| 0.2　手册说明 |
| 0.3　术语和定义 |
| 1　企业概况 |
| 2　企业组织结构图、部门职责 |
| 3　手册章节与 ISO 9001 标准章节对照表 |
| 4　组织环境 |
| 4.1　理解组织及其环境 |
| 4.2　理解相关方的需求和期望 |
| 4.3　确定质量管理体系的范围 |
| 4.4　质量管理体系及其过程 |
| 5　领导作用 |
| 5.1　领导作用和承诺 |
| 5.1.1　总则 |
| 5.1.2　以顾客为关注焦点 |
| 5.2　方针 |
| 5.2.1　本公司的质量方针 |
| 5.2.2　沟通质量方针 |
| 5.3　组织的岗位、职责和权限 |
| 6　策划 |
| 6.1　应对风险和机遇的措施 |
| 6.2　质量目标及其实现的策划 |
| 6.3　变更的策划 |
| 7　支持 |
| 7.1　资源 |
| 7.1.1　总则 |
| 7.1.2　人员 |
| 7.1.3　基础设施 |
| 7.1.4　过程运行环境 |

（续）

| | |
|---|---|
| 7.1.5 | 监视和测量资源 |
| 7.1.6 | 组织的知识 |
| 7.2 | 能力 |
| 7.3 | 意识 |
| 7.4 | 沟通 |
| 7.5 | 成文信息 |
| 7.5.1 | 总则 |
| 7.5.2 | 创建和更新 |
| 7.5.3 | 成文信息的控制 |
| 8 | 运行 |
| 8.1 | 运行策划和控制 |
| 8.2 | 产品和服务的要求 |
| 8.2.1 | 顾客沟通 |
| 8.2.2 | 产品和服务要求的确定 |
| 8.2.3 | 产品和服务要求的评审 |
| 8.2.4 | 产品和服务要求的更改 |
| 8.3 | 产品和服务的设计和开发 |
| 8.3.1 | 总则 |
| 8.3.2 | 设计和开发策划 |
| 8.3.3 | 设计和开发输入 |
| 8.3.4 | 设计和开发控制 |
| 8.3.5 | 设计和开发输出 |
| 8.3.6 | 设计和开发更改 |
| 8.4 | 外部提供的过程、产品和服务的控制 |
| 8.4.1 | 总则 |
| 8.4.2 | 控制类型和程度 |
| 8.4.3 | 提供给外部供方的信息 |
| 8.5 | 生产和服务提供 |
| 8.5.1 | 生产和服务提供的控制 |
| 8.5.2 | 标识和可追溯性 |
| 8.5.3 | 顾客或外部供方的财产 |
| 8.5.4 | 防护 |
| 8.5.5 | 交付后的活动 |
| 8.5.6 | 更改控制 |
| 8.6 | 产品和服务的放行 |
| 8.7 | 不合格输出的控制 |
| 9 | 绩效评价 |

（续）

| | |
|---|---|
| 9.1 | 监视、测量、分析和评价 |
| 9.1.1 | 总则 |
| 9.1.2 | 顾客满意 |
| 9.1.3 | 分析与评价 |
| 9.2 | 内部审核 |
| 9.3 | 管理评审 |
| 9.3.1 | 总则 |
| 9.3.2 | 管理评审输入 |
| 9.3.3 | 管理评审输出 |
| 10 | 改进 |
| 10.1 | 总则 |
| 10.2 | 不合格和纠正措施 |
| 10.3 | 持续改进 |
| 附录 1 | 过程关系图 |
| 附录 2 | 过程分析表 |
| 附录 3 | 职能分配矩阵表 |
| 附录 4 | 质量目标清单 |
| 附录 5 | 程序文件清单 |

# 0 引言

## 0.1 发布令

本手册是依据 ISO 9001：2015《质量管理体系　要求》标准编制的质量管理体系纲领性文件，它阐述了公司的质量方针及质量目标，并对质量管理体系的过程顺序和相互作用进行了描述。

本手册是公司质量管理体系运行的基本准则，也是公司对遵守国家法律法规、保证顾客权益的承诺。遵守本手册是公司每个员工应尽的责任。

## 0.2 手册说明

a）本手册确定了本公司的质量方针、目标，并根据 ISO 9001：2015《质量管理体系　要求》标准的要求对质量管理体系的过程顺序和相互作用进行了纲领性说明。旨在为管理活动、管理行为的持续改进指明方向和途径。

b）本手册适用于公司断路器、继电器、电能表的研发、生产与服务。

c）本手册的内容覆盖了 ISO 9001：2015 的所有要求，并对这些要求做了适合本公司需要的规定。

d）本公司内部使用的《质量手册》属受控文件。由于合同或协议等要求外发的，不属受控文件，因此对其版本的有效性，本公司不做跟踪。

e）按《文件控制程序》的要求做好本质量手册的发放和管理。

f）本手册经公司总经理批准后生效，各部门都应遵守本手册的规定。

## 0.3 术语和定义

有关质量方面的术语和定义采用 ISO 9000：2015《质量管理体系 基础和术语》中的术语和定义。

企业自定术语和定义在相关的文件中做出说明。

## 1 企业概况

（略）

## 2 企业组织结构图、部门职责

### 2.1 组织结构图

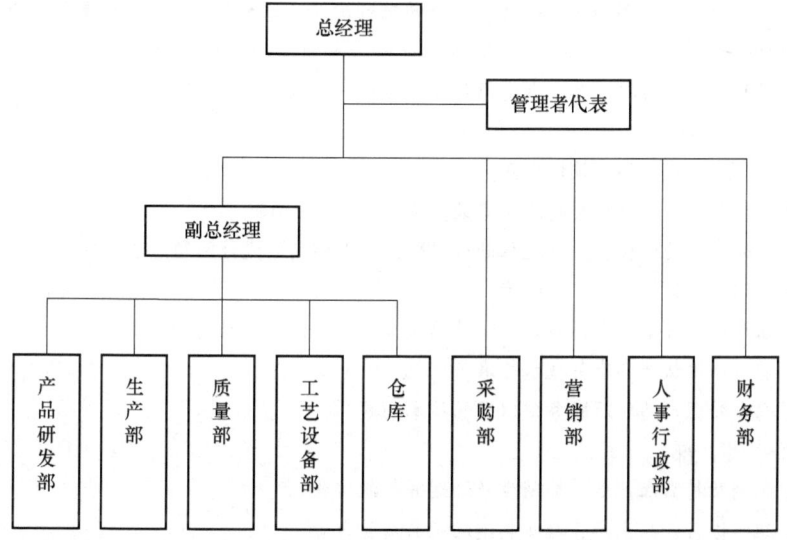

### 2.2 高管及部门职责

#### 2.2.1 总经理

1）主持公司的全面工作，任命管理者代表，确定公司组织结构图及部门职责，确保组织内的职责和权限得到确定和沟通。

2）确定公司的质量方针、质量目标，主持管理评审。

3）批准和颁布《质量手册》。作为企业产品质量第一责任人，确保对质量管理体系进行策划，对企业的产品质量负最终的责任。

4）特殊合同、设计任务书、产品鉴定评审报告等的批准。

5）保证为质量管理体系持续有效的运行配备所需的资源与资金。

6）贯彻国家方针、政策、法律、法规，主持重要的质量生产工作会议。

#### 2.2.2 管理者代表

1）按 ISO9001 标准的要求建立、实施和维护质量管理体系，确保各过程获得其预期的输出。

2）向总经理报告质量管理体系的业绩以及质量管理体系需要改进的情况，在整个组织内推动以顾客为关注焦点。

3）负责与认证机构进行协调与联络。

4）监督、协调纠正和改进措施的实施。

5）负责选定审核组长及审核员，并审批内部质量体系审核计划。

6）组织对现有文件进行评审，对记录的控制情况进行监督。

### 2.2.3 副总经理

1）指导、协调、监督和检查其分管部门的工作，对其分管部门工作中的问题进行纠正。

2）组织制订、修订分管部门的规章制度，并认真组织实施。

3）监督检查分管部门对各项规章制度的执行情况，及时解决失职、违章行为以及生产中的质量问题。

4）遇有特别紧急的情况，有权指令停止生产，并着手进行处理工作。

### 2.2.4 产品研发部

1）负责组织新产品的设计和开发。

2）负责制定产品单机材料消耗定额，负责BOM的编制。

3）对新产品的设计、生产过程进行跟踪；处理遇到的设计问题。

4）组织新产品样机的性能测试。

5）组织设计评审、设计验证、设计确认工作，对设计更改的控制负责。

6）制订并确认产品有关技术标准及规范。

7）配合处理产品售后服务中出现的技术问题。

### 2.2.5 生产部

1）编制物料需求计划；编制生产计划并组织实施。

2）组织进行产品生产，对所制造的产品质量负责。

3）负责进行产能负荷分析，负责生产效率的改善，负责物料的控制。

4）负责设备的日常保养，对设备的安全操作负责。

5）组织进行安全和文明生产，确保生产车间的设施、工作环境能够满足工作需要。

6）负责按规定做好产品的标识。

7）就产品的生产，协调各职能部门的工作进度和衔接。

8）负责生产过程中材料、零部件及入库成品的搬运；负责产品的包装。

### 2.2.6 质量部

1）负责原材料、零部件及产品的检验和试验，并做记录。

2）负责检验工序的质量监视和测量工作，负责对重要的过程、质量控制点进行巡回质量监视。

3）负责组织对过程绩效进行监视和测量，负责检查质量目标的完成情况。

4）组织做好风险的识别、评价工作，监督并检查风险应对计划的实施。

5）对内、外部信息交流工作进行监督，负责收集与分析产品质量信息。

6）对不符合的处理、对纠正措施的执行进行监督。

7）负责监视和测量设备的管理。

8）负责不合格品的处理和过程的监控。

9）协助处理出厂产品的质量问题。

10）组织实施产品认证。

11）做好产品的检验和试验状态标识。

12）正确运用统计技术，为采取改进措施提供依据。

### 2.2.7　工艺设备部

1）进行工艺设计，编制生产工艺规程。

2）对生产过程进行技术指导和监督，主持特殊工序的确认。

3）做好新产品投产、老产品改造所需设备、生产线及其他工艺手段的筹备与规划管理。

4）运用IE技术进行作业研究与分析。

5）负责贯彻劳动工艺纪律，经常检查工艺纪律执行情况，及时纠正存在的问题。

6）负责工艺数据的收集与分析，组织解决生产过程中的工艺问题。

7）负责工装夹具的设计，并提出保证工序能力的措施。

8）负责供水、供电、供气；负责工厂设施、设备的维护和维修。

9）负责编制有关设备的安全操作规程供车间使用。

### 2.2.8　仓库

1）负责物料和产品的接收、保管和防护，并做好记录。

2）做好安全存量管制，负责余料的回收、记录和处理。

3）负责入仓不合格物料、废料和废品的标识、隔离和处理。

4）做好易燃、易爆品和库房的消防安全工作；确保库房消防设施完备和消防通路通畅。

5）管理好仓库的灭火设施，对仓库的火灾隐患进行整改。

6）做好各类劳动防护用品的保管和发放工作。

7）管理好易燃、易爆、剧毒化学危险品，严格执行危险品的发放制度。

### 2.2.9　采购部

1）负责组织对供应商的选择、评价和再评价，并建立合格供应商的档案。

2）组织编制采购文件并负责物资采购的计划安排与实施。

3）组织采购物料和产品的运输，并确保其及时性与安全性。

4）负责采购信息的收集与分析。

### 2.2.10　营销部

1）开展市场调研工作，确定市场对产品的需求，获得产品的供销信息。

2）组织、策划和实施市场开发，确定市场需要。

3）了解顾客的要求，协助其确定对产品的特殊需要。

4）建立顾客档案，将顾客的有关资料予以收集保管。

5）组织商务洽谈及合同的评审工作。

6）收集、反馈产品和服务的质量信息，为产品的开发提供咨询建议。

7）对顾客的需求信息进行收集与分析。
8）对顾客满意度进行评价。
9）负责产品交付、组织实施售后服务，并将售后服务的质量信息反馈给有关部门。

#### 2.2.11 人事行政部
1）建立公司的人事制度，并组织实施。
2）建立公司的行政制度，并组织实施。
3）建立员工的培训制度，并组织实施。
4）人员的招聘与解雇处理。
5）考勤、工资、福利管理。
6）人员考核管理、知识管理。
7）做好职工伙食、住宿、环境卫生等后勤管理。
8）做好消防、安全和保卫管理。
9）建立员工人事档案（包含员工的教育、培训、经历的记录）。
10）负责所有受控文件的发放和管理并指导各部门进行文件管理。

#### 2.2.12 财务部
1）负责财务预算的编制和财务预算的管理。
2）负责债权债务的核算清理。
3）负责公司日常费用审核、报销，负责公司日常现金、银行存款收支结算、核算管理。
4）负责每月编制工资报表及发放工资，负责每月复核公司员工社保、住房公积金费用。
5）负责每月各项税金的计算、核算、申报及缴纳。
6）负责每月总账、明细账按时结账，核对相符，按月编报会计报表。
7）负责每月业务成本、管理费用、财务费用的归集、核算、结转。
8）负责协调与银行、工商、税务部门的关系。
9）做好公司资产的定期清查、盘点工作。

### 3 手册章节与ISO 9001标准章节对照表

a）本公司质量手册的内容覆盖了ISO 9001：2015标准的所有要求，并对这些要求做了适合本公司需要的规定。

b）本公司质量手册章节与ISO 9001：2015章节对照见表1。

表1 质量手册章节与ISO 9001：2015章节对照

| ISO 9001：2015标准章节 | 质量手册章节 |
| --- | --- |
| 4 组织环境 | 4 组织环境 |
| 4.1 理解组织及其环境 | 4.1 理解组织及其环境 |
| 4.2 理解相关方的需求和期望 | 4.2 理解相关方的需求和期望 |
| 4.3 确定质量管理体系的范围 | 0.2 手册说明<br>4.3 确定质量管理体系的范围 |
| 4.4 质量管理体系及其过程 | 4.4 质量管理体系及其过程<br>附录1 过程关系图<br>附录2 过程分析表 |

（续）

| ISO 9001：2015 标准章节 | 质量手册章节 |
| --- | --- |
| 5　领导作用 | 5　领导作用 |
| 5.1　领导作用和承诺 | 5.1　领导作用和承诺 |
| 5.1.1　总则 | 5.1.1　总则 |
| 5.1.2　以顾客为关注焦点 | 5.1.2　以顾客为关注焦点 |
| 5.2　方针 | 5.2　方针 |
| 5.2.1　建立质量方针 | 5.2.1　本公司的质量方针 |
| 5.2.2　沟通质量方针 | 5.2.2　沟通质量方针 |
| 5.3　组织的岗位、职责和权限 | 2　企业组织结构图、部门职责<br>5.3　组织的岗位、职责和权限<br>附录 3　职能分配矩阵表 |
| 6　策划 | 6　策划 |
| 6.1　应对风险和机遇的措施 | 6.1　应对风险和机遇的措施 |
| 6.2　质量目标及其实现的策划 | 6.2　质量目标及其实现的策划<br>附录 4　质量目标清单 |
| 6.3　变更的策划 | 6.3　变更的策划 |
| 7　支持 | 7　支持 |
| 7.1　资源 | 7.1　资源 |
| 7.1.1　总则 | 7.1.1　总则 |
| 7.1.2　人员 | 7.1.2　人员 |
| 7.1.3　基础设施 | 7.1.3　基础设施 |
| 7.1.4　过程运行环境 | 7.1.4　过程运行环境 |
| 7.1.5　监视和测量资源 | 7.1.5　监视和测量资源 |
| 7.1.6　组织的知识 | 7.1.6　组织的知识 |
| 7.2　能力 | 7.2　能力 |
| 7.3　意识 | 7.3　意识 |
| 7.4　沟通 | 7.4　沟通 |
| 7.5　形成文件的信息 | 7.5　形成文件的信息 |
| 7.5.1　总则 | 7.5.1　总则<br>附录 5　程序文件清单 |
| 7.5.2　创建和更新 | 7.5.2　创建和更新 |
| 7.5.3　形成文件的信息的控制 | 7.5.3　形成文件的信息的控制 |
| 8　运行 | 8　运行 |
| 8.1　运行策划和控制 | 8.1　运行策划和控制 |
| 8.2　产品和服务的要求 | 8.2　产品和服务的要求 |
| 8.2.1　顾客沟通 | 8.2.1　顾客沟通 |
| 8.2.2　产品和服务要求的确定 | 8.2.2　产品和服务要求的确定 |

(续)

| ISO 9001：2015标准章节 | 质量手册章节 |
|---|---|
| 8.2.3 产品和服务要求的评审 | 8.2.3 产品和服务要求的评审 |
| 8.2.4 产品和服务要求的更改 | 8.2.4 产品和服务要求的更改 |
| 8.3 产品和服务的设计和开发 | 8.3 产品和服务的设计和开发 |
| 8.3.1 总则 | 8.3.1 总则 |
| 8.3.2 设计和开发策划 | 8.3.2 设计和开发策划 |
| 8.3.3 设计和开发输入 | 8.3.3 设计和开发输入 |
| 8.3.4 设计和开发控制 | 8.3.4 设计和开发控制 |
| 8.3.5 设计和开发输出 | 8.3.5 设计和开发输出 |
| 8.3.6 设计和开发更改 | 8.3.6 设计和开发更改 |
| 8.4 外部提供的过程、产品和服务的控制 | 8.4 外部提供的过程、产品和服务的控制 |
| 8.4.1 总则 | 8.4.1 总则 |
| 8.4.2 控制类型和程度 | 8.4.2 控制类型和程度 |
| 8.4.3 提供给外部供方的信息 | 8.4.3 提供给外部供方的信息 |
| 8.5 生产和服务提供 | 8.5 生产和服务提供 |
| 8.5.1 生产和服务提供的控制 | 8.5.1 生产和服务提供的控制 |
| 8.5.2 标识和可追溯性 | 8.5.2 标识和可追溯性 |
| 8.5.3 顾客或外部供方的财产 | 8.5.3 顾客或外部供方的财产 |
| 8.5.4 防护 | 8.5.4 防护 |
| 8.5.5 交付后的活动 | 8.5.5 交付后的活动 |
| 8.5.6 更改控制 | 8.5.6 更改控制 |
| 8.6 产品和服务的放行 | 8.6 产品和服务的放行 |
| 8.7 不合格输出的控制 | 8.7 不合格输出的控制 |
| 9 绩效评价 | 9 绩效评价 |
| 9.1 监视、测量、分析和评价 | 9.1 监视、测量、分析和评价 |
| 9.1.1 总则 | 9.1.1 总则 |
| 9.1.2 顾客满意 | 9.1.2 顾客满意 |
| 9.1.3 分析与评价 | 9.1.3 分析与评价 |
| 9.2 内部审核 | 9.2 内部审核 |
| 9.3 管理评审 | 9.3 管理评审 |
| 9.3.1 总则 | 9.3.1 总则 |
| 9.3.2 管理评审输入 | 9.3.2 管理评审输入 |
| 9.3.3 管理评审输出 | 9.3.3 管理评审输出 |
| 10 改进 | 10 改进 |
| 10.1 总则 | 10.1 总则 |
| 10.2 不合格和纠正措施 | 10.2 不合格和纠正措施 |
| 10.3 持续改进 | 10.3 持续改进 |

## 4 组织环境

### 4.1 理解组织及其环境

本公司确定并管理与本公司目标、战略方向相关并影响本公司实现质量管理体系预期结果的各种外部和内部环境因素。

本公司通过管理评审等手段，对这些内部、外部环境因素的相关信息进行监视和评审。如果出现引起质量管理体系变化的内部、外部环境因素，本公司将改进质量管理体系以适应这些变化。

### 4.2 理解相关方的需求和期望

由于相关方对组织持续提供符合顾客要求和适用法律法规要求的产品和服务的能力具有影响或潜在影响，因此，本公司将做到：

a）在建立质量管理体系时，识别、确定与质量管理体系有关的利益相关方及其要求，把这些要求落实到质量管理体系中；

b）运用《分析与评价控制程序》等管理手段，对这些利益相关方及其要求的相关信息进行监视和评审，以判断是否需要改进质量管理体系以满足相关方变化的需求。

### 4.3 确定质量管理体系的范围

a）本公司的质量管理体系覆盖断路器、继电器、电能表的研发、生产与服务 。

b）本公司的质量管理体系覆盖本公司的所有部门。

c）本公司的质量管理体系覆盖 ISO 9001：2015 的所有要求，在本手册中对这些要求做了适合本公司需要的规定。

### 4.4 质量管理体系及其过程

4.4.1 本公司按照 ISO 9001：2015 的要求，建立、实施、保持和持续改进质量管理体系，包括所需过程及其相互作用。

本公司确定质量管理体系所需的过程及其在整个组织中的应用，做到：

a）确定这些过程所需的输入和期望的输出；

b）确定这些过程的顺序和相互作用；

c）确定为确保过程有效运行和控制的准则和方法（包括监视、测量和相关绩效指标）；

d）确定这些过程所需的资源并确保其可用性；

e）分派这些过程的职责和权限；

f）按照本手册 6.1 的要求确定风险和机遇的应对措施并实施；

g）对过程进行监视、测量和评价，并实施必要的变更，以实现这些过程的预期结果；

h）改进过程和质量管理体系。

附录 1 是本公司质量管理体系过程关系图，附录 2 是过程分析表。

4.4.2 本公司根据自身的特点和需要，做到：

a）按照 ISO 9001：2015 的要求建立、实施并保持文件化的质量管理体系，以支持过程运行；

b）保留质量管理体系按策划的要求进行运作的必要的证据。

## 5 领导作用

### 5.1 领导作用和承诺

#### 5.1.1 总则

本公司最高管理者承诺建立和实施质量管理体系并在其中发挥领导作用,并通过以下活动予以证实。

a) 对质量管理体系的有效性承担责任。
b) 确保质量方针和质量目标得到建立,并与组织的战略方向和组织环境保持一致。
c) 确保将质量管理体系要求融入到组织的业务过程中。
d) 推动过程方法和基于风险的思维的运用。
e) 确保为质量管理体系提供充分的资源。
f) 就有效的质量管理以及满足质量管理体系要求的重要性进行沟通。
g) 确保实现质量管理体系的预期结果。
h) 促使、指导和支持员工为质量管理体系的有效性做出贡献。
i) 推动改进。
j) 支持其他相关管理者在其职责范围内发挥领导作用。

#### 5.1.2 以顾客为关注焦点

本公司最高管理者承诺以顾客为关注焦点并在这方面发挥领导作用,至少做到:

a) 确定、理解并持续满足顾客要求以及适用的法律法规要求;
b) 确定并应对影响产品、服务的符合性以及增强顾客满意能力的风险与机遇;
c) 始终致力于增强顾客满意。

### 5.2 方针

#### 5.2.1 本公司的质量方针

以市场需求为中心,提供符合要求的产品;

以持续创新为动力,改进质量表现;

以相关方满意为宗旨,实现公司以专业铸造辉煌的战略定位。

#### 5.2.2 沟通质量方针

本公司做到:

a) 将质量方针形成文件并分发至相关部门和人员;
b) 采取培训、会议、告示宣传等措施,确保质量方针在组织内得到沟通、理解和应用;
c) 适当时,在相关方有要求时,可向相关方提供质量方针。

### 5.3 组织的岗位、职责和权限

#### 5.3.1 本公司最高管理者保证本公司相关岗位的职责和权限得到规定、沟通和理解。

a) 在相关文件中,规定相关人员的职责、权限及相互关系。
b) 建立组织结构图,明确各部门的职责和权限,详见本手册第 2 条款。
c) 在各岗位的岗位说明书中明确各岗位的职责和权限。
d) 编制"职能分配矩阵表"(见附录 3),把 ISO 9001:2015 标准的要求分配到各个部门。

e）通过培训、阅读文件等方式，让每位员工明白自己的职责、权限以及与其他部门/岗位的关系，以保证全体员工各司其职，相互配合，有效地开展各项活动，为质量管理水平的提高做出贡献。

**5.3.2** 本公司最高管理者任命本公司生产副总经理担任管理者代表。管理者代表的职责和权限包括：

a）确保质量管理体系符合 ISO 9001 标准的要求；

b）确保各过程获得其预期输出；

c）报告质量管理体系的绩效及其改进机会，特别向最高管理者报告；

d）确保在整个组织内推进以顾客为关注焦点；

e）确保在策划和实施质量管理体系变更时，质量管理体系的完整性得到保持。

# 6 策划

## 6.1 应对风险和机遇的措施

**6.1.1** 本公司在策划质量管理体系时，不仅考虑本公司的内部和外部环境（本手册 4.1 条款）、组织的利益相关方的需求和期望（本手册 4.2 条款），还会确定过程中的风险和机遇及其应对措施，以：

a）确保质量管理体系能够实现其预期的结果；

b）增强有利影响；

c）避免和减少不利影响；

d）实现改进。

**6.1.2** 本公司按照《风险控制程序》的要求策划如下内容。

a）风险和机遇的应对措施。风险和机遇的应对措施应与其对产品和服务符合性的潜在影响相适应。

风险的应对措施可包括：风险规避，为寻求机会而承担风险，消除风险源、改变风险发生的可能性或其后果、风险分担或通过明智决策缓延风险。

机遇可以指新的实践方法的采用、新产品的投入、新市场的开辟、新客户的应对、合作伙伴关系的建立、新技术的使用和其他可取和可行的事物，以应对组织或其顾客的需求。

b）在质量管理体系的过程中整合和实施风险和机遇的应对措施，并评价风险和机遇的应对措施的有效性。

## 6.2 质量目标及其实现的策划

**6.2.1 本公司的质量目标**

本公司的质量目标及其监测统计方法见附录4"质量目标清单"。

本公司在质量目标的管理上做到：

a）通过培训、文件、板报、张贴等方式将质量目标传达到全体员工；

b）对质量目标的实现情况进行监视；

c）根据经营环境和持续改进的要求对质量目标进行更新。

**6.2.2 质量目标实现的策划与实施**

本公司按《质量目标管理程序》的要求为质量目标的实现制定措施、计划并实施。措施、计划一般包括5W1H这些最基本的内容，即Why（为什么做，质量目标）、What（做什么，实现目标的措施）、Who（谁做，职责和权限）、Where（哪里做）、When（何时做，何时完成）、How（如何做，步骤、方法、资源，以及对结果如何评价等）。

### 6.3 变更的策划

当本公司确定需要对质量管理体系进行变更时，将有条不紊地进行策划和实施，以保证质量管理体系各过程的正常运行，保证质量管理体系作为一个有机整体的系统性和完整性，使质量管理体系在变更中和变更后能够持续有效。

本公司在对质量管理体系变更进行策划和实施时，会考虑：

a) 变更的目的和任何潜在的后果，包括风险及其控制措施；
b) 质量管理体系的完整性；
c) 资源的可获得性；
d) 职责和权限的分配或再分配。

## 7 支持

### 7.1 资源

#### 7.1.1 总则

本公司确定并提供为建立、实施、保持和持续改进质量管理体系所需的资源。

本公司在确定并提供资源时，会考虑：

a) 分析、评估现有内部资源的能力和不足，即根据顾客的要求、产品的特点和规模确定需要哪些资源，然后看看现有资源能不能满足要求；
b) 确定在现有资源基础上需增加哪些资源，以及哪些资源需要从外部供方获得。

#### 7.1.2 人员

本公司确定和提供质量管理体系有效实施、过程有效运行和控制所需的人员。

#### 7.1.3 基础设施

本公司按《设备管理程序》《工装管理程序》及相关要求确定、提供并维护过程运行中所需的基础设施，以确保获得合格的产品和服务。

基础设施可包括：

a) 建筑物和相关设施；
b) 设备，包括硬件和软件；
c) 运输资源；
d) 信息和通信技术。

#### 7.1.4 过程运行环境

本公司确定、提供并维护过程运行所需的环境，以确保获得合格产品和服务。

适当的过程运行环境可能是人为因素与物理因素的结合，可包括：

a) 社会因素（如无歧视、和谐稳定、无对抗）；
b) 心理因素（如缓解紧张情绪、预防职业倦怠、保证情绪稳定）；
c) 物理因素（如温度、热量、湿度、照明、空气流通、卫生、噪声等）。

#### 7.1.5 监视和测量资源

本公司建立和实施《监视和测量设备管理程序》及其他有效措施，为监视和测量资源符合监视和测量活动的要求提供有效的证据。本公司做到：

a）根据监视和测量活动的类型选择合适的监视和测量资源；

b）保证监视和测量设备的校准和使用场所，均有适宜的环境条件；

c）对监视和测量资源做好维护以确保持续适合其用途；

d）按照国家发布的有关校准规程，做好监测设备使用前的首次校准/验证和周期校准/验证，并做好校准/验证记录，没有国家发布的有关校准规程的，本公司应将校准的依据写成文件；

e）监测设备应有表明其校准或验证状态的标识，标识上注明编号、校准有效期及校准人，标识由专人保管、发放，防止滥用；

f）对测量设备予以保护，防止可能使校准状态和随后的测量结果失效的调整、损坏或劣化；

g）发现测量设备不符合预期用途（如偏离校准状态、设备损坏、精密的设备不宜搬运而经过搬动，等等）时，要对以往测量结果的有效性进行评价并做好记录，并对设备和受影响的产品采取适当的措施；

h）当顾客有要求时，在按要求可以提供的场合，本公司提供相关的监视和测量设备资料，以证实监视和测量设备是适宜的。

#### 7.1.6 组织的知识

本公司建立和实施《知识管理控制程序》，对知识的识别、收集、整理、发布、使用、分享、评估和更新进行管理。

本公司确定运行过程所需的知识，以获得合格产品和服务。本公司保持这些知识，并在需要范围内可得到。

知识的来源包括内部来源、外部来源。内部来源有：知识产权，从经历获得的知识，从失败和成功项目得到的经验教训，得到和分享未形成文件的知识和经验，过程、产品和服务的改进结果等。外部来源有：标准，学术交流，专业会议，从顾客或外部供方收集的知识等。

为了应对不断变化的需求和发展趋势，本公司会考虑获取更多必要的知识，并对现有的知识进行更新。

### 7.2 能力

本公司保证做到：

a）影响质量管理体系绩效和有效性的员工一定具备工作所需的能力；

b）根据员工的教育、培训或经历安排工作，以确保其能够胜任；

c）通过实施《培训控制程序》、师傅带徒弟、换人换岗等有效措施，确保员工获得所需的能力；

d）保留员工教育、培训或经历方面的记录，以证实员工的能力。

### 7.3 意识

本公司通过实施《培训控制程序》等有效措施，对员工进行质量意识方面的培养，使员工：

a）理解公司的质量方针，并意识到个人岗位的活动与实现组织质量方针的紧密联系，以及如何为之做出努力；

b）了解与其有关的质量目标，并知道应用什么方法、应做出何种努力才能实现质量目标；

c）意识到自己的工作对质量管理体系有效性的贡献，以及改进质量绩效的益处；

d）意识到不符合质量管理体系要求的后果。

### 7.4 沟通

本公司确定与质量管理体系相关的内部和外部沟通，包括：

a）沟通什么；

b）何时沟通；

c）与谁沟通；

d）如何沟通；

e）谁负责沟通。

### 7.5 成文信息

#### 7.5.1 总则

a）为确保质量管理体系的有效运行，本公司按照ISO 9001：2015标准及法律法规的要求建立文件化的质量管理体系。

b）本公司质量管理体系文件包括4个层次，如图1所示。

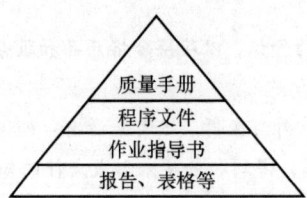

图1 质量管理体系文件的4个层次

① 第一层：质量手册。阐述企业的质量方针、目标，概括性、原则性、纲领性地描述质量管理体系。

② 第二层：程序文件。程序文件是质量手册的展开和具体化，使得质量手册中原则性和纲领性的要求得到展开和落实。程序文件规定了执行质量活动的具体办法，内容包括：活动的目的和范围；做什么和谁来做；何时、何地和如何做；如何对活动进行控制和记录。

本公司的程序文件清单见附录5。

③ 第三层：作业指导书。在没有文件化的规定就不能保证质量管理体系有效运行的前提下，本公司使用作业指导书，详述如何完成具体的作业和任务。

④ 第四层：报告、表格。报告、表格，用以记录活动的状态和所达到的结果，为体系

运行提供查询和追踪依据。

c）本公司编制文件时，遵循下列基本要求。

① ISO 9001：2015 标准明确要求形成文件的信息的地方，本公司一定会形成文件的信息；

② 除上一条款提到的形成文件的信息外，本公司根据自身产品、服务及过程的实际情况会增加形成文件的信息。

③ 体系文件的各个层次间、文件与文件之间应做到层次清楚、接口明确、结构合理。

④ 文件要符合公司的实际情况，易于理解并有良好的适应性和可操作性。

⑤ 文件中需要引用其他文件时，应注明引用文件的名称或编号，以便查询。

### 7.5.2 创建和更新

在创建和更新形成文件的信息时，本公司按照《文件控制程序》等有关要求做好：

a）文件的标识和说明，可以是名称标识、部门标识、编号标识、版本标识、分类标识、重要程度标识、时间标识、文件作者、内容摘要、索引编号等；

b）文件的格式和媒介，格式可以是视频、音频、图像、书面文件等，媒介形式可以是纸质、电子格式等；

c）文件的评审和批准，以确保文件的适宜性和充分性。

### 7.5.3 成文信息的控制

7.5.3.1 本公司按照《文件控制程序》等有关要求对形成文件的信息进行控制，以确保：

a）需要使用文件的场合，都能得到适用的文件；

b）文件得到充分保护，防止泄密、误用、残损等。

7.5.3.2 本公司按照《文件控制程序》等有关要求实施以下的文件控制活动：

a）文件的分发、访问、检索和使用；

b）文件的存储和防护，确保文件清晰可读、便于存取、检索与使用；

c）文件的变更控制（如版本控制）；

d）文件的保留和处置。

本公司按照《文件控制程序》等有关要求对外来文件的识别、收集、审查、批准、归档、编目、标识、发放、使用、评审、更新、补充和作废等进行管理，以保持外来文件的适宜性。

本公司对证据性文件的标识、储存、保护、检索、保存期限和处理等进行管理，确保证据性文件不丢失、不损坏、不被篡改，并能做到清晰、易于识别和检索。

## 8 运行

### 8.1 运行策划和控制

为满足产品和服务提供的要求，并实施本手册第 6 章所确定的措施，本公司通过以下措施对所需的运行过程进行策划、实施和控制。

a）确定产品和服务的要求。本公司根据顾客的需求、国家的法律法规等，针对产品和服务制定具体的、有针对性的产品和服务要求。

b）建立保证过程有效运行的控制准则，以及产品和服务的接收准则。

c）确定为达到符合产品和服务的要求所需的资源。

d）按照策划的准则对运行过程进行控制。

e）确定并保持、保留必要的形成文件的信息，为过程的有效实施提供信心，为证实产品和服务符合要求提供证据。本公司形成文件的信息能保证：

① 确信过程已经按策划进行；

② 能够证实产品和服务符合要求。

本公司确保运行策划的输出形式适合本公司的运行需要。

本公司对运行过程的变更进行控制，以确保运行正常。本公司会评价非预期变更的后果，并采取必要的措施减少任何不利影响。

本公司按本手册 8.4 条款（外部提供的过程、产品和服务的控制）的要求对外包过程进行控制。本公司的外包过程有钣金件的化学镀膜、塑胶件的喷漆。

### 8.2 产品和服务的要求

#### 8.2.1 顾客沟通

本公司按《合同管理程序》《顾客投诉处理程序》及其他措施的要求做好与顾客的沟通，沟通的内容包括以下方面。

a）需提供给顾客的产品和服务的信息。

b）问询、合同或订单的处理，包括其更改。

c）顾客对产品和服务的反馈，包括其抱怨、投诉。

d）顾客财产的处理或控制。

e）关系重大时，就应急措施建立特定的要求。

#### 8.2.2 产品和服务要求的确定

在确定向顾客提供的产品和服务的要求时，本公司确保：

a）产品和服务的要求得到规定，包括适用的法律法规要求及本公司认为的必要要求；

b）能够满足本公司所声称的产品和服务的要求。

#### 8.2.3 产品和服务要求的评审

8.2.3.1 本公司确保有能力满足向顾客提供的产品和服务的要求。在承诺向顾客提供产品和服务之前，本公司按照《合同管理程序》的要求对如下各项进行评审。

a）顾客明确规定的要求。既有产品和服务本身的要求（如功能性能、可靠性、外观、价格、数量等），也包括交付的要求（如交付方式、交货期、包装等），以及交付后活动的要求（如培训、售后服务等）。

b）顾客没有明确规定，但预期或规定用途所必要的要求。

c）本公司确定的附加要求，如在说明书、合同等文件中明确的责任义务。

d）与产品和服务有关的法律法规的要求。

e）与以前表述存在差异的合同或订单的要求。

本公司通过合同评审，确保与以前表述不一致的合同或订单要求得到解决。

如果顾客没有提供书面的要求，本公司在接受顾客的要求前将对顾客的要求进行确认。

8.2.3.2　本公司保留与下列方面有关的形成文件的信息。

a）评审结果。

b）产品和服务的新要求。

#### 8.2.4　产品和服务要求的更改

若产品和服务要求发生更改，本公司将对变更的部分进行评审，以确保变更后本公司有能力满足要求。同时确保相关文件信息及时得到修改、相关人员知道变化的内容，以便按照新的产品和服务要求进行设计、生产及交付。

### 8.3　产品和服务的设计和开发

#### 8.3.1　总则

本公司按《设计和开发控制程序》的要求建立和实施设计和开发过程，将顾客的要求或/和其他相关方的要求转化为可供生产和服务提供过程使用的产品和服务的详细要求。

#### 8.3.2　设计和开发策划

本公司对每一项设计和开发活动进行策划并编制计划。在策划时，将考虑如下内容。

a）根据产品类型、复杂程度、开发方式，明确设计和开发的阶段、周期、控制内容。

b）确定在适当的阶段进行必要的设计和开发评审。

c）确定在适当的阶段开展设计和开发验证、确认。

d）确定设计和开发过程中的职责和权限。

e）确定设计和开发过程所需的内、外部资源。

f）参与人员之间的接口控制。

g）顾客或用户参与设计和开发过程的需求。

h）后续生产和服务提供的要求。

i）顾客和其他相关方对设计和开发过程所期望的控制水平。例如，有些顾客要求设计确认必须有其参加，必须进行小批量试制并送给其样品供其批准。

j）设计和开发过程中应形成文件信息，以证实设计和开发过程符合相应的要求。

#### 8.3.3　设计和开发输入

本公司确定拟设计和开发的产品和服务的基本要求，并将这些设计和开发输入形成文件信息并保留。可包括如下内容。

a）产品和服务的功能和性能要求。

b）过去类似设计的有关信息。

c）适用的法律和法规的要求。

d）组织承诺实施的标准和行业规范。

e）因产品和服务的性质可能导致的潜在失效后果。将因产品和服务的性质可能导致的潜在失效后果作为设计和开发的输入，可以提醒设计者在设计和开发过程中引入避免这些失效后果的措施。

本公司对设计和开发的输入进行评审，以确保设计和开发的输入充分满足设计和开发的目的，且完整、清楚，不自相矛盾。

#### 8.3.4 设计和开发控制

本公司对设计和开发过程进行控制，以确保：

a) 拟获得的结果得到明确规定；

b) 开展设计和开发评审，以评价设计和开发结果满足要求的能力；

c) 开展设计和开发验证，以确保设计和开发输出满足设计和开发输入的要求；

d) 开展设计和开发确认，以确保所获得的产品和服务能够满足规定用途或预期用途的要求；

e) 对评审、验证和确认活动中所确定的问题采取必要的措施；

f) 保留上述活动的形成文件的信息。

#### 8.3.5 设计和开发输出

本公司将设计和开发输出形成书面文件并保留。设计和开发输出要满足以下要求。

a) 满足设计和开发输入的各项要求。

b) 能够充分地满足后续的产品和服务提供过程的需要。

c) 应包含或引用监视和测量方面的要求，适用时，包含接收准则，如产品的检验标准、服务验收规范。

d) 规定对产品和服务的预期目的及其安全和正常使用（提供）所必要的产品和服务的特性。

#### 8.3.6 设计和开发更改

本公司对产品、服务设计和开发期间及后续所做的更改进行控制，以确保这些更改对满足要求不会产生不利影响。控制包括如下内容。

a) 本公司根据实际情况准确识别设计和开发的更改。

b) 适当时，对设计更改实施评审、验证和确认活动。

c) 评审更改对产品其他组成部分的影响和对已交付产品的影响。

d) 更改经批准后才能实施。

e) 保持与设计和开发的更改相关的记录，记录中包括更改的原因、更改的内容、更改的评审、采取的预防不利影响的措施、更改的批准人等。

### 8.4 外部提供的过程、产品和服务的控制

#### 8.4.1 总则

本公司按《供应商管理程序》《采购管理程序》的要求做好外部提供的过程、产品和服务的控制。外部提供的过程、产品和服务（简称"外部供应"）包括如下内容。

a) 外部提供的产品和服务构成本公司产品和服务的一部分。

b) 外部供应商代表本公司直接提供产品和服务给顾客。

c) 本公司的过程或部分过程由外部供应商提供。

本公司基于外部供方按照要求提供过程、产品或服务的能力，确定外部供方的评价、选择、绩效监视及再评价的准则，并加以实施。对于这些活动和由评价引发的任何必要的措施，

本公司将保留形成文件的信息。

#### 8.4.2 控制类型和程度

为了确保外部供应不会影响本公司向顾客持续提供合格产品和服务的能力，本公司按《供应商管理程序》《采购管理程序》的要求对外部供应的过程进行控制，并按《采购管理程序》《产品检验控制程序》的要求对外部供应进行验证。

本公司根据零部件获得的难易程度，以及零部件对产品的重要程度等对外部供应进行分类并实施分类分级差异性控制。在确定对外部供应控制的方法、控制的程度时，将考虑下列因素。

a）外部供应对本公司持续地提供满足顾客要求和适用法律法规要求的能力的潜在影响。

b）外部供应商自身控制的有效性。

#### 8.4.3 提供给外部供方的信息

本公司提供给外部供方的信息可包括如下内容。

a）需要外部供应商提供的产品、服务或过程的详细说明。

b）对供应商的批准要求：

① 产品和服务批准的要求，如样品认可、PPAP生产件批准；

② 方法、过程和设备的批准要求；

③ 产品和服务放行的批准要求，如规定在什么条件下才能放行产品和服务。

c）对供应商人员的能力要求，包括必要的资格要求。

d）供应商与本公司之间接口的要求。本公司要求供应商的ERP供货系统与本公司的ERP订单系统对接，要求供应商用中文与本公司交流。

e）对供应商绩效的控制和监视要求。

f）本公司或本公司的顾客计划在供应商的场所进行验证或确认活动时，本公司应将此信息传达给供应商。

本公司在向供应商传达信息之前，将通过适当的方式对信息进行评审、批准，以保证信息的充分性。

### 8.5 生产和服务提供

#### 8.5.1 生产和服务提供的控制

本公司按《生产过程管理程序》《产品交货管理程序》等要求对生产和服务提供进行控制，确保生产和服务提供在受控条件下进行。受控条件包括如下内容。

a）要确保相关人员或部门及时获得形成文件的信息。

① 要确保相关人员或部门及时获得表述产品、服务或活动特征的形成文件的信息。

② 要确保相关人员或部门及时获得表述结果的形成文件的信息。

b）获得和使用适宜的监视和测量资源，对过程参数和产品特征进行监控。

c）实施监视和测量活动以保证过程及其输出满足控制准则，满足产品和服务的接收准则。

d）为过程的运行提供适宜的基础设施和环境。

e）提供有能力的人员，适用时，要对人员的资格提出要求。

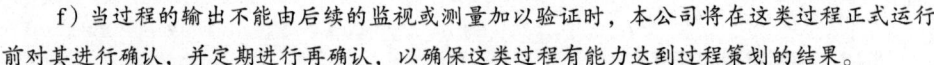

f）当过程的输出不能由后续的监视或测量加以验证时，本公司将在这类过程正式运行前对其进行确认，并定期进行再确认，以确保这类过程有能力达到过程策划的结果。

g）实施措施防止人为错误。

h）对产品和服务的放行、交付和交付后的活动进行控制。

### 8.5.2 标识和可追溯性

本公司采用适当的方法对过程输出（产品和/或服务）进行适宜的标识，以防止产品和/或服务的混淆。在有可追溯性要求的场合，本公司确保标识的唯一性并记录该标识以实现可追溯。

本公司在生产和服务提供的整个过程中，对产品和/或服务的检验状态进行标识，以保证只放行合格的（或授权让步放行的）产品和/或服务。

### 8.5.3 顾客或外部供方的财产

本公司在控制或使用顾客或外部供方的财产期间，将对其进行妥善管理。

对本公司使用的或者构成本公司产品和服务一部分的顾客和外部供方财产，本公司将予以识别、验证、防护和保护。

若顾客或外部供方的财产发生丢失、损坏或者发现不适用情况，本公司将向顾客或外部供方报告，并保留相关形成文件的信息。

注：顾客或外部供方的财产可能包括材料、零部件、工具和设备，顾客的场所，知识产权和个人信息。

### 8.5.4 防护

本公司在生产和服务提供期间对输出（产品和/或服务）进行必要的防护，以确保符合要求。

防护工作包括如下内容。

a）做好产品的防护标识，防护标识可包括发货标识、运输标识、请勿淋雨标识等。

b）处置。如在机加件上涂防锈油、防止零件生锈等。

c）污染控制。

d）根据产品特点选择适当的包装材料，采取适当的包装方法，以保护产品的质量。

e）储存。对储存环境、设施条件进行控制，对储存活动进行管理。

f）传输或运输。针对不同产品的特性，选用适宜的运输方式、运输工具，采取妥善的运输方法，防止产品损坏。

g）保护。采取保护措施，包括适当的隔离、分类存放、维护等，使产品不变质、损坏、丢失或错用等。

### 8.5.5 交付后的活动

本公司按承诺的要求、法律法规的要求做好交付后的活动。本公司交付后的活动包括退货、换货、修理等。

本公司根据自身情况提供适宜的交付后的活动。提供的交付后的活动的多与少，取决于以下几个因素。

a）法律法规要求。

b) 与产品和服务有关的潜在不期望的后果。

c) 产品和服务的性质、用途和预期寿命。

d) 顾客要求。

e) 顾客反馈。

**8.5.6 更改控制**

本公司对生产和服务提供的更改进行控制。

a) 识别。识别引起更改的各种契机,如设计更改带来工艺更改、工艺优化的需要等。

b) 评审、验证或确认。评审更改部分是否满足相关的要求,是否产生非预期的不良结果,有无采取必要的措施减少更改带来的任何不利影响,更改是否对其他方面产生了影响,是否需要同步更改。当做重大更改,对产品和服务质量有较大影响时,本公司将进行过程验证、确认。

c) 批准。更改经批准后才能实施。

d) 记录。保留与更改相关的记录。记录中包括更改的内容、更改的评审结果,以及根据评审所采取的必要措施、更改的授权人(批准人)等。

**8.6 产品和服务的放行**

本公司按《产品检验控制程序》的要求在适当阶段对产品和服务进行验证,以确保产品和服务满足要求。

除非得到有关授权人员的批准,当合同有约定时,还应得到顾客的批准,否则在策划的安排圆满完成之前,本公司绝不放行产品和交付服务。

本公司保留产品和服务验证的记录。验证的记录要满足下列要求。

a) 验证的记录包括符合接收准则的证据。

b) 记录要真实、清楚。

c) 记录上应标明负责产品和服务放行的授权责任者。授权最终放行产品或服务的人员应可追溯。

**8.7 不合格输出的控制**

8.7.1 本公司按照《不合格品控制程序》的规定对不符合要求的输出(产品和服务)进行识别和控制,以防止非预期的使用或交付。

本公司将根据不合格的性质及其对产品和服务符合性的影响采取适当措施。这也适用于在产品交付之后,以及在服务提供期间或之后发现的不合格产品和服务。

本公司通过下列一种或几种途径处置不合格输出。

a) 纠正。

b) 隔离、限制、退货或者暂停对产品和服务的提供。

c) 告知顾客。

d) 获得让步接收的授权。

对不合格输出进行纠正之后,本公司将验证其是否符合要求。

8.7.2 本公司保留对不合格输出进行处理的记录,包括如下内容。

a) 对不合格输出的描述(可能涉及时间、地点、批次、产品编号、缺陷描述等)。

b）处置措施。

c）让步许可情况（如有的话）。

d）对不合格做出处理决定的责任人。

# 9 绩效评价

## 9.1 监视、测量、分析和评价

### 9.1.1 总则

本公司策划并实施监视、测量、分析和评价活动，为此确定如下内容。

a）监视、测量、分析和评价活动的对象，如过程绩效、体系的有效性、顾客满意度等。

b）监视、测量、分析和评价活动的方法，尤其是评价质量管理体系绩效和有效性的方法。这些方法必须确保结果有效。

c）监视、测量、分析和评价活动的准则。

d）监视、测量、分析和评价活动的地点（阶段）。

e）监视、测量、分析和评价活动的频次（时机），包括何时进行监视、测量活动，何时对监视、测量的结果进行分析和评价。

f）监视、测量、分析和评价活动的实施者。

g）监视、测量、分析和评价活动需要的资源。

本公司利用监视、测量、分析和评价活动的结果评价质量管理体系的绩效和有效性。

本公司保留监视、测量、分析和评价活动的记录，以作为结果的证据。

### 9.1.2 顾客满意

本公司按《顾客满意度调查控制程序》的要求收集顾客满意的信息，并对收集到的信息进行分析评价，进而得出顾客满意程度的定性或定量的结论。如果发现顾客满意程度明显下降，则本公司将及时采取改进措施。

### 9.1.3 分析与评价

本公司按《分析与评价控制程序》的要求对监视和测量获得的适当的数据和信息进行分析和评价，并利用分析与评价的结果做好下列工作。

a）评价产品和服务符合要求。例如，通过产品合格率、服务满意程度等的汇总分析，可以评价产品和服务是否符合要求。

b）评价顾客满意程度。例如，通过对顾客满意程度的汇总分析，得出顾客在哪些方面满意，哪些方面不满意，进而帮助本公司改进顾客不满意的方面。

c）评价质量管理体系的绩效和有效性。例如，通过对质量目标完成情况、过程绩效指标统计结论、内部审核结论等方面的分析，评价质量管理体系的绩效和有效性。

d）评价策划是否得到有效实施。例如，通过对各项工作完成情况的总结分析，评价策划是否得到有效实施。

e）评价风险和机遇应对措施的有效性。例如，通过对风险和机遇应对措施的监测分析，评价风险和机遇应对措施的有效性。

f）评价外部供应商的绩效。例如，通过分析来料合格率、及时率等，得出供应商的绩效，进而帮助本公司对供应商实施更有效的控制。

g）确定质量管理体系改进的需求。针对分析与评价中的问题，确定改进的需求。

在分析与评价数据和信息时，本公司会使用适当的统计技术。

### 9.2 内部审核

**9.2.1** 本公司制定并实施《内部质量管理体系审核控制程序》，以确定质量管理体系是否：

a）符合组织自身的质量管理体系的要求；

b）符合 ISO 9001：2015 标准的要求；

c）得到有效的实施和保持。

**9.2.2** 本公司进行内部质量管理体系审核时，将做到：

a）本公司依据有关过程的重要性、对组织产生影响的变化及以往审核的结果，策划、制定、实施和保持审核方案。审核方案包括审核准则、审核范围、审核的职责、审核频次、审核方法、审核的要求、审核结果的报告等。

b）内部审核每年不少于一次，同时也应考虑到组织变化、顾客投诉、市场反馈等因素，适时地进行内部审核。

c）内部质量管理体系审核员应经过培训、考核合格并经公司总经理任命方可具备内审员资格。

d）每次进行内部审核前应做好审核准备，包括任命审核组长、审核员，制定审核专用文件（包括审核检查表、审核实施计划、不合格项报告表），以及准备审核所依据的文件。审核组长负责编制每次质量管理体系审核的实施计划。

e）审核员不审核自己的工作，以确保审核工作的客观与公正。

f）每次审核结束均要编制审核报告，做出审核结论。审核报告应报送总经理及有关部门负责人。

g）受审核部门对不合格项采取纠正和纠正措施，审核组对纠正和纠正措施的实施进行监督、跟踪、验证。

h）内部审核的记录及报告移交管理者代表保存。

### 9.3 管理评审

**9.3.1 总则**

本公司建立和实施《管理评审控制程序》，每年至少一次由总经理主持对质量管理体系进行评审，以确保其持续的适宜性、充分性和有效性，并与组织的战略方向一致。

**9.3.2 管理评审输入**

管理评审输入是为管理评审提供的信息，是有效实施管理评审的前提条件，本公司管理评审的输入信息至少包括如下内容。

a）以往管理评审所采取措施的实施情况。

b）与质量管理体系相关的内外部因素的变化。

c）有关质量管理体系绩效和有效性的信息，包括其趋势：

① 顾客满意和相关方的反馈；

② 质量目标的实现程度；

③ 过程绩效及产品和服务的符合性；

④ 不合格及纠正措施；
⑤ 监视和测量结果；
⑥ 内、外部审核结果；
⑦ 外部供方的绩效。
d）资源的充分性。
e）应对风险和机遇所采取措施的有效性。
f）改进的机会、意见和建议。

#### 9.3.3 管理评审输出

管理评审的输出是管理评审活动的结果，包括与下列事项相关的决定和措施：
a）改进的机会。
b）质量管理体系所需的变更。
c）资源需求。

管理评审的结果应予以记录并保存，如管理评审计划、管理评审输入报告、管理评审报告、纠正措施及其验证报告表等。

## 10 改进

### 10.1 总则

本公司主动识别和选择改进的机会并实施必要的改进措施，以满足顾客要求和增强顾客满意。

本公司改进的范围包括：
a）改进产品和服务以满足要求并关注未来的需求和期望。
b）纠正、预防或减少不利影响。
c）改进质量管理体系的绩效和有效性。

本公司改进的方法有纠正、纠正措施、持续改进、突变、创新和重组。

### 10.2 不合格和纠正措施

**10.2.1** 本公司按《纠正措施控制程序》的要求对不合格和纠正措施进行管理。这些管理活动包括如下内容。

a）收集不合格信息。

b）评审和分析不合格信息。对收集来的各种不合格信息进行分析、评审，以确定不合格信息的正确与完整，并通过对不合格信息的评审，判断不合格的性质及其影响的严重程度，以便抓住重点，区别对待。

c）决定是否先采取临时应急措施。看问题是否属于特殊情况（特殊情况指错误在继续进行、重大紧急的对外事项），如果属于特殊情况，则应先采取临时应急措施，否则先分析原因。

d）实施临时应急措施。临时应急措施包括采取措施控制和纠正不合格，以及消除不合格产生的后果。控制和纠正不合格的措施有停产、挑选、停止发货、调换、追回返工，等等。与此同时，还应向顾客致歉、赔偿，以消除不合格造成的后果。

e）分析并确定不合格产生的原因。在分析并确定不合格产生的原因时，应考虑该不合格是否存在于其他区域/部门，以及发生的或可能发生的类似不合格。

f）纠正措施需求的评价。一般而言，如果已发生的不合格可能再次出现或者可能出现在另一区域，并且不解决会让本公司面临较大的风险时，本公司应采取纠正措施。

纠正措施应与所遇到不合格的影响程度相适应，避免大问题不抓，小问题大做文章。

g）制定纠正措施并在必要时更新以往策划时确定的风险和机遇。经过对纠正措施需求的评价，需要采取纠正措施时，要针对找到的原因，制定相应的纠正措施。纠正措施应明确实施的责任部门、实施的步骤、完成日期和进度。制定纠正措施时，要注意纠正措施的有效性、经济成本、可行性，不要把临时性和应急性的措施作为纠正措施。

在制定纠正措施时，应考虑以往策划的风险和机遇及其应对措施是否充分、适宜。如果发现不充分、不适宜，则应更新这方面的内容。

纠正措施实施前，要进行风险、可行性评审，必要时要试运行，避免旧问题解决了，新问题又出来了的情况发生。

h）实施纠正措施。纠正措施制定完毕后，就要严格按照纠正措施计划的要求实施，并在实施过程中进行监控以确保纠正措施的及时性和有效性。

i）对纠正措施的有效性进行跟踪评审。每项纠正措施完成后，都要对其有效性进行评审，看其是否能够防止不合格继续发生。

j）制定巩固措施并实施，必要时对质量管理体系进行更新。对纠正措施的效果进行评审后，要把有效的措施和经验纳入到有关的标准、制度中并严格执行。同时，要把这些有用的措施和经验普及到相关的员工，要对员工进行培训，使他们掌握这些措施和经验并应用到工作中去，以确保以后不再发生同样的错误。另外，还要考虑在相类似的过程中实现这个有效措施的可能性，以放大这个有效措施的作用。

巩固措施可能涉及质量管理体系、工作习惯的改变，需要统筹兼顾。巩固措施就是要把改进成果文件化、标准化，并在今后工作中认真执行。

**10.2.2** 纠正措施实施中要注意以下事项。

a）不合格发生后要处置/纠正，但并不是每次发生不合格都要立即采取纠正措施。纠正措施一般是针对带有普遍性、规律性、重复性或者造成重大影响和后果的不合格采取的措施。对于偶然的、个别的或者需要投入很大成本才能消除原因的不合格，应综合评价这些不合格对本公司的影响程度后，再做出是否需要采取纠正措施的决定。

b）对纠正和纠正措施的实施情况，包括不合格性质、原因分析、纠正措施的内容、完成情况、有效性评审的结论等，都应进行记录，作为实施了纠正和纠正措施的证据。

c）将纠正措施的实施情况提交管理评审。

### 10.3 持续改进

本公司持续改进质量管理体系的适宜性、充分性和有效性。

本公司结合对风险和机遇的识别，从多个方面确定持续改进的需求或机会。尤其会考虑分析与评价的结果，以及管理评审的输出，进而确定是否需要实施持续改进。

## 附录1 过程关系图（见图2）

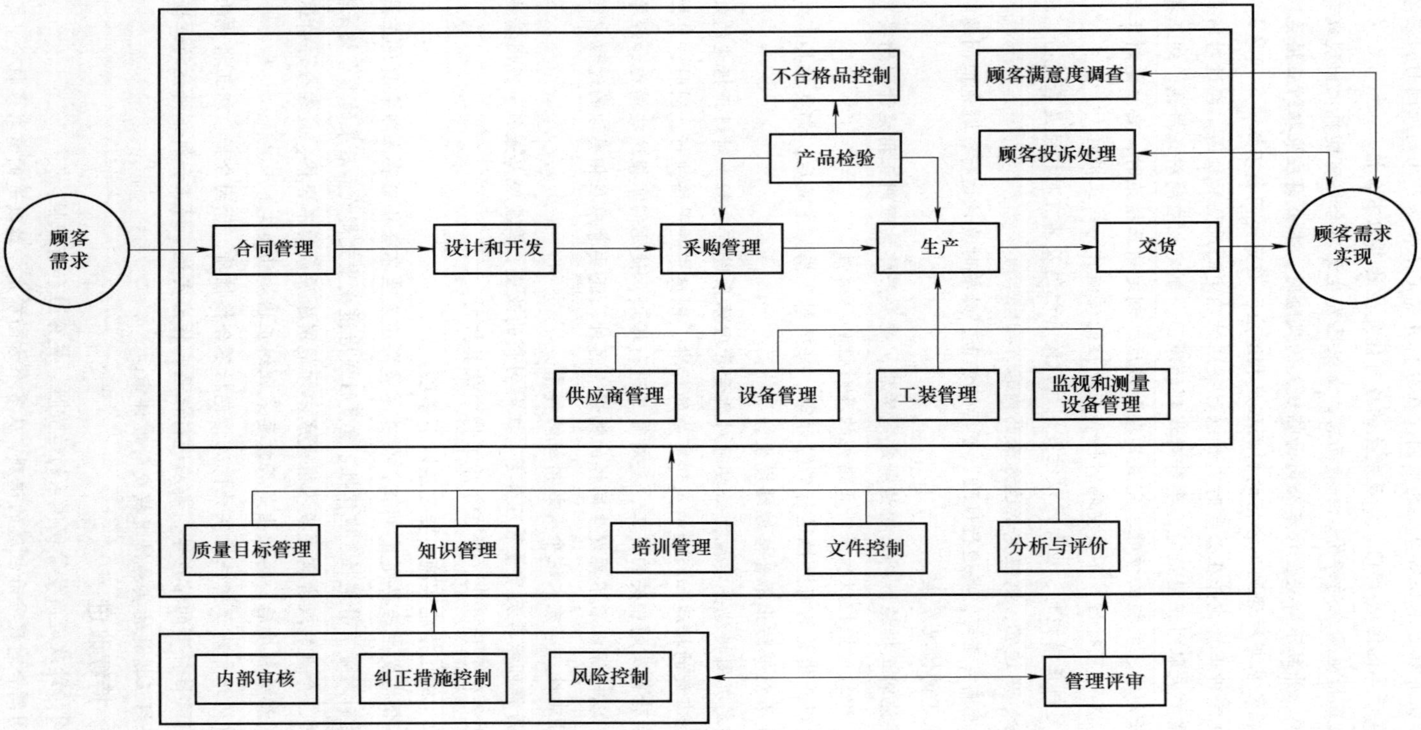

图2 过程关系图

## 附录2 过程分析表（见表2）

表2 过程分析表

| 序号 | 过程名称 | 过程输入 | 过程输出 | 过程绩效指标 | 主管人/部门 | 方法/相关文件 |
|---|---|---|---|---|---|---|
| 1 | 风险控制 | ◆企业内、外部的环境信息<br>◆组织的业务活动及活动场所 | ◆风险识别、风险分析与评价表<br>◆风险应对计划<br>◆风险应对计划实施的检查记录 | 风险控制达标率 | 质量部 | 风险控制程序 |
| 2 | 质量目标管理 | ◆公司战略<br>◆工作流程<br>◆问题点 | ◆质量目标及其行动计划实施的检查记录 | 质量目标达成率 | 质量部 | 质量目标管理程序 |
| 3 | 设备管理 | ◆工艺改进需求<br>◆设备保养的需求<br>◆设备配置更新的需求 | ◆合格的设备<br>◆设备台账<br>◆设备操作指导书<br>◆保养计划<br>◆设备保养、维修记录 | 1）设备月平均故障时间<br>2）设备月故障次数超过3次的机台百分数 | 工艺设备部 | 设备管理程序 |
| 4 | 工装管理 | ◆新产品开发需求<br>◆老产品改进需求<br>◆生产和更换需求<br>◆现有工装状况 | ◆合格工装<br>◆工装台账<br>◆工装维护、保养、处置记录 | 1）工装月平均故障时间<br>2）月故障次数超过3次的工装百分比<br>3）工装采购/制作及时率 | 工艺设备部 | 工装管理程序 |
| 5 | 监视和测量设备管理 | ◆监测和测量设备的配置需求<br>◆监视和测量能力保证的需要<br>◆国家法律法规的要求 | ◆合格的监视和测量设备<br>◆检定校准证书 | 1）按期校准检定完成率<br>2）周期校准检定合格率 | 质量部 | 监视和测量设备管理程序 |
| 6 | 知识管理 | ◆内部来源：失败和成功的项目、未成文的个人经验等<br>◆外部来源：学术交流、专业会议等 | ◆作业指导文件<br>◆发布在公司网站共享的知识 | 知识发布准时率 | 人事行政部 | 知识管理控制程序 |

(续)

| 序号 | 过程名称 | 过程输入 | 过程输出 | 过程绩效指标 | 主管人/部门 | 方法/相关文件 |
|---|---|---|---|---|---|---|
| 7 | 培训管理 | ◆新进员工<br>◆转岗员工<br>◆在职提高需要 | ◆员工培训记录表<br>◆培训效果评价表<br>◆上岗证 | 1) 培训计划达成率<br>2) 培训效果满意度 | 人事行政部 | 培训管理程序 |
| 8 | 文件控制 | ◆文件编写的需求<br>◆文件更改的需求<br>◆外来文件 | ◆受控文件分发回收记录<br>◆文件更改通知单<br>◆现场发现不适宜的受控文件<br>◆文件得到妥善保护 | 1) 每月在现场发现非有效版本文件的份数<br>2) 每月发现的该有文件的地方没有文件的次数 | 文控中心 | 文件控制程序 |
| 9 | 合同管理 | ◆顾客合同/订单及其变更<br>◆法律、法规要求 | ◆合同/订单评审表<br>◆顾客订货要求表<br>◆签订正式合同<br>◆合同/订单更改通知单<br>◆合同/订单统计台账 | 1) 合同/订单评审及时率<br>2) 订单交期准确率 | 营销部 | 合同管理程序 |
| 10 | 顾客投诉处理 | ◆顾客投诉<br>◆顾客退货 | ◆临时应急措施要求表<br>◆顾客投诉处理报告单 | 1) 顾客投诉回复延误次数<br>2) 顾客投诉相同问题的次数 | 质量部 | 顾客投诉处理程序 |
| 11 | 设计和开发 | ◆市场调研<br>◆公司决策<br>◆开发协议<br>◆法律、法规要求 | ◆设计文件<br>◆工艺文件<br>◆评审、验证、确认结果<br>◆产品 | 1) 产品鉴定一次通过率<br>2) 设计和开发输出资料的差错率<br>3) 研发延长的时间不超过研发计划总时间的百分数 | 产品研发部 | 设计和开发控制程序 |

(续)

| 序号 | 过程名称 | 过程输入 | 过程输出 | 过程绩效指标 | 主管人/部门 | 方法/相关文件 |
|---|---|---|---|---|---|---|
| 12 | 供应商管理 | ◆供应商开发需求<br>◆现有供应商动态管理需求 | ◆合格供应商名单<br>◆供应商业绩评价表 | 1) A类供应商比例<br>2) 质量评价得分大于35分的供应商百分数 | 采购部 | 供应商管理程序 |
| 13 | 采购管理 | ◆物料需求计划<br>◆物料请购单 | ◆符合要求的采购物料<br>◆进料检验报告<br>◆外购入库单 | 1) 来料批合格率<br>2) 交期准时率 | 采购部 | 采购管理程序 |
| 14 | 生产 | ◆生产计划<br>◆订单要求<br>◆原辅材料、零件 | ◆合格产品<br>◆检验记录<br>◆生产报表 | 1) 生产计划达成率<br>2) 入库检验一次通过率<br>3) 物料报废率 | 生产部 | 生产过程管理程序 |
| 15 | 产品交货 | ◆顾客订单<br>◆合同/订单跟进控制表 | ◆产品交付给顾客<br>◆送货单 | 交货准时率 | 营销部 | 产品交货管理程序 |
| 16 | 产品检验 | ◆待检产品<br>◆顾客要求<br>◆技术要求 | ◆检验过的产品<br>◆检验记录 | 1) 材料上线不良率<br>2) 来料上线异常次数<br>3) 半成品入库批合格率<br>4) 顾客批退次数<br>5) 顾客退货率 | 质量部 | 产品检验控制程序 |
| 17 | 不合格品控制 | ◆不合格品<br>◆状态可疑产品 | ◆不合格品处理记录<br>◆返工以后检验记录<br>◆不合格品得到处理 | 不合格品没被处理的次数 | 质量部 | 不合格品控制程序 |
| 18 | 顾客满意度调查 | ◆顾客满意的信息 | ◆顾客满意度调查结果及分析报告<br>◆纠正措施报告单 | 1) 调查表发放覆盖率<br>2) 调查表回收率 | 营销部 | 顾客满意度调查控制程序 |

（续）

| 序号 | 过程名称 | 过程输入 | 过程输出 | 过程绩效指标 | 主管人/部门 | 方法/相关文件 |
|---|---|---|---|---|---|---|
| 19 | 分析与评价 | ◆监视和测量表得适当的数据和信息 | ◆数据和信息分析结果的利用（确定质量管理体系的绩效和有效性及需要的改进） | 分析和评价报告提交的准时性 | 管理者代表 | 分析与评价控制程序 |
| 20 | 内部审核 | ◆ISO 9001 标准<br>◆质量管理体系文件<br>◆相关法律法规<br>◆顾客要求 | ◆内部审核报告<br>◆不合格项报告表 | 1）每次审核不合格项按时关闭率<br>2）不合格重复发生率 | 管理者代表 | 内部审核控制程序 |
| 21 | 管理评审 | ◆以往管理评审所采取措施的实施情况<br>◆与质量管理体系相关的内外部因素的变化<br>◆有关质量管理体系绩效和有效性的信息<br>◆资源的充分性<br>◆应对风险和机遇所采取措施的有效性<br>◆改进的机会、意见和建议 | ◆管理评审报告（含改进的机会、质量管理体系所需的变更、资源需求） | 管理评审输出中的决定和措施的按时完成率 | 总经理 | 管理评审控制程序 |
| 22 | 纠正措施控制 | ◆不合格信息 | ◆临时应急措施要求表<br>◆纠正措施报告单 | 纠正措施按时完成率 | 管理者代表 | 纠正措施控制程序 |

## 附录3 职能分配矩阵表（见表3）

表3 职能分配矩阵表

| ISO 9001标准要求 | 总经理 | 管理者代表 | 副总经理 | 仓库 | 质量部 | 产品研发部 | 生产部 | 营销部 | 采购部 | 工艺设备部 | 人事行政部 |
|---|---|---|---|---|---|---|---|---|---|---|---|
| 4 组织环境 | | | | | | | | | | | |
| 4.1 理解组织及其环境 | ■ | ◆ | ○ | ○ | ○ | ○ | ○ | ○ | ○ | ○ | ○ |
| 4.2 理解相关方的需求和期望 | ■ | ◆ | ○ | ○ | ○ | ○ | ○ | ○ | ○ | ○ | ○ |
| 4.3 确定质量管理体系的范围 | ■ | ◆ | ○ | ○ | ○ | ○ | ○ | ○ | ○ | ○ | ○ |
| 4.4 质量管理体系及其过程 | ■ | ◆ | ○ | ○ | ○ | ○ | ○ | ○ | ○ | ○ | ○ |
| 5 领导作用 | | | | | | | | | | | |
| 5.1 领导作用和承诺 | | | | | | | | | | | |
| 5.1.1 总则 | ◆ | ○ | ○ | ○ | ○ | ○ | ○ | ○ | ○ | ○ | ○ |
| 5.1.2 以顾客为关注焦点 | ◆ | ○ | ○ | ○ | ○ | ○ | ○ | ○ | ○ | ○ | ○ |
| 5.2 方针 | ◆ | ○ | ○ | ○ | ○ | ○ | ○ | ○ | ○ | ○ | ○ |
| 5.3 组织岗位、职责和权限 | ■ | ◆ | ○ | ○ | ○ | ○ | ○ | ○ | ○ | ○ | ○ |
| 6 策划 | | | | | | | | | | | |
| 6.1 应对风险和机遇的措施 | ○ | ■ | ○ | ○ | ◆ | ○ | ○ | ○ | ○ | ○ | ○ |
| 6.2 质量目标及其实现的策划 | ■ | ◆ | ○ | ○ | ○ | ○ | ○ | ○ | ○ | ○ | ○ |
| 6.3 变更的策划 | ■ | ◆ | ○ | ○ | ○ | ○ | ○ | ○ | ○ | ○ | ○ |
| 7 支持 | | | | | | | | | | | |
| 7.1 资源 | | | | | | | | | | | |
| 7.1.1 总则 | ■ | ○ | ◆ | ○ | ○ | ○ | ○ | ○ | ○ | ○ | ○ |
| 7.1.2 人员 | ○ | ○ | ■ | ○ | ○ | ○ | ○ | ○ | ○ | ○ | ◆ |
| 7.1.3 基础设施 | ○ | ○ | ■ | ○ | ○ | ○ | ○ | ○ | ○ | ◆ | ○ |
| 7.1.4 过程运行环境 | ○ | ○ | ■ | ○ | ○ | ○ | ○ | ○ | ○ | ◆ | ○ |
| 7.1.5 监视和测量资源 | ○ | ○ | ■ | ○ | ◆ | ○ | ○ | ○ | ○ | ○ | ○ |
| 7.1.6 组织的知识 | ○ | ■ | ○ | ○ | ○ | ○ | ○ | ○ | ○ | ○ | ◆ |
| 7.2 能力 | ○ | ■ | ○ | ○ | ○ | ○ | ○ | ○ | ○ | ○ | ◆ |
| 7.3 意识 | ○ | ■ | ○ | ○ | ○ | ○ | ○ | ○ | ○ | ○ | ◆ |
| 7.4 沟通 | ■ | ◆ | ○ | ○ | ○ | ○ | ○ | ○ | ○ | ○ | ○ |
| 7.5 形成文件的信息 | | | | | | | | | | | |
| 7.5.1 总则 | ■ | ◆ | ○ | ○ | ○ | ○ | ○ | ○ | ○ | ○ | ○ |
| 7.5.2 创建和更新 | ■ | ◆ | ○ | ○ | ○ | ○ | ○ | ○ | ○ | ○ | ○ |

（续）

| ISO 9001标准要求 | 总经理 | 管理者代表 | 副总经理 | 仓库 | 质量部 | 产品研发部 | 生产部 | 营销部 | 采购部 | 工艺设备部 | 人事行政部 |
|---|---|---|---|---|---|---|---|---|---|---|---|
| 7.5.3 形成文件的信息的控制 | ○ | ■ | ○ | ○ | ○ | ○ | ○ | ○ | ○ | ○ | ◆ |
| 8 运行 | | | | | | | | | | | |
| 8.1 运行策划和控制 | ■ | ◆ | ○ | ○ | ○ | ○ | ○ | ○ | ○ | ○ | ○ |
| 8.2 产品和服务的要求 | ○ | ○ | ■ | | | | | ◆ | | | |
| 8.3 产品和服务的设计和开发 | ○ | ○ | ■ | | | ◆ | ○ | | | | |
| 8.4 外部提供过程、产品和服务的控制 | ○ | ○ | ■ | | | | | | ◆ | | |
| 8.5 生产和服务提供 | | | | | | | | | | | |
| 8.5.1 生产和服务提供的控制 | | | ■ | ○ | ○ | ○ | ◆ | ◆ | | ○ | ○ |
| 8.5.2 标识和可追溯性 | | | ■ | | ◆ | ◆ | ○ | | | | |
| 8.5.3 顾客或外部供方的财产 | | | ■ | ◆ | ◆ | | ○ | | ○ | | |
| 8.5.4 防护 | | ○ | ■ | ○ | | | ○ | | | | |
| 8.5.5 交付后的活动 | | ○ | ■ | ○ | | | | ◆ | | | |
| 8.5.6 更改控制 | | | ■ | | | | | | | ◆ | |
| 8.6 产品和服务的放行 | | | ■ | | ◆ | | | | | | |
| 8.7 不合格输出的控制 | | | ■ | | ○ | | | | | | |
| 9 绩效评价 | | | | | | | | | | | |
| 9.1 监视、测量、分析与评价 | | | | | | | | | | | |
| 9.1.1 总则 | ○ | ◆ | ○ | ○ | ○ | ○ | ○ | ○ | ○ | ○ | ○ |
| 9.1.2 顾客满意 | | ■ | ○ | | ○ | | | ◆ | | | |
| 9.1.3 分析与评价 | ○ | ◆ | ○ | ○ | ○ | ○ | ○ | ○ | ○ | ○ | ○ |
| 9.2 内部审核 | ○ | ◆ | ○ | ○ | ○ | ○ | ○ | ○ | ○ | ○ | ○ |
| 9.3 管理评审 | ◆ | ○ | | | | | | | | | |
| 10 改进 | | | | | | | | | | | |
| 10.1 总则 | ○ | ◆ | ○ | ○ | ○ | ○ | ○ | ○ | ○ | ○ | ○ |
| 10.2 不合格和纠正措施 | ○ | ■ | ○ | ○ | ◆ | ○ | ○ | ○ | ○ | ○ | ○ |
| 10.3 持续改进 | ○ | ◆ | | | | | | | | | |

注：■为归口领导，◆为主职能部门，○为配合部门。

## 附录4 质量目标清单（见表4）

表4 质量目标清单

| 序号 | 目标名称 | 设置目的 | 计算公式（计算方法） | 目标值 | 统计周期 | 考核人或考核单位 | 备注 |
|---|---|---|---|---|---|---|---|
| 1 | 顾客满意度 | 考核服务质量 | 每年年终（每年管理评审前），营销部组织进行顾客满意度调查，并计算得分，详见《顾客满意度调查控制程序》 | ≥95分 | 年度 | 营销部 | |
| 2 | 交货准时率 | 考核计划协调能力 | 交货准时率=$\frac{准时交货次数}{交货总次数}$×100% | ≥98% | 月度 | 营销部 | |
| 3 | 顾客批退次数 | 考核产品质量控制能力 | 顾客判整批退货次数 | 0次 | 月度 | 营销部 | |
| 4 | 顾客退货率 | 考核产品质量控制能力 | 顾客退货率=$\frac{顾客退货数量}{总出货数量}$×1000000（ppm） | ≤3500ppm | 月度 | 营销部 | |
| 5 | 培训效果满意度 | 考核培训工作的实际效果 | 人事行政部对各部门负责人打分的"培训效果评价表"进行统计，所得的平均分即为"培训效果满意度" | ≥85分 | 季度 | 人事行政部 | |

注：此处只是公司级的质量目标，部门、过程的质量目标见相关文件。

## 附录5 程序文件清单（见表5）

表5 程序文件清单

| 序号 | 文件编号 | 程序文件名称 |
| --- | --- | --- |
| 1 | （略） | 风险控制程序 |
| 2 | | 质量目标管理程序 |
| 3 | | 设备管理程序 |
| 4 | | 工装管理程序 |
| 5 | | 监视和测量设备管理程序 |
| 6 | | 知识管理控制程序 |
| 7 | | 培训管理程序 |
| 8 | | 文件控制程序 |
| 9 | | 合同管理程序 |
| 10 | | 顾客投诉处理程序 |
| 11 | | 设计和开发控制程序 |
| 12 | | 供应商管理程序 |
| 13 | | 采购管理程序 |
| 14 | | 生产过程管理程序 |
| 15 | | 产品交货管理程序 |
| 16 | | 产品检验控制程序 |
| 17 | | 不合格品控制程序 |
| 18 | | 顾客满意度调查控制程序 |
| 19 | | 分析与评价控制程序 |
| 20 | | 内部审核控制程序 |
| 21 | | 管理评审控制程序 |
| 22 | | 纠正措施控制程序 |

# 第 3 章

# ISO 9001:2015 程序文件——策划类

## 3.1 风险控制程序

**风险控制程序**

**1. 目的**

确保质量管理体系能够实现预期的结果,避免或减少不利影响,增强有利影响,并实现改进。

**2. 适用范围**

适用于公司范围内风险的识别、风险分析与评价、风险应对,以及风险监督、检查和改进的管理。

**3. 职责**

3.1 质量部是风险控制的归口管理部门,监督并检查风险应对计划的实施。

3.2 管理者代表负责审核风险应对计划。

3.3 总经理批准风险应对计划。

3.4 各部门负责按风险应对计划的要求实施风险控制。

**4. 过程分析乌龟图**

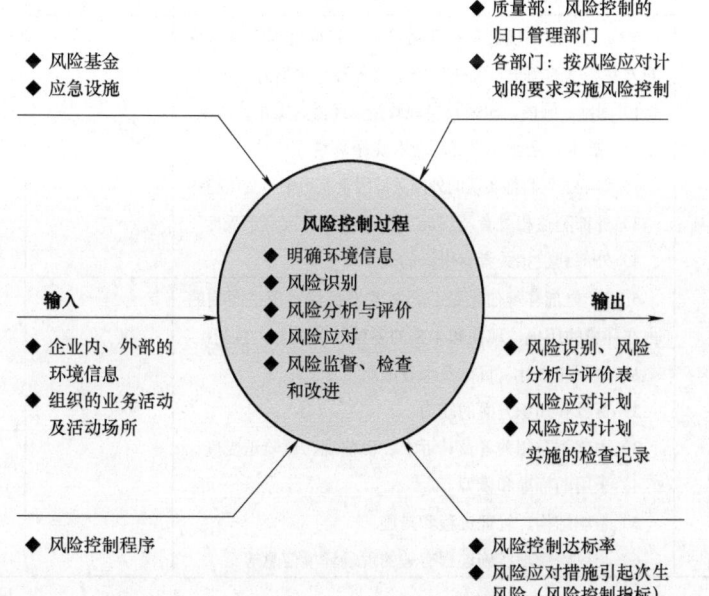

## 5. 过程流程图

## 6. 作业程序与控制要求

| 程序 | 工作内容 | 输出文件 | 责任部门/人 |
| --- | --- | --- | --- |
| 6.1 明确环境信息 | 6.1.1 在风险识别前，质量部应组织风险识别人员明确公司内、外部的环境信息，以确保风险控制与公司所处的环境相协调 | | 质量部 |
| | 6.1.2 外部环境信息是公司在实现目标过程中所面临的外界环境的历史、现在和未来的各种相关信息。包括：<br>1）国际、国内、地区及当地政治、经济、文化、法律、法规、技术、金融及自然环境和竞争环境<br>2）影响公司目标实现的外部关键因素及历史和变化趋势<br>3）外部利益相关者及其诉求、价值观、风险承受度<br>4）外部利益相关者与组织的关系 | | |
| | 6.1.3 内部环境信息是公司在实现目标过程中面临的内在环境的历史、现在和未来的各种相关信息。包括：<br>1）组织的方针、目标及经营战略<br>2）资源和知识方面的能力<br>3）内部利益相关者及其诉求、价值观、风险承受度<br>4）采用的标准和模型<br>5）组织结构、管理过程和措施<br>6）与风险管理实施过程有关的现场环境信息等 | | |

（续）

| 程序 | 工作内容 | 输出文件 | 责任部门/人 |
|---|---|---|---|
| 6.2 风险识别 | 6.2.1 风险识别的时机<br>1）质量部在每年年初（上年度例行的管理评审之后）或者根据需要在适当时候，根据企业所处的环境，识别公司质量管理体系过程中的风险<br>2）在相关法规变更，公司的活动、产品、服务、运行条件，以及相关方的要求等环境信息发生重大变化时，可适时进行风险识别 | | 质量部 |
| | 6.2.2 风险识别<br>1）质量部组织有关人员成立风险分析小组，确定要进行风险识别的质量管理体系过程<br>2）风险分析小组对每一过程中的风险进行识别，将识别的风险填入"风险识别、风险分析与评价表"。填入时，要明确风险名称、风险可能导致的后果 | 风险识别、风险分析与评价表 | 风险分析小组 |
| | 6.2.3 风险识别中的重点关注对象是"九新"。所谓"九新"，就是指新技术、新材料、新工艺、新状态、新环境、新单位、新岗位、新人员、新设备。要对"九新"进行深入分析，识别其中的各类风险 | | |
| 6.3 风险分析与评价 | 6.3.1 风险分析<br>1）风险分析小组对识别的风险进行定性分析，确定风险后果的严重性，以及风险发生的可能性，进而确定风险的等级<br>2）风险后果的严重性判断标准见表3.1-1，风险发生的可能性判断标准见表3.1-2，风险等级分为极高风险、高风险、中等风险、低风险、极低风险五级，判断标准见表3.1-3 | | 风险分析小组 |
| | 6.3.2 风险评价<br>1）风险分析小组将风险分析得出的风险等级与风险接受准则（见表3.1-4）进行对照，以确定风险是否可以接受<br>2）风险分析小组将风险分析与评价的结论填入"风险识别、风险分析与评价表"（见表3.1-5）中 | 风险识别、风险分析与评价表 | 风险分析小组 |
| 6.4 风险应对 | 6.4.1 风险分析小组根据风险分析与评价结果，确定风险应对措施。风险应对措施包括：避免风险，为了抓住机遇而承担风险，消除风险源，改变发生的可能性或后果，分担风险，或者在知情决策下与风险"共舞"（保持风险）<br>选择风险应对措施时，应考虑以下因素：<br>1）法律、法规、社会责任和环境保护等方面的需求<br>2）风险应对措施的实施成本与收益<br>3）选择几种应对的措施，将其单独或组合使用<br>4）利益相关者的诉求和价值观、对风险的认知和承受度，以及对某些风险应对措施的偏好<br>5）将应对措施纳入到质量管理体系的过程中<br>6）采取的风险应对措施应与风险对产品、服务的符合性和顾客满意的潜在影响相适应 | | 风险分析小组 |

（续）

| 程序 | 工作内容 | 输出文件 | 责任部门/人 |
|---|---|---|---|
| 6.4 风险应对 | 6.4.2 在选择了风险应对措施之后，风险分析小组应制定相应的"风险应对计划"。风险应对计划的内容可包括：风险，风险应对措施，责任人，资源需求，如何对结果进行监视等 | 风险应对计划 | 风险分析小组 |
| | 6.4.3 "风险应对计划"经管理者代表审核、总经理批准后下发实施 | | 总经理 |
| 6.5 风险监督、检查和改进 | 6.5.1 质量部每月对"风险应对计划"的实施情况进行检查，检查结果记录在"风险控制情况检查表"中。发现问题时，质量部应按《纠正措施控制程序》的要求责成相关部门采取改进和纠正措施 | 风险控制情况检查表 | 质量部 |
| | 6.5.2 每次管理评审时，应对风险控制措施的有效性进行评审 | | |
| | 6.5.3 在相关法规变更，公司的活动、产品、服务、运行条件，以及相关方的要求等环境信息发生重大变化时，质量部应组织对"风险识别、风险分析与评价表""风险应对计划"重新进行评审，根据评审结果，决定是否对其进行修订 | | 质量部 |

## 7. 过程绩效的监视

| 绩效指标 | 计算公式（计算方法） | 指标值 | 监视频率 | 监视单位/人 |
|---|---|---|---|---|
| 7.1 风险控制达标率 | 风险控制达标率=$\frac{控制达标的风险数量}{应控制的风险总数量}\times 100\%$ | 100% | 月 | 质量部 |

## 8. 过程中的风险和机遇的控制（风险应对计划）

| 风险 | 应对措施 | 其他事项 | 执行时间 | 负责人 | 监视方法 |
|---|---|---|---|---|---|
| 8.1 风险应对措施引起次生风险 | 1）质量部组织风险分析小组对风险应对措施中可能的次生风险进行识别、分析与评价，填写"风险识别、风险分析与评价表"<br>2）根据对次生风险分析与评价的结论，制定风险应对措施，并将这些措施纳入"风险应对计划"中并实施 | | 与风险识别、风险分析与评价同时进行 | 风险分析小组 | 管理者代表对"风险识别、风险分析与评价表"进行审查 |

9. 支持性文件

（无）

10. 记录

10.1 风险识别、风险分析与评价表（见表 3.1-5）

10.2 风险应对计划（见表 3.1-6）

10.3 风险控制情况检查表

表 3.1-1~表 3.1-6 为风险控制的相关判断标准、评价表等。

表 3.1-1 风险后果的严重性判断标准

| 严重性分值 | 财产损失（或超支） | 停工时间（或延误时间） | 对产品/顾客的影响 | 对过程的影响 |
| --- | --- | --- | --- | --- |
| 5 | ≥50 万元 | ≥10 天 | 潜在失效后果影响产品安全和/或不符合政府法规 | 可能危及操作者 |
| 4 | ≥10 万元 | ≥5 天 | 基本功能丧失或降低 | 可能产生废品，生产线停止或速度降低 |
| 3 | ≥1 万元 | ≥1 天 | 次要功能丧失或降低（产品可以使用，但舒适性/便利性方面性能丧失或降低） | 产品须离线返工后再被接受 |
| 2 | <1 万元 | 半天 | 外观或噪声不符合要求，一定或可能引起顾客注意 | 产品在后工序加工前需要在线返工，或给工作过程带来轻微不便 |
| 1 | 无 | 没有误时 | 顾客没有反应 | 对工作过程没有影响 |

表 3.1-2 风险发生的可能性判断标准

| 可能性分值 | 偏差发生的频率 | 工作检查 | 作业标准 | 员工胜任程度 | 控制措施 |
| --- | --- | --- | --- | --- | --- |
| 5 | 每天发生，经常 | 从来不检查 | 没有标准 | 不胜任，无任何培训，也无工作经验 | 无任何控制措施 |
| 4 | 每月发生 | 偶尔检查 | 有，但只是偶尔执行 | 不够胜任 | 控制措施不完善 |
| 3 | 每季度发生 | 月检 | 有，但只是部分执行 | 一般胜任 | 有，但没有完全执行 |
| 2 | 每年发生 | 周检 | 有，但偶尔不执行 | 胜任，但偶尔出错 | 有，偶尔执行 |
| 1 | 偶尔或者一年以上发生 | 日检或者完工即查 | 有，而且严格执行 | 高度胜任，有完善的培训系统 | 控制措施完善、有效 |

表 3.1-3　风险等级判断标准

| 严重性 \ 可能性（风险等级） | 1 | 2 | 3 | 4 | 5 |
|---|---|---|---|---|---|
| 5 | 低风险 | 中等风险 | 高风险 | 极高风险 | 极高风险 |
| 4 | 低风险 | 低风险 | 中等风险 | 高风险 | 极高风险 |
| 3 | 极低风险 | 低风险 | 低风险 | 中等风险 | 高风险 |
| 2 | 极低风险 | 低风险 | 低风险 | 低风险 | 中等风险 |
| 1 | 极低风险 | 极低风险 | 极低风险 | 低风险 | 低风险 |

表 3.1-4　风险接受准则

| 风险等级 | 接受准则 |
|---|---|
| 极高风险 | 不可接受风险 |
| 高风险 | 不可接受风险 |
| 中等风险 | 不可接受风险 |
| 低风险 | 可接受风险，用现有措施控制 |
| 极低风险 | 可忽视风险，无须采取措施 |

表 3.1-5　风险识别、风险分析与评价表

| 序号 | 过程 | 风险 | 风险的分析与评价 | | | | 控制措施 |
|---|---|---|---|---|---|---|---|
| | | | 风险后果的严重性 | 风险发生的可能性 | 风险等级 | 是否不可接受风险 | |
| 1 | 知识管理 | 关键工位依赖1～2个能人 | 4 | 1 | 低风险 | 否 | A |
| 2 | | | | | | | |
| 3 | | | | | | | |
| 4 | | | | | | | |
| 5 | | | | | | | |

注：控制措施包括：A——现有措施；B——现有措施可继续使用，但须限期整改；C——立即整改。

表 3.1-6　风险应对计划

| 序号 | 过程 | 风险 | 应对措施 | 其他事项 | 执行时间 | 负责人 | 监视方法 |
|---|---|---|---|---|---|---|---|
| 1 | 知识管理 | 关键工位依赖1～2个能人 | 1）培养3个以上多能工，掌握关键工位的操作要领 | | | 车间主任 | 质量保证工程师检查关键工位多能工的数量 |
| | | | 2）将这1～2个能人的经验转化为作业指导书，作为公司的知识积累 | | | 工艺工程师 | 质量保证工程师检查关键工位的作业指导书是否包含了能人们的经验，作业指导书是否有效 |

（续）

| 序号 | 过程 | 风险 | 应对措施 | 其他事项 | 执行时间 | 负责人 | 监视方法 |
|---|---|---|---|---|---|---|---|
| 2 | | | | | | | |
| 3 | | | | | | | |
| 4 | | | | | | | |
| 5 | | | | | | | |

## 3.2 质量目标管理程序

质量目标管理程序

**1. 目的**

制定并实施质量目标及其行动计划，为产品质量的提高，以及质量管理体系的持续改进做出贡献。

**2. 适用范围**

适用于质量目标及其行动计划的制订、实施、检查和更改。

**3. 职责**

3.1 质量部是质量目标管理的归口部门，监督并检查质量目标及其行动计划的实施。

3.2 管理者代表负责审核质量目标及其行动计划。

3.3 总经理批准质量目标及其行动计划。

3.4 各部门负责质量目标及其行动计划的具体实施。

**4. 过程分析乌龟图**

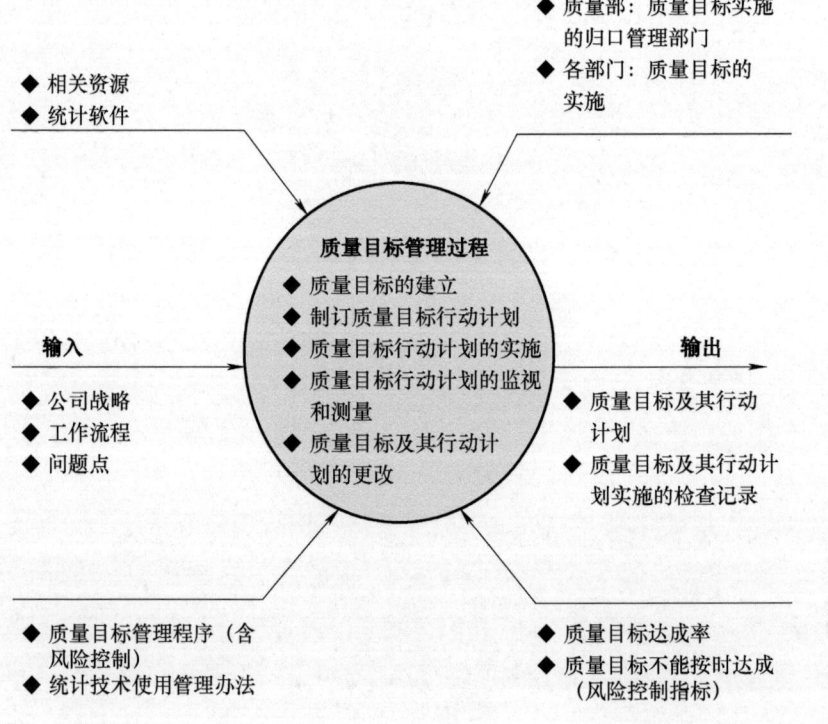

**5. 过程流程图**

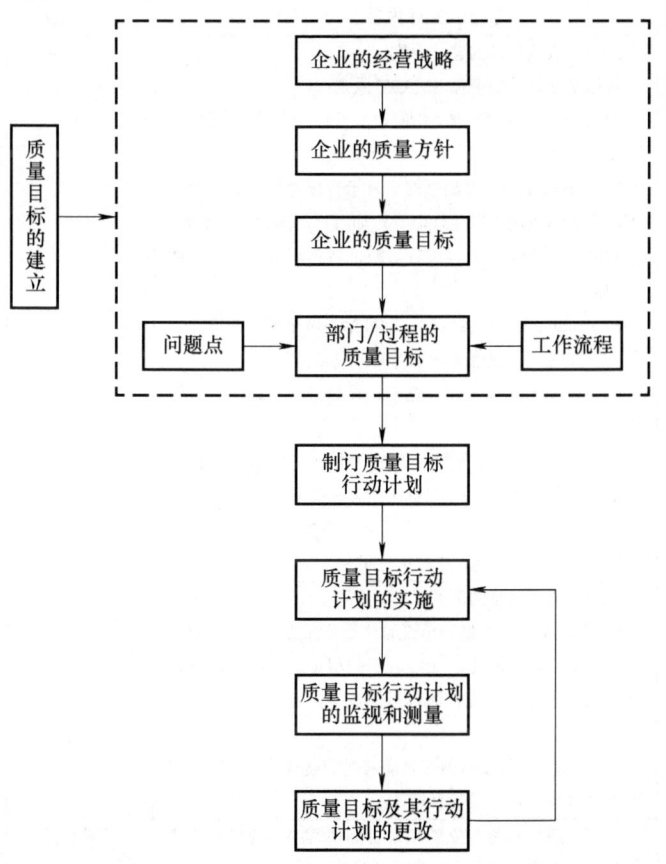

**6. 作业程序与控制要求**

| 程序 | 工作内容 | 输出文件 | 责任部门/人 |
| --- | --- | --- | --- |
| 6.1 质量目标的建立 | 6.1.1 质量目标建立的时间<br>管理者代表每年年初（上年度例行的管理评审之后）或根据需要在适当时候，根据企业的经营战略、质量方针，组织制定企业的质量目标 | | 管理者代表 |
| | 6.1.2 质量目标内容上的要求<br>1）质量目标应建立在质量方针的基础上，应在质量方针给定的框架内展开，但需注意不要机械地一一对应<br>2）建立质量目标时应考虑适用的要求，包括顾客的要求、法律法规的要求等<br>3）质量目标应包括产品、服务的符合性，以及增强顾客满意方面的内容。也就是说既要有产品和服务的质量目标，也要有过程和顾客满意的质量目标 | | |

（续）

| 程序 | 工作内容 | 输出文件 | 责任部门/人 |
|---|---|---|---|
| 6.1 质量目标的建立 | 6.1.3 质量目标的建立原则<br>目标建立时，要遵循SMART原则：<br>1）Specific：明确具体。指制定的目标一定要明确具体，不要模棱两可<br>2）Measurable：可测量的。表示目标是可以测量的，可以定量测量也可以定性测量，如考评、测评、评价等。要对测量的方法和内容进行规范，包括测量的时机、样本的抽取等<br>3）Attainable：可实现的。指目标在付出努力的情况下是可以实现的。要避免设立过高或过低的目标<br>4）Relevant：相关性。建立的目标必须与部门、工作岗位紧密相关<br>5）Time-based：时限性。目标的时限性就是讲目标的实现是有时间限制的。质量目标可分为保持型与改进型两类，一般都有时间方面的限制，如保持，在多长时间内，保持在什么水平；如改进，指多长时间内达到什么水平 | | |
| | 6.1.4 质量目标的展开<br>1）纵向展开。要将公司级的质量目标展开到相关职能部门、层次和过程上。企业各部门根据上一级的质量目标，结合本部门的工作流程与问题点，制定本部门的质量目标<br>2）横向展开。横向展开是随着时间展开的，一般有年度质量目标、月度质量目标 | | |
| | 6.1.5 质量部将建立的质量目标填写在"质量目标清单"上，送管理者代表审核、总经理批准 | 质量目标清单 | 质量部 |
| 6.2 制订质量目标行动计划 | 6.2.1 管理者代表组织各部门制订质量目标行动计划，内容包括5W1H这些最基本的内容，即Why（为什么做，质量目标）、What（做什么，实现目标的措施）、Who（谁做，职责和权限）、Where（哪里做）、When（何时做，何时完成）、How（如何做，步骤、方法、资源，以及对结果如何评价等） | | |
| | 6.2.2 "质量目标行动计划"经管理者代表审核、总经理批准后下发实施 | 质量目标行动计划 | 管理者代表 |
| 6.3 质量目标行动计划的实施 | 6.3.1 人力资源部组织各部门对所属员工进行质量目标及其行动计划的培训，确保全体员工清楚公司及本部门的质量目标，并知道如何做才能实现质量目标 | | 人力资源部 |
| | 6.3.2 经总经理批准后，可向相关方或公众公开本公司的质量目标 | | |
| | 6.3.3 在质量目标行动计划的实施过程中，质量部要做好跟踪监督工作，各部门负责人要在月度工作总结中汇报质量目标的实现情况 | | 质量部、部门负责人 |

（续）

| 程序 | 工作内容 | 输出文件 | 责任部门/人 |
|---|---|---|---|
| 6.4 质量目标行动计划的监视和测量 | 6.4.1 质量部每月对质量目标行动计划的实施情况进行检查，检查结果记录在"质量目标实现情况检查表"中。发现问题时，质量部应按《纠正措施控制程序》的要求责成相关部门采取改进和纠正措施 | 质量目标实现情况检查表 | 质量部 |
| | 6.4.2 每次管理评审时，均需对质量目标进行评审，确保其适宜性 | | |
| 6.5 质量目标及其行动计划的更改 | 6.5.1 在方针、相关法律法规及其他要求、质量目标行动计划状况，以及其他内外部因素（包括市场、产品、活动、服务发生变化等）等发生变化时，管理者代表应组织对质量目标及其行动计划重新进行评审，根据评审结果，决定是否修订质量目标及其行动计划 | | 管理者代表 |
| | 6.5.2 质量部将修订后的质量目标及其行动计划送管理者代表审核、总经理批准，然后下发到相关部门实施 | | 质量部 |

**7. 过程绩效的监视**

| 绩效指标 | 计算公式（计算方法） | 指标值 | 监视频率 | 监视单位/人 |
|---|---|---|---|---|
| 7.1 质量目标达成率 | 质量目标达成率=$\dfrac{\text{达成的质量目标数量}}{\text{质量目标总数量}}\times 100\%$ | 100% | 月 | 质量部 |

**8. 过程中的风险和机遇的控制**（风险应对计划）

| 风险 | 应对措施 | 其他事项 | 执行时间 | 负责人 | 监视方法 |
|---|---|---|---|---|---|
| 8.1 质量目标不能按时达成 | 1）质量保证工程师在质量目标实施到1/3时段、2/3时段时，对质量目标的达成情况进行检查，填写"质量目标达成情况督促跟进表"<br>2）如果在2/3时段时，质量目标的达成仍存在重大变数，则质量保证工程师要一天跟进一次，直到目标达成 | | 参照"质量目标行动计划" | 质量保证工程师 | 管理者代表对"质量目标达成情况督促跟进表"进行审查 |

**9. 支持性文件**

9.1 《统计技术使用管理办法》

9.2 《纠正措施控制程序》

**10. 记录**

10.1 质量目标清单（见表 3.2-1）

10.2 质量目标行动计划（见表 3.2-2）

10.3 质量目标实现情况检查表

10.4 质量目标达成情况督促跟进表

表 3.2-1 质量目标清单

| 序号 | 目标名称 | 目标级别（公司/部门/过程） | 设置目的 | 方法措施 | 计算公式（计算方法） | 目标值 | 统计周期 | 考核人或考核单位 | 备注 |
|---|---|---|---|---|---|---|---|---|---|
| 1 | 顾客满意度 | 公司 | 考核服务质量 | | 每年年终（每年管理评审前），营销部组织进行顾客满意度调查，并计算得分，详见《顾客满意度调查控制程序》 | ≥95分 | 年度 | 营销部 | |
| 2 | 交货准时率 | 公司 | 考核计划协调能力 | | 交货准时率 = (准时交货次数 / 交货总次数) ×100% | ≥98% | 月度 | 营销部 | |
| 3 | 顾客退货率 | 公司 | 考核产品质量控制能力 | | 顾客退货率 = (顾客退货数量 / 总出货数量) ×1000000（ppm） | ≤3500ppm | 月度 | 营销部 | |
| 4 | 生产计划达成率 | 生产部 | 考核生产进度 | | 生产计划达成率 = (当月按计划完成的订单数 / 当月计划订单数) ×100% | ≥90% | 月度 | 副总经理 | |

表 3.2-2 质量目标行动计划

| 序号 | 目标 | 方法措施 | 负责人 | 资源需求 | 启动时间 | 完成时间 | 结果评价方法 |
|---|---|---|---|---|---|---|---|
| 1 | 客户验货一次通过率≥98% | 1）在顾客验货、出货前进行抽检，由QA对要比顾客小一个等级的AQL值 2）对去年的客户验货情况进行统计，找出主要的不合格项目，制定措施加以解决 | QA质检员 质量部经理 | …… …… | 2016/8 2016/7/5 | 一直进行下去，直到另有规定 1）2016/7/10 制定措施 2）2016/8/30 进行效果验证 | 每个月统计一次客户验货一次通过率 1）2016/7/11 号检查措施制定情况 2）2016/8/30 号对 8 月份的客户验货一次通过率进行统计分析，进而验证措施的效果 |
| 2 | | | | | | | |
| 3 | | | | | | | |

# 第 4 章

# ISO 9001：2015 程序文件——支持类

## 4.1 设备管理程序

**设备管理程序**

**1. 目的**
规定设备的采购、使用、维修、保管的管理，以确保设备能满足产品质量的需要。

**2. 适用范围**
本程序适用于公司所有设备的管理。

**3. 职责**
3.1 总经理负责设备采购申请的批准。
3.2 设备部负责设备的采购、验收、使用、维修和报废过程的统筹管理。
3.3 使用单位负责设备的使用管理和日常保养工作。

**4. 过程分析乌龟图**

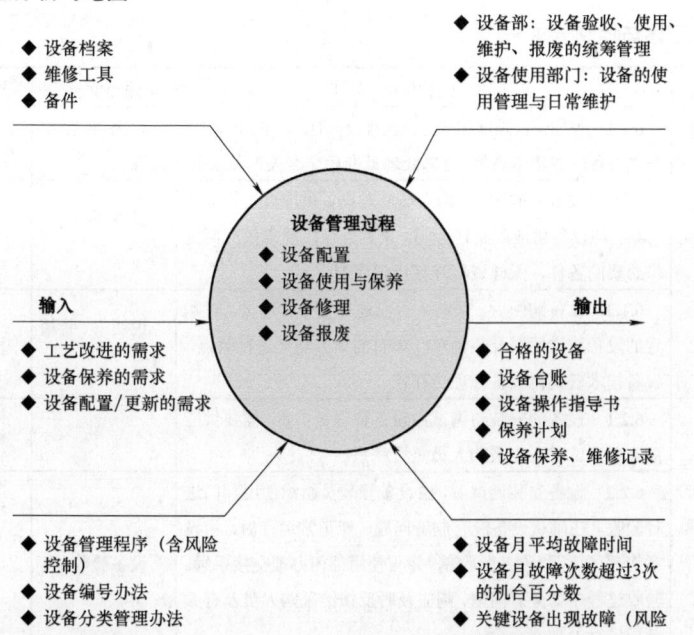

## 5. 过程流程图

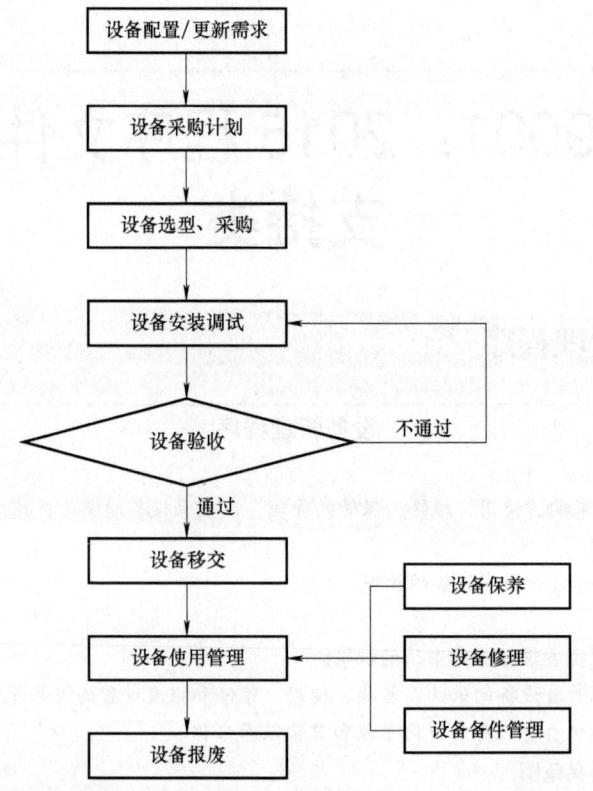

## 6. 作业程序与控制要求

| 程序 | 工作内容 | 输出文件 | 责任部门/人 |
|---|---|---|---|
| 6.1 设备配置 | 6.1.1 使用部门须增加或更新现有设备时，由使用部门填写"设备配置申请表"，经总经理批准后交有关人员采购 | 设备配置申请表 | 使用部门 |
| | 6.1.2 设备采购时，采购人员应对设备供应商进行选型考察，与设备供应商签订合同。采购人员要求供应商提供必要的备件、图样资料和使用说明书 | 设备采购合同 | 采购人员 |
| | 6.1.3 设备购回后，采购人员应通知设备管理员，对购置的设备按说明书及装箱单（如有的话）逐一进行清点，设备技术资料由设备管理员存档 | 说明书、装箱单等 | 设备管理员 |
| 6.2 设备的安装调试、验收、移交 | 6.2.1 设备的安装与调试由设备管理员负责，需要供应商安装调试时，由采购人员负责联系 | | 设备管理员 |
| | 6.2.2 设备安装调试后，由设备管理员组织使用部门进行验收。在确认设备没有制造问题、能正常运行后，由设备管理员填写"设备验收单"并与使用部门办理交接手续。验收过程中如果有问题，则应及时反馈给采购人员及有关部门进行处理 | 设备验收单 | 设备管理员 |

（续）

| 程序 | 工作内容 | 输出文件 | 责任部门/人 |
|---|---|---|---|
| 6.2 设备的安装调试、验收、移交 | 6.2.3 设备管理员按《设备编号办法》的要求对设备进行编号并做好设备台账 | 设备台账 | 设备管理员 |
| 6.3 设备的使用管理 | 6.3.1 按《设备分类管理办法》将设备分为 A、B、C 三类，对设备进行分类管理。设备管理员应在设备台账上注明设备的类别 | | 设备管理员 |
| | 6.3.2 设备工程师负责编写必要的设备操作与维护保养规程 | | 设备工程师 |
| | 6.3.3 设备操作工必须熟悉所使用设备的性能、操作要领及日常保养方法；必须经过培训，合格后持证上岗；必须严格遵守有关的设备操作与维护保养规程，严禁违章操作 | | 设备操作工 |
| | 6.3.4 对于大型、精密设备（A 类设备），设备操作工应做好必要的"设备运行记录"。连续运行时，需办理"设备交接班记录" | 设备运行记录、设备交接班记录 | 设备操作工 |
| | 6.3.5 对公司内的主要生产设备，应指派专人负责。其他人员须借用设备时，必须征得其同意并服从其管理 | | |
| | 6.3.6 长期闲置（闲置时间 1 年以上）而又不报废的设备，使用部门应通知设备管理员，设备管理员对该设备进行封存并在设备上挂"闲置设备"牌。闲置设备启封时应经设备管理员同意 | | 设备管理员 |
| | 6.3.7 检修中的设备，设备工程师应在设备适当位置挂"正在检修"红色检修牌；报废的设备，设备管理员应在设备适当位置挂黑色"报废"牌。现场所使用的状态良好的设备不再另行标识 | | 设备工程师/设备管理员 |
| 6.4 设备备件管理 | 6.4.1 设备管理员建立"设备易损件清单"，定出每种易损件的安全库存量 | 设备易损件清单 | 设备管理员 |
| | 6.4.2 当库存的设备易损件数量接近安全库存量时，设备管理员要做好采购计划并实施采购。临时急需的设备配件，设备管理员要即时采购 | | 设备管理员 |
| 6.5 设备预防性保养 | 6.5.1 应对设备进行必要的日常保养和定期保养。使用者负责日常保养（填写"设备日常检查保养记录"），设备工程师负责定期保养（填写"设备定期检查保养记录"），按有关的设备维护与保养规程进行 | 设备日常检查保养记录、设备定期检查保养记录 | 使用者、设备工程师 |

（续）

| 程序 | 工作内容 | 输出文件 | 责任部门/人 |
|---|---|---|---|
| 6.5 设备预防性保养 | 6.5.2 每年12月份，设备工程师要做好下年度的设备定期保养计划（填写"年度设备保养计划"）。定期保养前1~5天，应通知设备使用部门，以便其调整工作 | 年度设备保养计划 | 设备工程师 |
| 6.6 设备预见性保养 | 6.6.1 每月下旬，设备工程师应根据过程运行、设备运行、设备检查保养、维修等情况，针对设备中的潜在问题，做好必要的下一月份的"设备月度预见性维修计划" | 设备月度预见性维修计划 | 设备工程师 |
| | 6.6.2 "设备月度预见性维修计划"经设备部经理审批后实施。设备工程师维修时将维修的情况记录在"设备检修单"上 | 设备检修单 | 设备工程师 |
| 6.7 设备的修理 | 6.7.1 设备在日常使用过程中发生故障时，使用部门应开具"设备检修单"及时通知设备工程师，由设备工程师进行修理或做出相应处理 | 设备检修单 | 使用部门 |
| | 6.7.2 检修后的设备使用前需要有使用部门负责人签名认可。设备工程师应将设备检修情况及结论记录在"设备检修单"上 | 设备检修单 | 设备工程师 |
| | 6.7.3 公司内不能完成的修理，由设备部负责委外修理。委外修理后，由设备工程师组织验收并填写"设备检修单"（如果修理方有"设备修理记录表"，则由使用部门在其上签字验收即可，修理方的"设备修理记录表"应给设备工程师留存一份） | 设备检修单 | 设备工程师 |
| 6.8 设备的报废 | 6.8.1 技术性能不能满足生产工艺要求和保证产品质量的设备或者故障频繁、效率低、经济效益差、技术改造又不经济的设备应当报废 | | |
| | 6.8.2 设备报废由使用部门提出（填写"设备报废申请单"），经设备工程师确认、设备部经理审核、总经理批准后报废。设备工程师应在台账中注明报废情况。报废的设备须挂上黑色"报废"牌并适时从现场清除 | 设备报废申请单 | 总经理 |

### 7. 过程绩效的监视

| 绩效指标 | 计算公式（计算方法） | 指标值 | 监视频率 | 监视单位/人 |
|---|---|---|---|---|
| 7.1 设备月平均故障时间 | 设备月平均故障时间=$\dfrac{设备故障总时间}{设备总台数}$ | ≤1.5 小时 | 月 | 设备管理员 |

（续）

| 绩效指标 | 计算公式（计算方法） | 指标值 | 监视频率 | 监视单位/人 |
|---|---|---|---|---|
| 7.2 设备月故障次数超过3次的机台百分数 | 设备月故障次数超过3次的机台百分数 $= \dfrac{\text{设备月故障次数超过3次的机台数}}{\text{设备总台数}} \times 100\%$ | ≤5% | 月 | 设备管理员 |

**8. 过程中的风险和机遇的控制**（风险应对计划）

| 风险 | 应对措施 | 其他事项 | 执行时间 | 负责人 | 监视方法 |
|---|---|---|---|---|---|
| 8.1 关键设备出现故障 | 1）与设备供应商签订维修合同，保证随叫随到（注：每年12月都须签订次年的维修合同） | | 每年12月 | 设备管理员 | 设备部经理监督签订设备维修合同 |
| | 2）储备一定量的设备易损件 | | 执行6.4.2条款 | 设备管理员 | 设备部经理每月月底审查设备易损件库存量 |
| | 3）车间认真做好设备的日常点检保养并填写"设备日常检查保养记录" | | 每天 | 车间主任 | 设备工程师每天对车间的"设备日常检查保养记录"进行确认 |
| | 4）事后要对设备维护保养机制进行检讨，并根据需要进行修订 | | 设备维修好后5天内 | 设备管理员 | 设备部经理审核检讨会的会议纪要 |

**9. 支持性文件**

9.1 《设备编号办法》

9.2 《设备分类管理办法》

**10. 记录**

10.1  设备配置申请表

10.2  设备验收单（见表4.1-1）

10.3  设备台账（见表4.1-2）

10.4  设备运行记录

10.5  设备交接班记录

10.6  设备易损件清单

10.7  设备日常检查保养记录（见表4.1-3）

10.8  设备定期检查保养记录（见表4.1-4）

10.9  年度设备保养计划

10.10  设备月度预见性维修计划

10.11  设备检修单（见表4.1-5）

10.12  设备报废申请单

表4.1-1  设备验收单

| 设备编号： | | 设备名称： | | 设备型号 | |
|---|---|---|---|---|---|
| 设备生产厂家： | | 出厂年月： | | 厂家编号： | |
| 设备价格： | | 使用部门： | | 验收日期： | |
| 验收类型：□新购进　　□大修后　　□其他： ||||||
| 设备主要技术参数： ||||||
| 设备外观、说明书、图样资料、电气资料、合格证、随机备件及工具等验收情况： ||||||
| 设备部/日期： ||||||
| 设备调试状况检查：<br>□好<br>□不好（详述理由）： ||||||
| 调试员工/日期： ||||||
| 设备运行状况检查（至少运行一星期）：<br>□好<br>□不好（详述理由）： ||||||
| 使用部门负责人/日期： ||||||
| 验收总结论：<br>□合格<br>□验收中的意见： ||||||
| 设备管理工程师/日期： | | | | 设备部经理/日期： | |
| 财务部备案/日期： | | | | 财务编号： | |

## 第4章 ISO 9001：2015 程序文件——支持类

表 4.1-2 设备台账

类别：

| 序号 | 财务编号 | 设备编号 | 设 备 名 称 | 型号/规格 | 使用部门 | 责任人 | 制造厂家 | 出厂编号 | 启用年月 | 折旧年限 | 电机台数 | 原值 | 其他 | 备 注 |
|---|---|---|---|---|---|---|---|---|---|---|---|---|---|---|
| | | | | | | | | | | | | | | |
| | | | | | | | | | | | | | | |
| | | | | | | | | | | | | | | |

表 4.1-3 设备日常检查保养记录

设备编号： 设备名称： 使用部门： 保养月份：2016 年 3 月

| 保养项目 | 1 | 2 | 3 | 4 | 5 | 6 | 7 | 8 | 9 | 10 | 11 | 12 | 13 | 14 | 15 | 16 | 17 | 18 | 19 | 20 | 21 | 22 | 23 | 24 | 25 | 26 | 27 | 28 | 29 | 30 | 31 |
|---|---|---|---|---|---|---|---|---|---|---|---|---|---|---|---|---|---|---|---|---|---|---|---|---|---|---|---|---|---|---|---|
| | | | | | | | | | | | | | | | | | | | | | | | | | | | | | | | |
| | | | | | | | | | | | | | | | | | | | | | | | | | | | | | | | |
| 保养人 | | | | | | | | | | | | | | | | | | | | | | | | | | | | | | | | |

异常情况记录：

注：没问题打"√"；若有异常则打"×"，并在"异常情况记录"栏中记录异常情况。每月 1 日将此表送设备部存档。

**表 4.1-4　设备定期检查保养记录**

| 设备编号： | | 设备名称：M—300 激光切割系统 | | | 使用部门： | | 保养时间段：2016/1～2016/12 | | |
|---|---|---|---|---|---|---|---|---|---|
| 保养项目 | 保养频率 | 保养日期 | | | | | | | |
| | | 1/15 | 4/15 | 7/15 | 10/15 | | | | |
| 激光光路清洁及调整 | 每 3 个月 | | | | | | | | |
| 传动胶带调整 | 每 3 个月 | | | | | | | | |

保　养　人：

异常情况记录：

注：没问题打"√"；若有异常则打"×"，并在"异常情况记录"栏中记录异常情况。

## 第4章　ISO 9001：2015程序文件——支持类

**表 4.1-5　设备检修单**

| 设备/工装编号： | 设备/工装名称： |
|---|---|
| 设备型号： | 使用部门： |

故障发生时间及现象：

<br><br><br><br><br><br>

使用人员/日期/时间：

检修记录（包括故障原因诊断、更换零部件情况）：

<br><br><br><br><br>

检修人/日期/时间：

维修结论：
□恢复正常状态
□其他：

<br><br><br><br>

使用人员/日期/时间：

备注：

## 4.2 工装管理程序

**工装管理程序**

**1. 目的**

保证工装从设计、采购/制作、验证、使用、维修和报废全过程按规定的方法和程序在受控状态下进行。

**2. 适用范围**

本程序适用于公司工装（包括模具、夹具、刀具、定位器、工位器具等）的管理。

**3. 职责**

3.1 设备部是工装管理的归口部门，负责工装的申购、制作、维修、报废等日常管理工作。

3.2 工艺技术部负责组织新试制产品或者技改革新的专用工装的设计工作，负责做出工装验证的最终结论。

3.3 采购部负责非自制工装的采购或外协加工。

3.4 工装由生产车间、质量部、工艺技术部共同验证。

**4. 过程分析乌龟图**

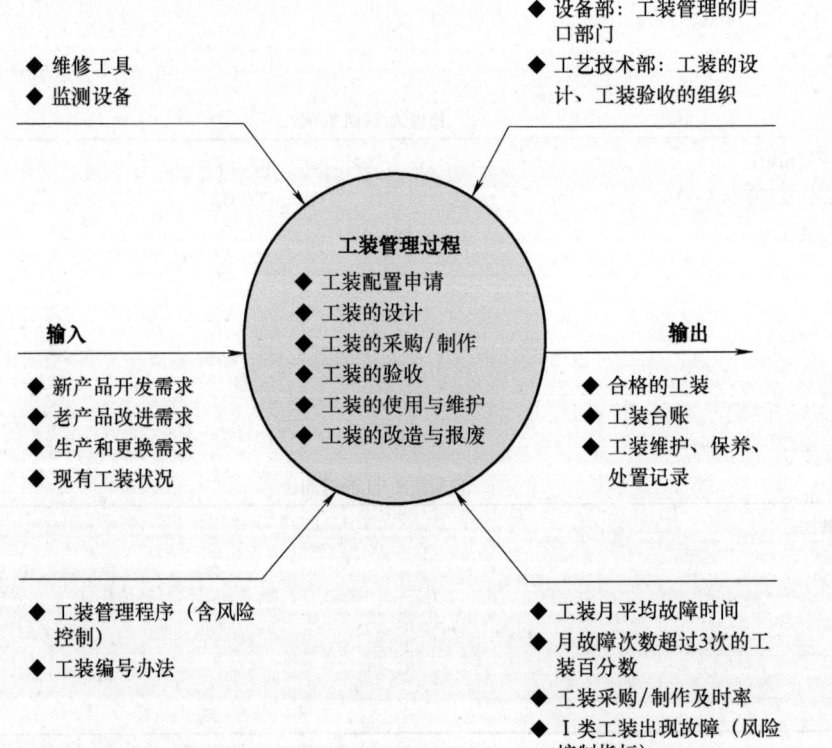

**5. 过程流程图**

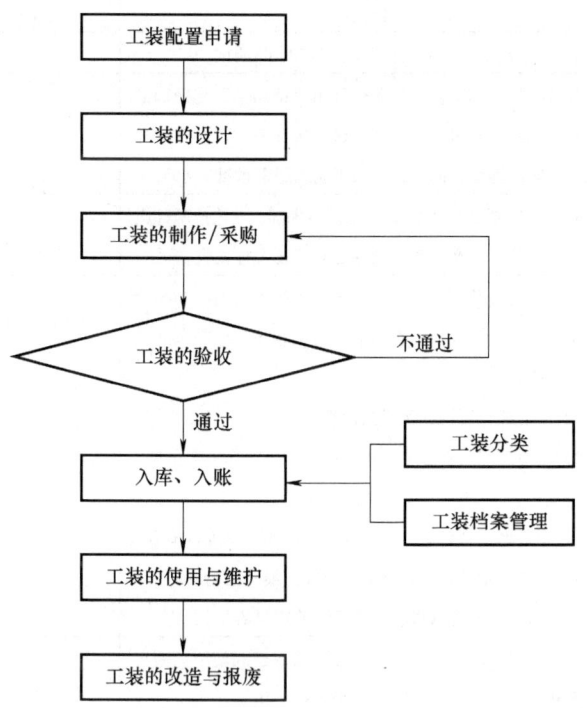

**6. 作业程序与控制要求**

| 程序 | 工作内容 | 输出文件 | 责任部门/人 |
|---|---|---|---|
| 6.1 工装配置申请 | 6.1.1 新产品工装和技改工装的配置申请由工艺技术部提出，生产车间需增加工装数量或者更新其工装时，应提出配置申请（填写"工装配置（改进）申请表"） | 工装配置（改进）申请表 | 工艺技术部、生产车间 |
| | 6.1.2 "工装配置（改进）申请表"交工艺技术部经理签署自制或外购意见，而后由设备部就自制或外购的落实签署意见（要落实完成时间），最后交副总经理批准。费用超过 10 000 元时，还需总经理批准 | | 设备部 |
| | 6.1.3 批准后的"工装配置（改进）申请表"由设备部保管，设备部应将批准后的"工装配置（改进）申请表"复印后交相关部门 | | 设备部 |
| 6.2 工装的设计 | 6.2.1 工艺技术部接到"工装配置（改进）申请表"后，应组织有关人员进行工装的设计 | | 工艺技术部 |
| | 6.2.2 工装图样及设计文件经工艺技术部经理批准后生效。工装图样及设计文件的管理、更改要执行《图样及技术文件管理规定》 | | 工艺技术部 |

（续）

| 程序 | 工作内容 | 输出文件 | 责任部门/人 |
|---|---|---|---|
| 6.3 工艺装配的自制与采购 | 6.3.1 自制的工装设备由设备部制作并调试 | | 设备部 |
| | 6.3.2 外购的工装由设备部开出"请购单"交采购部采购。工装采购时，采购部应进行情况考察，必要时与工装供应商签订合同（合同须由副总经理批准） | | 采购部 |
| 6.4 工装的验收 | 6.4.1 自制/外购的工装送工艺技术部。工艺技术部应组织质量部、生产车间、设备部对工装进行验收 | | 工艺技术部 |
| | 6.4.2 工装验收前，工艺技术部应按工装图样的要求对工装进行检查。检查合格后，将工装送至生产车间进行试生产验收<br>1）设备部负责调试状况的检查<br>2）使用部门负责工装运作状况（至少运作一个星期）的检查<br>3）质量部负责对用工装进行试生产的产品进行检查<br>4）工艺技术部负责做出工装验收的最终结论<br>工装验收人员应认真填写"工装验收报告" | 工装验收报告 | 工艺技术部 |
| | 6.4.3 只有通过验收的工装才能投入正式使用。验收不合格的工装应返回调整，直至合格为止 | | |
| 6.5 工装的分类与档案管理 | 6.5.1 工装按其重要程度分为两类：Ⅰ类是重要工装；Ⅱ类是一般工装<br>1）Ⅰ类工装：对质量影响较大的工装，包括关键工序、特殊工序使用的工装<br>2）Ⅱ类工装：没有特殊加工精度要求，对品质影响较小的工装。Ⅰ类以外的，做Ⅱ类工装管理<br>工装分类确定由工艺技术部负责。工艺技术部应将工装的类别填写在"工装验收报告"中 | | 工艺技术部 |
| | 6.5.2 验收合格的工装，设备部应按《工装编号方法》的要求对工装进行编号，将工装记入"工装台账" | 工装台账 | 设备部 |
| | 6.5.3 使用部门领用工装时，须在设备部的"工装发放回收记录表"上做好领用登记 | 工装发放回收记录表 | 使用部门 |
| 6.6 工装的使用与维护 | 6.6.1 设备部负责编写必要的工装操作与维护规程 | | 设备部 |
| | 6.6.2 操作人员应按要求正确使用，严禁违章操作，不得任意拆卸和自行修理工装 | | 操作人员 |
| | 6.6.3 操作人员要经常保持工装的完好，做好日常清洁保养工作 | | 操作人员 |

（续）

| 程序 | 工作内容 | 输出文件 | 责任部门/人 |
|---|---|---|---|
| 6.6 工装的使用与维护 | 6.6.4 设备维护员应根据工装操作与维护保养规程的要求做好工装的定期保养工作，填写"工装定期检查保养记录" | 工装定期检查保养记录 | 设备维护员 |
| | 6.6.5 员工在工装使用过程中发现工装损坏，不能保证工序质量要求时，应开具"工装检修单"及时通知设备部，由设备部进行维修。设备部不能维修的，应及时报告，申请发外修理 | 工装检修单 | 设备部 |
| | 6.6.6 检修中的工装须挂红色检修牌或者放置在检修区域，报废的工装须挂黑色报废牌或者放置在报废区域，闲置工装挂上"闲置工装"牌或者放置在闲置区域，由设备部保管，现场所使用的状态良好的工装不再另行标识 | | 设备部 |
| | 6.6.7 由设备部负责组织对Ⅰ类工装定期进行检查（填写"工装定期检查保养记录"），检查Ⅰ类工装的精度、外观质量及使用性能等方面的状况。Ⅱ类工装不做定期检修，随坏随修 | 工装定期检查保养记录 | 设备部 |
| | 6.6.8 设备部每月编制"易损工装更换计划"，并做好易损工装配件的储备与申购工作，确保及时更换易损工装 | 易损工装更换计划 | 设备部 |
| | 6.6.9 车间工装管理人员要将Ⅰ类工装每批次使用的起止时间、生产的产品数量，以及工装修理的情况记录在"工装履历卡"中 | 工装履历卡 | 车间 |
| 6.7 工装的改造及报废 | 6.7.1 工装在使用过程中，需要进行改进时，生产车间或者其他部门及个人均可提出申请报工艺技术部（应填写"工装配置（改进）申请表"），工艺技术部应及时组织有关人员进行分析，确认是否有必要进行改进。如果确有改进必要，则应报生产副总经理批准 | 工装配置（改进）申请表 | 工艺技术部 |
| | 6.7.2 对于取消和没有维修价值的工装，使用部门填写"工装报废单"，经工艺技术部、设备部确认，生产副总经理批准后予以报废<br>设备部应根据工装报废的情况，适时修改"工装台账" | 工装报废单、工装台账 | 设备部 |

## 7. 过程绩效的监视

| 绩效指标 | 计算公式（计算方法） | 指标值 | 监视频率 | 监视单位/人 |
|---|---|---|---|---|
| 7.1 工装月平均故障时间 | 工装月平均故障时间=$\dfrac{\text{工装故障总时间}}{\text{工装总数量}}$ | ≤1.5 小时 | 月 | 设备管理员 |
| 7.2 月故障次数超过 3 次的工装百分数 | 月故障次数超过3次的工装百分数=$\dfrac{\text{月故障次数超过3次的工装数量}}{\text{工装总数量}}\times 100\%$ | ≤5% | 月 | 设备管理员 |
| 7.3 工装采购/制作及时率 | 工装采购/制作及时率=$\dfrac{\text{工装采购/制作按时完成的次数}}{\text{工装采购/制作总次数}}\times 100\%$ | ≥95% | 月 | 设备管理员 |

## 8. 过程中的风险和机遇的控制（风险应对计划）

| 风险 | 应对措施 | 其他事项 | 执行时间 | 负责人 | 监视方法 |
|---|---|---|---|---|---|
| 8.1 Ⅰ类工装出现故障 | 1）与工装供应商签订维修合同，保证随叫随到（注：每年12月都需签订次年的维修合同） | | 每年12月 | 设备管理员 | 设备部经理监督签订工装维修合同 |
| | 2）Ⅰ类工装除使用的外，至少储备1套 | | 全部时间 | 设备管理员 | 设备部经理每月月底审查Ⅰ类工装储备量 |

## 9. 支持性文件

9.1 《工装编号方法》

## 10. 记录

10.1 工装配置（改进）申请表

10.2 工装验收报告（见表 4.2-1）

10.3 工装台账（见表 4.2-2）

10.4 工装发放回收记录表

10.5 工装定期检查保养记录（见表 4.2-3）

10.6 工装检修单

10.7 易损工装更换计划（见表 4.2-4）

10.8 工装履历卡（见表 4.2-5）

10.9 工装报废单

表 4.2-1 工装验收报告

| 产品型号 | | 产品名称 | | |
|---|---|---|---|---|
| 零件图号 | | 零件名称 | | |
| 工装编号 | | 工装名称 | | |
| 使用部门 | | 使用设备 | | |
| 工 序 号 | | 工序名称 | | |
| 验收项目 | 验收内容 | | | 结论 |
| 1.工装检查结果确认 | 工装的外观检查、尺寸检测、性能试验和安全性检验是否合格 | | | |
| 2.工装与设备的关系 | 1）工装能正确安装在工艺所规定型号的设备上 | | | |
| | 2）工装与设备的连接部位、结构尺寸、定位精度、装夹位置符合设备的要求 | | | |
| | 3）工装在设备上的装卸、操作方便，安全可靠 | | | |
| | 4）工装与被制造件装卡后的总重量及总体外形尺寸在设备允许范围之内。设备（包括刀具等附件）与工装及被制造件之间不发生干涉现象 | | | |
| 3.工装与被制造件的关系 | 1）采用工装制造的产品样件应满足产品和工艺要求，合格率符合规定 | | | |
| | 2）工装上的定位件位置与被制造件的定位位置要求相符 | | | |
| | 3）工装使用的夹紧方法、夹紧力使工装或被制造件夹紧后产生的变形对被制造件的质量不产生影响 | | | |
| | 4）工装与被制造件的配合精度满足要求 | | | |
| | 5）工装与被制造件装配后不妨碍设备或操作人员的作业 | | | |
| | 6）工装与被制造件的装卸不干涉，装卸方便 | | | |
| 4.工装与工艺的关系 | 1）工装的定位基准及工艺尺寸与工艺要求相符 | | | |
| | 2）工装的测量基准及测量尺寸与工艺要求相符 | | | |
| | 3）工装的夹紧部位、夹紧方法满足工艺要求 | | | |
| | 4）使用工装的操作步骤、操作时间达到工艺要求 | | | |
| | 5）工装按规定的试用次数使用后，其可靠性、可维护性、生产效率等满足生产、工艺及使用要求 | | | |
| 5.工装与安装现场的关系 | 工装符合安装现场的条件和要求 | | | |

验收总结：
□验收合格，工装可以投入使用　　□验收不合格，需修复或改造　　□工装报废
□其他说明：

附件：□样件检验报告　　□工装全尺寸检验报告

| 会签 | 部门 | 会签人/日期 | 职位 | 部门 | 会签人/日期 | 职位 |
|---|---|---|---|---|---|---|
| | | | | | | |

表 4.2-2　工装台账

| 序号 | 工装代号 | 工装名称 | 类别 | 周检周期 | 适用零部件型号/名称 | 使用部门 | 使用地点 | 入库日期 | 开始使用日期 | 报废日期 | 备注 |
|---|---|---|---|---|---|---|---|---|---|---|---|
|  |  |  |  |  |  |  |  |  |  |  |  |
|  |  |  |  |  |  |  |  |  |  |  |  |
|  |  |  |  |  |  |  |  |  |  |  |  |

表 4.2-3　工装定期检查保养记录

| 工 序 号 |  | 产品型号 |  |
|---|---|---|---|
| 工装编号 |  | 零件名称 |  |
| 工装名称 |  | 零件图号 |  |
| 使用单位 |  | 使用设备 |  |
| 检查日期 |  | 检 查 人 |  |
| 检查项目 | 检查内容及要求 || 检查结论 |
| 1. 外观检查 | 外观是否完整无损、表面是否光滑、有无影响强度的缺陷；定位面是否平整、光滑，如有明显严重的划痕、局部变形等缺陷，应打磨修整后再检查 || |
| 2. 尺寸和几何形状检查 | 工装及零部件应保持良好的几何形状。变形量、磨损量等是否超限。检验结果见"工装尺寸检查记录表" || |
| 3. 装配关系检查 | 紧固件是否完备，紧固状态是否良好，间隙是否超限 || |
| 4. 组合化工装检查 | 定位孔、轴、销及组合部件、零件的状态是否良好 || |
| 5. 安全检查 | 安全、吊拉部位的状态是否良好，吊、拉器具应按相关的安全使用管理规定执行 || |
| 6. 其他项目 | 工装维护使用说明书中规定的其他需要进行的周期检查的内容 || |
| 7. 样件检查 | 用此工装试做几个样件，对样件进行检查，看是否合格 || |

检查总结论：

□检查合格

□检查不合格，需修复或改造

□工装报废

□其他说明：

附件：□样件检验报告　□工装尺寸检查记录表

表 4.2-4　易损工装更换计划

| 工装编号 | 工装名称 | 存放地点 | 更换项目 | 更换周期 | 1月 | | 2月 | | 3月 | | 4月 | | 5月 | | 6月 | | 7月 | | 8月 | | 9月 | | 10月 | | 11月 | | 12月 | |
|---|---|---|---|---|---|---|---|---|---|---|---|---|---|---|---|---|---|---|---|---|---|---|---|---|---|---|---|---|
| | | | | | 计划 | 实施 | 计划 | 实施 | 计划 | 实施 | 计划 | 实施 | 计划 | 实施 | 计划 | 实施 | 计划 | 实施 | 计划 | 实施 | 计划 | 实施 | 计划 | 实施 | 计划 | 实施 | 计划 | 实施 |
| | | | | | | | | | | | | | | | | | | | | | | | | | | | | |
| | | | | | | | | | | | | | | | | | | | | | | | | | | | | |
| | | | | | | | | | | | | | | | | | | | | | | | | | | | | |
| | | | | | | | | | | | | | | | | | | | | | | | | | | | | |
| | | | | | | | | | | | | | | | | | | | | | | | | | | | | |
| | | | | | | | | | | | | | | | | | | | | | | | | | | | | |
| | | | | | | | | | | | | | | | | | | | | | | | | | | | | |
| 备注： | | | | | | | | | | | | | | | | | | | | | | | | | | | | |

说明：1)"计划"栏填写具体日期；"实施"栏，在实施后打"√"；2)每月根据需要做必要的月度易损工装更换计划。

表 4.2-5　工装履历卡

| 工　序　号 | | 产品型号 | |
|---|---|---|---|
| 工装编号 | | 零件名称 | |
| 工装名称 | | 零件图号 | |
| 使用部门 | | 使用设备 | |
| 制造厂家 | | 开始使用日期 | |
| 报废日期 | | 报废单号 | |

| 修理记录 ||||| 
|---|---|---|---|---|
| 修理日期 | 修理单号 | 修理内容简述 | 修理人 | 检验员 |
|  |  |  |  |  |
|  |  |  |  |  |
|  |  |  |  |  |
|  |  |  |  |  |
|  |  |  |  |  |
|  |  |  |  |  |
|  |  |  |  |  |
|  |  |  |  |  |
|  |  |  |  |  |
|  |  |  |  |  |
|  |  |  |  |  |

| 使用记录 |||||||
|---|---|---|---|---|---|---|
| 借用/启用日期 | 借用人 | 加工零件数量 | 检验记录 | 检验员 | 返还/停用日期 | 备注 |
|  |  |  | 首件 |  |  |  |
|  |  |  | 末件 |  |  |  |
|  |  |  | 首件 |  |  |  |
|  |  |  | 末件 |  |  |  |
|  |  |  | 首件 |  |  |  |
|  |  |  | 末件 |  |  |  |

备注：

## 4.3 监视和测量设备管理程序

**监视和测量设备管理程序**

**1. 目的**

对监视和测量设备（简称监测设备）进行有效的控制和管理，确保其监视和测量能力，以满足监视和测量任务的要求。

**2. 适用范围**

适用于本公司监测设备的采购、储存、使用、检定/校准和报废等管理。

**3. 职责**

3.1 质量部负责公司各类监测设备的归口管理，负责监测设备的检定、校准工作。

3.2 各使用监测设备的部门负责做好监测设备的使用、日常保养和存放的管理。

3.3 各监测设备使用人员负责监测设备的正确使用及日常保养。

**4. 过程分析乌龟图**

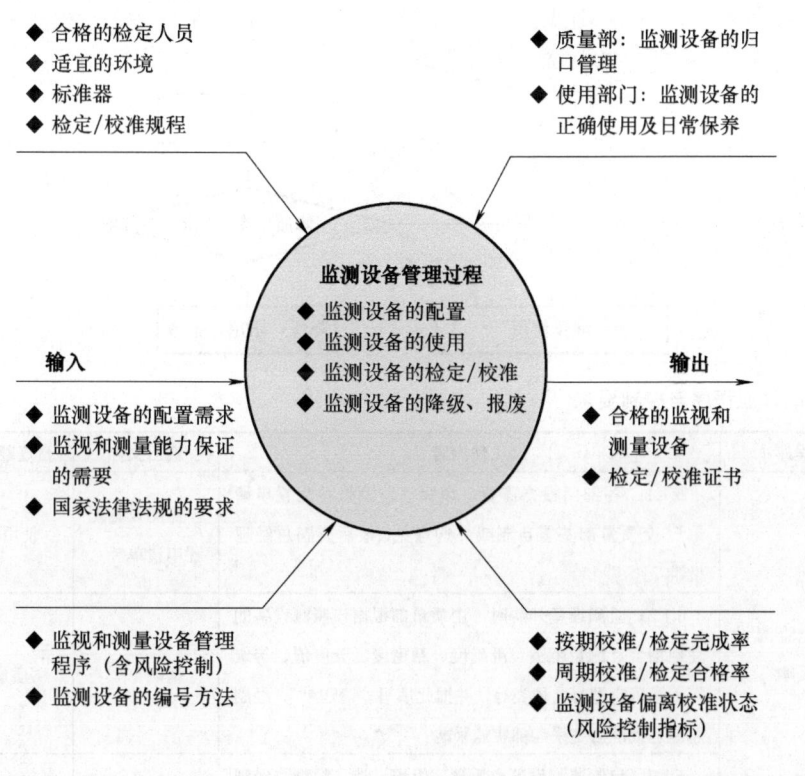

**5. 过程流程图**

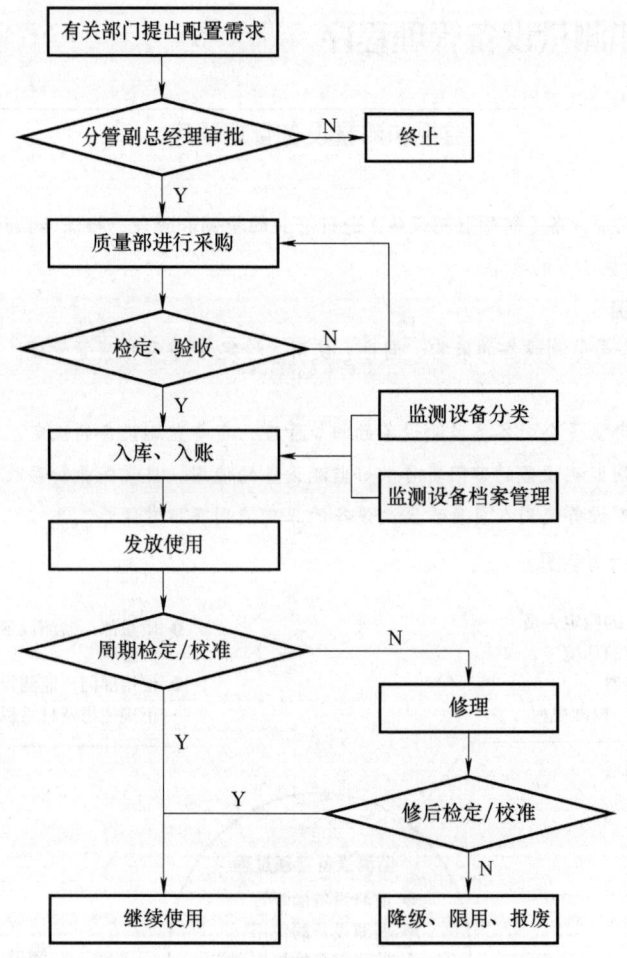

**6. 作业程序与控制要求**

| 程序 | 工作内容 | 输出文件 | 责任部门/人 |
|---|---|---|---|
| 6.1 监测设备的采购 | 6.1.1 各部门根据需要，填写"监测设备配置申请单"，交质量部签署自制或外购意见，最后交副总经理批准 | 监测设备配置申请单 | 使用部门 |
| | 6.1.2 监测设备外购时，由质量部根据该监测设备的使用场合、测量范围、准确度、精密度、分度值、等级等因素确定型号、种类等，并据此填写"请购单"，经副总经理批准后交采购部实施采购 | 请购单 | 质量部 |
| | 6.1.3 自制监测设备由质量部组织设计，经副总经理审核后发外加工 | | 质量部 |

（续）

| 程序 | 工作内容 | 输出文件 | 责任部门/人 |
|---|---|---|---|
| 6.2 监测设备的验收 | 6.2.1 新购监测设备到货后，由质量部计量室组织进行检定验收 | 监测设备履历卡、监测设备台账 | 计量员 |
| | 6.2.2 验收检定合格的监测设备，由计量员按《监测设备的编号方法》的要求对设备进行编号，做好检定/校准状态标签，填写"监测设备履历卡"，并将设备登记于"监测设备台账" | | |
| | 对因体积小而不宜贴标签的监测设备，其检定/校准状态标签可贴在包装盒上或者由其使用者妥善保管，但设备上要刻上编号 | | |
| | 6.2.3 对验收检定不合格的监测设备，由采购部作退换处理 | | 采购部 |
| 6.3 监测设备档案 | 6.3.1 计量室计量员负责建立公司"监测设备台账"，台账应能反映公司现有全部监测设备的数量、生产厂、精度、分类、检定/校准周期、使用状态、配备地点等，各使用部门兼职计量员负责建立本部门分台账 | 监测设备台账 | 计量员 |
| | 6.3.2 计量室计量员要做好监测设备检定规程、使用说明书、历次检定记录、检定报告等资料的归档保管 | | 计量员 |
| 6.4 监测设备的分类 | 6.4.1 根据监测设备的不同用途和使用频度及国家有关计量要求，将监测设备分为A、B、C三类 | | 计量员 |
| | 6.4.2 A类计量检测设备：用于本公司计量、检测设备量值溯源的计量标准器和使用中列入国家强制检定范围的工作计量器具 | | |
| | 6.4.3 B类计量检测设备：指用于产品开发、生产工艺控制、质量检测等有测量数据要求及对产品安全性能有规定要求的检测设备 | | |
| | 6.4.4 C类计量检测设备：指除A、B类检测设备以外的一般检测设备 | | |
| 6.5 监测设备的使用 | 6.5.1 领用监测设备时，使用部门须在计量室的"监测设备发放回收记录表"上做好领用登记 | 监测设备发放回收记录表 | 使用部门 |
| | 6.5.2 使用者在使用监测设备时，要检查设备是否完好，是否在检定/校准有效期内，并确保设备的监测能力与所要求的能力一致 | | 使用者 |
| | 6.5.3 计量工程师应为A类监测设备编制《操作维护保养规程》，B、C类监测设备视实际情况，必要时编制操作规程 | | 计量工程师 |

（续）

| 程序 | 工作内容 | 输出文件 | 责任部门/人 |
|---|---|---|---|
| 6.5 监测设备的使用 | 6.5.4 计量工程师负责组织相关人员对监测设备操作者进行培训，培训记录交人力资源部备案 | | 计量工程师 |
| | 6.5.5 对超过校准周期的监测设备必须重新检定/校准，合格后发放使用 | | |
| | 6.5.6 凡有操作规程的监测设备必须按操作规程使用操作，规定专人使用的监测设备，必须由专人使用 | | |
| | 6.5.7 在送检及搬运过程中要根据各类仪器的具体要求，做好适当的保护措施，防止检测设备损坏及准确度变化。精度高的监测设备搬移原位置后，要经过检定/校准合格后方可继续使用 | | |
| | 6.5.8 对工艺、产品质量有较大影响的监测设备，操作人员应根据作业指导书、操作规程或工艺规程的要求，对监测设备按规定的频率或时间进行点检，并将点检结果填写在"检测设备点检表"内 | 检测设备点检表 | 操作人员 |
| | 6.5.9 监测设备使用人员负责该监测设备的正确使用及日常保养工作，不得擅自拆卸或损坏，在使用过程中发现监测设备失准或者出现异常情况时，应立即停止使用，并按本程序6.7执行 | | |
| | 6.5.10 计量工程师负责编制"监测设备维修配件计划"及采购计划，以保证监测设备维修配件的及时供应 | 监测设备维修配件计划 | 计量工程师 |
| | 6.5.11 监测设备应有适宜的工作环境（防尘、防振、无外来电磁干扰等），各种监测设备和附件应保持清洁、摆放整齐 | | |
| 6.6 监测设备的检定/校准 | 6.6.1 计量员根据"监测设备台账"所规定的检定校准周期、实际使用情况和国家计量校验规范要求，每年12月编制下一年度的"监测设备年度检定/校准计划"，经质量部经理批准后执行 | 监测设备年度检定/校准计划 | 计量员 |
| | 6.6.2 计量员按检定/校准计划提前一周编制"监测设备检定通知单"通知使用部门按时送检 | 监测设备检定通知单 | 计量员 |
| | 6.6.3 计量员负责对送检的监测设备进行外观检查，对损坏情况，如零件损坏或丢失等，应认真记录 | | 计量员 |
| | 6.6.4 A类计量监测设备的检定/校准由计量员按计划送国家授权的计量部门检定/校准 | | 计量员 |
| | 6.6.5 B类、C类计量监测设备的检定/校准由计量员按照《监测设备校准规程》的要求自行校准，校准情况记入"监测设备校准记录表"中 | 监测设备校准记录表 | 计量员 |

（续）

| 程序 | 工作内容 | 输出文件 | 责任部门/人 |
|---|---|---|---|
| 6.6 监测设备的检定/校准 | 6.6.6 监测设备检定/校准合格后，由检定人员出具检定/校准证书（包括测试报告书），并提供检定/校准合格证 | 检定/校准证书、检定/校准合格证 | 检定人员 |
| | 6.6.7 监测设备检定/校准不合格，需办理修理、降级或报废手续，具体依本程序 6.8 规定进行处理 | | |
| 6.7 测量设备不符合预期用途时的处理 | 6.7.1 公司任何员工发现测量设备不符合预期用途（如偏离校准状态、设备损坏、精密的设备不宜搬运而经过搬动，等等）时，应停止监测工作，并及时向质量部报告 | | 相关员工 |
| | 6.7.2 质量部组织有关人员重新评定已监测结果的有效性，并据此填写"监测结果的评估报告"（测量设备不符合预期用途时）并发至相关部门 | 监测结果的评估报告（测量设备不符合预期用途时） | 质量部 |
| | 6.7.3 相关部门根据评估报告的要求，采取必要的改进措施，以防止影响扩大。如果评定认为应该对被检产品进行重检，则应按评定要求的范围追回被检产品进行重新监测。同时，质量部应对监测设备进行故障分析、维修并重新校准 | | 相关部门、质量部 |
| | 6.7.4 周期校准时，发现测量设备不符合预期用途时，应参照 6.7.1～6.7.3 条款处理 | | |
| | 6.7.5 如果发现使用中的监测设备处于无标识、超间隔等失控状态，应参照 6.7.1～6.7.3 条款处理 | | |
| 6.8 监测设备的维修及报废处理 | 6.8.1 对不合格的监测设备，根据检定/校准结果分别做修理、降级和报废处理 | | |
| | 6.8.2 监测设备的检修由计量员负责，无法自修的，由计量员负责组织联系送外修理 | | 计量员 |
| | 6.8.3 计量员应将监测设备的检修情况填写在"监测设备维修记录表""监测设备履历卡"中。计量员应对检修后的监测设备按 6.6 条款的要求重新检定/校准 | 监测设备维修记录表、监测设备履历卡 | 计量员 |
| | 6.8.4 对经过修理不能达到原准确度，但能降级使用的监测设备，计量员应进行降级处理<br>对降级使用的监测设备，应在校准证书和监测设备上注明相应的准确度等级，并做好"限用"标识 | | 计量员 |

（续）

| 程序 | 工作内容 | 输出文件 | 责任部门/人 |
|---|---|---|---|
| 6.8 监测设备的维修及报废处理 | 6.8.5 对无法修复的监测设备，由计量员办理报废申请，填写"设备报废申请单"，经质量部经理审核，财务部复核，副总经理批准后，做报废或变卖处理。计量员应在"监测设备台账"上进行登记核销 | 设备报废申请单 | 计量员 |
| | 6.8.6 监测设备的某些功能出现问题，但使用中仅需用其完好功能部分，由计量员填写"监测设备准用申请单"，注明准用范围、期限，经质量部经理审批后使用。应在准用监测设备上贴"准用证"标识 | 监测设备准用申请单 | 计量员 |
| 6.9 封存、停用和库存监测设备的管理 | 6.9.1 对于某些检定正常的监测设备，如果暂时不使用，应由使用部门通知计量员对该监测设备做好"停用"或"封存"状态标识。封存的监测设备可以不安排周期检定/校准 | | 计量员 |
| | 6.9.2 对检定/校准失准或者超过有效期的监测设备，由计量员做好"停用"状态标识，停止使用，并及时替换上合格的监测设备，以保证检验工作顺利进行。停用的监测设备由计量员及时安排修理或检定 | | 计量员 |
| | 6.9.3 封存、停用的监测设备原则上要求存放于计量室，由计量室人员负责保管，不适宜存放于计量室的监测设备由使用部门兼职计量员负责保管，库存监测设备由计量员或兼职计量员负责保管。对于有防护要求的监测设备，保管人员应做好防锈、防尘等工作 | | 计量员、兼职计量员 |
| | 6.9.4 在启用封存、停用或库存监测设备时，计量员应检查该监测设备的检定/校准有效期。如果有效期已过，应重新检定/校准，检定/校准合格后贴上合格证或准用证后方可投入使用 | | 计量员 |
| | 6.9.5 计量员应将监测设备封存、停用、启用的情况记录在"监测设备履历卡"中 | | 计量员 |
| 6.10 计量监督检查 | 6.10.1 为了确保计量、监测数据的正确性、有效性，以及账、卡、物三相符，计量员每月对监测设备进行巡查抽检（抽查率5%~10%），巡查抽检结果记录在"监测设备月抽检表"中 | | 计量员 |
| | 6.10.2 巡查抽检中发现问题时，应按问题的性质及6.7、6.8条款的要求处理 | | 计量员 |

## 7. 过程绩效的监视

| 绩效指标 | 计算公式<br>（计算方法） | 指标值 | 监视频率 | 监视单位/人 |
| --- | --- | --- | --- | --- |
| 7.1 按期校准/检定完成率 | 按期校准/检定完成率=<br>按计划完成校准/检定的监测设备数量<br>按计划应校准/检定的监测设备数量 | 100% | 半年 | 质量部经理 |
| 7.2 周期校准/检定合格率 | 周期校准/检定合格率=<br>检定/校准合格的监测设备总数<br>检定/校准的监测设备总数 | ≥98% | 半年 | 质量部经理 |

## 8. 过程中的风险和机遇的控制（风险应对计划）

| 风险 | 应对措施 | 其他事项 | 执行时间 | 负责人 | 监视方法 |
| --- | --- | --- | --- | --- | --- |
| 8.1 监测设备偏离校准状态 | 1) 计量员每月对监测设备进行巡查抽检(抽查率5%~10%)，确保计量、监测数据的正确性、有效性 | | 每月一次 | 计量员 | 质量部经理每月对"监测设备月抽检表"进行复查 |
| | 2) 当发现监测设备偏离校准状态时，质量部应组织有关人员重新评定已监测结果的有效性，据此填写"监测结果的评估报告（监测设备偏离校准状态时）"，并发至相关部门处理 | | 及时处理 | 质量工程师 | 质量部经理对"监测结果的评估报告"进行复查 |

## 9. 支持性文件

9.1 《监测设备的编号方法》

9.2 《监测设备校准规程》

## 10. 记录

10.1 监测设备配置申请单

10.2 监测设备履历卡

10.3 监测设备台账（见表4.3-1）

10.4 监测设备发放回收记录表

10.5 检测设备点检表

10.6 监测设备维修配件计划

10.7 监测设备年度检定/校准计划（见表4.3-2）

10.8 监测设备检定通知单

10.9 监测设备校准记录表（见表4.3-3）

10.10 监测结果的评估报告（测量设备不符合预期用途时，见表4.3-4）

10.11 监测设备准用申请单

## 表 4.3-1　监测设备台账

| 序号 | 本厂编号 | 名称 | 规格/型号 | 测量范围 | 精度等级 | 制造厂 | 制造厂编号 | 入厂时间 | 使用/存放地点 | 首次校准日期 | 经办人 | 报废日期 | 备注 |
|---|---|---|---|---|---|---|---|---|---|---|---|---|---|
|  |  |  |  |  |  |  |  |  |  |  |  |  |  |
|  |  |  |  |  |  |  |  |  |  |  |  |  |  |
|  |  |  |  |  |  |  |  |  |  |  |  |  |  |
|  |  |  |  |  |  |  |  |  |  |  |  |  |  |

## 表 4.3-2　监测设备年度检定/校准计划

| 设备编号 | 设备名称 | 使用地点 | 1月 | | | 2月 | | | 3月 | | | 4月 | | | 5月 | | | 6月 | | | 7月 | | | 8月 | | | 9月 | | | 10月 | | | 11月 | | | 12月 | | |
|---|---|---|---|---|---|---|---|---|---|---|---|---|---|---|---|---|---|---|---|---|---|---|---|---|---|---|---|---|---|---|---|---|---|---|---|---|---|---|
| | | | 计划 | 结论 | | 计划 | 结论 | | 计划 | 结论 | | 计划 | 结论 | | 计划 | 结论 | | 计划 | 结论 | | 计划 | 结论 | | 计划 | 结论 | | 计划 | 结论 | | 计划 | 结论 | | 计划 | 结论 | | 计划 | 结论 | |
|  |  |  |  |  |  |  |  |  |  |  |  |  |  |  |  |  |  |  |  |  |  |  |  |  |  |  |  |  |  |  |  |  |  |  |  |  |  |  |
|  |  |  |  |  |  |  |  |  |  |  |  |  |  |  |  |  |  |  |  |  |  |  |  |  |  |  |  |  |  |  |  |  |  |  |  |  |  |  |
|  |  |  |  |  |  |  |  |  |  |  |  |  |  |  |  |  |  |  |  |  |  |  |  |  |  |  |  |  |  |  |  |  |  |  |  |  |  |  |

备注：

说明："计划"栏填写具体日期；"结论"栏，合格时打"√"，不合格时打"×"，并在备注中说明情况。

编制/日期：　　　　　　　　　审核/日期：　　　　　　　　　批准日期：

表 4.3-3 监测设备校准(内校)记录表

| 编号 | | | | | | | | |
|---|---|---|---|---|---|---|---|---|
| 序号 | 校准项目 | 标准要求 | 校准工具 | 名称 | | | | 备注 |
| | | | | 校准结果 | | | | |
| | | | | 第1次 | 第2次 | 第3次 | 第4次 | 第5次 |
| | | | | | | | | |
| | | | | | | | | |
| | | | | | | | | |
| | | | | | | | | |
| | | | | | | | | |
| | | | | | | | | |
| | | | 结论 | □合格 □不合格 | □合格 □不合格 | □合格 □不合格 | □合格 □不合格 | □合格 □不合格 |
| | | | 校准日期 | | | | | |
| | | | 校 准 人 | | | | | |
| | | | 复 核 人 | | | | | |

校准依据:

其他:

**表 4.3-4　监测结果的评估报告**
（测量设备不符合预期用途时）

| 监测设备名称： | 监测设备编号： |
|---|---|

监测设备使用场合：

发现测量设备不符合预期用途的时间：

测量设备不符合预期用途的描述：

监测结果有效性的评估及建议的改进措施：

重新检测的结论（产品重新检测时填写）：

对不符合预期用途的监测设备的处理：

| 评估人/日期： | 批准/日期： |
|---|---|

## 4.4 知识管理控制程序

**知识管理控制程序**

**1. 目的**

鼓励公司获取、更新知识，防止公司知识的流失。

**2. 适用范围**

适用于公司知识的识别、收集、整理、发布、使用、分享、评估和更新的管理。

**3. 职责**

3.1 人力资源部负责知识管理的组织与协调，负责人力资源类知识的收集与整理，负责组织知识的发布、评估与更新，负责组织知识的推广与培训。

3.2 营销部负责顾客服务、销售方面知识的收集和整理。

3.3 质量部负责质量方面知识的收集和整理。

3.4 产品研发部负责产品研发方面知识的收集和整理。

3.5 工艺技术部负责工艺、工装方面知识的收集和整理。

3.6 其他职能部门负责各自分管领域知识的收集和整理。

**4. 过程分析乌龟图**

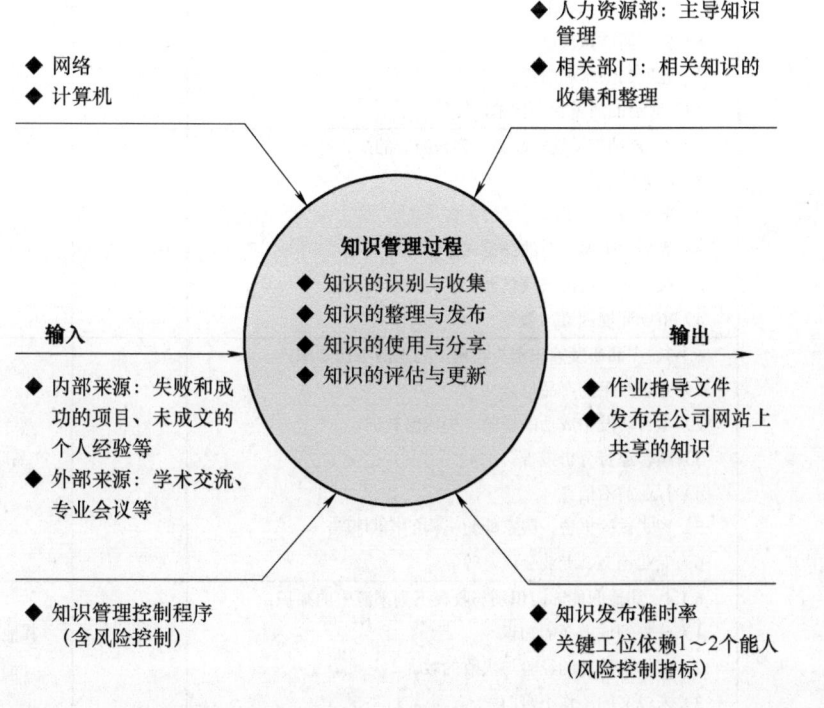

## 5. 过程流程图

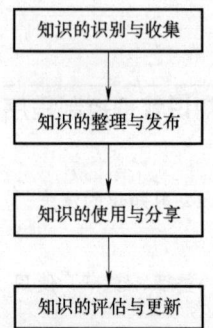

## 6. 作业程序与控制要求

| 程序 | 工作内容 | 输出文件 | 责任部门/人 |
|---|---|---|---|
| 6.1 知识的识别与收集 | 6.1.1 质量部识别与收集下列来源中的知识：<br>1）顾客对产品的意见<br>2）竞争产品质量的优劣<br>3）工作中成功的经验与失败的教训<br>4）顾客的退货和拒收记录<br>5）顾客退货产品分析<br>6）售后服务报告<br>7）纠正措施报告单<br>8）供应商质量反馈单<br>9）政府的要求和法规<br>10）前沿的质量管理技术，等等 |  | 质量部 |
|  | 6.1.2 营销部识别与收集下列来源中的知识：<br>1）顾客的意见<br>2）顾客投诉记录<br>3）媒体关于本行业的评论和分析<br>4）顾客未签约的失败教训、签约成功的经验<br>5）市场环境因素，等等 |  | 营销部 |
|  | 6.1.3 产品研发部识别与收集下列来源中的知识：<br>1）竞争对手的产品信息<br>2）项目研发中成功的经验与失败的教训<br>3）顾客退货分析报告<br>4）行业前沿信息<br>5）型式试验报告、国家检验机构的检测报告<br>6）专业论文、专业会议，等等 |  | 产品研发部 |
|  | 6.1.4 其他职能部门识别与收集下列来源中的知识：<br>1）分管领域方面的知识<br>2）工作中成功的经验与失败的教训<br>3）未成文的工作小窍门 |  | 其他职能部门 |

（续）

| 程序 | 工作内容 | 输出文件 | 责任部门/人 |
|---|---|---|---|
| 6.2 知识的整理与发布 | 6.2.1 各部门对识别和收集到的知识进行整理：<br>1）能够直接转化为作业指导的知识，应将其形成作业指导书或者依据这些知识对现有作业指导书进行修订，按《文件控制程序》执行<br>2）暂时不能直接转化为作业指导，但对工作有启发、对员工的职业思想培养有帮助的知识，应对其进行编辑、整理，形成专题文件。专题文件中应注明来源、编辑人员、编辑日期、文件类别等 | 专题文件 | 各部门 |
| | 6.2.2 编制或修订的作业指导书应在履行签字手续后交文控中心发布 | | 各部门 |
| | 6.2.3 填写"专题文件发布申请表"，连同专题文件一起送管理者代表审批。批准后的专题文件交网络工程师放入公司网站的"知识共享"专栏 | 专题文件发布申请表 | 各部门 |
| 6.3 知识的使用与分享 | 6.3.1 针对新的或修订的作业指导书，人力资源部培训专员应制订培训计划，安排文件编写人员对相关人员进行培训，详见《培训控制程序》 | | 培训专员 |
| | 6.3.2 公司全体员工按保密级别可以浏览公司网站"知识共享"专栏的相关专题文件 | | |
| | 6.3.3 人力资源部培训专员就某个专题文件，召集相关人员进行经验交流，共同分享公司的知识成果 | | 培训专员 |
| 6.4 知识的评估与更新 | 6.4.1 对于作业指导书这类制度性文件，按《文件控制程序》的要求定期进行评审。评审中发现的不适用文件，要做更改或作废处理 | | |
| | 6.4.2 每年6月、12月，网络工程师组织有关人员对公司网站"知识共享"专栏里的专题文件进行有效性评审（评审时应填写"专题文件评审表"）<br>评审中发现专题文件不适用时，要对其做修改或撤销处理 | 专题文件评审表 | 网络工程师 |

**7. 过程绩效的监视**

| 绩效指标 | 计算公式<br>（计算方法） | 指标值 | 监视频率 | 监视单位/人 |
|---|---|---|---|---|
| 7.1 知识发布准时率 | 1）每季度，人力资源部组织各部门制订知识收集与发布的计划。人力资源部对计划的实施进行监管<br>2）知识发布准时率=$\dfrac{\text{准时发布的知识数量}}{\text{应发布的知识数量}}\times 100\%$ | ≥95% | 季度 | 人力资源部 |

**8. 过程中的风险和机遇的控制**（风险应对计划）

| 风险 | 应对措施 | 其他事项 | 执行时间 | 负责人 | 监视方法 |
|---|---|---|---|---|---|
| 8.1 关键工位依赖1~2个能人 | 1）培养3个以上多能工，掌握关键工位的操作要领 | | | 车间主任 | 质量保证工程师检查关键工位多能工的数量 |
| | 2）将这1~2个能人的经验转化为作业指导书，作为公司的知识积累 | | | 工艺工程师 | 质量保证工程师检查关键工位的作业指导书是否包含了能人们的经验，作业指导书是否有效 |

**9. 支持性文件**

9.1 《文件控制程序》

9.2 《培训控制程序》)

**10. 记录**

10.1 专题文件发布申请表（见表 4.4-1）

10.2 专题文件评审表（见表 4.4-2）

**表 4.4-1　专题文件发布申请表**

| 文件编号： | 文件题目： |
|---|---|
| 文件编写人/整理人： | 日期： |
| 文件类别：<br>□人力资源管理类　□生产管理类　□质量管理类　□销售管理类　□产品研发类　□采购管理类<br>□其他： ||
| 文件内容简述： ||

| 人力资源部审查： ||
|---|---|
| 审查项目 | 审查结论 |
| 题目 | |
| 格式规范 | |
| 文字内容 | |
| 图表 | |
| 文献引用 | |
| 其他 | |
| 审查总结论：<br>□同意发布<br>□不同意发布<br>□其他： ||
| | 知识管理专员/日期： |
| 管理者代表批准意见：<br>□同意发布<br>□不同意发布<br>□其他： ||
| | 管理者代表/日期： |

**表 4.4-2　专题文件评审表**

| 评审人： | | | 评审日期： |
|---|---|---|---|

需删除的文件：

| 文件类别 | 文件编号 | 文件名称 | 删除理由 |
|---|---|---|---|
| | | | |
| | | | |
| | | | |
| | | | |
| | | | |
| | | | |
| | | | |
| | | | |

需修改的文件：

| 文件类别 | 文件编号 | 文件名称 | 修改理由及建议的修改 |
|---|---|---|---|
| | | | |
| | | | |
| | | | |
| | | | |
| | | | |
| | | | |
| | | | |
| | | | |
| | | | |
| | | | |

保留的文件：

| 文件类别 | 文件编号 | 文件名称 |
|---|---|---|
| | | |
| | | |
| | | |
| | | |
| | | |
| | | |
| | | |

## 4.5 培训管理程序

### 培训管理程序

**1. 目的**

对各类人员进行培训，以满足相应岗位规定的要求。

**2. 适用范围**

适用于公司所有与质量管理体系有关的工作人员的培训。

**3. 职责**

3.1 人力资源部负责编制培训计划并监督实施，负责组织对培训效果进行评价，负责培训记录的管理。

3.2 各职能部门配合人力资源部完成本部门员工的各类培训。

3.3 各位员工应积极参加各种培训及学习。

**4. 过程分析乌龟图**

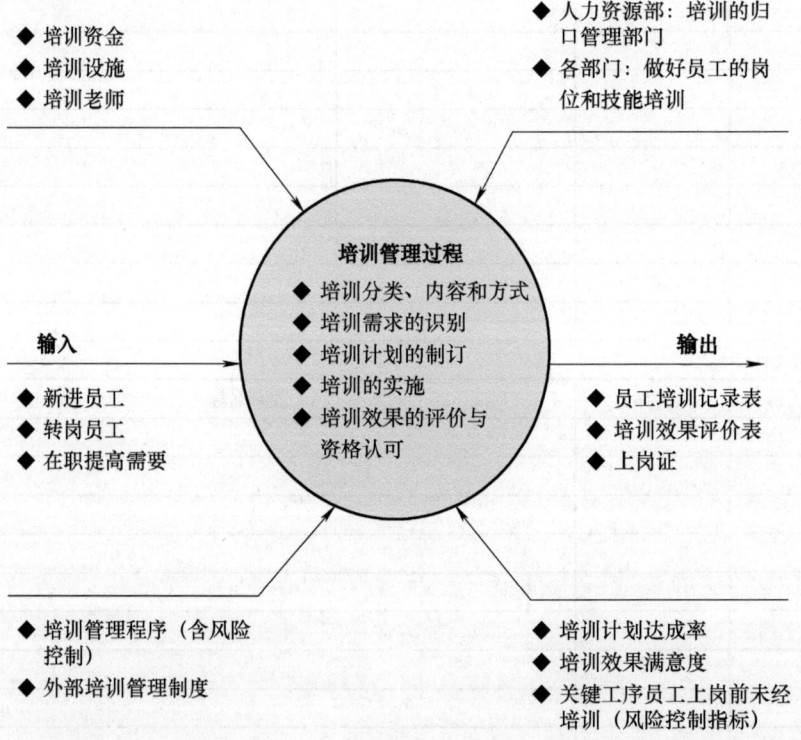

5. 过程流程图

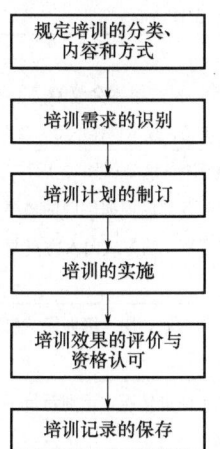

6. 作业程序与控制要求

| 程序 | 工作内容 | 输出文件 | 责任部门/人 |
| --- | --- | --- | --- |
| 6.1 培训的分类、内容和方式 | 6.1.1 培训的分类。培训分为新员工入厂培训、新员工岗前培训、转岗培训、在岗提高培训、特殊工种培训、继续教育培训、干部教育培训等<br>1）新员工入厂培训：新入厂的员工必须接受人力资源部主导的入厂培训，在入厂15天内完成<br>2）新员工岗前培训：凡新进员工，须按要求经岗前培训考核合格方可上岗<br>3）转岗培训：员工在转岗前必须按新岗位标准进行转岗培训，经考核达到任职资格方可任职<br>4）在岗提高培训：全体员工接受每年不少于一次的提高岗位技能的培训<br>5）特殊工种培训：国家规定的特殊工种、技术工种（含电梯工、叉车工、吊车工、焊工、电工、钳工、车工、磨工等）的培训及考证，由人力资源部定期组织外出培训<br>6）继续教育培训：具有大、中专以上学历的技术、管理人才补充、更新、拓宽专业知识，以不断提高业务技能和管理水平的培训。由各部门提案，人力资源部统筹。原则上技术、管理人员每年至少要有一周以上的时间参加培训<br>7）干部教育培训：对象为储备干部、办事处主任、经理级以上干部，由人力资源部统一策划安排，并进行考核 | | 人力资源部 |
| | 6.1.2 培训的内容<br>1）新员工入厂培训：包括公司概况、厂纪厂规、质量方针（目标）、质量意识、ISO 9001基础知识、相关法律法规基础知识、安全生产基础知识、员工手册等内容<br>2）新员工岗前培训、转岗培训：见"新员工岗前培训项目矩阵表"<br>3）其他培训：见"员工能力提高培训项目矩阵表" | | |

（续）

| 程序 | 工作内容 | 输出文件 | 责任部门/人 |
|---|---|---|---|
| 6.1 培训的分类、内容和方式 | 6.1.3 培训的方式<br>1）外出进修、学习、考察、参加学术会议等<br>2）公司内组织授课、案例讨论、技术操作示范、自学，文化沙龙等 | | |
| 6.2 培训需求的识别 | 6.2.1 每年年初（上年度例行的管理评审之后），人力资源部就培训需求征求各部门的意见。各部门根据部门的需要，结合公司发展的趋势，用"培训需求申请表"的方式向人力资源部提出年度培训需求 | 培训需求申请表 | 各部门 |
| | 6.2.2 各部门有临时培训需求时，用"培训需求申请表"的方式向人力资源部提出培训需求 | 培训需求申请表 | 各部门 |
| | 6.2.3 人力资源部掌握员工变动情况，识别新员工入职、员工转岗这些自然形成的培训需求 | | 人力资源部 |
| 6.3 培训计划的编制 | 6.3.1 年度培训计划。每年年初，人力资源部根据各部门的年度培训需求及公司发展的需要，制订本年度的培训计划 | 培训计划 | 人力资源部 |
| | 6.3.2 周培训计划。针对各部门临时培训需求、新员工入职、人员转岗等情况，并结合年度培训计划的分解，人力资源部每周应制订周培训计划 | 培训计划 | 人力资源部 |
| | 6.3.3 培训计划包括培训内容、培训方式、培训负责人、培训时间、培训教材、培训地点、培训对象、考核方式等。培训计划经人力资源部经理审核，管理者代表批准后实施 | | |
| 6.4 培训的实施 | 6.4.1 人力资源部组织并监督培训计划的实施 | | 人力资源部 |
| | 6.4.2 培训讲师应在培训实施前3天编制完成培训教材及必要的培训考试试卷，并提交给人力资源部存档 | | 培训讲师 |
| | 6.4.3 培训实施前，人力资源部应准备好培训所需的相关资源，如培训室、投影仪、签到表等。参加培训人员须在"会议/培训签到表"上签字 | 会议/培训签到表 | 人力资源部 |
| | 6.4.4 按计划应参加培训的人员必须参加相关培训，有特殊情况不能参加的，必须经培训组织者批准，否则按旷工论处 | | |
| | 6.4.5 参加培训的人员应遵守学习纪律，不得迟到、早退或旷课 | | |
| | 6.4.6 外部培训的实施详见《外部培训管理制度》 | | |
| 6.5 培训效果的评价与资格认可 | 6.5.1 按培训计划中确定的考核方式对培训人员进行考核。通常的考核方式有考试、问答、操作演示等<br>1）考试由人力资源部组织进行，使用培训讲师提供的试卷对学员进行考试<br>2）问答考核方式由培训讲师负责，培训完毕后在现场进行<br>3）操作演示考核由相关部门负责，在工作现场进行<br>考试、考核的成绩记录在"考核成绩表"中 | 考核成绩表 | 人力资源部 |

(续)

| 程序 | 工作内容 | 输出文件 | 责任部门/人 |
|---|---|---|---|
| 6.5 培训效果的评价与资格认可 | 6.5.2 人力资源部每季度组织各部门负责人就培训的效果进行评价，评价的内容包括培训准备工作的充分性、培训内容的实用性、培训形式的多样性、培训老师的素质与教学能力、培训对员工工作的帮助等。评价的结论填写在"培训效果评价表"中 | 培训效果评价表 | 各部门负责人 |
| | 6.5.3 对质检员、实验员、测试员、设计与开发人员、设备操作人员、仓库管理员及关键工序、特殊工序涉及的操作人员，考核合格之后需要由人力资源部签发"上岗证"，做到持证上岗 | 上岗证 | 人力资源部 |
| | 6.5.4 司机、计量员、电工等特殊工种需取得国家权威机构颁发的相应合格证书 | | |
| 6.6 培训记录的保存 | 6.6.1 培训后，由培训主持人将培训签到表、试卷、"考核成绩表"等送交人力资源部存档 | | 培训主持人 |
| | 6.6.2 人力资源部将每个员工参加培训的情况记录在"员工培训记录表"上，连同学历证明、资格证书、工作简历等相关资料归入员工的档案内 | 员工培训记录表 | 人力资源部 |

### 7. 过程绩效的监视

| 绩效指标 | 计算公式（计算方法） | 指标值 | 监视频率 | 监视单位/人 |
|---|---|---|---|---|
| 7.1 培训计划达成率 | $培训计划达成率=\dfrac{实际完成培训人次}{计划培训人次}\times 100\%$ | 100% | 月 | 人力资源部 |
| 7.2 培训效果满意度 | 人力资源部对各部门负责人打分的"培训效果评价表"进行统计，所得的平均分即为"培训效果满意度" | ≥85 分 | 季度 | 人力资源部 |

### 8. 过程中的风险和机遇的控制（风险应对计划）

| 风险 | 应对措施 | 其他事项 | 执行时间 | 负责人 | 监视方法 |
|---|---|---|---|---|---|
| 8.1 关键工序员工上岗前未经培训 | 质量保证工程师每星期检查关键岗位员工有无上岗证，填写"员工上岗证检查记录表" | | 每星期 | 质量保证工程师 | 质量经理对"员工上岗证检查记录表"进行审查 |

### 9. 支持性文件
9.1 《外部培训管理制度》

### 10. 记录
10.1 培训需求申请表
10.2 培训计划（见表 4.5-1）
10.3 会议/培训签到表
10.4 考核成绩表
10.5 培训效果评价表（见表 4.5-2）
10.6 员工培训记录表（见表 4.5-3）

表 4.5-1 培训计划

培训月份：2016 年 7 月

编制/日期：　　　　　　　　　　　批准/日期：

| 序号 | 培训对象 | 培训项目 | 培训内容简述 | 培训主持人 | 培训老师 | 培训地点 | 计划日期 | 学时 | 考核方式 | 备注 |
|---|---|---|---|---|---|---|---|---|---|---|
| 1 | 检验工位质检员、质量工程师 | SPC 统计控制技术 | 1) 控制图原理<br>2) 控制图的控制对象与应用范围<br>3) 控制图的种类<br>4) 控制图应用的一般程序<br>5) 控制图的判断准则<br>6) 控制图在应用中常见的问题<br>7) 控制图在本公司应用的实例 | 陈×× | 李×× | 三号会议室 | 2016/7/8～7/9 | 16 | 闭卷考试 | |
| 2 | 研发工程师、工艺工程师 | APQP 产品质量先期策划和控制计划 | 1) APQP 概述<br>2) APQP 各阶段的内容<br>3) APQP 实施的几个要点<br>4) 控制计划<br>5) APQP 在本公司应用的实例 | 陈×× | 张×× | 三号会议室 | 2016/7/15～7/16 | 16 | 闭卷考试 | |
| | | | | | | | | | | |
| | | | | | | | | | | |
| | | | | | | | | | | |

备注：
1) SPC 统计控制技术培训前 5 天，人力资源部会将讲义发给大家，希望大家先预习。
2) 邮箱中接到培训计划的人员，都需参加培训。不能参加者，提前 1 天报告给人力资源部，否则扣划 1 天工资。

### 表 4.5-2　培训效果评价表

为使今后的培训更能满足员工的需要，使各位讲师更进一步提高培训质量，请您参加培训后对本次培训进行评价和提出建议，以利我们改进工作。再次感谢您的支持！

培训日期：_____　　培训项目：_____　　讲师：_____

一、培训效果评价（请在您同意的选项栏打"√"，分值越高表示越满意）

| 评价项目 | 10分 | 8分 | 6分 | 4分 | 2分 |
| --- | --- | --- | --- | --- | --- |
| A. 培训相关度 | | | | | |
| 1. 该培训符合我的需要，有针对性 | | | | | |
| 2. 该培训涉及我工作中有可能遇到的问题 | | | | | |
| 3. 该培训能够辅助到我的职业发展 | | | | | |
| B. 培训效率 | | | | | |
| 1. 培训目的明确，重点突出 | | | | | |
| 2. 主讲人准备充分，有深度，有效率 | | | | | |
| 3. 主讲人能确保学员积极参与到培训中 | | | | | |
| C. 培训实施 | | | | | |
| 1. 时间安排与时长控制 | | | | | |
| 2. 课件及其他准备工作充分、完整 | | | | | |
| 3. 能够激发学员思考问题，引起学习兴趣 | | | | | |
| D. 培训效果 | | | | | |
| 通过课程学习，方便了以后的工作 | | | | | |
| 总分合计 | | | | | |
| E. 讲师 | 20分 | 16分 | 12分 | 8分 | 4分 |
| 1. 培训讲师态度端正，语言表达清晰 | | | | | |
| 2. 培训讲师的讲解技巧多样化，娴熟有水平 | | | | | |
| 3. 培训讲师熟练掌握培训课件 | | | | | |
| 4. 讲师对培训目标很清晰，讲授过程合理 | | | | | |
| 5. 培训讲师能带动员工进行互动沟通 | | | | | |
| 总分合计 | | | | | |

二、培训建议

1. 您认为哪部分内容对您帮助最大？还有哪些内容应添加到此次培训中？

2. 您认为此次培训讲师需要在哪些地方进行改进？

3. 其他：

评价人员：_____　　部门：_____　　职位：_____

### 表 4.5-3  员工培训记录表

| 员工姓名： | | 入职时所在部门： | | 入职时职位： | |
|---|---|---|---|---|---|
| 入职日期： | | 学历： | | 资格证名称（需要时）： | |
| 职位、工作变动情况： | | | | | |
| 原岗位 | 现岗位 | 变动日期 | 原岗位 | 现岗位 | 变动日期 |
|  |  |  |  |  |  |
|  |  |  |  |  |  |
|  |  |  |  |  |  |

| 培训考核记录 ||||| 
|---|---|---|---|---|
| 培训项目 | 培训日期 | 考试成绩 | 实施机构 | 登记人 |
|  |  |  |  |  |
|  |  |  |  |  |
|  |  |  |  |  |
|  |  |  |  |  |
|  |  |  |  |  |
|  |  |  |  |  |
|  |  |  |  |  |
|  |  |  |  |  |
|  |  |  |  |  |
|  |  |  |  |  |
|  |  |  |  |  |
|  |  |  |  |  |

## 4.6 文件控制程序

**文件控制程序**

**1. 目的**

对文件进行控制，确保各有关场所及时得到和使用有效版本的文件。

**2. 适用范围**

适用于与质量管理体系有关的规范性文件的控制（规范性文件是指公司成员共同遵守的规章或准则，包括质量手册、程序文件、作业指导书）。

**3. 职责**

3.1 质量手册由管理者代表组织编制、修订和审核，总经理批准。

3.2 程序文件由相关部门负责人组织编制和修订，管理者代表审核，总经理批准。

3.3 作业指导书由相关部门负责人组织编制和修订，部门负责人审核，总经理批准。

3.4 文控中心负责所有受控文件的归档、登记、发放、回收、销毁及原稿的保存。

3.5 文件使用单位负责使用文件的保管、防损和防污，负责旧版和作废文件的收集和回收。

**4. 过程分析乌龟图**

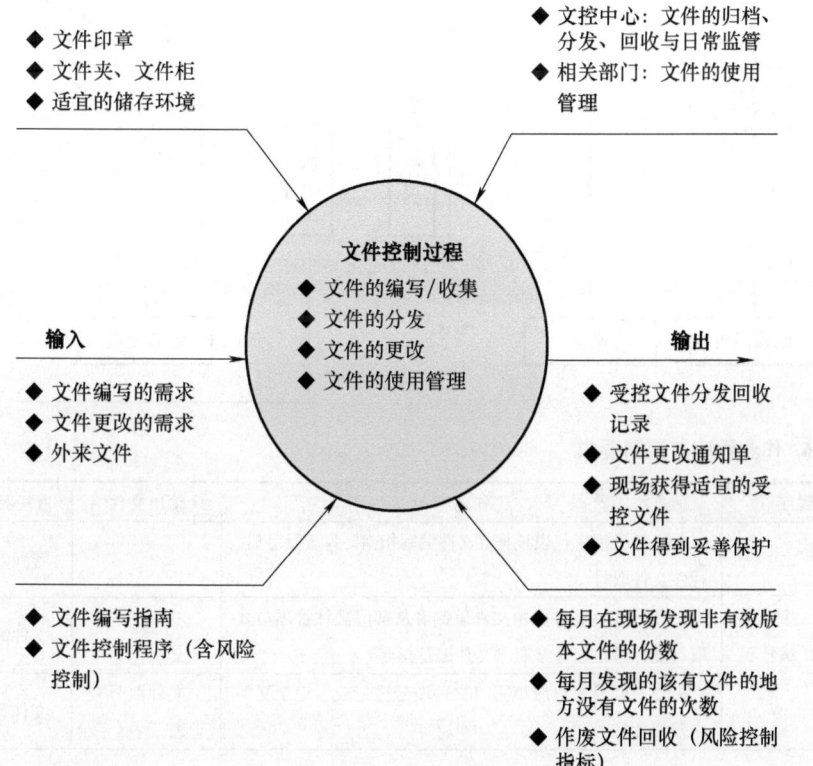

## 5. 过程流程图

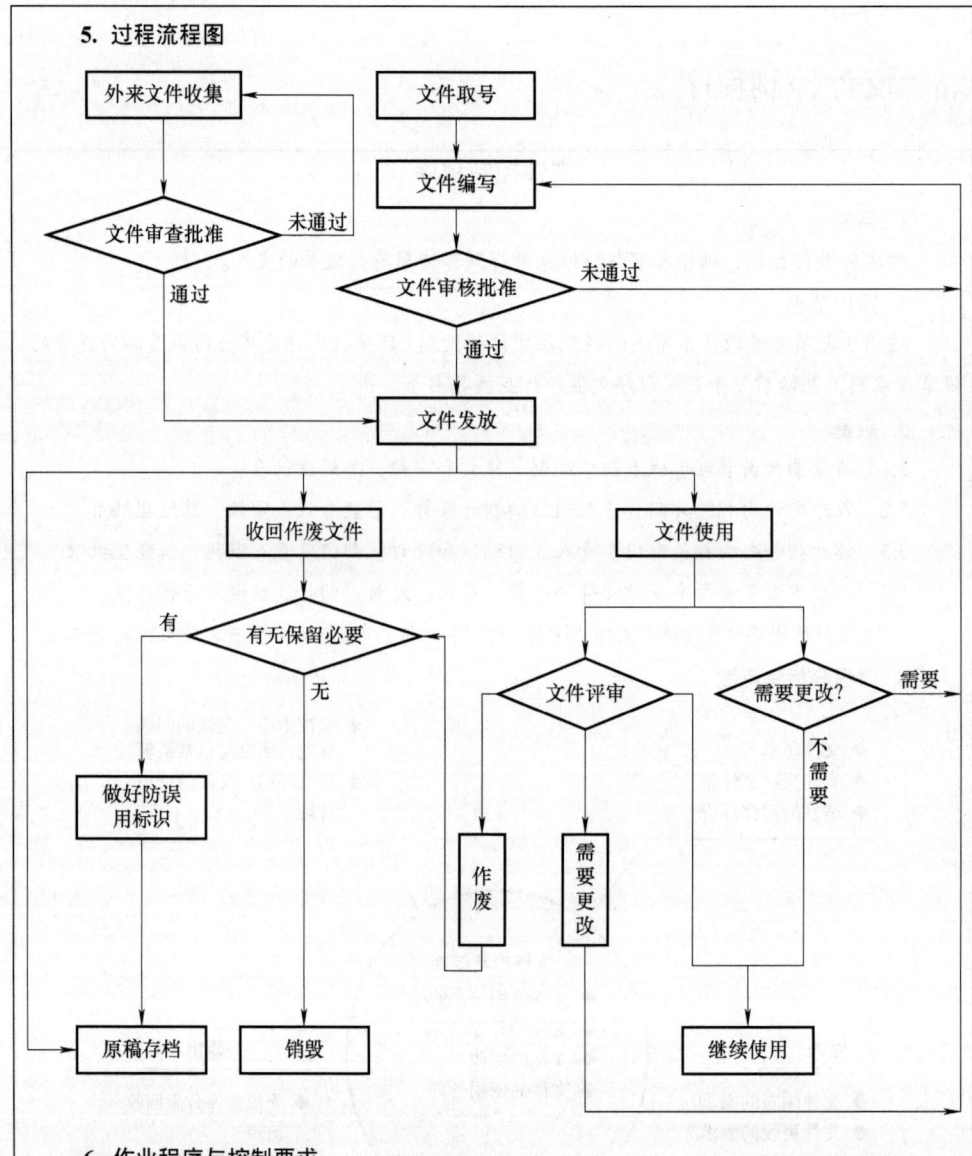

## 6. 作业程序与控制要求

| 程序 | 工作内容 | 输出文件 | 责任部门/人 |
| --- | --- | --- | --- |
| 6.1 新文件取号、编写 | 6.1.1 管理者代表根据《文件编写指南》为质量手册、程序文件取号 | | 管理者代表 |
| | 6.1.2 其他文件，由文件编写者从部门文件管理员处取得文件号，取号参照《文件编写指南》 | | 文件编制者 |
| | 6.1.3 取号时，应填写"文件取号登记表"记录文件名及文件号 | 文件取号登记表 | 文件管理员 |

# 第4章 ISO 9001：2015 程序文件——支持类

（续）

| 程序 | 工作内容 | 输出文件 | 责任部门/人 |
| --- | --- | --- | --- |
| 6.2 文件的编写 | 6.2.1 手册和程序文件由管理者代表组织编写 | | 管理者代表 |
| | 6.2.2 产品研发部负责编制设计文件，包括技术标准、采购规范、图样等。工艺技术部负责编制工艺文件 | | 产品研发部 |
| | 6.2.3 其他管理文件、作业指导书由相关部门组织编写 | | 相关部门 |
| | 6.2.4 同一类文件刊头、刊尾、封面的编写格式要统一，内容格式不作统一要求 | | |
| 6.3 文件的审批 | 6.3.1 手册、程序文件由管理者代表审核、总经理批准 | | 管理者代表 |
| | 6.3.2 图样及设计文件由产品研发部主任工程师审核，产品研发部经理批准；工艺文件由工艺技术部主任工程师审核，工艺技术部经理批准 | | 产品研发部 工艺技术部 |
| | 6.3.3 检验规程由质量部主任工程师负责审核，质量部经理批准 | | 质量部 |
| | 6.3.4 其他管理文件、作业指导书由相关部门负责人负责审核，总经理批准 | | 相关部门 |
| | 6.3.5 文件在送审的同时需填写"文件分发清单"以确定需分发到的部门，"文件分发清单"与文件一同审批 | 文件分发清单 | 文件编制者 |
| 6.4 文件的发放 | 6.4.1 文件原稿在提交给文控中心前，送交人应对文件进行以下确认：<br>1）是否进行有效的批准<br>2）标题、文件号、版本号、页数是否完整<br>如果有不完整的情况，则退回编写人进行修正 | | 文件送交人 |
| | 6.4.2 将文件原稿连同"文件分发清单"提交文控中心 | | 文件送交人 |
| | 6.4.3 文控中心文件管理员根据"文件分发清单"要求复印相应的份数，加盖"受控文件"印章后分发给有关部门。分发时，应在分发的文件上注明分发号，并要求文件领用人在"文件分发回收记录"上签收 | 文件分发回收记录 | 文件管理员 |
| | 6.4.4 当需要使用文件的人员未领到文件时，不得随意借用其他人的文件复印，应填写"文件领用申请表"，经部门负责人审核、管理者代表批准后，到文控中心办理领用手续。公司内不得使用未加盖"受控文件"印章的受控文件复印件，一经发现，由文控中心收回，并追究其责任 | 文件领用申请表 | 文件领用人 |
| 6.5 文件的更改 | 6.5.1 在文件使用过程中，发现文件有问题需要更改时，申请更改者应填写"文件更改申请单"，经部门负责人审核、管理者代表批准后，将"文件更改申请单"送至文件编写部门 | 文件更改申请单 | 申请更改者 |

（续）

| 程序 | 工作内容 | 输出文件 | 责任部门/人 |
|---|---|---|---|
| 6.5 文件的更改 | 6.5.2 文件编写部门对文件进行更改，并同时填写"文件更改通知单"说明更改原因。"文件更改通知单"及更改后的文件应送原审批部门审批。<br>文件的修改幅度小于 1/3 时，版本不变，修订次数升一级，如版次 A/0 升为 A/1。当修订次数超过 9 次时，应换版，如 A/9 升为 B/0。<br>文件的修改幅度大于 1/3 时，直接换版，如 A/3 升为 B/0 | 文件更改通知单 | 文件编写部门 |
| | 6.5.3 将文件连同"文件更改通知单"交文控中心。文控中心文件管理员按原版次文件的"文件分发回收记录"中的部门名单发放修改后的文件及"文件更改通知单"，同时回收作废的旧文件。<br>文件更改完成之前，可先发放"文件更改通知单" | 文件分发回收记录 | 文件管理员 |
| 6.6 文件的使用管理 | 6.6.1 受控文件的原稿存放在文控中心。文控中心应对文件原稿做好编目登记，填写"文件归档编目清单" | 文件归档编目清单 | 文件管理员 |
| | 6.6.2 作废文件原稿加盖红色"保留之作废文件"印章后保存于文控中心，一般只保留前一版次的原稿。其余作废文件由文控中心统一销毁 | | 文件管理员 |
| | 6.6.3 现场使用的文件必须放置在使用现场，现场暂时不用或者非现场使用的文件，由使用部门集中保管 | | 使用部门 |
| | 6.6.4 文件使用部门要建立"部门使用文件清单"。文件应按编制部门、编号顺序有序的存放，以便检索、查阅和使用 | 部门使用文件清单 | 使用部门 |
| | 6.6.5 不得在受控文件上乱涂乱画，不得私自外借，确保文件的清晰、整洁和完好 | | 文件使用人 |
| | 6.6.6 借阅文件时，应经文件所在部门负责人同意。借阅时应填写"文件借阅登记表"。借阅者应在指定日期归还文件。到期不归还，由文件所在部门负责人收回。文件原稿一律不外借 | 文件借阅登记表 | 借阅者 |
| | 6.6.7 对于使用过程中损坏的文件，文件使用部门可用损坏的旧文件到文控中心换取新文件。新文件的分发编号和旧文件的分发编号相同。在发放新文件的同时，应将旧文件销毁 | | 使用部门 |
| | 6.6.8 当文件使用人将文件丢失后，应填写"文件领用申请表"申请补发。文控中心在补发文件时应给予新的分发号，并在"文件分发回收记录"上注明丢失文件的分发号作废，必要时将作废文件的分发号通知各部门，防止误用 | 文件领用申请表 | 文件使用人 |

（续）

| 程序 | 工作内容 | 输出文件 | 责任部门/人 |
|---|---|---|---|
| 6.7 文件使用的监控 | 6.7.1 文控中心每月用"文件使用情况检查表"对文件的使用情况进行检查，发现问题及时处理 | 文件使用情况检查表 | 文控中心 |
| | 6.7.2 公司运作方式及外部法律、法规及标准变更时，应及时更改相应文件，按6.5条款执行 | | 相关部门 |
| | 6.7.3 图样、设计文件、工艺文件的管理执行《图样、技术文件管理制度》《工艺文件管理制度》 | | |
| 6.8 外来文件的控制 | 6.8.1 作为设计、采购、生产检验、核准等依据的各类外来文件，应经相关部门经理进行有效性审查（加盖"外来文件审查章"），审查时应用"文件分发清单"确定需要文件的部门。审查通过后交由文控中心登记、编号、发放。发放时按6.4条款执行 | 文件分发清单 | 文控中心 |
| | 6.8.2 文控中心保存外来文件原稿，借阅时需填写"文件借阅登记表" | | 文件借阅登记表 |
| | 6.8.3 文控中心应通过一定的途径监控外来文件的有效性。在每年的管理评审前2个星期，由管理者代表组织有关人员对所有外来文件的有效性进行审查 | | 管理者代表 |
| 6.9 外发文件的控制 | 6.9.1 采购部可以用电子邮件向供应商发送图样、技术文件。电子邮件要保存1年以上 | | 采购部 |
| | 6.9.2 外部单位需要纸质文件时，相关部门应填写"文件领用申请表"向文控中心领取文件。领取文件时，应在"文件外发记录"上登记 | 文件外发记录 | 文控中心 |
| | 6.9.3 应在外发的纸质文件上加盖"非受控文件"印章 | | |
| 6.10 文件的评审 | 6.10.1 每年管理评审前2个星期，管理者代表组织有关人员对使用中的文件进行有效性评审，评审时应填写"文件评审表" | 文件评审表 | 管理者代表 |
| | 6.10.2 评审中发现的不适用文件，要做更改或作废处理 | | |

## 7. 过程绩效的监视

| 绩效指标 | 计算公式<br>（计算方法） | 指标值 | 监视频率 | 监视单位 |
|---|---|---|---|---|
| 7.1 每月在现场发现非有效版本文件的份数 | 每月对文件的使用情况进行检查，检查中发现的非有效版本文件的份数 | 0份/月 | 月 | 文控中心 |
| 7.2 每月发现的该有文件的地方没有文件的次数 | 每月对文件的使用情况进行检查，检查中发现的该有文件的地方没有文件的次数 | 0次/月 | 月 | 文控中心 |

**8. 过程中的风险和机遇的控制**（风险应对计划）

| 风险 | 应对措施 | 其他事项 | 执行时间 | 负责人 | 监视方法 |
|---|---|---|---|---|---|
| 8.1 作废文件没有从现场收回 | 1）文控中心文件管理员按原版次的"文件分发回收记录"中的部门名单回收作废的原版次文件<br>2）按"文件评审表"中的结论收回作废的文件 | | 文件更改、文件评审后及时执行 | 文控中心文件管理员 | 文控中心主任审查"文件分发回收记录" |

**9. 支持性文件**
9.1 《文件编写指南》
9.2 《图样、技术文件管理制度》
9.3 《工艺文件管理制度》

**10. 记录**
10.1 文件取号登记表（见表 4.6-1）
10.2 文件分发清单（见表 4.6-2）
10.3 文件分发回收记录（见表 4.6-3）
10.4 文件领用申请表（见表 4.6-4）
10.5 文件更改申请单（见表 4.6-5）
10.6 文件更改通知单（见表 4.6-6）
10.7 文件归档编目清单（见表 4.6-7）
10.8 部门使用文件清单（见表 4.6-8）
10.9 文件评审表（见表 4.6-9）
10.10 文件借阅登记表（见表 4.6-10）
10.11 文件使用情况检查表（见表 4.6-11）
10.12 文件外发记录

表 4.6-1 文件取号登记表

文件类别：作业指导书　　　部门：质量部

| 文件编号 | 文件名称 | 取号日期 | 取号人 | 备注 |
|---|---|---|---|---|
| WI/ZL/001 | 质量部岗位说明书 | 2015/11/6 | 孙鹰 | |
| WI/ZL/002 | 进料检验抽样方案 | 2015/11/9 | 陈鹏 | |
| | | | | |
| | | | | |
| | | | | |
| | | | | |
| | | | | |
| | | | | |

### 表 4.6-2 文件分发清单

| 文件号：WI/GL/033 | | 文件名称：出境证件办理流程 | |
|---|---|---|---|
| 文件编写人：童志宏 | | 文件编写日期：2015/11/6 | 文件版号：A/0 版 |
| 说明： | | | |

| 分发至下列部门/人员： | | | |
|---|---|---|---|
| 部门 | 份数 | 部门 | 份数 |
| 总经理 | 1 | 营销部 | 1 |
| 管理者代表 | 1 | 采购部 | 1 |
| 质量部 | 1 | 综合管理部 | 1 |
| 生产部 | 1 | 物控部 | 1 |
| 产品研发部 | 1 | | |
| | | | |
| | | | |
| | | | |
| 本栏小计 | 5 | 本栏小计 | 4 |

编制/日期：童志宏 2015/11/6　　审核/日期：余斌 2015/11/6　　批准/日期：甘长永 2015/11/6

### 表 4.6-3 文件分发回收记录

| 文件编号：COP11 | | | | 文件名：设计和开发控制程序 | | | | |
|---|---|---|---|---|---|---|---|---|
| 序号 | 发往部门 | 版号 | 分发编号 | 发放记录 | | 回收记录 | | 备注 |
| | | | | 分发日期 | 发放人 | 收领人 | 签回 | 日期 |
| 1 | 总经理 | D/0 | GL01 | 2016-8-30 | 华明发 | | | |
| 2 | 管理者代表 | D/0 | GL02 | 2016-8-30 | 华明发 | | | |
| 3 | 产品研发部 | D/0 | YF01 | 2016-8-30 | 华明发 | | | |
| 4 | 质量部 | D/0 | ZL01 | 2016-8-30 | 华明发 | | | |

### 表 4.6-4 文件领用申请表

| 文件号：WI/ZL/002 | 版本：A/2 | 文件名称：进料检验抽样方案 |
|---|---|---|
| 领用份数：1 | 领用日期：2015/11/6 | 领用部门：采购部 |
| 用途：发给 A 供应商 | | |
| 领用理由： | | |
| A 供应商向我公司提供电容器，希望了解我公司的进料检验抽样方案。 | | |

领用人/日期：童志宏 2015/11/6　　审核/日期：余斌 2015/11/6　　批准/日期：甘长永 2015/11/6

表 4.6-5　文件更改申请单

| 申请部门： | | 申请人： | | 申请日期： | |
|---|---|---|---|---|---|
| 文件编号： | | 文件版本： | | 文件名称： | |
| 申请人填写 | 申请更改理由： | | | | |
| | 原内容： | | | | |
| | 拟更改内容： | | | | |
| 相关部门意见 | 部门 | | 意见 | | 签名/日期 |
| | | | | | |
| | | | | | |

批准意见：

☐同意按申请人的要求进行更改

☐不同意修改文件

☐其他：

批准人/日期：

表 4.6-6　文件更改通知单

| 文件编号： | | 文件名： | |
|---|---|---|---|
| 版次变化：A/5→B/0 | | 更改实施日期：2015/11/6 | |
| 更改原因： | | | |
| 更改变化情况 | | | |
| 更改前 | | 更改后 | |
| | | | |

| 同时更改的文件 | 文件编号 | 文件名称 | 版次变化 |
|---|---|---|---|
| | | | |
| | | | |
| | | | |

| 编制/日期： | 审核/日期： | 批准/日期： |
|---|---|---|

## 第4章 ISO 9001：2015 程序文件——支持类

表 4.6-7 文件归档编目清单

| 所属部门：质量部 | | | | 文件类别：作业指导书 | | | |
|---|---|---|---|---|---|---|---|
| 序号 | 文件号 | 文件版本 | 文 件 名 | 入库时间 | 归档位置 | 归档人 | 备注 |
| 1 | WI/ZL/001 | D/0 | 质量部岗位说明书 | 2015-8-30 | | 华明发 | |
| 2 | WI/ZL/002 | E/1 | 激光打标机出厂检验标准 | 2015-12-20 | | 屈林莉 | |
| 3 | WI/ZL/003 | C/0 | 变压器、风扇进料检验作业指导书 | 2014-3-31 | | 陈玲玲 | |
| 4 | WI/ZL/004 | C/0 | 计算机主机、显示器进料检验作业指导书 | 2014-3-31 | | 陈玲玲 | |

表 4.6-8 部门使用文件清单

| 部门：质量部 | | | | | | 文件类别：作业指导书 | | | |
|---|---|---|---|---|---|---|---|---|---|
| 序号 | 文件编号 | 版本 | 分发编号 | 文件名 | 分发日期 | 使用/保存位置 | 保管人 | 收回人/日期 | 备注 |
| 1 | WI/ZL/002 | B/1 | ZL01 | 激光打标机出厂检验标准 | 2015/11/6 | 总装检验组 | 屈×× | | |
| 2 | WI/ZL/002 | B/1 | ZL02 | 激光打标机出厂检验标准 | 2015/11/6 | 出货检验组 | 陈×× | | |
| 3 | WI/ZL/003 | C/0 | ZL01 | 抽样检验方案 | 2016/1/6 | 总装检验组 | 屈×× | | |
| 4 | WI/ZL/003 | C/0 | ZL02 | 抽样检验方案 | 2016/1/6 | 出货检验组 | 陈×× | | |

表 4.6-9 文件评审表

| 评审人： | | 评审日期： | | 评审类别：□年度评审 □其他评审 | |
|---|---|---|---|---|---|
| 文件编号 | | 文件名称 | | 版次 | 审查结论 |
| | | | | | （ ）继续使用<br>（ ）需修改<br>（ ）作废 |
| | | | | | （ ）继续使用<br>（ ）需修改<br>（ ）作废 |
| | | | | | （ ）继续使用<br>（ ）需修改<br>（ ）作废 |

表 4.6-10  文件借阅登记表

| 文件号 | 版本 | 文件名 | 借出 | | | | 归还 | | 备注 |
|---|---|---|---|---|---|---|---|---|---|
| | | | 借阅人 | 借阅日期 | 约定归还日期 | 借出经办人 | 实际归还日期 | 归还经办人 | |
| WI/ZL/003 | C/0 | 抽样检验方案 | 李×× | 2016/5/3 | 2016/5/13 | 曾×× | 2016/5/12 | 曾×× | |
| | | | | | | | | | |
| | | | | | | | | | |
| | | | | | | | | | |

表 4.6-11  文件使用情况检查表

| 检查人： | | 检查日期： | | |
|---|---|---|---|---|
| 被查部门 | 有无使用无效文件 | 该有文件的地方有无文件 | 文件是否便于检索 | 文件是否有污损、丢失 |
| 质量部 | □无<br>□有 | □有<br>□无 | □便于检索<br>□不容易检索 | □无<br>□有 |
| 产品研发部 | □无<br>□有 | □有<br>□无 | □便于检索<br>□不容易检索 | □无<br>□有 |
| 生产部 | □无<br>□有 | □有<br>□无 | □便于检索<br>□不容易检索 | □无<br>□有 |
| | | | | |
| | | | | |

# 第 5 章

# ISO 9001:2015 程序文件——运行类

## 5.1 合同管理程序

合同管理程序

**1. 目的**

明确合同的要求,并通过合同评审确保公司有能力满足这些要求。

**2. 适用范围**

适用于本公司产品销售合同、订单的管理。

**3. 职责**

3.1 营销部负责确定合同/订单要求,组织对合同/订单进行评审,并对合同/订单的执行情况进行跟进。

3.2 生产部、采购部、质量部、产品研发部等部门参与合同/订单评审,并实施合同/订单中的有关部分。

3.3 总经理批准"合同/订单评审表"。

**4. 过程分析乌龟图**

- 计算机系统
- 电话

- 营销部:合同/订单管理的归口部门
- 生产部等部门:参与合同/订单的评审

输入
- 顾客合同/订单及其变更
- 法律、法规要求

合同管理过程
- 业务洽谈
- 接收合同/订单
- 合同/订单的评审
- 合同的签订与合同/订单的执行
- 合同/订单的更改/取消

输出
- 合同/订单评审表
- 顾客订货要求表
- 签订正式合同
- 合同/订单更改通知单
- 合同/订单统计台账

- 合同管理程序(含风险控制)

- 合同/订单评审及时率
- 订单交期准确率
- 因合同评审不严谨导致开发的新产品不能满足顾客要求(风险控制指标)

## 5. 过程流程图

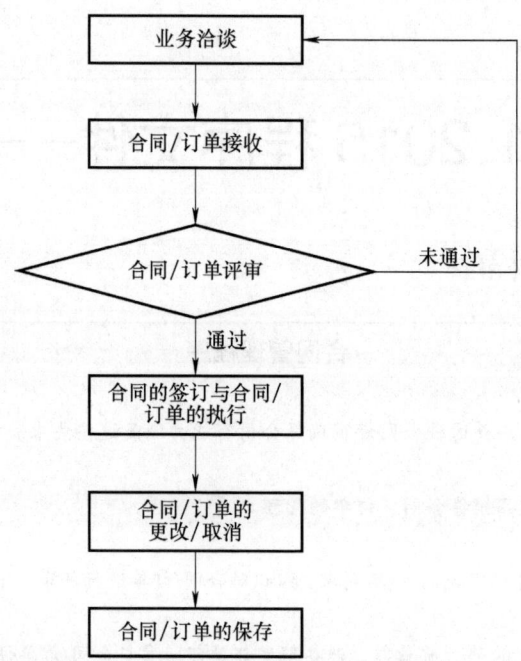

## 6. 作业程序与控制要求

| 程序 | 工作内容 | 输出文件 | 责任部门/人 |
|---|---|---|---|
| 6.1 业务洽谈 | 6.1.1 营销部业务员做好与顾客的业务洽谈。洽谈前，要做好充分的准备；洽谈过程中，要充分听取顾客的意见，帮助顾客掌握完整的产品信息，同时要了解顾客的资信情况 | | |
| | 6.1.2 洽谈过程中，要就合同的基本要求，如品名、规格、数量、价格、交付、包装、交货期、交付方式、结算方式、违约责任、仲裁与索赔等，逐条与顾客明确，达成一致意见 | | |
| 6.2 接收合同/订单 | 6.2.1 本公司只接收书面的购货合同/订单。对于顾客的口头订单，营销部业务员应将其记录在"顾客口头订单记录表"上，用电子邮件发给顾客，由顾客书面确认后回传 | 顾客口头订单记录表 | 营销部业务员 |
| | 6.2.2 营销部业务员应将合同/订单送至营销部跟单员，由营销部跟单员组织对合同/订单的评审 | | 营销部业务员 |
| | 6.2.3 营销部跟单员根据合同/订单的性质将其分成常规合同/订单或特殊合同/订单：<br>1) 常规合同/订单是指针对本公司已有的产品所订的合同/订单 | | 营销部跟单员 |

（续）

| 程序 | 工作内容 | 输出文件 | 责任部门/人 |
|---|---|---|---|
| 6.2 接收合同/订单 | 2）特殊合同/订单是指常规合同/订单外的合同/订单，包括针对新产品或者对现有产品有附加技术要求、包装要求的合同/订单 | | 营销部跟单员 |
| | 6.2.4 营销部跟单员填写"合同/订单评审表"，连同合同/订单一起送有关部门进行评审 | 合同/订单评审表 | 营销部跟单员 |
| 6.3 合同/订单的评审 | 6.3.1 合同/订单评审的要求。合同/订单评审要保证：<br>1）顾客的各项要求（规格、数量、性能、交货期、结算方式等）得到确定并形成文件<br>2）合同或订单中的各项要求不存在含糊不清之处，特殊要求有明确说明，多次洽谈前后不一致的地方得到了解决<br>3）合同或订单符合有关法律、法规、标准的要求<br>4）顾客的潜在要求得到识别，这些要求是预期或者规定用途所必需的<br>5）本公司的附加要求能确保兑现<br>6）本公司有履行合同或订单要求的能力 | | |
| | 6.3.2 常规合同/订单的评审<br>1）营销部跟单员从进销存系统中知道有现货时，只需将"合同/订单评审表"送生产部计划员及营销部经理进行评审<br>2）无现货时，由营销部跟单员将"合同/订单评审表"交生产部计划员就生产能力、生产完成日期进行签字评审，如果库存中无所需产品的物料，则还应将"合同/订单评审表"送采购部就采购能力、到货日期进行签字评审，之后由营销部经理就交货期限进行评审 | 合同/订单评审表 | 营销部跟单员 |
| | 6.3.3 特殊合同/订单的评审<br>1）以专题会议的形式进行，由营销部牵头，副总经理主持，产品研发部、工艺技术部、采购部、生产部、质量部参加<br>2）评审时应注意：<br>①设计、采购和生产的周期<br>②要衡量本公司的设计、工艺和检测能力<br>③要识别新的质量要求、产品颜色要求、包装要求<br>④对成本和利润进行核算 | 合同/订单评审表 | 营销部 |

（续）

| 程序 | 工作内容 | 输出文件 | 责任部门/人 |
|---|---|---|---|
| 6.3 合同/订单的评审 | 6.3.4 评审后，参加评审的部门应在"合同/订单评审表"中的相应栏目中签名，最后将"合同/订单评审表"送总经理批准 | 合同/订单评审表 | 总经理 |
| | 6.3.5 在合同/订单评审过程中，评审人员对合同中有关内容和要求提出疑问或者修改建议时，由营销部跟单员负责与顾客联络，征求其书面意见，经协商确定后的变动事项需在"合同/订单评审表"中予以记录 | | 营销部跟单员 |
| 6.4 合同的签订与合同/订单的执行 | 6.4.1 合同评审后，营销部经理根据合同草案与批准的评审结果，负责与顾客正式签订正式合同<br>订单评审通过后即生效 | | |
| | 6.4.2 营销部跟单员将合同/订单及"合同/订单评审表"中的内容转化为"顾客订货要求表"，连同有关的顾客资料分发给有关部门，作为设计、生产、检验、出货等的依据 | 顾客订货要求表 | 营销部跟单员 |
| | 6.4.3 营销部跟单员应建立"合同/订单跟进控制表"，记录合同/订单的执行情况。若发生与合同/订单不一致的情况，应及时与顾客协商解决 | 合同/订单跟进控制表 | 营销部跟单员 |
| 6.5 合同/订单的更改/取消 | 6.5.1 若因非顾客原因需修改订单或合同时，由产生原因的部门通知营销部跟单员。营销部跟单员及时与顾客联系，得到顾客的同意后，在原合同或订单上注明更改内容并填写"合同/订单更改通知单"。营销部跟单员应将"合同/订单更改通知单"送到与合同/订单修改有关的部门进行评审，并报送总经理批准，然后发至有关部门 | 合同/订单更改通知单 | 营销部跟单员 |
| | 6.5.2 若因顾客提出合同/订单条款修改时，应由营销部跟单员填写"合同/订单更改通知单"，经与合同/订单修改有关的部门评审后送总经理批准，然后发至有关部门<br>营销部跟单员应在原合同或订单中注明修改情况 | 合同/订单更改通知单 | 营销部跟单员 |
| | 6.5.3 顾客取消合同/订单时，营销部跟单员需与顾客协商，就本公司已投入的物料、已生产的半成品和成品的处理，以及由此产生的损失，与顾客达成一致意见<br>营销部跟单员应用"合同/订单更改通知单"将合同/订单的取消情况通知有关部门 | 合同/订单更改通知单 | 营销部跟单员 |

（续）

| 程序 | 工作内容 | 输出文件 | 责任部门/人 |
|---|---|---|---|
| 6.6 合同/订单的保存 | 6.6.1 所有已经确定的订单/合同及其后的修订，以及"合同/订单评审表"、"合同/订单更改通知单"均由营销部负责存档。存档时应注意将合同/订单与相应的"合同/订单评审表"、"合同/订单更改通知单"保存在一起 | | 营销部 |
| | 6.6.2 合同/订单履行中的来往电子邮件应予以保存，作为合同/订单的附件 | | 营销部 |

## 7. 过程绩效的监视

| 绩效指标 | 计算公式（计算方法） | 指标值 | 监视频率 | 监视单位/人 |
|---|---|---|---|---|
| 7.1 合同/订单评审及时率 | 1）常规合同/订单需半天评审完毕，特殊合同/订单需1天评审完毕<br>2）合同/订单评审及时率 $=\dfrac{\text{按时完成的合同/订单评审次数}}{\text{合同/订单评审总次数}} \times 100\%$ | ≥98% | 月 | 营销部 |
| 7.2 订单交期准确率 | 订单交期准确率 $=\left(1-\dfrac{\text{交期变动订单数}}{\text{订单总数}}\right) \times 100\%$ | ≥90% | 月 | 营销部 |

## 8. 过程中的风险和机遇的控制（风险应对计划）

| 风险 | 应对措施 | 其他事项 | 执行时间 | 负责人 | 监视方法 |
|---|---|---|---|---|---|
| 8.1 因合同评审不严谨导致开发的新产品不能满足顾客要求 | 1）新产品合同的评审应在正式合同签订之前进行，确保顾客的各项要求合理、明确、书面化，确保公司有能力满足<br>2）营销部经理在检查各部门评审的有效性的基础上，在确定"合同/订单评审表"已得到总经理批准的情况下，方可与顾客签订正式合同 | | 每份新产品的合同均需按此办理 | 营销部经理 | 总经办每月对新产品合同的签订情况进行检查，看有无违规情况 |

## 9. 支持性文件

（无）

## 10. 记录

10.1 顾客口头订单记录表

10.2 合同/订单评审表（见表5.1-1）

10.3 顾客订货要求表

10.4 合同/订单更改通知单（见表5.1-2）

10.5 合同/订单跟进控制表（见表5.1-3）

表 5.1-1  合同/订单评审表

| 评审表编号： | | | | | 填写日期： | | | |
|---|---|---|---|---|---|---|---|---|
| 顾客订货情况： | | | | | | | | |
| 顾客名称： | | | | | | | | |
| 顾客合同/订单号： | | | 订货日期： | | | 交付日期： | | |
| 产品型号 | 产品名称 | 数量 | 单位 | 产品型号 | 产品名称 | 数量 | 单位 |
| | | | | | | | |
| | | | | | | | |
| | | | | | | | |

| 顾客有无特殊要求 | □无特殊要求<br>□有特殊要求<br><br>附：合同草案/订单等共_____页 |
|---|---|

| 产品研发部意见（只参与特殊合同/订单评审）：<br>□ 能在___月___日出设计文件给相关部门<br>□ 其他：<br><br>评审人/日期： | 工艺技术部意见（只参与特殊合同/订单评审）：<br>□ 能在___月___日出工艺文件给相关部门<br>□ 其他：<br><br>评审人/日期： |
|---|---|
| 采购部意见（物料短缺时必须参加）：<br>□ 能在___月___日采购回物资<br>□ 其他：<br><br>评审人/日期： | 生产部意见：<br>□ 有现货<br>□ 保证在___月___日完成产品入库<br>□其他：<br><br>评审人/日期： |
| 质量部意见（只参与特殊合同/订单评审）：<br>□ 检测无问题<br>□ 其他：<br><br><br>评审人/日期 | 营销部意见：<br>□ 能按时在___月___日出货<br>□ 经与客户协商，出货推迟到___月___日<br>□ 其他：<br><br>评审人/日期： |

此合同/订单是否能转化为"顾客订货要求表"：
□能；□不能

营销部经理/日期：

| 总经理批准意见：<br>□ 同意接收合同/订单<br>□ 其他：<br><br><br><br>总经理/日期： | 注：<br>□ 本合同/订单已修订，见合同/订单更改通知单<br><br>编号：_____<br>□ 其他变动： |
|---|---|

### 表 5.1-2　合同/订单更改通知单

| 顾客合同/订单号： | "顾客订货要求表"编号： |
|---|---|
| 顾客名称： | |
| 更改原因： | |
| 更改内容： | |
| 产品研发部意见（如果有设计上的变动，产品研发部应在此提出意见）： | |
| 工艺技术部意见（如果有工艺上的变动，工艺技术部应在此提出意见）： | |
| 采购部意见（如果有采购上的变动，采购部应在此提出意见，如对已采购零部件的处理）： | |
| 生产部意见（如果有生产上的变动，生产部应在此提出意见，如对已生产的产品的处理）： | |
| 营销部意见：<br>□发出新的"顾客订货要求表"（编号：_____），原_____号"顾客订货要求表"作废<br>□其他： | |
| 总经理批准意见：<br>□同意合同/订单的更改<br>□其他： | |
| 总经理/日期： | |

表 5.1-3　合同/订单跟进控制表

| 顾客名称 | 顾客订单号 | 工厂订单号 | 金额 | 预计出货 | 实际出货 | 预计收款 | 实际收款 | 发票号 | 质量问题、交付问题记录 | 备注 |
|---|---|---|---|---|---|---|---|---|---|---|
|  |  |  |  |  |  |  |  |  |  |  |
|  |  |  |  |  |  |  |  |  |  |  |
|  |  |  |  |  |  |  |  |  |  |  |

## 5.2 顾客投诉处理程序

### 顾客投诉处理程序

**1. 目的**

确保顾客投诉得到及时有效的处理，满足顾客对产品及服务质量的要求。

**2. 适用范围**

适用于顾客对公司产品和服务质量的投诉管理。

**3. 职责**

3.1 营销部负责接收和回复顾客的投诉。

3.2 质量部负责组织对顾客的投诉进行处理。

3.3 各部门配合质量部做好顾客投诉的处理工作。

**4. 过程分析乌龟图**

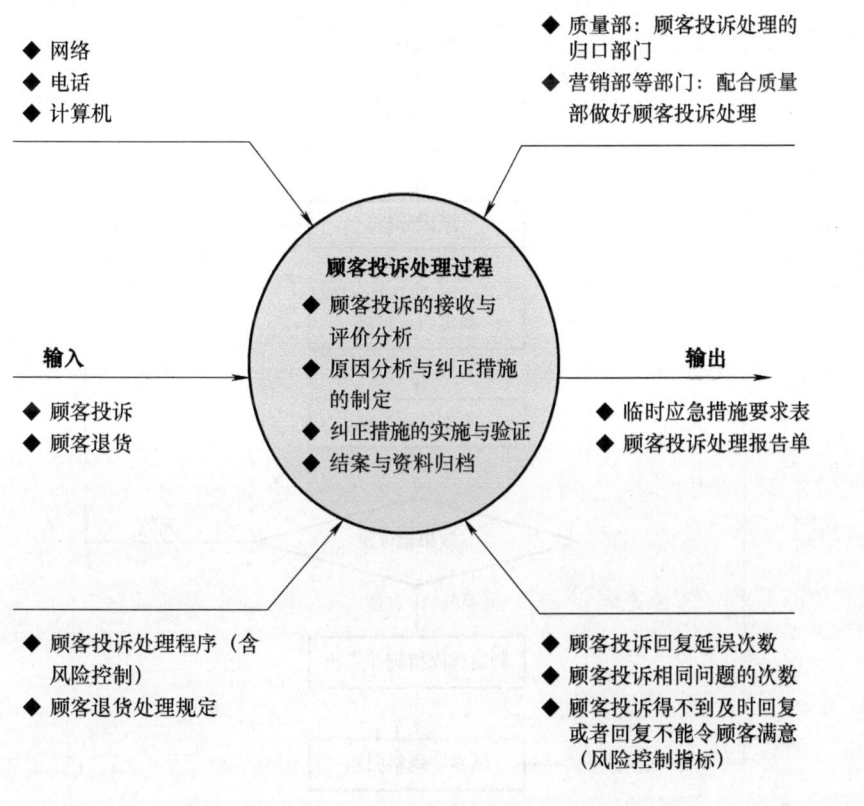

**5. 过程流程图**

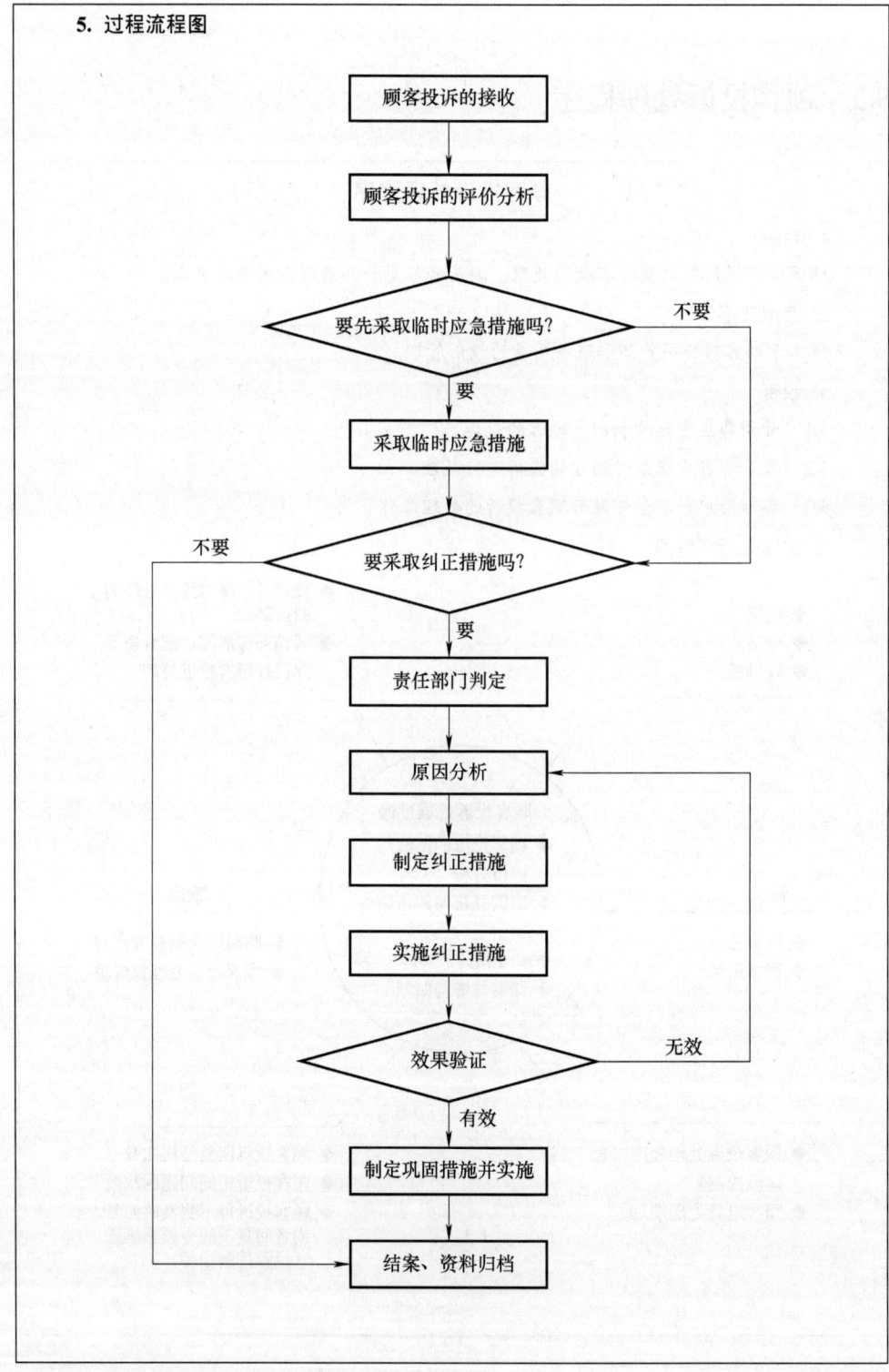

**6. 作业程序与控制要求**

| 程序 | 工作内容 | 输出文件 | 责任部门/人 |
|---|---|---|---|
| 6.1 顾客投诉的接收 | 6.1.1 顾客投诉以电子邮件、QQ、拜访、退货等方式表达。顾客投诉统一由营销部接收、接待。顾客退货的控制详见《顾客退货处理规定》 | | |
| | 6.1.2 营销部将接收的顾客投诉填写在"顾客投诉记录表"中，并及时将顾客投诉传递给质量部 | 顾客投诉记录表 | 营销部 |
| 6.2 顾客投诉的评价分析 | 6.2.1 质量部对顾客投诉进行评价分析，判断是否属于本公司的责任？如果不是本公司的责任，则妥善回复顾客。若是本公司的责任，则应24小时内回复顾客处理情况（如向顾客反馈已经在处理该问题，具体解决方案将在几天内回复，等等），并随时与顾客保持联络 | | 质量部 |
| | 6.2.2 质量部判断是否需要采取临时应急措施。临时应急措施包括停产、挑选、返工、修补、更换、停止发货等。一般在下列情况下需采取临时应急措施：<br>1）错误在继续发生<br>2）重大紧急的对外事项。这些对外事项如果处理得不及时，很可能被顾客"上纲上线"或者被竞争对手恶意利用 | | 质量部 |
| | 6.2.3 如果需要采取临时应急措施，质量部应将临时应急措施的要求填写在"临时应急措施要求表"中，发至有关部门执行。如果不需要采取临时应急措施，则直接进入6.4条款 | 临时应急措施要求表 | 质量部 |
| 6.3 采取临时应急措施 | 6.3.1 质量部将采取临时应急措施的情况通知营销部，由营销部传达至顾客 | | 营销部 |
| | 6.3.2 有关部门接到"临时应急措施要求表"后，应立即实施 | | 有关部门 |
| 6.4 责任部门判定 | 6.4.1 质量部判定是否需要针对顾客投诉采取纠正措施，如果需要采取纠正措施，则应判定相关责任部门 | | 质量部 |
| | 6.4.2 质量部填写"顾客投诉处理报告单"中的"顾客投诉陈述""纠正措施任务的下达"栏目，而后将"顾客投诉处理报告单"发给责任部门 | 顾客投诉处理报告单 | 质量部 |
| | 说明：如果顾客要求使用其规定的表单处理其投诉，则整个处理过程中，均应使用顾客规定的表单 | | |
| 6.5 原因分析与纠正措施的制定 | 6.5.1 责任部门收到有关"顾客投诉处理报告单"后应立即组织有关人员分析顾客投诉的原因 | | 责任部门 |
| | 6.5.2 针对问题和原因制定相应的纠正措施，明确责任人和完成日期。纠正措施应与问题的影响程度相适应，应确保纠正措施的可行性及不产生新的质量问题 | | |
| | 6.5.3 本公司纠正措施方案由责任部门负责人审核，管理者代表批准后实施 | | |

（续）

| 程序 | 工作内容 | | 输出文件 | 责任部门/人 |
|---|---|---|---|---|
| 6.6 纠正措施的实施与效果验证 | 6.6.1 | 纠正措施实施过程中，质量部要做好督促检查工作 | | 质量部 |
| | 6.6.2 | 当纠正措施实施计划完成日期已到，质量部应派人员验证纠正措施完成的情况。验证结果应通告营销部等相关部门 | | 质量部 |
| 6.7 制定巩固措施并实施 | 6.7.1 | 因纠正措施的实施而需修订作业指导书等有关文件时，应按《文件控制程序》中有关更改的规定进行更改 | | |
| | 6.7.2 | 必要时，对员工进行培训，把有用的措施和经验普及到相关的员工，使他们掌握这些措施和经验并应用到工作中去，以确保以后不再发生同样的错误 | | |
| | 6.7.3 | 考虑在相类似的过程中实现这个有效措施的可能性，以放大这个有效措施的作用 | | |
| 6.8 结案、资料归档 | 6.8.1 | 与顾客投诉有关的质量记录，按《记录控制程序》的要求进行管理 | | |
| | 6.8.2 | 营销部负责将针对顾客投诉所采取的纠正措施的结果提供给有要求的顾客 | | 营销部 |

### 7. 过程绩效的监视

| 绩效指标 | 计算公式（计算方法） | 指标值 | 监视频率 | 监视单位/人 |
|---|---|---|---|---|
| 7.1 顾客投诉回复延误次数 | 1）24小时内回复顾客其投诉处理情况<br>2）每月统计顾客投诉回复延误次数 | ≤1次/月 | 月 | 营销部 |
| 7.2 顾客投诉相同问题的次数 | 每月统计顾客投诉相同问题的次数 | ≤1次/月 | 月 | 营销部 |

### 8. 过程中的风险和机遇的控制（风险应对计划）

| 风险 | 应对措施 | 其他事项 | 执行时间 | 负责人 | 监视方法 |
|---|---|---|---|---|---|
| 8.1 顾客投诉得不到及时回复或者回复不能令顾客满意 | 1）营销部在24小时内需2次跟进顾客投诉处理情况，第1次在第12小时，第2次在第20小时<br>2）回复顾客投诉的文件发出前，营销部应检查其是否有质量部经理的签字 | | | 营销部 | 总经办每月对顾客投诉的处理情况进行检查，看有无违规情况 |

### 9. 支持性文件
9.1 《顾客退货处理规定》

### 10. 记录
10.1 顾客投诉记录表（见表5.2-1）
10.2 临时应急措施要求表
10.3 顾客投诉处理报告单（见表5.2-2）

## 第5章 ISO 9001：2015 程序文件——运行类

**表 5.2-1　顾客投诉记录表**

| 序号 | 日期 | 信息来源 | | | | 接诉人 | 处理部门 | 处理结果 |
| --- | --- | --- | --- | --- | --- | --- | --- | --- |
| | | 顾客名称 | 投诉人 | 投诉方式 | 投诉内容 | | | |
| | | | | | | | | |
| | | | | | | | | |
| | | | | | | | | |

**表 5.2-2　顾客投诉处理报告单**

顾客名称：　　　　　　　投诉人：　　　　　　　投诉日期：

顾客投诉陈述（质量部填写）：



填写/日期：

纠正和预防措施任务的下达（质量部填写）：

① 责任部门：_____

② 要求：



填写人/日期：　　　　　　　审批/日期：

纠正和预防措施的制定：

① 原因分析（由责任部门填写）：



② 纠正和预防措施的制定（由责任部门填写）：

a）责任人：_____　　b）预定完成日期：_____

c）制定的纠正和预防措施：



编制/日期：　　　　　　　审核/日期：　　　　　　　批准/日期：

纠正和预防措施的验证（质量部验证）：

□纠正和预防措施已按期在_____年___月___日完成

效果简述：



□纠正和预防措施未在规定日期完成，推迟至_____年___月___日完成

未完成原因：



□其他：

验证人/日期：　　　　　　　复核/日期：

## 5.3 设计和开发控制程序

设计和开发控制程序

**1. 目的**

对产品设计和开发全过程进行控制,确保设计能满足合同及顾客的要求。

**2. 适用范围**

本程序适用于产品的设计和开发活动。

**3. 职责**

3.1 产品研发部负责产品设计和开发全过程的组织和协调,负责编制产品设计和开发计划并组织实施。

3.2 总经理批准产品立项,批准产品鉴定报告。

3.3 质量部协助进行设计过程中所需的检验、测量和试验工作。

3.4 生产部负责小批试制阶段的生产组织落实及计划进程的控制。

3.5 采购部负责试制过程中的配套采购。

3.6 营销部负责市场调研并参与相关的设计评审。

**4. 过程分析乌龟图**

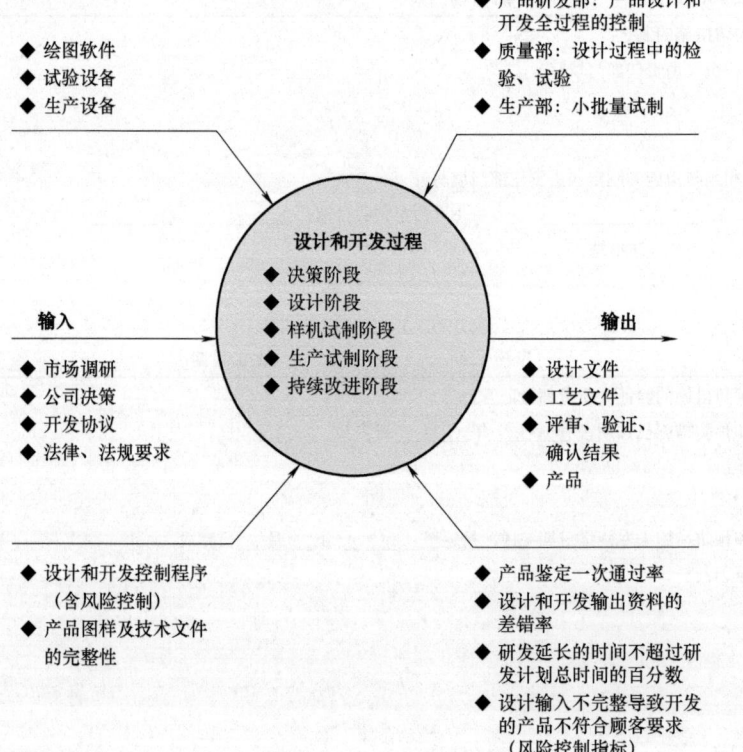

5. 过程流程图

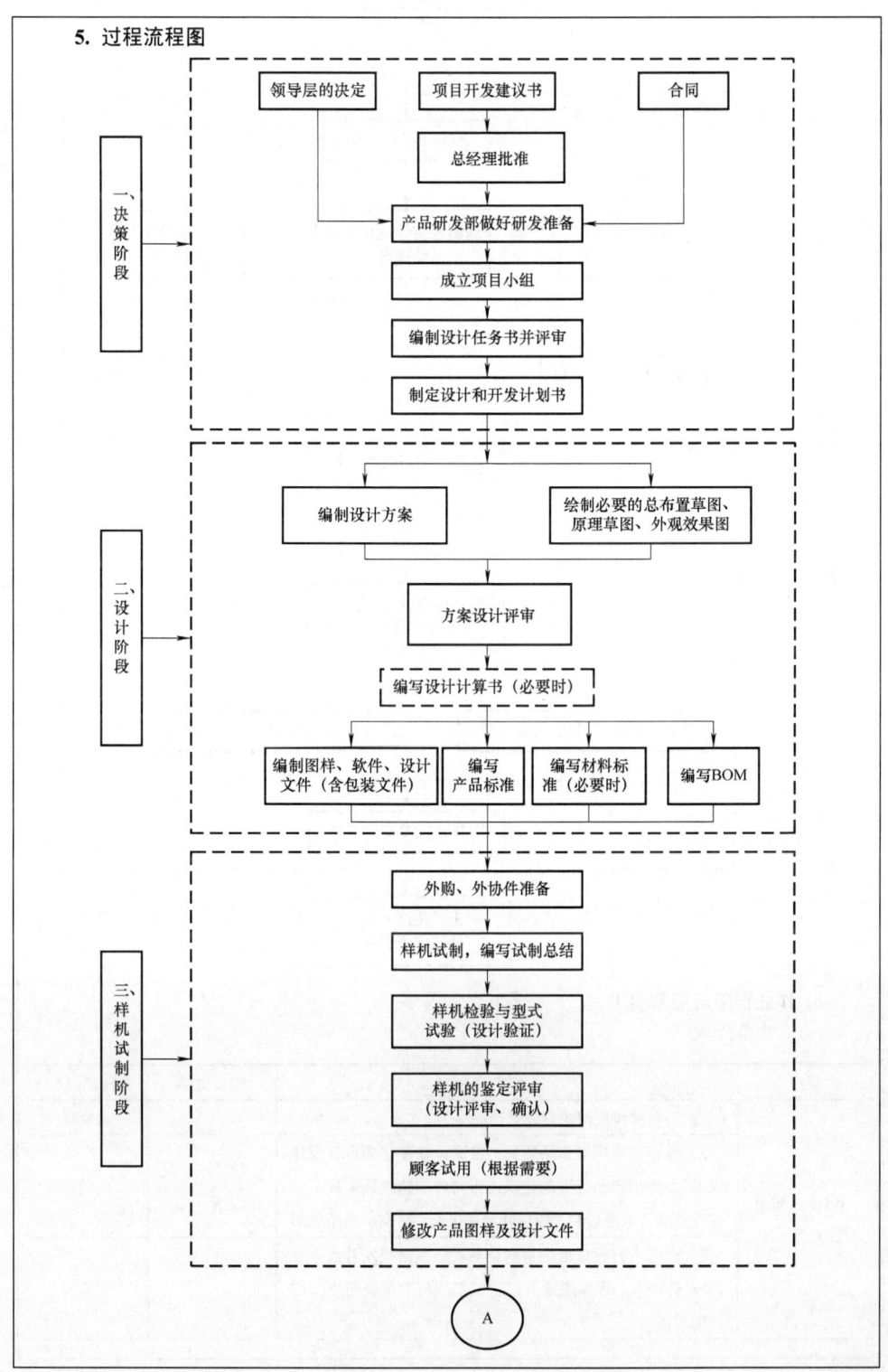

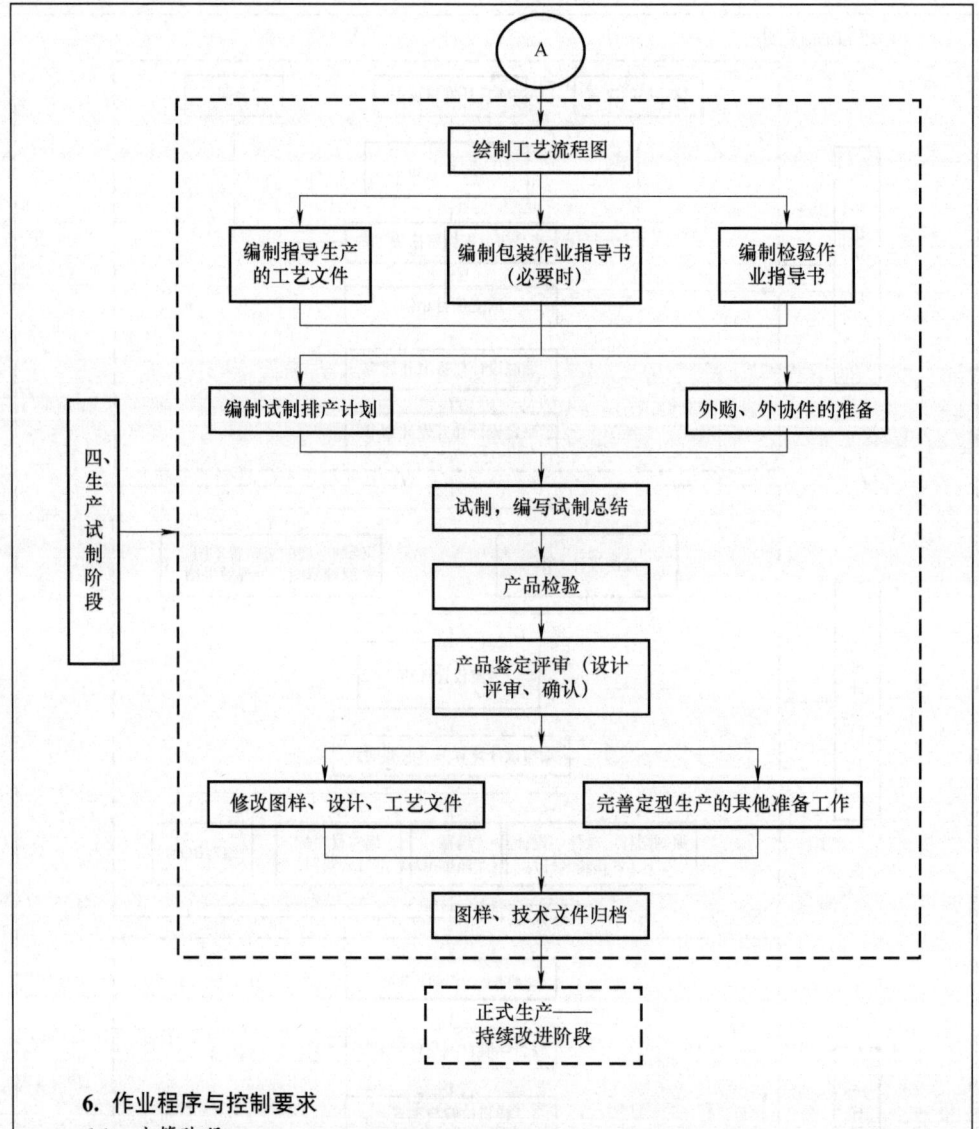

## 6. 作业程序与控制要求

### 6.1 决策阶段

| 程序 | 工作内容 | 输出文件 | 责任部门/人 |
| --- | --- | --- | --- |
| 6.1.1 设计项目来源 | 1）公司决策层决定开发新产品 |  | 总经理 |
|  | 2）营销部根据对市场研究的情况，编制"项目开发建议书"，提出产品开发的建议，报常务副总经理审核，总经理批准。批准后的"项目开发建议书"送交产品研发部 | 项目开发建议书 | 营销部 |
|  | 3）有技术开发成分的特殊合同，必须由研发总监等部门/人员评审。评审通过后，营销部应将有关资料送交产品研发部 |  | 营销部 |

(续)

| 程序 | 工作内容 | 输出文件 | 责任部门/人 |
|---|---|---|---|
| 6.1.2 成立产品开发小组 | 研发总监组织成立产品开发项目小组，指定项目负责人。小组成员来自产品研发部、质量部、生产部等部门 | | 研发总监 |
| 6.1.3 编制设计任务书 | 研发总监根据决策层决定/"项目开发建议书"/合同评审结论编制"设计任务书"。"设计任务书"应明确规定设计的目标和要求 | 设计任务书 | 研发总监 |
| 6.1.4 对设计任务书进行评审 | 研发总监组织营销部等设计提出部门对"设计任务书"进行会签评审。对其中不完善、含糊或矛盾的要求予以解决。评审后应将"设计任务书"及相关背景资料提供给项目小组 | | 研发总监 |
| 6.1.5 编制产品设计和开发计划书 | 项目负责人组织编写"产品设计和开发计划书"，经项目小组成员讨论后，送研发总监批准。批准后的"产品设计和开发计划书"下发有关部门实施。"产品设计和开发计划书"应随着设计和开发的进展适时进行修订 | 产品设计和开发计划书 | 项目负责人 |

6.2 设计阶段

| 程序 | 工作内容 | | 输出文件 | 责任部门/人 |
|---|---|---|---|---|
| 6.2.1 方案设计 | 设计人员进行方案设计。设计方案的内容一般包括：总布置图，外观效果图，特殊外购件清单，技术参数的确定，电气、软件的设计构思，产品的工作原理等 | | 设计方案 | 项目小组设计人员 |
| ★6.2.2 方案设计评审 | 方案设计完成后，项目负责人应根据需要组织有关部门/人员（可包括总经理、研发总监、产品研发部、营销部、生产部、质量部等）对方案设计进行评审 | | 方案设计评审报告 | 项目负责人 |
| 6.2.3 图样及技术设计 | 进行设计计算（必要时） | 进行设计计算，编写设计计算书 | 见《产品图样及技术文件的完整性》 | 项目小组 |
| | 结构、性能设计 | 根据结构、性能设计要求绘制总图、部件图、零件图，编制相关的明细表 | | |
| | 电控、软件设计 | 绘制电控图样，编制相关的明细表，编程说明书、调试说明书，编写软件 | | |
| | 包装设计 | 根据产品的装箱、储存、搬运等要求，进行包装设计，绘制/编制相关的图样、技术文件 | | |
| | 技术文件 | 编写产品标准、BOM 等设计文件 | | |

（续）

| 程序 | 工作内容 | 输出文件 | 责任部门/人 |
|---|---|---|---|
| 6.2.3 图样及技术设计 | 注意事项：对产品的安全和正常使用所必需的产品特性，应标识在相关的图样及设计文件中，或者在图样及设计文件中做特别的说明<br><br>**产品特性重要性分级定义**<br><br>| 特性分级 | 分级标志 | 分级定义 |<br>|---|---|---|<br>| 重要特性 | ★ | 如果超出规定的界限就会导致人身安全事故或者使产品丧失功能 |<br>| 其他特性 | 不标志 | 重要特性以外的特性 | | 见《产品图样及技术文件的完整性》 | 项目小组 |
| ★6.2.4 图样、技术文件、软件下发 | 全套图样、设计文件、软件经过会签、审批后下发 | 文件发放回收记录 | 标准化工程师 |

6.3 样机试制阶段

| 程序 | 工作内容 | 输出文件 | 责任部门/人 |
|---|---|---|---|
| 6.3.1 外购、外协件准备 | 做好样机试制前的外购、外协件准备 | | 项目小组、采购部 |
| 6.3.2 样机试制 | 项目小组根据产品图样、设计文件试制样机。试制过程中要做好必要的试制记录 | 试制过程记录表 | 项目小组 |
| 6.3.3 样机检测（设计验证） | 质量部对样机进行检测，并对其中1、2台进行型式试验，试验后要出具型式试验报告 | 型式试验报告 | 质量部 |
| 6.3.4 样机试制总结 | 试制结束后，项目负责人对样机试制情况进行总结，编写样机试制总结报告 | 试制总结报告 | 项目负责人 |
| 6.3.5 图样、技术文件改进 | 项目小组按照样机试制、检测中所提出的改进意见对图样、设计文件等进行修改 | | 项目小组 |
| ★6.3.6 样机鉴定（设计确认） | 1）样机鉴定会由项目负责人组织，研发总监主持。总经理、常务副总经理、营销部、生产部、质量部等部门/人员参加<br>2）样机鉴定会召开前，项目小组应准备好鉴定资料/实物，包括设计任务书、决策、设计阶段输出的图样及设计文件、产品标准、检测报告、试制总结报告、样机等<br>3）与会代表对这些鉴定材料/实物进行审查，在此基础得出鉴定结论。鉴定结论记录在"样机鉴定报告"中 | （样机）鉴定报告 | 研发总监 |

（续）

| 程序 | 工作内容 | 输出文件 | 责任部门/人 |
|---|---|---|---|
| 6.3.7 顾客试用（根据需要） | 1）顾客要求试用时，营销部根据顾客要求，向顾客送样<br>2）营销部应根据顾客试用的情况，填写"顾客试用报告" | 顾客试用报告 | 营销部 |
| 6.3.8 设计改进 | 根据样机鉴定、顾客试用中所提出的改进意见对产品图样及设计文件进行必要的修改 | | 项目小组 |

6.4 生产试制阶段

| 程序 | 工作内容 | 输出文件 | 责任部门/人 |
|---|---|---|---|
| 6.4.1 绘制工艺流程图 | 项目小组工程师绘制必要的工艺流程图 | 工艺流程图 | 项目小组 |
| 6.4.2 编制过程指导书 | 项目小组编写指导工人操作和用于生产、工艺管理的工艺文件 | 工艺文件 | 项目小组 |
| | 项目小组编制必要的包装作业指导书 | 包装作业指导书 | 项目小组 |
| | 质量部编制检验作业指导书 | 检验作业指导书 | 质量部 |
| 6.4.3 工艺文件下发 | 全套工艺文件经过会签、审批后下发 | 文件分发回收记录 | 标准化工程师 |
| 6.4.4 做好试生产的准备工作 | 项目负责人发送"生产试制通知单"给相关部门 | 生产试制通知单 | 项目负责人 |
| | 确定试制工艺文件已经下发到试制现场与相关部门 | | 项目负责人 |
| | 需要时，项目负责人检查新设备、工装和试验设备的准备情况，确保新设备、工装和试验设备在试生产前到位 | | 项目负责人 |
| | 生产部做好车间试制排产计划并统筹试制物料的采购，确保试制物料按时到位 | 试制排产计划 | 生产部、采购部 |
| 6.4.5 试生产 | 试制前1天，由项目负责人主持召开产前会，落实试制准备情况并明确各部门在试制中的作用。同时由有关工程师讲解试制过程中的生产和检验要点 | | 项目负责人 |
| | 项目小组指导车间根据工艺文件进行试制工作。试制中，质量部等部门应做好配合。试制过程中，生产部试制负责人要将试制中的异常情况记录在"试制过程记录表"中 | 试制过程记录表 | 生产部试制负责人 |

（续）

| 程序 | 工作内容 | 输出文件 | 责任部门/人 |
| --- | --- | --- | --- |
| 6.4.6 试生产样机的检测（设计验证） | 质量部对所有试产的样机进行检测，出具相应的检测报告 | 检测报告 | 质量部 |
| 6.4.7 生产试制总结 | 试制结束后，项目负责人对试制情况进行总结，编写试制总结报告 | 试制总结报告 | 项目负责人 |
| 6.4.8 图样、技术文件改进 | 项目小组按照试制、检测中提出的改进意见对图样、设计文件、工艺文件等进行修改 | | 项目小组 |
| ★6.4.9 产品定型鉴定（设计确认） | 1）产品定型鉴定会由项目负责人组织，研发总监主持。总经理、常务副总经理、营销部、生产部、质量部等部门/人员参加<br>2）产品定型鉴定会召开前，项目小组应准备好鉴定资料/实物，包括设计任务书、所有的图样及设计文件、所有的工艺文件、产品标准、检测报告、试制总结报告、试制出的样机等<br>3）与会代表对这些鉴定材料/实物进行审查，在此基础上得出鉴定结论，并据此提出正式生产的建议<br>4）项目负责人整理出"产品鉴定报告"，"产品鉴定报告"经总经理批准后下发至相关部门 | 产品鉴定报告 | 研发总监 |
| 6.4.10 图样及设计文件、工艺文件改进 | 根据产品定型鉴定中提出的改进意见对产品图样、设计文件、工艺文件进行修改 | | 项目小组 |
| ★6.4.11 图样与技术文件移交 | 项目负责人将正式生产的图样、设计文件、工艺文件移交给标准化工程师。标准化工程师要将试制用图样、设计文件、工艺文件收回作废，并发放正式生产用图样、设计文件、工艺文件 | 产品图样及技术文件移交清单 | 项目负责人、标准化工程师 |
| 6.4.12 进入正式生产 | 上述工作完成后，就可以进入正式生产 | | 生产部 |

6.5 持续改进阶段

| 程序 | 工作内容 | 输出文件 | 责任部门/人 |
| --- | --- | --- | --- |
| 6.5.1 改进设计 | 发现设计中的问题，需要改进时，用"设计更改申请表"提出更改申请 | 设计更改申请表 | 相关部门 |
| | 产品研发部确定需要进行设计更改时，产品研发部应填写"图样及技术文件更改通知单"，批准后分发给有关部门或人员 | 图样及技术文件更改通知单 | 产品研发部 |

**7. 过程绩效的监视**

| 目标名称 | 计算公式（计算方法） | 目标值 | 监视时机 | 监视单位 |
|---|---|---|---|---|
| 7.1 产品鉴定一次通过率 | 产品鉴定一次通过率 = $\dfrac{\text{产品鉴定一次通过总数}}{\text{产品鉴定总数}} \times 100\%$ | 100% | 每年12月底进行统计分析 | 常务副总 |
| 7.2 设计和开发输出资料的差错率 | 设计和开发输出资料的差错率 = $\dfrac{\text{缺少和出错的设计输出资料数量}}{\text{应输出的设计资料总数量}} \times 100\%$ | ≤5% | 每次设计资料移交时进行统计分析 | 标准化工程师 |
| 7.3 研发延长的时间不超过研发计划总时间的百分数 | 研发延长的时间不超过研发计划总时间的百分数 = $\dfrac{\text{产品研发延期的天数}}{\text{产品研发计划的天数}} \times 100\%$ | ≤5% | 每次产品鉴定通过后3天内进行统计分析 | 研发总监 |

**8. 过程中的风险和机遇的控制**（风险应对计划）

| 风险 | 应对措施 | 其他事项 | 执行时间 | 负责人 | 监视方法 |
|---|---|---|---|---|---|
| 8.1 设计输入不完整导致开发的产品不符合顾客要求 | 设计任务书必须经过提出部门评审、签字 | | 每次设计时都要严格执行 | 研发总监 | 设计任务书下发前，常务副总经理要检查是否有提出部门评审、签字 |

**9. 支持性文件**

9.1 《文件控制程序》

9.2 《产品图样及技术文件的完整性》

**10. 记录**

10.1 项目开发建议书

10.2 设计任务书（见表5.3-1）

10.3 产品设计和开发计划书（见表5.3-2）

10.4 方案设计评审报告（见表5.3-3）

10.5 试制过程记录表（见表5.3-4）

10.6 试制总结报告（见表5.3-5）

10.7 （样机）鉴定报告（见表5.3-6）

10.8 顾客试用报告

10.9 生产试制通知单（见表5.3-7）

10.10 产品鉴定报告（见表5.3-8）

10.11 产品图样及技术文件移交清单（见表5.3-9）

10.12 设计更改申请表（见表5.3-10）

10.13 图样及技术文件更改通知单（见表5.3-11）

表 5.3-1  设计任务书

| 产品型号： | | 产品名称： | |
| --- | --- | --- | --- |
| 产品开发周期： | | 项目负责人： | | 目标成本： |

一、遵循的标准、法律法规及技术协议：

二、产品功能描述（用途及使用范围）：

三、技术参数及性能、可靠性指标（含特殊特性）：

四、产品结构要求：

五、其他要求（含类似设计信息、生产效率、过程能力、质量目标等要求）：

六、风险评估：

| 序号 | 项目 | 可能的风险 | 可考虑的解决办法 |
| --- | --- | --- | --- |
| 1 | 新技术 | | |
| 2 | 复杂性 | | |
| 3 | 材料 | | |
| 4 | 制造 | | |
| 5 | 包装 | | |
| 6 | 服务 | | |
| 7 | 其他 | | |

七、初步的失效模式分析：

| 序号 | 可能发生的失效模式 | 失效模式起因/机理 | 可考虑的解决方法 |
| --- | --- | --- | --- |
| | | | |
| | | | |

| 编制/日期： | 审核/日期： | 批准/日期： |
| --- | --- | --- |

**表 5.3-2  产品设计和开发计划书**

| 编制/日期： | 审核/日期： | 批准/日期： |
|---|---|---|
| （项目负责人） | （研发经理） | （总经理） |

| 计划书编号： | 项目序列号： | 修订次数/修订日期： |
|---|---|---|
| 项目名称： | | 项目来源： |
| 项目开发周期： | | 项目负责人： |

项目开发小组成员名单：

| 姓名 | 职位 | 姓名 | 职位 | 姓名 | 职位 |
|---|---|---|---|---|---|
|  |  |  |  |  |  |
|  |  |  |  |  |  |
|  |  |  |  |  |  |

资源配置：

| 阶段 | 工作程序及工作内容 | | | 责任部门 | 责任人 | 配合部门 | 计划完成日期 | 实际完成日期 |
|---|---|---|---|---|---|---|---|---|
| 1. 决策阶段 | 1.1 设计和开发任务书的编制 | | | | | | | |
| | 1.2 设计和开发任务书的评审 | | | | | | | |
| 2. 设计阶段 | 2.1 方案设计 编制设计方案（总体布置图、外观效果图、特殊外购件清单应包含在设计方案中） | | | | | | | |
| | ★2.2 方案设计评审 | | | | | | | |
| | 2.3 技术设计 | 2.3.1 编写设计计算书 | | | | | | |
| | | 2.3.2 绘制技术图样 | 零件图 | | | | | |
| | | | 装配图 | | | | | |
| | | | 包装图 | | | | | |
| | | | 安装图 | | | | | |
| | | | 电路图 | | | | | |
| | | | 丝印图 | | | | | |
| | | | 铜箔图 | | | | | |
| | | | 接线图 | | | | | |
| | | 2.3.3 编写编程说明书 | | | | | | |
| | | 2.3.4 编写软件 | | | | | | |
| | | 2.3.5 编写调试说明书 | | | | | | |
| | | 2.3.6 编写操作说明书 | | | | | | |
| | | 2.3.7 编制BOM、装箱清单 | | | | | | |
| | | 2.3.8 编写产品标准 | | | | | | |
| | ★2.4 图样、技术文件、软件的下发 | | | | | | | |

（续）

| 阶段 | 工作程序及工作内容 | 责任部门 | 责任人 | 配合部门 | 计划完成日期 | 实际完成日期 |
|---|---|---|---|---|---|---|
| 3.<br>样机<br>试制 | 3.1 外购件、外协件准备 | | | | | |
| | 3.2 样机试制 | | | | | |
| | 3.3 对样机进行型式试验，出具型式试验报告 | | | | | |
| | 3.4 编写"样机试制总结报告" | | | | | |
| | ★3.5 对样机进行鉴定评审并编写鉴定评审报告 | | | | | |
| | 3.6 客户试用（根据需要） | | | | | |
| | 3.7 对鉴定、客户使用中的问题进行整改 | | | | | |
| 4.<br>生产<br>试制 | 4.1 绘制工艺流程图 | | | | | |
| | 4.2 编制指导生产的工艺文件 | | | | | |
| | 4.3 编制包装作业指导书 | | | | | |
| | 4.4 编写检验作业指导书 | | | | | |
| | 4.5 工艺文件下发 | | | | | |
| | 4.6 编制生产计划（必要时） | | | | | |
| | 4.7 外购件、外协件到位 | | | | | |
| | 4.8 检查生产要素到位情况 | | | | | |
| | 4.9 进行生产试制 | | | | | |
| | 4.10 对产品进行检验，出具检验报告 | | | | | |
| | 4.11 编写"生产试制总结报告" | | | | | |
| | ★4.12 进行产品定型鉴定 | | | | | |
| | 4.13 编写"产品鉴定报告" | | | | | |
| | 4.14 对鉴定、客户使用中的问题进行整改 | | | | | |
| | ★4.15 图样、技术文件移交归档 | | | | | |
| | 4.16 完善正式生产的其他准备工作 | | | | | |
| | 4.17 正式生产 | | | | | —— | —— |

说明：★里程碑点，决策者必须参加。

备注：

表 5.3-3　方案设计评审报告

| 评审报告编号： | | 产品名称： | | 产品型号： | | 评审主持人（项目负责人）： | | |
|---|---|---|---|---|---|---|---|---|
| 评审对象：设计方案 | | | | 评审时间： | | | | |
| 评审项目 | 通过 | 不通过 | 不适用 | 评审意见/应采取的措施 | | 负责人 | 计划完成日期 | 复查结果 |
| 1. 设计方案能否满足用户的使用要求？ | | | | | | | | |
| 2. 总体布局是否合理？是否符合惯例要求？ | | | | | | | | |
| 3. 操作起来是否方便？操作空间是否足够？ | | | | | | | | |
| 4. 产品是否便于维修？ | | | | | | | | |
| 5. 外观与造型是否宜人、新颖？ | | | | | | | | |
| 6. 产品结构工艺性好不好？是否便于制造？是否容易检验？ | | | | | | | | |
| 7. 外购原材料、元器件、外协件是否容易获得？ | | | | | | | | |
| 8. 对采用的新技术、新结构、新材料、新原理是否有足够的把握？是否需要做些先行试验？ | | | | | | | | |
| 9. 有哪些工艺难点与技术风险，是否提出了解决的措施？ | | | | | | | | |
| 10. 本阶段的工作是否按计划要求完成？ | | | | | | | | |

结论：
□方案通过，能进行下一阶段的工作
□方案通过，能进行下一阶段的工作，但需按时解决评审中的问题
□方案有问题，不能进行下一阶段的工作

| 评审人签名 | 评审人 | 部门 | 职位 | 评审人 | 部门 | 职位 |
|---|---|---|---|---|---|---|
| | | | | | | |
| | | | | | | |

编制（项目负责人）/日期：　　　　审核（研发经理）/日期：　　　　批准（总经理）/日期：

**表 5.3-4　试制过程记录表**

| 记录表编号： | | 试制类型：□样机试制　□生产试制 |
|---|---|---|
| 产品名称： | 型号规格： | 试制数量： |
| 参与试制的人员： | | |
| 记录人： | 试制开始日期： | 试制完成时间： |
| 日期 | 试制过程中的问题 | 解决措施 |
| | | |
| | | |
| | | |
| | | |

**表 5.3-5　试制总结报告**

| 试制总结编号： | | 试制类型：□样机试制　□生产试制 |
|---|---|---|
| 产品名称： | | 型号规格： |
| 试制数量： | | 试制起止日期： |
| 参与试制的人员： | | |

试制过程中的主要问题及其解决措施：



产品检验结果简介及其结论：



试制结论及建议：







项目负责人/日期：

**表 5.3-6 （样机）鉴定报告**

| 报告编号： | | 产品型号： | | | 产品名称： | | 鉴定主持人（研发总监）： | | |
|---|---|---|---|---|---|---|---|---|---|
| 鉴定对象：样机、图样及设计文件 | | | | | 鉴定时间： | | | | |
| 项目 | 提问 | 通过 | 不通过 | 不适用 | 鉴定意见/应采取的措施 | | 负责人 | 完成日期 | 复查结果 |
| 样机生产要素 | (1) 产品图样、设计文件是否有问题？是否完整？ | | | | | | | | |
| | (2) 构成样机的外购件、外协件是否有问题？是外协厂的问题？这些问题得到解决了吗？ | | | | | | | | |
| | (3) 样机制造中不易装配的问题已解决吗？ | | | | | | | | |
| | (4) 制造中的难点是否落实了解决办法？ | | | | | | | | |
| | (5) 检验结果能否证明产品达到了顾客的要求？ | | | | | | | | |
| 产品 | (6) 总体布局是否合理？外观与造型是否合人、新颖？ | | | | | | | | |
| | (7) 设备操作起来是否方便？操作空间是否足够？操作软件能否完成基本功能？ | | | | | | | | |
| | (8) 产品是否便于维修？ | | | | | | | | |
| 项目监控 | (9) 本阶段的时间节点是否符合产品设计和开发计划的要求？ | | | | | | | | |
| | (10) 样机成本能否达到立项时的要求？ | | | | | | | | |
| 附件：□型式试验报告 □试制总结 | | | | | | | | | |
| 结论：□建议进入试生产阶段 □解决相关问题后，进入试生产阶段 □其他： | | | | | | | | | |
| 鉴定人签名 | 鉴定人 | | 部门 | | 职位 | | 鉴定人 | 部门 | 职位 |
| | | | | | | | | | |
| 编制（项目组长）/日期： | | | | 审核（研发总监）/日期： | | | 批准（总经理）/日期： | | |

表 5.3-7　生产试制通知单

| 产品名称： | | 试制数量： | |
|---|---|---|---|
| 产品型号： | | | |
| 发往部门：□研发部　□工艺技术部　□生产部　□质量部　□采购部　□其他部门/人员： | | | |
| 试制起止时间： | | | |
| 试制中的要点及对各试制参与部门的要求： | | | |
| 编制（项目负责人）/日期： | 审核（研发总监）/日期： | | 批准（总经理）/日期： |

表 5.3-8 **产品鉴定报告**

| 报告编号： | | 产品型号： | | 产品名称： | | 鉴定主持人（研发总监）： | |
|---|---|---|---|---|---|---|---|
| 鉴定对象：试生产的产品、图样、设计文件、设计文件与工艺文件 | | | | 鉴定时间： | | | |
| 项目 | 提问 | 通过 | 不通过 | 不适用 | 鉴定意见/应采取的措施 | 负责人 | 完成日期 | 复查结果 |
| 生产要素 | (1) 产品图样、设计文件是否有问题？是否完整？ | | | | | | | |
| | (2) 工艺文件（含包装规范、检验指导书等）是否有问题？是否完整？ | | | | | | | |
| | (3) 设备、工装、检具能否满足正式生产的要求？ | | | | | | | |
| 产品 | (4) 制造中的难点是否落实了解决办法 | | | | | | | |
| | (5) 检验结果能否证明产品达到了顾客的要求？ | | | | | | | |
| | (6) 产品包装能否满足客户的要求？ | | | | | | | |
| 项目监控 | (7) 本阶段的工作是否符合产品设计和开发计划书的要求？ | | | | | | | |
| | (8) 制造成本能否达到立项时的要求？ | | | | | | | |

附件：□检验记录 □（试生产）试制总结 □其他

结论：□建议进入正式生产阶段 □解决相关问题后，进入正式生产阶段 □其他

| 鉴定人签名 | 鉴定人 | 部门 | 职位 | 鉴定人 | 部门 | 职位 | 鉴定人 | 部门 | 职位 |
|---|---|---|---|---|---|---|---|---|---|

编制（项目负责人）/日期： 审核（研发总监）/日期： 批准（总经理）/日期：

### 表 5.3-9 产品图样及技术文件移交清单

| 编号： | 产品名称： | | 产品型号： |
|---|---|---|---|
| 项目负责人： | 移交日期： | | |
| 文件/技术文件编号 | 图样/技术文件名称 | 页数 | 备注 |
|  |  |  |  |
|  |  |  |  |
|  |  |  |  |
|  |  |  |  |
|  |  |  |  |

备注：

项目负责人/日期：　　　　　　　　　标准化工程师/日期：

### 表 5.3-10 设计更改申请表

| A. 申请人信息（申请人填写） | B. 零件信息（申请人填写） |
|---|---|
| 日　　　期： | 产品名称： |
| 部门名称： | 零件图号： |
| 联 系 人： | 零件名称： |
| 电　　话： | 版 本 号： |

C. 情况描述（申请人填写）

更改原因：
　　　□ 功能改进　　□ 工艺改进　　□ 降低成本　　□ 临时更改
　　　□ 不易装配　　□ 顾客提出　　□ 供应商提出　　□ 其他：

D. 建议更改的内容（申请人填写）


E. 研发中心设计师意见：

□ 同意更改，见_____号"图样及技术文件更改通知单"

□ 不同意更改，说明：


□ 其他：


设计师/日期：

F. 研发中心负责人意见：

□ 同意设计师意见

□ 不同意设计师意见，说明：


□ 其他：

研发中心经理/日期：

表 5.3-11 图样及技术文件更改通知单

| 文件号/图号： | 文件名/图样名称： | 更改实施期限：年 月 日 | 共 页 第 页 |
|---|---|---|---|
| 版序变化：由____版→____版；更改标记： | | 适用产品： | |

修改原因：

| 修改内容 | | 需同时更改的文件 | |
|---|---|---|---|
| 修改前 | 修改后 | 文件编号 | 版本变化 |
| | | | |
| | | | |

更改评审结论及跟踪措施

| 制品处理（零件和成品）： | 备注： |
|---|---|
| □库存品： | |
| □在制品： | |
| □交付品： | |

| 工装、模具、检具的处理 | 会签 | 采购部 | 仓库 | 质量部 |
|---|---|---|---|---|
| □不需修改 | | | | |
| □模具需修改： | | 生产部 | 工艺技术部 | |
| □工装需修改： | | | | |
| □检具需修改： | | | | |
| □其他 | | | | |

| 编制/日期： | 审核/日期： | 批准/日期： |
|---|---|---|

更改实际实施日期：从 年 月 日起，实施该变更。　　　　记录人/日期：

## 5.4 供应商管理程序

**供应商管理程序**

**1. 目的**

对供应商进行管理，以保证供应商能长期、稳定地提供质量优良、价格合理的物资。

**2. 适用范围**

适用于对给本公司提供生产所需物资的供应商的管理。

**3. 职责**

3.1 采购部负责组织做好对供应商的评价和业绩考核工作。

3.2 质量部负责供应商评价过程中物资的检验，负责做好对供应商的质量评价。

3.3 产品研发部负责采购物资技术标准的制定和供应商样品的最终确认工作。

**4. 过程分析乌龟图**

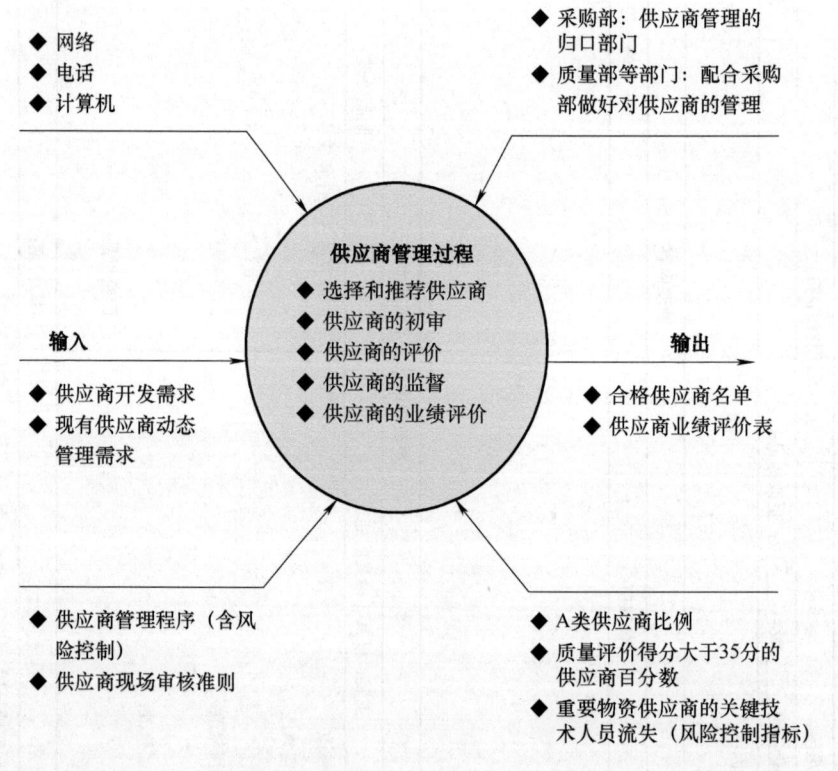

5. 过程流程图

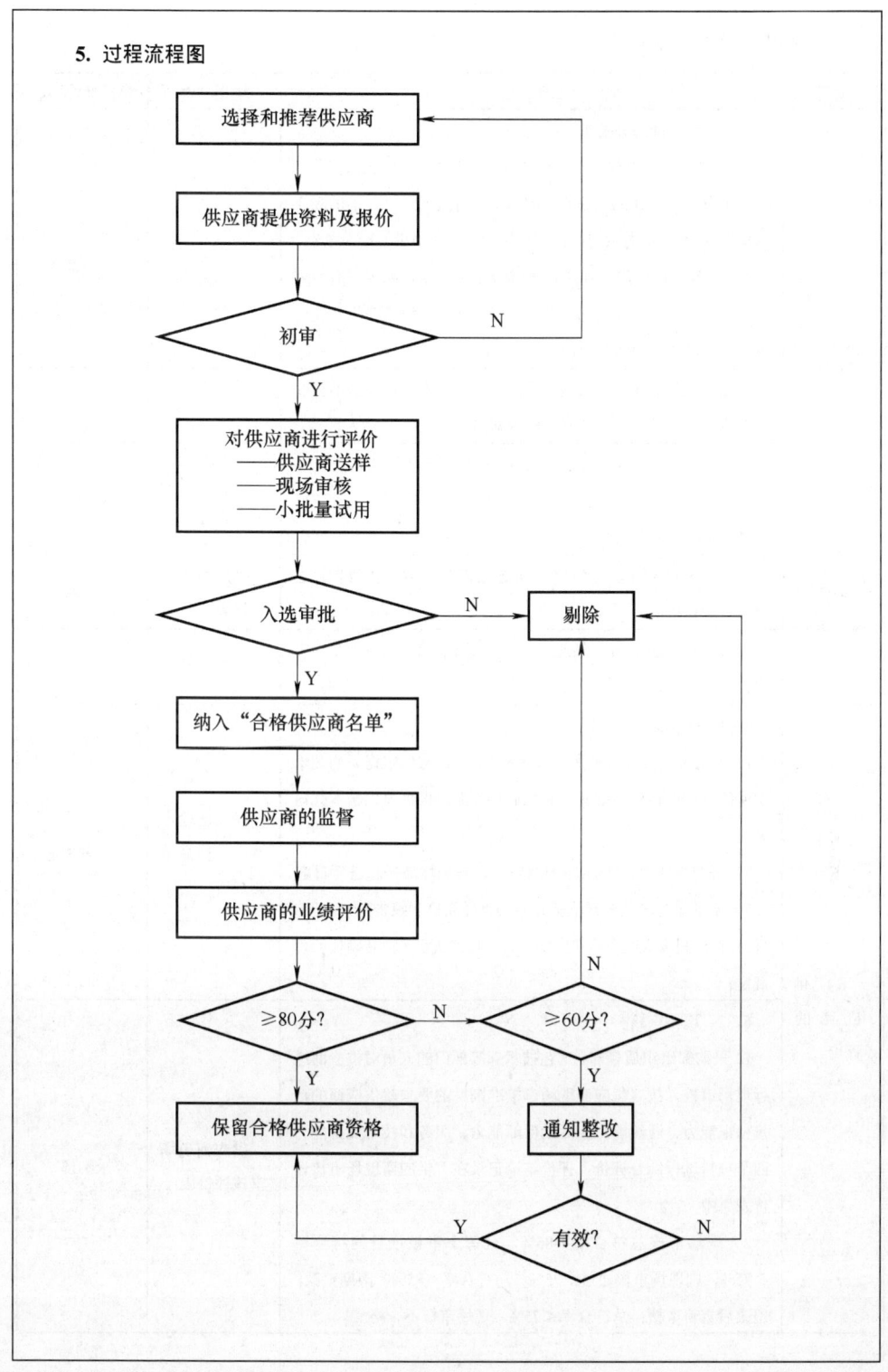

## 6. 作业程序与控制要求

| 程序 | 工作内容 | 输出文件 | 责任部门/人 |
|---|---|---|---|
| 6.1 供应商的选择和推荐 | 6.1.1 供应商选择要求<br>1）原则上一种材料，需两家或两家以上的合格供应商；对于唯一供应商或者独占市场的供应商，可直接列入"合格供应商名单"；顾客指定的供应商，可直接列入"合格供应商名单"<br>2）一般物资供应商的选择评价需经过初审、样品评价两个阶段；重要物资供应商的选择评价需经过初审、样品评价、现场审核、小批量试用四个阶段 | | |
| | 6.1.2 采购部通过多种途径选择供应商。本公司鼓励供应商自荐或者由质量部、产品研发部等部门推荐 | | |
| | 6.1.3 有合作意向的供应商填写"供应商基本情况调查表"，连同相关资料（营业执照、ISO 9001 证书复印件等）、报价资料提供给本公司采购部 | 供应商基本情况调查表 | 采购部 |
| 6.2 供应商的初审 | 6.2.1 采购部填写"供应商选择建议表"，连同相关资料报送总经理进行初审 | 供应商选择建议表 | 采购部 |
| | 6.2.2 初审通过后，供应商成为候选供应商，继续进行后续评价 | | |
| 6.3 供应商的评价 | 6.3.1 样品评价<br>1）采购部向供应商提供采购技术文件，供应商根据采购技术文件的要求进行样品准备，完成后将样品和报价提供给本公司采购部<br>2）采购部填写"样品送检申请单"，连同样品一起送质量部<br>3）质量部对样品进行检验并出具"样品检测报告"，而后将"样品检测报告"送产品研发部确认。具体执行《样品确认管理规定》 | 样品送检申请单、样品检测报告 | 质量部 |
| | 6.3.2 现场审核<br>1）采购部组织质量部、工艺技术部等部门的人员对供应商进行现场审核，按《供应商现场审核准则》的要求就供应商的质量保证能力、履约能力、后勤保障能力、服务和技术支持能力四个项目进行综合评价。评价结论记录在"供应商现场审核评价表"中<br>2）现场审核总符合率≥85%，且每个审核项目的符合率≥75%，则现场审核通过；75%≤总符合率＜85%，限期整改，整改后重新审核；总符合率＜75%，现场审核不合格 | 供应商现场审核评价表 | 采购部 |

（续）

| 程序 | 工作内容 | 输出文件 | 责任部门/人 |
|---|---|---|---|
| 6.3 供应商的评价 | 6.3.3 小批量试用<br>1）采购部3个月内向候选供应商采购10批次以上物料进行试用，试用情况记录在"小批量试用记录表"中<br>2）3个月内（10批次以上）每批次物料检验合格，则小批量试用合格；如果有2批以下不合格，但不存在导致生产线停产的情况，则应对该候选供应商再次进行现场审核，然后重新进行3个月10批次以上物料的试用；如果有3批以上不合格，或者出现导致生产线停产的情况，则取消该供应商的资格 | 小批量试用记录表 | 采购部 |
| 6.4 供应商入选审批 | 6.4.1 由采购部依据"供应商选择建议表""样品检测报告""供应商现场审核评价表""小批量试用记录表"，对供应商进行分析、比较、评价，选择合格供应商，填写"供应商入选审批表"报总经理批准 | 供应商入选审批表 | 采购部 |
| | 6.4.2 采购部将批准合格的供应商列入"合格供应商名单"中，并将新增供应商的情况及时通告相关部门 | 合格供应商名单 | 采购部 |
| | 6.4.3 "合格供应商名单"是采购时选择供应商的依据，应随着新供应商的开发和供应业绩的评价来补充调整 | | |
| | 6.4.4 对已合格的供应商，若需扩充供货类别，则需重新评估，按6.3～6.4.1执行；若所供零件类别没有变化，只是规格发生变化，则只需送样进行样品评价 | | |
| | 6.4.5 根据采购物资的重要性，采购部应要求供应商与本公司签订必要的"质量保证协议"和"供货保证协议" | | |
| 6.5 供应商的监督 | 6.5.1 初始供货监督<br>1）如果是现有合格供应商供应新材料，正式供货前3个月内，新材料部分只能按辅供应商对待，份额不能超过20%，期间须批量供货3款以上并且不出现批量质量问题，否则需再进行评价<br>2）新入选供应商，正式供货前3个月只能作为辅供应商对待，份额不能超过20%，期间须批量供货3款以上并且不出现批量质量问题，否则需再进行评价 | | |
| | 6.5.2 现场审核<br>1）对重要物资供应商，每年进行一次现场审核，在出现下列情况时，进行临时现场审核：<br>①供应商季度评价被评为C级时<br>②供应商来料质量问题导致公司生产线1个月内出现2次以上重大质量事故而停产时<br>③供应商1个月内连续出现3次以上交期延误时<br>2）现场审核由采购部组织，根据每次审核的目的，安排质量部、工艺技术部等部门的人员参加。现场审核的结论记录在"供应商现场审核评价表"中 | 供应商现场审核评价表 | 采购部 |

（续）

| 程序 | 工作内容 | 输出文件 | 责任部门/人 |
| --- | --- | --- | --- |
| 6.5 供应商的监督 | 3）现场审核总符合率≥85%，且每个审核项目的符合率≥75%，则现场审核通过；75%≤总符合率＜85%，限期整改，整改后重新审核；总符合率＜75%，现场审核不合格，原则上取消合格供应商资格 | 供应商现场审核评价表 | 采购部 |
| | 6.5.3 同一供应商同一类产品连续2次（批）出现不合格时，由质量部以"供货质量反馈单"的形式要求供应商改进。如果改进无效果，则质量部填写"供应商资格取消申请表"，报请总经理批准，取消其合格供应商资格 | 供货质量反馈单 | 质量部 |
| | 6.5.4 供应商价格、交货期、服务水准低劣时，采购部填写"供应商资格取消申请表"，报请总经理批准，取消其合格供应商资格 | 供应商资格取消申请表 | 采购部 |
| | 6.5.5 当有供应商被取消供货资格时，采购部应及时将其从"合格供应商名单"中剔除，并通知有关部门 | 合格供应商名单 | 采购部 |
| 6.6 供应商业绩评价 | 6.6.1 每季度首月的第10个工作日前，对供应商上一季度的业绩进行评价，填写"供应商业绩评价表"。业绩评价由采购部组织，质量部参加 | 供应商业绩评价表 | 采购部 |
| | 6.6.2 对供应商进行业绩评价的项目及分值如下（总分100分，各项目得分最少0分）：<br>1）质量评价：满分40分<br>2）交期评价：满分30分<br>3）价格评价：满分10分<br>4）服务评价：满分20分 | | |
| | 6.6.3 打分办法<br>1）质量评价由质量部打分<br>质量得分=［1-（进料不合格批数/总进料批数）］×40-扣分<br>扣分计算如下：<br>① 来料特采一批扣1分<br>② 导致生产线停产一次扣3分<br>③ 导致客户投诉一次扣3分<br>2）交期评价由采购部打分。<br>交期得分=［1-（逾期批数/总进料批数）］×30-扣分<br>扣分计算如下：<br>① 单项物料连续延误交期3天以上（含3天），扣2分<br>② 当月出现3项以上物料延迟交期3天以上（含3天），扣3分<br>③ 来料异常处理超过7天，发生1次，加扣3分<br>3）价格评价由采购部打分。打分规则如下：<br>① 供应商的价格具有竞争力，且能主动提出降价，得10分 | | |

（续）

| 程序 | 工作内容 | 输出文件 | 责任部门/人 |
|---|---|---|---|
| 6.6 供应商业绩评价 | ② 价格基本保持稳定，不会主动提出降价，但如果本公司要求，能配合降价，得 8 分<br>③ 价格基本保持稳定，但不愿配合本公司降价要求，不过价格还是可以保持在能接受的水平，得 4 分<br>④ 价格经常上涨，而且经常不合理地提价，得 0 分<br>4）服务评价由采购部、质量部共同打分<br>服务得分＝服务得分Ⅰ＋服务得分Ⅱ<br>"服务得分Ⅰ"由质量部打分。质量部对供应商改进物料质量问题的积极性进行评判，得出"服务得分Ⅰ"。评分规则如下：<br>① 积极整改：10 分<br>② 尚能积极整改：8 分<br>③ 整改不积极：4 分<br>④ 置之不理：0 分<br>"服务得分Ⅱ"由采购部打分。评分如下：<br>① 供应商积极配合处理物料异常、本公司的急单及交期调整，并能保证按时交货，得 10 分<br>② 能较好地给予配合，但出现交货延迟，得 7 分<br>③ 多次出现不配合，得 3 分<br>④ 均不配合，得 0 分 | | |
| | 6.6.4 业绩评价结果。根据总得分，确定供应商的类别：<br>1）A 类（优秀）供应商：总分为 90（含）～100 分<br>2）B 类（合格）供应商：总分为 80（含）～90 分<br>3）C 类（基本合格）供应商：总分为 60（含）～80 分<br>4）D 类（不合格）供应商：总分为 0～60 分 | | |
| | 6.6.5 业绩评价结果的处置<br>1）对 A 类供应商，增加 10%～20%的供货份额，付款方式上执行 1 个月滚动，出现问题后的罚款金额可以降低 50%<br>2）对 B 类供应商，增加 5%～10%的供货份额，出现问题后的罚款金额可以降低 20%<br>3）对 C 类供应商，通知供应商整改存在的问题，必要时可帮助供应商整改。整改验证有效时保留供应资格，无效时取消供应资格。在供应商整改期间，降低供货份额 30%～50%，付款方式在原 3 个月滚动期限上进行延迟，出现问题后的罚款金额可以提高 20%<br>4）对 D 类供应商，原则上应取消其供货资格 | | |

（续）

| 程序 | 工作内容 | 输出文件 | 责任部门/人 |
|---|---|---|---|
| 6.6 供应商业绩评价 | 5）当有供应商被取消供货资格时，采购部应及时将其从"合格供应商名单"中剔除，并通知有关部门<br>6）被淘汰的供应商如欲再向本公司供货，需再通过供应商考察、评价<br>7）采购部定期对主要供应商按得分多少进行排名并通报，鼓励供应商持续改进其业绩 | | |

**7. 过程绩效的监视**

| 目标名称 | 计算公式<br>（计算方法） | 目标值 | 监视时机 | 监视单位 |
|---|---|---|---|---|
| 7.1 A类供应商比例 | A类供应商比例 = $\dfrac{\text{A类供应商数量}}{\text{合格供应商总数量}} \times 100\%$ | ≥30% | 季度 | 采购部 |
| 7.2 质量评价得分大于35分的供应商百分数 | 质量评价得分大于35分的供应商百分数 = $\dfrac{\text{质量评价得分大于35分的供应商数量}}{\text{合格供应商总数量}} \times 100\%$ | ≥40% | 季度 | 质量部 |

**8. 过程中的风险和机遇的控制**（风险应对计划）

| 风险 | 应对措施 | 其他事项 | 执行时间 | 负责人 | 监视方法 |
|---|---|---|---|---|---|
| 8.1 重要物资供应商的关键技术人员流失 | 1）要求供应商要保持2名以上关键技术人员<br>2）采购员每月25号对重要物资供应商的关键技术人员进行动态跟踪，填写"供应商关键技术人员动态跟进表" | | 每月 | 采购员 | 采购部经理对"供应商关键技术人员动态跟进表"进行审查 |

**9. 支持性文件**

9.1 《供应商现场审核准则》

9.2 《样品确认管理规定》

**10. 记录**

10.1 供应商基本情况调查表（见表5.4-1）

10.2 供应商选择建议表

10.3 样品送检申请单

10.4 样品检测报告

10.5 供应商现场审核评价表（见表5.4-2）

10.6 小批量试用记录表

10.7 供应商入选审批表（见表5.4-3）

10.8 合格供应商名单

10.9 供货质量反馈单

10.10 供应商资格取消申请表

10.11 供应商业绩评价表（见表5.4-4）

10.12 供应商关键技术人员动态跟进表

表 5.4-1　供应商基本情况调查表

| | | |
|---|---|---|
| 1 | 企业名称： | |
| 2 | 负责人或联系人姓名： | |
| 3 | 地址： 邮编： | |
| 4 | 电话： 传真： | |
| 5 | 企业成立时间： | |
| 6 | 主要产品： | |
| 7 | 职工总数： 其中技术人员　　人；工人　　人 | |
| 8 | 财务能力：能否接受我方的付款方式：□能　　□不能<br>　　　　能否接受原材料市场在一年中的10%~15%以上的波动：□能　　□不能 | |
| 9 | 年产量/年产值（万元）： | |
| 10 | 生产能力： | |
| 11 | 样机/样品、样件生产周期： | |
| 12 | 生产特点：□成批生产　　　□流水线大量生产　　　□单台生产 | |
| 13 | 主要生产设备：□齐全、良好　　□基本齐全、尚可　　　□不齐全<br>需附上主要生产设备清单。 | |
| 14 | 使用或依据的产品标准：<br>　a）国际/国家/行业标准名称/编号：<br>　b）供应商企业标准名称/编号：<br>　c）其他： | |
| 15 | 工艺文件：　□齐备　　　　□有一部分　　　□没有 | |
| 16 | 检验机构及检测设备　□有检验机构及检测人员，检测设备良好<br>　　　　　　　　　　□只有兼职检验人员，检测设备一般<br>　　　　　　　　　　□无检验人员，检测设备短缺，需外协<br>需附上主要监测设备清单。 | |
| 17 | 测试设备校准状况：□有计量室　　　□全部委托外部计量机构 | |
| 18 | 主要客户（公司/行业）： | |
| 19 | 主要原材料来源： | |
| 20 | 新产品开发能力：□能自行设计开发新产品　□只能开发简单产品　□没有自行开发能力 | |
| 21 | 国际合作经验：　□是外资企业　　　　　　　□是合资企业<br>　　　　　　　　□给外企提供产品　　　　　□无对外合作经验 | |
| 22 | 职工培训情况：□经常、正规地进行　　　□不经常开展培训 | |
| 23 | 是否通过产品或体系认证：□是（指出具体内容）　　　　　□否 | |
| 调查人员： | 调查日期：　　年　　月　　日 | |

表 5.4-2　供应商现场审核评价表

| 被调查供应商全称： | | 供应商代码： |
|---|---|---|
| 地址： | | 邮编： |

| 供应商参与调查的代表 | | |
|---|---|---|
| 供应商管理者代表 | | 质量负责人 | |

其他出席者：

| 本公司实施调查的部门及代表 | | |
|---|---|---|
| 采购部代表 | 质量部代表 | 研发部代表 |
|  |  |  |

其他代表：

| 综合评价结果 |
|---|
| 1分：没有开展、控制无效、劣势；2分：部分展开、效果较差、无优势；3分：基本开展、效果一般、部分优势；4分：基本开展、效果较好、优势；5分：全面展开、效果很好、优势明显 |

| 1 | 2 | 3 | 4 | 5 | 本次得分（符合率） | 上一次得分（符合率） |
|---|---|---|---|---|---|---|
| 差 | 一般 | 良 | 优良 | 优秀 |  |  |

综合评语：

| 检查项目评分 ||||||
|---|---|---|---|---|---|
| 质量管理体系及保障能力 ||||||
| 项目 | 检查重点 | 评分 |||| 问题说明 |
| 一、品质保证的组织及方针目标执行 | 1. 建立了ISO 9001质量管理体系，相关组织和责任明确并文件化 | 1 | 2 | 3 | 4 | 5 | |
| | 2. 本年度质量目标的设定及对策展开 | 1 | 2 | 3 | 4 | 5 | |
| | 3. 全体员工理解、贯彻执行并在实施必要的教育培训 | 1 | 2 | 3 | 4 | 5 | |
| | 4. 品质改善活动的实施，进度管理及定期改善 | 1 | 2 | 3 | 4 | 5 | |
| 二、文件及信息管理 | 1. 有一套文件、资料、图样的管理办法，且能贯彻实施 | 1 | 2 | 3 | 4 | 5 | |
| | 2. 对文件的制订、审批、发布、分发、使用、更改、撤销、收回实施严格的管理控制，职责明确 | 1 | 2 | 3 | 4 | 5 | |
| | 3. 现场使用文件有效版本，需要时易于得到 | 1 | 2 | 3 | 4 | 5 | |
| 三、环境、现场、制品管理 | 1. 整理、整顿、清扫（3S）的实施 | 1 | 2 | 3 | 4 | 5 | |
| | 2. 适当的作业环境（防尘、防锈、照明、温湿度等） | 1 | 2 | 3 | 4 | 5 | |
| | 3. 零件、原材料/半成品、成品的生产搬运、保管环境 | 1 | 2 | 3 | 4 | 5 | |
| | 4. 零件、原材料/半成品、合格品、不良品等的区分和定置 | 1 | 2 | 3 | 4 | 5 | |
| | 5. 成品按包装设计和规程，进行包装堆放标识清楚 | 1 | 2 | 3 | 4 | 5 | |
| | 6. 库存品有适当防护措施，能保证质量不至受损 | 1 | 2 | 3 | 4 | 5 | |

（续）

| 检查项目评分 ||||||
|---|---|---|---|---|---|
| 质量管理体系及保障能力 ||||||
| 项目 | 检查重点 | 评分 |||| 问题说明 |
| 四、LOT（批次）管理 | 1. 制品上有确保LOT（批次）管理的标识，并清晰易于识别和追溯 | 1 | 2 | 3 | 4 | 5 | |
| | 2. 制品的LOT，搬运流动有记录及批次管理有效，责任者明确 | 1 | 2 | 3 | 4 | 5 | |
| | 3. 出货LOT和制造LOT的连续，品质记录的可追溯性并保证先入先出 | 1 | 2 | 3 | 4 | 5 | |
| | 4. LOT标识和履历确实保管，具有可查询的实施 | 1 | 2 | 3 | 4 | 5 | |
| 五、外购及外协件的管理 | 1. 制订外购物资质量要求、技术标准、检验依据齐全 | 1 | 2 | 3 | 4 | 5 | |
| | 2. 抽样方式正确；样本管理及保存有效 | 1 | 2 | 3 | 4 | 5 | |
| | 3. 对待检产品批次判定，检查结果以批次为基准确实实施 | 1 | 2 | 3 | 4 | 5 | |
| | 4. 检查过程识别（检查前、检查中、检查合格、不合格品） | 1 | 2 | 3 | 4 | 5 | |
| | 5. 检查不合格发生时，防止再发的确实实施 | 1 | 2 | 3 | 4 | 5 | |
| | 6. 所有入库物资已做了应有验证 | 1 | 2 | 3 | 4 | 5 | |
| | 7. 对主要外购物资的供应商进行了质量保证能力评价 | 1 | 2 | 3 | 4 | 5 | |
| 六、4M（人、机、料、法）变动管理 | 1. 新制品流动时有无特别管理办法及记录 | 1 | 2 | 3 | 4 | 5 | |
| | 2. 4M变动方法及品质确认方法（基准、客户申请/评价等） | 1 | 2 | 3 | 4 | 5 | |
| | 3. 4M变动内容的记录和管理责任者及其保管期限明确化 | 1 | 2 | 3 | 4 | 5 | |
| 七、生产过程管理 | 1. 认真开展操作者自控，严格执行"三检制"。工序检验不合格不能转到下工序 | 1 | 2 | 3 | 4 | 5 | |
| | 2. 重要工序制订作业指导书，工人严格按工艺文件操作 | 1 | 2 | 3 | 4 | 5 | |
| | 3. 关键工序已设置质量控制点，控制文件齐全并实施 | 1 | 2 | 3 | 4 | 5 | |
| | 4. 对特殊工序的控制已规定了质量要求，并能连续监视 | 1 | 2 | 3 | 4 | 5 | |
| | 5. 生产过程中严格执行了工艺纪律 | 1 | 2 | 3 | 4 | 5 | |
| | 6. 按产品技术条件配置相应的检测装置，并满足精度要求，检验夹具应有使用说明书 | 1 | 2 | 3 | 4 | 5 | |
| | 7. 制造现场符合文明生产和定置管理要求 | 1 | 2 | 3 | 4 | 5 | |
| | 8. 作业物品的识别管理（加工前、加工后、不良品） | 1 | 2 | 3 | 4 | 5 | |
| | 9. 有无通过防错、数量管理、过程检查、出库检查等手段，防止缺件、未加工、误组装等问题的发生？ | 1 | 2 | 3 | 4 | 5 | |
| 八、生产设备（含模夹具）的管理 | 1. 有无必要的设备、工装操作、保养方面的作业指导书 | 1 | 2 | 3 | 4 | 5 | |
| | 2. 生产设备的点检项目、点检频度、判定基准有无明确？日常点检、定期点检有无进行？有无保存记录？ | 1 | 2 | 3 | 4 | 5 | |
| | 3. 刀具、磨石、电极等的维护保养、交换时期有无标准化，有无按照规程执行？ | 1 | 2 | 3 | 4 | 5 | |
| | 4. 有无生产设备台账？定期点检、保养、修理的履历有无保留？ | 1 | 2 | 3 | 4 | 5 | |

（续）

| 项目 | 检查重点 | 评分 | | | | | 问题说明 |
|---|---|---|---|---|---|---|---|
| | | 检查项目评分 | | | | | |
| | | 质量管理体系及保障能力 | | | | | |
| 九、检验 | 1. 各种产品的检验依据或技术规范齐全，且按此进行检验 | 1 | 2 | 3 | 4 | 5 | |
| | 2. 是否按照标准使用指定的计测器、测定工具 | 1 | 2 | 3 | 4 | 5 | |
| | 3. 从原材料、协配件进厂到成品出厂的全过程检验都按规定进行 | 1 | 2 | 3 | 4 | 5 | |
| | 4. 产品在生产和交付过程中已做了明显的识别标记，具有可追溯性 | 1 | 2 | 3 | 4 | 5 | |
| | 5. 各项原始记录、检测报告、统计台账和报表正确、齐全、及时 | 1 | 2 | 3 | 4 | 5 | |
| | 6. 检验印章、标记、标签和合格证，严格按规定执行 | 1 | 2 | 3 | 4 | 5 | |
| | 7. 产品出厂前已作最终检验和试验，并完备验收手续 | 1 | 2 | 3 | 4 | 5 | |
| 十、不合格品的控制 | 1. 制订不合格品控制程序文件，并严格按程序控制 | 1 | 2 | 3 | 4 | 5 | |
| | 2. 现场不合格品存放已进行分类隔离，并有明显标记 | 1 | 2 | 3 | 4 | 5 | |
| | 3. 不合格品的处置，已按程序文件规定办理手续（返修、返工、让步、报废等） | 1 | 2 | 3 | 4 | 5 | |
| 十一、测量和试验设备 | 1. 有检验机构、检验人员。检验人员经过培训，获得资格认可 | 1 | 2 | 3 | 4 | 5 | |
| | 2. 有足够的检验、试验设备和计量器具，并纳入计量管理 | 1 | 2 | 3 | 4 | 5 | |
| | 3. 编制了测试设备和计量器具的检定周期和检定规程，并按程序文件组织实施。无能力检定的设备、计量器具，可委托有关主管质量检定部门鉴定，有检定委托协议书和鉴定标记 | 1 | 2 | 3 | 4 | 5 | |
| | 4. 精密量检具的操作方法指示明确 | 1 | 2 | 3 | 4 | 5 | |
| | 5. 专用量检具的检查方法指示明确 | 1 | 2 | 3 | 4 | 5 | |
| | 6. 检验实验环境良好，无影响设备使用、整洁的因素 | 1 | 2 | 3 | 4 | 5 | |
| | 7. 计量检定和维修人员经过专职培训，并持相应资格证书 | 1 | 2 | 3 | 4 | 5 | |
| | 8. 现场使用的测试装备和计量器具的使用、维护，有规定并定期抽检完好状态 | 1 | 2 | 3 | 4 | 5 | |
| 十二、纠正措施 | 1. 制定纠正措施程序文件并贯彻执行 | 1 | 2 | 3 | 4 | 5 | |
| | 2. 能按8D文件要求认真组织实施 | 1 | 2 | 3 | 4 | 5 | |
| | 3. 防止再发对策有无确实实施 | 1 | 2 | 3 | 4 | 5 | |
| 十三、人员培训 | 1. 在明确需求的前提下制订有明确的培训计划 | 1 | 2 | 3 | 4 | 5 | |
| | 2. 对各主要工作岗位均按计划实施培训，并通过考核等方式了解受训人员情况，定岗使用，持证上岗 | 1 | 2 | 3 | 4 | 5 | |

（续）

| 检查项目评分 ||||||
|---|---|---|---|---|---|
| 生产能力和物流能力 ||||||
| 项目 | 检查重点 | 评分 ||| 问题说明 |
| 十四、生产能力 | 1. 设备技术水平能否生产高品质的产品 | 1 | 2 | 3 4 5 | |
| | 2. 生产技术是否属于先进的生产技术（设备制造商、型号、技术使用年数） | 1 | 2 | 3 4 5 | |
| | 3. 供应商的设备生产能力是否未充分发挥 | 1 | 2 | 3 4 5 | |
| | 4. 供应商的人员排班生产能力是否未充分发挥 | 1 | 2 | 3 4 5 | |
| | 5. 供应商有无能力在短期内改进/提升/扩大生产能力 | 1 | 2 | 3 4 5 | |
| | 6. 1年内供应商有无通过增加基础设施扩大生产能力的规划 | 1 | 2 | 3 4 5 | |
| 十五、物流运输 | 1. 物流运输能力的强弱 | 1 | 2 | 3 4 5 | |
| | 2. 是否设置中转库，中转库库存量是否能保证3日的生产 | 1 | 2 | 3 4 5 | |
| 财务能力 ||||||
| 项目 | 检查重点 | 评分 ||| 问题说明 |
| 十六、财务能力 | 1. 供应商能够接受并适应我方正常的付款方式 | 1 | 2 | 3 4 5 | |
| | 2. 供应商能接受原材料市场在1年中的10%～15%以上的波动 | 1 | 2 | 3 4 5 | |
| | 3. 流动资产周转率、总资产周转率、资产负债率是否合理 | 1 | 2 | 3 4 5 | |
| | 4. 供应商能否实施策略和计划，来通过持续改进降低成本 | 1 | 2 | 3 4 5 | |
| 其他 ||||||
| 项目 | 检查重点 | 评分 ||| 问题说明 |
| 十七、其他 | 1. 最近2年内是否曾经因为紧张的劳资关系引起工厂停产 | 1 | 2 | 3 4 5 | |
| | 2. 周边能源（水电气等）是否有效保障 | 1 | 2 | 3 4 5 | |
| | 3. 对我方业务关系依赖程度 | 1 | 2 | 3 4 5 | |
| | 4. 研发、SCM部门是否进行了信息化管理 | 1 | 2 | 3 4 5 | |
| | 5. 是否有规划公司总体的信息系统，信息化程度高低 | 1 | 2 | 3 4 5 | |
| | 6. 供应商是否通过ISO 14001、OHSAS 18001，或有认证计划 | 1 | 2 | 3 4 5 | |

备注：1）总符合率≥85%，且每个审核项目的符合率≥75%，则现场审核通过。
2）75%≤总符合率<85%，限期整改，整改后重新审核。
3）总符合率<75%，现场审核不合格。

表 5.4-3　供应商入选审批表

| 供应商： |
| --- |
| 供货类别/名称： |
| 供应商地址： |
| 邮编：　　　　　　电话：　　　　　　电子邮箱： |
| 经以下多方考核：□初步调查　□现场调查　□样品确认　□其他：_____ |
| 并考虑到供应商的产品价格、财务能力、路程远近等多方面的情况，决定视该供应商为：<br>□合格供应商，将其列入《合格供应商清单》<br>□不合格供应商，原因说明：<br><br><br><br><br>□其他： |
| 附录：□供应商基本情况调查表<br>　　　□供应商现场调查表<br>　　　□样品确认报告<br>　　　□其他： |
| 填写/日期：<br>（采购） | 审核/日期：<br>（采购负责人） | 批准/日期：<br>（总经理） |

表 5.4-4　供应商业绩评价表

评价季度：2016 年 3 季度　　　评价日期：　　　评价人：

| 序号 | 供应商 | 评价项目得分 | | | | 总分 | 等级 |
| --- | --- | --- | --- | --- | --- | --- | --- |
| | | 质量 | 交期 | 价格 | 服务 | | |
| | | | | | | | |
| | | | | | | | |
| | | | | | | | |
| | | | | | | | |
| | | | | | | | |

## 5.5 采购管理程序

**采购管理程序**

**1. 目的**

对公司生产所需物料的采购进行控制，以保证采购的物料符合质量、交期等方面的要求。

**2. 适用范围**

适用于生产所需物料的采购工作。

**3. 职责**

3.1 采购部负责物料采购订单的下达、采购进度的跟催，并做好供应商的沟通与管理工作。

3.2 仓库负责物料的点收、入库工作。

3.3 质量部负责物料的检验工作。

3.4 产品研发部负责生产所需采购物料技术标准的制定。

**4. 过程分析乌龟图**

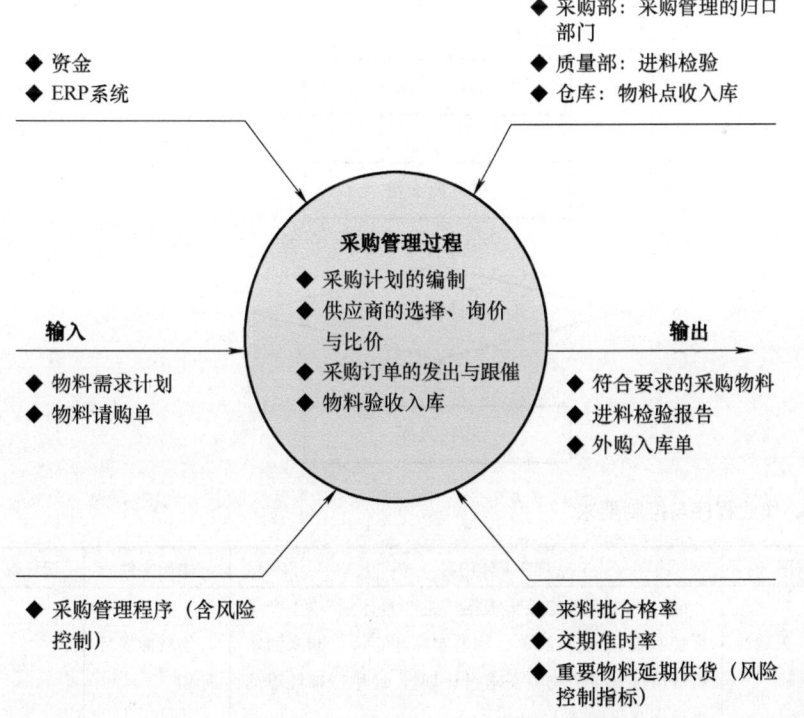

### 5. 过程流程图

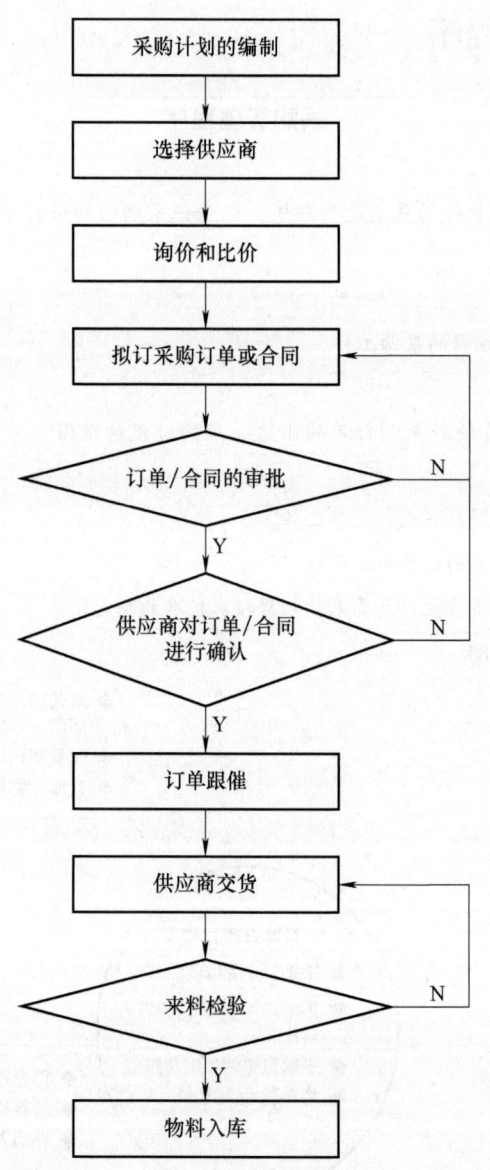

### 6. 作业程序与控制要求

| 程序 | 工作内容 | 输出文件 | 责任部门/人 |
| --- | --- | --- | --- |
| 6.1 采购计划的编制 | 6.1.1 生产部物控员根据"生产月计划""生产进度控制表"、物料清单、物料实际库存、已购未回物料等情况制订"物料需求月计划",经生产部经理批准后送交采购部 | 物料需求月计划 | 物控员 |

（续）

| 程序 | 工作内容 | 输出文件 | 责任部门/人 |
|---|---|---|---|
| 6.1 采购计划的编制 | 6.1.2 样板物料、生产辅助用料、需紧急采购的物料，使用部门需填写"物料请购单"，经部门经理审核、财务总监批准后（采购物料单项价值在1 000元或总金额在5 000以上的，还须送总经理审批），送交采购部 | 物料请购单 | 使用部门 |
| | 6.1.3 采购员依据"物料需求月计划""物料请购单"，并结合采购周期、最小订购量、在途量等资料，进行采购期、量分析，编制"采购月计划"。"采购月计划"应送采购部经理审核、财务总监批准 | 采购月计划 | 采购员 |
| | 6.1.4 财务部根据"生产月计划""采购月计划"安排采购所需的资金 | | 财务部 |
| 6.2 供应商的选择 | 6.2.1 采购员需从"合格供应商名单"中选取供应商 | | |
| | 6.2.2 如果顾客指定了某物料的供应商，则应从顾客指定的供应商处采购相关物料 | | |
| 6.3 询价和比价 | 6.3.1 采购员根据过去采购的情况、市场变化情况及公司成本预算等情况，确定采购目标价格 | | |
| | 6.3.2 采购员根据采购物料的品种、规格、数量和交付期等要求，向2~3家供应商进行询价 | | |
| | 6.3.3 采购员将供应商的报价与目标价格进行比较，并结合物料质量、交付期等信息，选择条件最优的供应商进行采购作业 | | |
| 6.4 采购订单/合同的发出 | 6.4.1 首次从供应商处采购物料时，采购员应填写"采购合同审批表"，经采购部经理审核、总经理批准后，与供应商签订"采购合同"及必要的"供货保证协议" | 采购合同审批表、采购合同 | 采购员 |
| | 6.4.2 采购员根据"采购月计划""物料请购单"编制"采购订单"。"采购订单"可包括下列内容：<br>1）采购材料的品名、型号/规格，必要时附上样板、图样等资料<br>2）采购的数量/重量<br>3）价格：单价、合同总额、订金或预付款<br>4）交付期：分批交付时应明确每批的交付时间和交付数量<br>5）付款方式<br>6）标识：物料本身或包装物上面的文字、图案标记（订单号、供应商、品名、规格、数量/重量和批号） | 采购订单 | 采购员 |

（续）

| 程序 | 工作内容 | 输出文件 | 责任部门/人 |
|---|---|---|---|
| 6.4 采购订单/合同的发出 | 7）所需的质量证明资料（检验单/出厂证明单/化验报告等）<br>8）装箱清单、包装要求，等等 | | |
| | 6.4.3 "采购订单"经采购部经理审核，财务总监批准后发给供应商 | | |
| | 6.4.4 供应商对"采购订单"进行签字确认，然后回传本公司 | | 供应商 |
| | 6.4.5 采购员将顾客确认的"采购订单"分发给物控、仓库、财务，并保管好所有"物料需求月计划""采购月计划""物料请购单"及"采购订单"，以备对账时提供给财务人员审查 | | 采购员 |
| 6.5 采购跟催 | 6.5.1 采购员根据"采购订单"的内容建立"采购进度控制表"，跟进物料交货情况 | 采购进度控制表 | 采购员 |
| | 6.5.2 采购部经理定期、不定期对采购员的跟催情况进行检查，并对异常情况进行处理 | | |
| | 6.5.3 如果因公司内部原因而产生"采购订单"的内容需做变更，采购员须确认变更后2h内与供应商协商变更事宜，并书面通知变更，尽量减少本公司损失。若因供应商原因而产生"采购订单"的内容需做变更，采购员应于接到通知后30min内通知物控员，并报采购部经理处理，变更涉及到赔偿处理的按"供货保证协议"执行 | | |
| 6.6 供应商交货 | 6.6.1 供应商每次交货时，都需提前2h将"送货单"发给本公司采购员进行确认。采购员应将确认后的"送货单"发给仓库，以便仓库做好收货准备工作 | 送货单 | 采购员 |
| | 6.6.2 仓库根据采购员与供应商确认后的"送货单"对供应商的送货进行点收，对与"送货单"不符的送货，须立即反馈采购员处理 | | 仓库 |
| 6.7 来料检验 | 6.7.1 质量部按《产品检验控制程序》的要求对来料进行质量检验，填写"进料检验报告"，并将其中的采购联送交采购员 | 进料检验报告 | 质量部 |
| | 6.7.2 针对质量部反馈的在收料过程中出现的异常质量问题，采购员应及时进行处理 | | 采购员 |
| 6.8 物料入库及相关后续工作 | 6.8.1 对检验合格的物料，仓管员填写"外购入库单"，经质量部签字后，办理物料入库。检验不合格的物料，按《不合格品控制程序》执行 | | |

（续）

| 程序 | 工作内容 | 输出文件 | 责任部门/人 |
|---|---|---|---|
| 6.8 物料入库及相关后续工作 | 6.8.2 仓库将"外购入库单"中的供方联、采购联送交采购员。采购员凭"外购入库单（供方联）"、供应商开出的发票填写"请款单"，审批后送交财务部给供应商付款 | | |
| | 6.8.3 采购员根据"进料检验报告""外购入库单"，将采购结果列入"采购进度控制表"。若有异常，则及时反馈给物控员，并报采购部经理处理 | 采购进度控制表 | 采购员 |
| | 6.8.4 对因物料拒收而造成的退货、换货、补货工作，采购员要及时跟进。采购员要及时向供应商反馈不良信息，并要求供应商改善 | | |

### 7. 过程绩效的监视

| 目标名称 | 计算公式（计算方法） | 目标值 | 监视时机 | 监视单位 |
|---|---|---|---|---|
| 7.1 来料批合格率 | 来料批合格率=$\frac{来料检查合格批数}{来料检查总批数} \times 100\%$ | ≥95% | 月度 | 质量部 |
| 7.2 交期准时率 | 交期准时率=$\frac{准时交货的批数}{应交货总批数} \times 100\%$ | ≥95% | 月度 | 物控员 |

### 8. 过程中的风险和机遇的控制（风险应对计划）

| 风险 | 应对措施 | 其他事项 | 执行时间 | 负责人 | 监视方法 |
|---|---|---|---|---|---|
| 8.1 重要物料延期供货 | 1）采购员在计划交货日期实施到1/3时段、2/3时段时，对采购计划进行跟进检查，填写"采购进度控制表" 2）如果在2/3时段，发现采购计划的准时完成存在重大变数，则采购员要一天跟进一次，直到供应商按时交货 | | 与采购计划同步执行 | 采购员 | 采购部经理对"采购进度控制表"进行审查 |

### 9. 支持性文件

（无）

### 10. 记录

10.1 物料需求月计划

10.2 物料请购单

10.3 采购月计划（见表5.5-1）

10.4 采购合同审批表

10.5 采购合同

10.6 采购订单（见表5.5-2）

10.7 采购进度控制表（见表5.5-3）

### 表 5.5-1 采购月计划

| 采购月份： | | | 编制/日期： | | | | 批准/日期： | | |
|---|---|---|---|---|---|---|---|---|---|
| 序号 | 型号/规格 | 物料名称 | 库存 | 需用量 | 采购量 | 到货日期 | 采购单号 | 供应商 | 备注 |
| | | | | | | | | | |
| | | | | | | | | | |
| | | | | | | | | | |
| | | | | | | | | | |
| | | | | | | | | | |
| | | | | | | | | | |
| | | | | | | | | | |
| | | | | | | | | | |
| | | | | | | | | | |
| | | | | | | | | | |

### 表 5.5-2 采购订单

| 采购单号： | | | | | | 采购日期： | | | |
|---|---|---|---|---|---|---|---|---|---|
| 需方： | | | | | | | | | |
| 供方： | | | | | | | | | |
| 序号 | 物料编码 | 物料名称 | 规格/型号 | 数量 | 单位 | 交货日期 | 单价 | 备注 | |
| | | | | | | | | | |
| | | | | | | | | | |
| | | | | | | | | | |
| | | | | | | | | | |

其他事项：

编制/日期：　　　　　　　　　　　　　　批准/日期：

供应商确认（请贵公司于一日内确认）：

供应商授权人签名/日期：

表 5.5-3　采购进度控制表

供应商：　　　　　　　　　　　　　　　　　　　　　　　　　　　　　　　　　　　跟进人：

| 采购单号 | 采购日期 | 物料编码 | 物料名称 | 型号/规格 | 订货量 | 计划交期 | 到货数量 | 到货日期 | 验收情况 | 退货数量 | 入库数量 | 入库单号 | 实付款 | 发票号 |
|---|---|---|---|---|---|---|---|---|---|---|---|---|---|---|
|  |  |  |  |  |  |  |  |  |  |  |  |  |  |  |
|  |  |  |  |  |  |  |  |  |  |  |  |  |  |  |
|  |  |  |  |  |  |  |  |  |  |  |  |  |  |  |
|  |  |  |  |  |  |  |  |  |  |  |  |  |  |  |
|  |  |  |  |  |  |  |  |  |  |  |  |  |  |  |
|  |  |  |  |  |  |  |  |  |  |  |  |  |  |  |
|  |  |  |  |  |  |  |  |  |  |  |  |  |  |  |
|  |  |  |  |  |  |  |  |  |  |  |  |  |  |  |
|  |  |  |  |  |  |  |  |  |  |  |  |  |  |  |
|  |  |  |  |  |  |  |  |  |  |  |  |  |  |  |

## 5.6 生产过程管理程序

### 生产过程管理程序

**1. 目的**

对影响产品质量的过程因素进行控制,确保产品的质量满足顾客的要求。

**2. 适用范围**

适应于生产过程的控制。

**3. 职责**

3.1 工艺技术部负责生产过程的设计和开发,并对工艺文件的实施进行监督和检查;负责进行工装设计并组织进行工装验收。

3.2 设备部负责生产设备的管理,负责编制设备的操作保养规程并监督其执行。

3.3 生产车间负责组织生产,负责对特殊过程的过程参数进行监视和测量,负责确保生产过程处于受控状态。

3.4 质量部负责首件确认、巡回检查、工序检验、入库产品的检验,负责组织对特殊工序进行确认与再确认。

**4. 过程分析乌龟图**

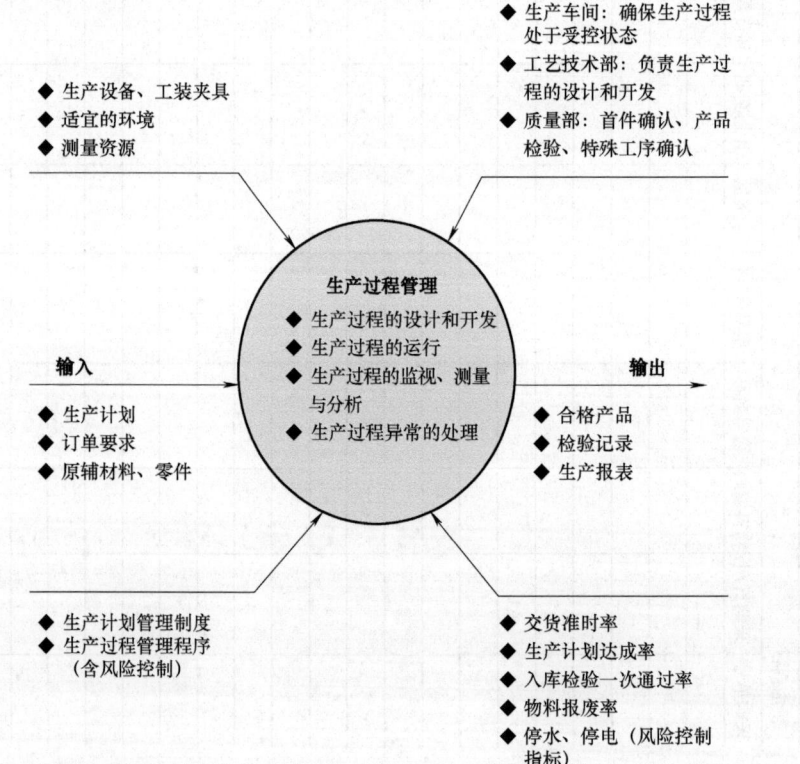

**5. 过程流程图**

```
                    ┌─────────────┐
                    │生产过程的设计│
                    │   和开发    │
                    └──────┬──────┘
        ┌ ─ ─ ─ ─ ─ ─ ─ ─ ─│─ ─ ─ ─ ─ ─ ─ ─ ─ ─ ┐
        │          ┌───────▼───────┐            │
        │          │ 生产计划的下达 │            │
        │          └───────┬───────┘            │
  生              ┌───────▼───────┐            │
  产              │  生产条件确认 │            │
  过              └───────┬───────┘            │
  程  →           ┌───────▼───────┐            │
  的              │  生产作业准备 │◄──────┐    │
  运              └───────┬───────┘       │N   │
  行                      ▼               │    │
        │              ◇首件确认◇─────────┘    │
        │                  │Y                  │
        │          ┌───────▼───────┐  ┌─关键工序控制─┐
        │          │生产过程正式运行│◄─┤─特殊工序控制─│
        │          └───────┬───────┘  └─过程因素控制─┘
        └ ─ ─ ─ ─ ─ ─ ─ ─ ─│─ ─ ─ ─ ─ ─ ─ ─ ─ ─ ┘
                    ┌──────▼──────┐
                    │生产过程的监视、│
                    │ 测量与分析  │
                    └──────┬──────┘
                    ┌──────▼──────┐
                    │生产过程异常 │
                    │   的处理    │
                    └─────────────┘
```

**6. 作业程序与控制要求**

| 程序 | 工作内容 | 输出文件 | 责任部门/人 |
|---|---|---|---|
| 6.1 生产过程的设计和开发 | 6.1.1 工艺技术部按《设计和开发控制程序》的要求组织相关部门对生产过程进行策划，设计和开发适合产品要求和合同要求的工艺流程和全套工艺文件 | | 工艺技术部 |
| | 6.1.2 工艺技术部根据生产需要，组织编写必要的作业指导书。按《工装管理程序》的要求组织做好工装的设计、制造和验证 | | 工艺技术部 |
| | 6.1.3 设备部按《设备管理程序》的要求做好设备的选用配置或设计制造 | | 设备部 |
| | 6.1.4 质量部根据生产需要，组织编写必要的检验作业指导书。按《监视与测量设备管理程序》的要求，做好检测手段的配备和检测方法的确定 | | 质量部 |

（续）

| 程序 | 工作内容 | 输出文件 | 责任部门/人 |
|---|---|---|---|
| 6.1 生产过程的设计和开发 | 6.1.5 生产车间根据工艺要求为生产过程创造适宜的环境条件 | | 生产车间 |
| | 6.1.6 工艺技术部根据生产工艺确定员工的配置及对员工的技能要求，作为员工选配、员工培训的基础依据 | | 工艺技术部 |
| 6.2 生产计划的下达 | 6.2.1 生产部计划科依据"业务订单"及"销售需求计划"和库存情况，排定"月度生产计划"，并根据物料、设备、工装模具情况，于每天下午2:00时前向车间下达"3天生产排程表"，具体依《生产计划管理制度》执行 | 月度生产计划、3天生产排程表 | 生产部计划科 |
| | 6.2.2 "3天生产排程表"的编排应以同类型产品、同颜色、同模具、同机台为原则，以免模具的上落频繁及同一机台频繁转产 | | |
| 6.3 生产条件确认 | 6.3.1 车间班组依"3天生产排程表"进行作业前生产条件确认，确认的情况记录在"生产条件确认表"中 | 生产条件确认表 | 车间班组 |
| | 6.3.2 确认的内容包括：<br>1) 生产使用的工艺文件、图样资料否齐备且为正确有效版本？生产样板是否在有效期内？<br>2) 生产使用的物料、工装模具、设备状况<br>① 生产使用的物料能按时到位<br>② 工装、模具及设备状况良好 | | |
| 6.4 生产作业准备 | 6.4.1 生产条件确认合格后，车间调度员依据"3天生产排程表"编制"排产单"向各生产班组下达生产指令 | 排产单 | 车间调度员 |
| | 6.4.2 各班组依据"排产单"进行生产作业准备，组织物料及人员调配，并将生产样板、作业指导书等工艺指导文件放于操作现场附近便于取阅的地方，以方便操作者使用 | | 班组长 |
| | 6.4.3 车间物料员去仓库领料，将领用的物料摆放于生产线附近的指定区域 | | 车间物料员 |
| | 6.4.4 召开班前会，工艺工程师向操作人员进行必要的讲解，使操作者明白产品特性、质量要求、自检方法和工艺参数的设定 | | 工艺工程师 |
| 6.5 首件确认 | 6.5.1 在下列情况下，一般要进行首件确认：<br>1) 每个工作班开始<br>2) 新上岗的操作者<br>3) 更换或维修设备、工装<br>4) 更改技术条件、工艺方法<br>5) 采用新材料或者代用材料后 | | |
| | 6.5.2 生产线组长将生产的首件交给质量部巡检员，巡检员进行检查并将检查的结果记入"首检记录表"内 | 首检记录表 | 组长 |

（续）

| 程序 | 工作内容 | 输出文件 | 责任部门/人 |
|---|---|---|---|
| 6.5 首件确认 | 6.5.3 首检不合格时，巡检员应指出不合格项目，并立即报告生产线组长进行处理。只有在首检合格后，巡检员才能通知生产线进行正式批量生产 | | 巡检员 |
| 6.6 生产过程正式运行——关键工序控制 | 6.6.1 关键工序的设置原则<br>1）对最终产品的性能、可靠性等方面有直接影响的工序<br>2）产品质量特性形成的工序<br>3）工艺难度大，质量较易波动或者问题发生较多的工序 | | |
| | 6.6.2 关键工序的控制<br>1）工艺技术部确定关键工序并在工艺文件上做明显标识<br>2）在关键工序悬挂"关键工序控制点"标识牌<br>3）关键工序的质量控制要求必须纳入工艺文件<br>4）对从事关键工序的人员进行培训，培训合格方可上岗 | | 工艺技术部 |
| 6.7 生产过程正式运行——特殊工序控制 | 6.7.1 特殊工序的设置原则<br>1）工序结果不能通过其后的检验和试验加以验证<br>2）工序结果的缺陷仅在后续的过程乃至在产品使用后才显露出来<br>3）工序结果需实施破坏性测试或昂贵的测试才能获得证实 | | |
| | 6.7.2 特殊工序的控制要求：<br>1）工艺技术部确定特殊工序并在工艺文件上做明显标识<br>2）在特殊工序悬挂"特殊工序控制点"标识牌<br>3）特殊工序涉及的主要设备要按设备操作保养规程的要求做好维护保养。特殊工序涉及的主要工装，除塑胶模具半年检查一次外，其余的每一季度检查一次<br>4）特殊工序的操作工人、设备维护人员必须经过培训，培训考核合格后发给上岗证方可上岗操作<br>5）应编制特殊工序作业指导书，操作人员必须按作业指导书的规定进行作业<br>6）生产车间按作业指导书的要求对特殊工序的工艺参数进行连续监视，并做好监视记录 | | 工艺技术部、生产车间 |
| | 6.7.3 特殊工序的确认<br>特殊工序投入作业前，要得到确认。确认由质量工程师组织进行，确认的内容包括：<br>1）特殊工序涉及的设备、工装是否经过验收并要求定期对其进行检查和必要的保养？<br>2）从事特殊工序的人员（包括质检员、设备维护人员）是否持证上岗？<br>3）是否为特殊工序编制了作业指导书？<br>4）制作的样品是否合格？<br>5）上述项目记录的内容能否证实过程运作正常？<br>确认合格后，质量工程师批准此特殊工序投入运作。确认的结论记录在"特殊过程确认报告"中 | 特殊过程确认报告 | 质量工程师 |

（续）

| 程序 | 工作内容 | 输出文件 | 责任部门/人 |
|---|---|---|---|
| 6.7 生产过程正式运行——特殊工序控制 | 6.7.4 特殊工序的再确认<br>发生下列情况，应对特殊过程进行再确认：<br>1）工序发生重大或批量性质量问题时<br>2）影响工序的因素发生了变化时（如工艺方法变更，设备、工装进行了大修等）<br>3）质量部有要求时 | | 质量工程师 |
| 6.8 生产过程正式运行——过程因素控制 | 6.8.1 人的因素的控制<br>1）所有操作人员、质检员都要经过岗位培训，合格后才能上岗<br>2）关键工序、特殊工序的操作者要保持稳定，要实行定机、定岗、定人。关键工序、特殊工序人员名单由车间主管批准，关键工序、特殊工序及替代人员名单由车间报人力资源部备案<br>3）更换关键工序、特殊工序操作者应以书面形式通知人力资源部<br>4）人力资源部要建立"岗位技能矩阵图"，以及关键工序、特殊工序及其替代人员名单 | | 车间主管 |
| | 6.8.2 设备、工装、监测设备的控制<br>按《设备管理程序》《工装管理程序》《监视和测量设备管理程序》的要求，确保设备、工装、监测设备处于正常工作状态 | | |
| | 6.8.3 物料、零件的控制<br>1）所有进入生产现场的物料、零件都必须是经过检验合格的或者批准紧急放行的<br>2）对产品质量有重要影响的物料、零件应按《标识与可追溯性控制程序》的要求做好标记移植工作，以保证质量的可追溯性<br>3）在不影响产品质量前提下需采用代用材料时，必须按《代用材料管理办法》的要求办理审批手续 | | |
| | 6.8.4 工艺及工艺纪律的控制<br>1）作业员按作业指导文件进行作业<br>2）下班前，各作业员、班组长应根据车间管理的要求，将当班的生产情况和下一班次注意事项填写在"交接班记录"上<br>3）质量工程师按照《工艺纪律检查管理办法》的要求对作业员的工艺执行情况进行检查和考核，确保生产过程处于受控状态 | | 作业员、质量工程师 |
| | 6.8.5 环境控制与文明生产<br>1）生产车间按《车间环境管理办法》的要求对生产环境进行管理，确保各作业区域环境整洁，有适当的安全标志，通道畅通，各类物品在定置区域内堆放整齐<br>2）车间组长负责本组人员进行安全、文明生产，正确使用和操作设备、工装等，对工件轻拿、轻放，禁止野蛮作业 | | 车间组长 |

（续）

| 程序 | 工作内容 | 输出文件 | 责任部门/人 |
| --- | --- | --- | --- |
| 6.9 生产过程的监视、测量与分析 | 6.9.1 设立检验工序，以便在完成一道或数道工序后进行检验<br>1）设置检验工序，应该考虑以下因素：<br>①全部质量特性重要性分级为 A 级的质量特性和少数为 B 级的质量特性及关键部位<br>②工艺上有特殊要求，对下道工序的加工、装配有重大影响的项目<br>③内、外部质量信息反馈中出现质量问题多的薄弱环节<br>2）质量工程师为检验工序编制检验作业指导书，质检员根据检验作业指导书的要求对检验工序的产品进行检查，以此来监视过程的质量<br>3）质量工程师对检验工序，采用 $p$ 控制图来分析和判断生产过程是否处于受控状态。详见《SPC 控制图使用作业指导书》 | | 质量工程师、质检员 |
| | 6.9.2 巡回检查与产品检验<br>1）巡检员进行巡回检查，观察车间的员工是否按规定的作业方法操作，使用的生产物料否正确，设备、工装、量具是否处于受控状态，并随时对有疑点的工位进行抽检<br>2）质量部按《产品监视和测量控制程序》的规定，做好产品的转序、入库检查 | | 质量部 |
| | 6.9.3 车间每天填写"生产统计日报表"上交生产部计划科，汇报当天产量。计划科此掌握生产动态并适时调整生产计划 | 生产统计日报表 | 车间 |
| | 6.9.4 质量统计员每天对各班组质量检查记录进行统计，编制"车间质量日报表"分发至相关人员，以便相关人员掌握生产过程的质量动态 | 车间质量日报表 | 质量统计员 |
| 6.10 生产过程异常的处理 | 6.10.1 异常提出的时机：<br>1）上线的原材料、零件不良率超过 2%<br>2）工序检验不良率超过 3%<br>3）作业时同类型不良连续发生 5 次<br>4）监视和测量设备不符合预期用途<br>5）零部件与 BOM 或作业指导书不一致时 | | |
| | 6.10.2 生产过程中异常发生时，由异常发生单位填写"生产异常单"送质量工程师。填写"生产异常单"时需将基本信息填写完整，注明发生时间、生产线/工段、不良现象、不良率等信息 | 生产异常单 | 异常发生单位 |
| | 6.10.3 质量工程师对异常问题进行判断分析，适时向有关部门发出"纠正和预防措施要求表"责令其整改。问题严重时，质量工程师应开出"生产停产通知单"责令车间停止生产 | 纠正和预防措施要求表、生产停产通知单 | 质量工程师 |

## 7. 过程绩效的监视

| 绩效指标 | 计算公式（计算方法） | 指标值 | 监视频率 | 监视单位 |
|---|---|---|---|---|
| 7.1 交货准时率 | 交货准时率=（按期交货批次÷应交货总批次）×100% | ≥98% | 月 | 计划科 |
| 7.2 生产计划达成率 | 生产计划达成率=（按期完成数量÷应完成数量）×70%＋（按完成品种数÷应完成品种数）×30% | ≥98% | 月 | 计划科 |
| 7.3 入库检验一次通过率 | 入库检验一次通过率=（一次检验通过的产品数量÷送检的产品数量）×100% | ≥98% | 月 | 质量部 |
| 7.4 物料报废率 | 物料报废率=（物料报废数÷投入总数）×100% | ≤1.5% | 月 | 仓库 |

## 8. 过程中的风险和机遇的控制（风险应对计划）

| 风险 | 应对措施 | 其他事项 | 执行时间 | 负责人 | 监视方法 |
|---|---|---|---|---|---|
| 8.1 停水、停电 | 1）办公室及时将电力部门的停电通知传达到各部门，以便安排换班生产，确保生产不受影响 | | 适时执行 | 办公室主任 | 行政部经理检查停电通知的传达情况 |
| | 2）保证公司自用蓄水池装满清水 | | 每天 | 设施维护员 | 设施管理员每5天检查一次蓄水池蓄水情况 |

## 9. 支持性文件

9.1 《设计和开发控制程序》

9.2 《工装管理程序》

9.3 《设备管理程序》

9.4 《监视与测量设备管理程序》

9.5 《生产计划管理制度》

9.6 《工艺纪律检查管理办法》

9.7 《车间环境管理办法》

## 10. 记录

10.1 月度生产计划

10.2 3天生产排程表

10.3 生产条件确认表（见表5.6-1、表5.6-2）

10.4 排产单

10.5 首检记录表

10.6 特殊过程确认报告（见表5.6-3）

10.7 生产统计日报表（见表5.6-4）

10.8 车间质量日报表

10.9 生产异常单

10.10 生产停产通知单

**表 5.6-1  生产条件确认表（1）**

| 产品型号： | | | 产品名称： | |
|---|---|---|---|---|
| 检查性质：□试生产前的检查  □正式生产前的检查 | | | | |
| 序号 | 检查项目 | 检查内容 | | 检查结论 |
| 1 | 流程图 | 1.1  流程图是否说明了生产工序和检验工序的顺序？ | | |
| | | 1.2  流程图中是否说明了关键工序、特殊工序？ | | |
| 2 | 平面布置图 | 2.1  平面布置图是否明确了所有的工序和检测点？工序之间的布局是否合理，是否有利于提高效率？ | | |
| | | 2.2  是否已考虑每一操作中的材料、工装和设备的区域？包括储存区域、过渡区域。 | | |
| | | 2.3  对所有设备是否已分配足够的空间？ | | |
| | | 2.4  为防止误装不合格产品，是否合理布置检测点、作业区域？ | | |
| | | 2.5  为减少在操作中误用或混淆类似产品，是否已规定了控制措施？ | | |
| | | 2.6  是否保护材料使其免受上层空间或气压搬运系统的污染？ | | |
| | | 2.7  是否有足够的控制以防止不合格的进货材料进入储存和使用点？ | | |
| 3 | 控制计划 | 3.1  控制计划中的工序是否与流程图相一致？ | | |
| | | 3.2  是否将所有产品/过程特殊特性纳入到控制计划内？ | | |
| | | 3.3  是否标明了要求检验的材料规格？ | | |
| | | 3.4  控制计划是否明确了从进货、生产到出货的全过程的控制措施？反应计划是否完善？ | | |
| | | 3.5  是否明确了产品性能试验和尺寸检验要求？ | | |
| | | 3.6  是否具备控制计划所要求的量具和试验设备？ | | |
| | | 3.7  组织的测量方法是否和顾客要求的一致？ | | |
| | | 3.8  测量系统分析是否按顾客要求进行？ | | |
| 4 | 设备、工装 | 4.1  新配置设备是否已到位且能满足预测的生产能力（数量）、工序能力（质量）的要求？ | | |
| | | 4.2  设备易损件、备件如何管理？有何规定？设备易损件、备件能否及时提供？ | | |
| | | 4.3  设备上有无安全保护装置？ | | |
| | | 4.4  对特殊过程使用的设备，是否预先进行了设备能力认可？是否要求连续地对过程参数进行监控？ | | |
| | | 4.5  是否编制了设备维护保养规定（必要时）？ | | |
| | | 4.6  是否编制了设备操作指导书（必要时）？ | | |
| | | 4.7  新工装是否已准备到位并能满足预测的生产能力的要求？ | | |
| | | 4.8  新工装的操作、检查、保养作业指导书是否完善并且清晰易懂（必要时）？ | | |
| | | 4.9  工位器具、模具、切削工具是否准备到位？有无管理规定？ | | |
| | | 4.10  是否有设备异常预警系统？如何控制？ | | |
| | | 4.11  作业者是否熟悉设备、工装的使用？ | | |

（续）

| 产品型号： | | | 产品名称： | |
|---|---|---|---|---|
| 检查性质：□试生产前的检查　□正式生产前的检查 | | | | |
| 序号 | 检查项目 | 检查内容 | | 检查结论 |
| 5 | 监测装置 | 5.1 | 监测设备配置是否已完成？是否校准合格？ | |
| | | 5.2 | 是否编制了监测设备操作、维护保养规定（必要时）？ | |
| | | 5.3 | 是否已确定监测设备的可行性和准确度？ | |
| | | 5.4 | 专用检具是否准备到位？是否通过校准？ | |
| | | 5.5 | 是否带有表明其校准状态的合适的标志？ | |
| | | 5.6 | 与特殊特性有关的测量系统是否需要进行MSA（或MSA是否已通过）？ | |
| | | 5.7 | 有外观、焊接等要求的项目是否有标样？ | |
| | | 5.8 | 员工是否熟悉检验、测量和试验设备的使用？ | |
| 6 | 工艺与过程管理 | 6.1 | 工艺文件是否齐全、统一、清晰？是否有可操作性？操作方法是否安全？前、后工序的衔接是否良好？ | |
| | | 6.2 | 工艺文件上的工艺参数是否合理、优化？是否与控制计划保持一致？BOM是否修订完善？ | |
| | | 6.3 | 关键工序、特殊工序设置是否合理？是否要求进行过程能力研究（或过程能力是否足够）？是否有明确标识？对产品和过程的特殊特性进行控制的措施是否明确？ | |
| | | 6.4 | 包装作业指导书是否编制完成？是否有可操作性？ | |
| | | 6.5 | 检验作业指导书是否编制完成？检测方法是否合理、正确？ | |
| | | 6.6 | 选用控制图的过程是否明确了控制图的使用方法？ | |
| | | 6.7 | 在生产出现意外或者造成停线时，是否有适宜的措施以保证产品的质量，并做到可追溯性？ | |
| | | 6.8 | 是否已就工艺文件对员工进行了交底、培训？ | |
| | | 6.9 | 关键工艺技术是否已预先得到解决？ | |
| 7 | 人员因素 | 7.1 | 操作人员是否已经培训，是否满足要求。 | |
| | | 7.2 | 是否熟悉本岗位的作业文件并能掌握其要求？ | |
| | | 7.3 | 员工能否正确地使用与工作有关的设备和计量器具？ | |
| | | 7.4 | 人员是否充足？有无人员定额要求？ | |
| | | 7.5 | 生产过程中人员的临时顶岗如何处理？多技能岗位对照表是否明示？ | |
| 8 | 材料因素 | 8.1 | 原材料、辅料、外购外协件、毛坯、半成品是否准备到位？是不是合格品？ | |
| | | 8.2 | 如果有因生产急需来不及验证而放行材料的情况，是否对这些材料进行了明确标识和记录。 | |
| | | 8.3 | 生产车间有无防止混料、混批的控制措施？ | |
| | | 8.4 | 有无不合格品如何处理的措施？ | |
| | | 8.5 | 废品、余料、返修件如何管理？有无规定？有无规定隔离区、标识、返修工位等？ | |
| | | 8.6 | 怎样防止物料搬运、储存时磕碰划伤、损坏或变质？有无规定？ | |
| | | 8.7 | 过程用的辅助材料有无管理措施？ | |
| | | 8.8 | 对产品标识与检验状态标识有无做出规定？对产品的追溯有无规定？ | |

（续）

| 产品型号： | | 产品名称： | |
|---|---|---|---|
| 检查性质：□试生产前的检查　□正式生产前的检查 | | | |
| 序号 | 检查项目 | 检查内容 | 检查结论 |
| 9 | 环境因素 | 9.1 当过程对环境的温度、湿度、噪声、通风、清洁度、照明等有要求时，现场能否满足要求？ | |
| | | 9.2 有无安全防护措施？车间照明是否满足要求？物流是否畅通？ | |
| | | 9.3 对质量特性起重要作用的辅助设施，如生产用的水、压缩空气、电、化学用品等的控制是否有规范？ | |
| | | 9.4 车间环境是否适合产品与工作，能否避免污染、损伤、混批、混料或者发生差错？ | |
| 检查日期： | | 检查会签： | |

能否开工决定：

决定人（生产副总经理）/日期：

### 表 5.6-2　生产条件确认表（2）

| 产品型号： | | 产品名称： | |
|---|---|---|---|
| 确认日期： | | 车间： | 线别： |
| 确认内容： | | | |
| 确认项目 | | 确认结论 | |
| （1）员工是否持证上岗？能否满足要求？ | | □是 | □否 |
| （2）设备、工装、监测装置是否通过验收/校准？能否满足要求？ | | □通过 | □没通过 |
| （3）是否规定并实施对设备、工装的保养和检查。 | | □是 | □否 |
| （4）样板是否在有效期内？ | | □在有效期内 | □不在有效期内 |
| （5）有无足够详细的作业指导书？ | | □有 | □无 |
| （6）如果有特殊过程，请问这些特殊过程是否得到确认？ | | □已确认 | □没确认 |
| （7）工作环境能否满足产品质量要求、生产安全要求？ | | □满足 | □不满足 |
| （8）上线材料是否符合要求？ | | □符合 | □不符合 |

确认总结：

□作业条件确认合格，能够进行作业

□其他：

确认人员会签：

表 5.6-3 特殊过程确认报告

| 产品型号： | | 产品名称： | |
|---|---|---|---|
| 特殊过程名称： | | | |
| 确认类别：□ 首次确认　□ 再确认 | | 再确认原因： | |
| 确认主持人： | 确认时间： | | 确认地点： |

特殊过程所使用的主要设备、工装：

| 设备、工装编号 | 设备、工装名称 | 设备、工装编号 | 设备、工装名称 |
|---|---|---|---|
|  |  |  |  |
|  |  |  |  |

特殊过程所使用的作业指导书：

| 文件号 | 文件名称 | 文件号 | 文件名称 |
|---|---|---|---|
|  |  |  |  |
|  |  |  |  |

确认内容：

| 确认项目 | 确认结论 | |
|---|---|---|
| 1）有无作业指导书？ | □ 有 | □ 无 |
| 2）设备、工装是否通过验收、检定？ | □ 通过 | □ 没通过 |
| 3）是否规定并实施对设备、工装的保养和检查？ | □ 是 | □ 否 |
| 4）特殊过程的员工是否持证上岗？ | □ 是 | □ 否 |
| 5）是否对过程参数进行监视并保持记录？ | □ 是 | □ 否 |
| 6）样品试制是否合格？ | □ 是 | □ 否 |

确认结论：

□ 特殊过程确认合格，能够投入运作

□ 其他：

确认人签名：

| 确认人 | 部门 | 职位 | 确认人 | 部门 | 职位 |
|---|---|---|---|---|---|
|  |  |  |  |  |  |
|  |  |  |  |  |  |

| 编制/日期 | 审核/日期 | 批准/日期 |
|---|---|---|
|  |  |  |

表 5.6-4 生产统计日报表

| 线号 | 工位 | 实有人数 | 产品代号 | 订单号 | 出勤人数 | | | 日期 | 备注 |
|---|---|---|---|---|---|---|---|---|---|
| 姓名 | 工作内容 | 总数量 | | | 完成 | 返修 | 下线 | 交验合格率 | |
| | | | | | | | | | |
| | | | | | | | | | |
| | | | | | | | | | |
| | | | | | | | | | |
| | | | | | | | | | |
| | | | | | | | | | |
| | | | | | | | | | |
| | | | | | | | | | |
| | | | | | | | | | |
| | | | | | | | | | |
| | | | | | | | | | |
| | | | | | | | | | |
| | | | | | | | | | |
| | | | | | | | | | |
| | | | | | | | | | |
| | | | | | | | | | |
| | | | | | | | | | |
| | | | | | | | | | |

## 5.7 产品交货管理程序

产品交货管理程序

**1. 目的**

确保按顾客的要求准时地将产品交付给顾客。

**2. 适用范围**

适用于向顾客交货的管理。

**3. 职责**

3.1 营销部跟单员负责做好出货计划、下达出货通知、办理产品出库、安排产品运输、跟踪货款回收。

3.2 仓库负责产品的包装、搬运。

3.3 质量部负责提供出货产品的检验报告。

**4. 过程分析乌龟图**

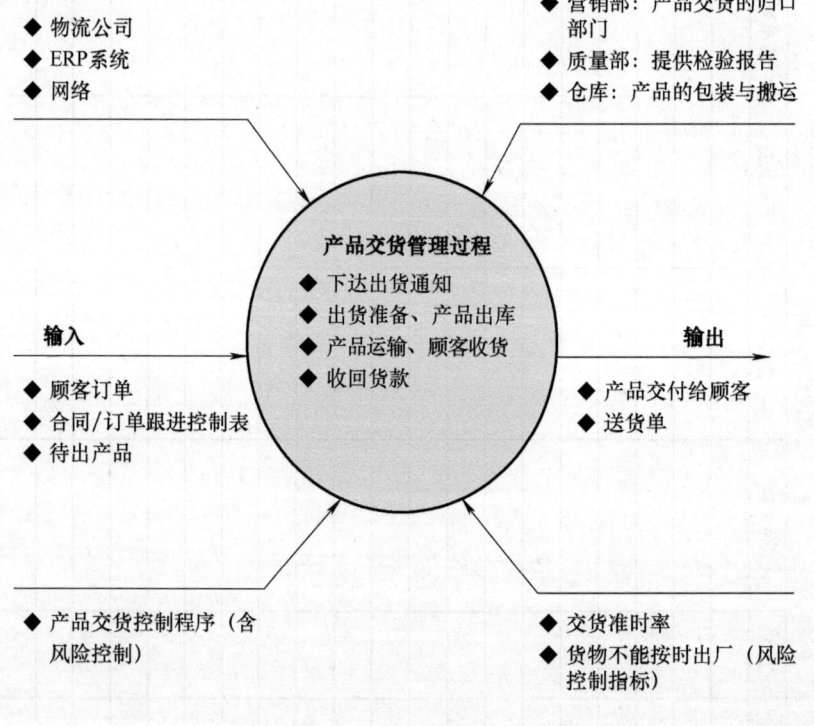

**5. 过程流程图**

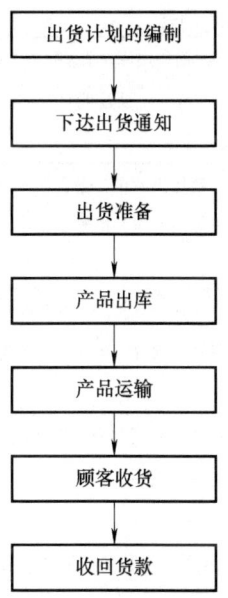

**6. 作业程序与控制要求**

| 程序 | | 工作内容 | 输出文件 | 责任部门/人 |
| --- | --- | --- | --- | --- |
| 6.1 | 出货计划的编制 | 6.1.1 营销部跟单员每月 28 号根据顾客订单、"合同/订单评审表""合同/订单跟进控制表"等资料编制下月度"月出货计划表",经营销部经理批准后分发至物控、生产、仓库等有关部门 | 月出货计划表 | 营销部跟单员 |
| | | 6.1.2 营销部跟单员每周星期五根据"月出货计划表""生产进度控制表"编制"周出货计划表",经营销部经理批准后分发至物控、生产、仓库等有关部门 | 周出货计划表 | 营销部跟单员 |
| 6.2 | 下达出货通知 | 6.2.1 营销部跟单员根据"周出货计划表",在出货前 2 天,检查出货产品的库存状况 | | 营销部跟单员 |
| | | 6.2.2 有库存时,营销部跟单员应于出货前 4h 开具"出货通知单"并将其分发至质量部、仓库 | 出货通知单 | 营销部跟单员 |
| | | 6.2.3 无库存时,营销部跟单员应通知生产部计划员,以便调整生产确保在顾客要求的时间将产品发出 | | 出货通知单 |
| 6.3 | 出货准备 | 6.3.1 质量部将出货产品的"产品检验报告"传递给仓库 | 产品检验报告 | 质量部 |
| | | 6.3.2 仓库按照"出货通知单"的要求做好出货产品的包装,包装时应将"产品检验报告"放入包装箱内。应在包装箱外面贴上出货标识,并在放有"产品检验报告"的包装箱外面贴上"箱内有产品检验报告"字样的标签 | | 仓库 |

（续）

| 程序 | 工作内容 | 输出文件 | 责任部门/人 |
|---|---|---|---|
| 6.4 产品出库 | 6.4.1 营销部跟单员开具"销售出库单"送财务部审核、营销部经理批准。"销售出库单"上要注明订单号、顾客名称、产品名称/规格、数量等 | 销售出库单 | 营销部跟单员 |
| | 6.4.2 营销部跟单员拿"销售出库单"去仓库办理产品出库，仓管员应在"销售出库单"相关位置上签字，并将产品出库情况输入 ERP 系统 | | 营销部跟单员 |
| | 6.4.3 "销售出库单"第 1 联（白色）由营销部跟单员保存，第 2 联（红色）交财务部保存，第 3 联（黄色）由仓库保存 | | |
| 6.5 产品运输 | 6.5.1 营销部跟单员安排物流公司将产品运送至顾客，应注意与物流公司办好货物的交接手续 | | 营销部跟单员 |
| | 6.5.2 营销部跟单员以邮件的方式及时向顾客传递"送货单"。送货单上要注明订单号、产品名称/规格、数量、物流公司、物流单号等 | 送货单 | 营销部跟单员 |
| | 6.5.3 营销部跟单员对物流信息进行跟踪，保证准时将产品交给顾客。如果发现物流信息异常，应及时报告给营销部经理，同时与顾客进行协调沟通 | | 营销部跟单员 |
| 6.6 顾客收货 | 6.6.1 营销部跟单员在确认货物送达顾客后，应要求顾客及时确认并在"送货单"上签字，然后将签字的"送货单"传送本公司 | | 营销部跟单员 |
| | 6.6.2 营销部跟单员将交货情况记录在"合同/订单跟进控制表"中 | 合同/订单跟进控制表 | 营销部跟单员 |
| 6.7 收回货款 | 6.7.1 营销部跟单员根据交货情况、供货协议中规定的账期与顾客确认应收货款，并监督顾客按时付款 | | 营销部跟单员 |
| | 6.7.2 在收到顾客付款后，财务部开具发票，由营销部跟单员寄给顾客 | | 营销部跟单员 |

### 7. 过程绩效的监视

| 目标名称 | 计算公式（计算方法） | 目标值 | 监视时机 | 监视单位 |
|---|---|---|---|---|
| 7.1 交货准时率 | $交货准时率 = \dfrac{准时交货次数}{交货总次数} \times 100\%$ | ≥98% | 月度 | 营销部 |

**8. 过程中的风险和机遇的控制**（风险应对计划）

| 风险 | 应对措施 | 其他事项 | 执行时间 | 负责人 | 监视方法 |
|---|---|---|---|---|---|
| 8.1 货物不能按时出厂 | 1）当货物不能按时出厂影响向顾客准时交货时，可变更运输方式，如将汽车、火车运输改为空运，普通物流改为快递等<br>2）与顾客沟通，求得顾客的谅解 | | | 跟单员 | 营销部经理每月对"合同/订单跟进控制表"进行审查 |

**9. 支持性文件**

（无）

**10. 记录**

10.1  月出货计划表

10.2  周出货计划表

10.3  出货通知单

10.4  销售出库单

10.5  送货单

10.6  合同/订单跟进控制表

## 5.8 产品检验控制程序

**产品检验控制程序**

**1. 目的**

确保所有产品在通过规定的检验后才能进入下一道工序或入仓。

**2. 适用范围**

适用于公司内的进料检验、过程检验、成品检验。

**3. 职责**

3.1 质量部负责进料检验、巡回检查、检验工序的检验、半成品/成品的检验,并主导首件检验。

3.2 生产车间负责自主检验,并同质量部一起做好首件检验。

**4. 过程分析乌龟图**

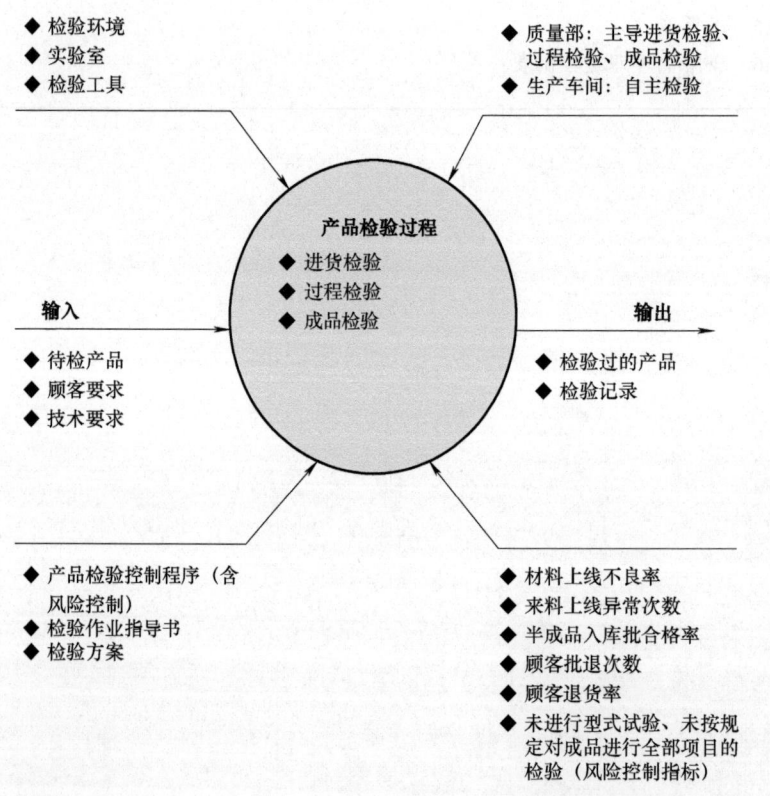

**5. 过程流程图**

5.1 进料检验流程

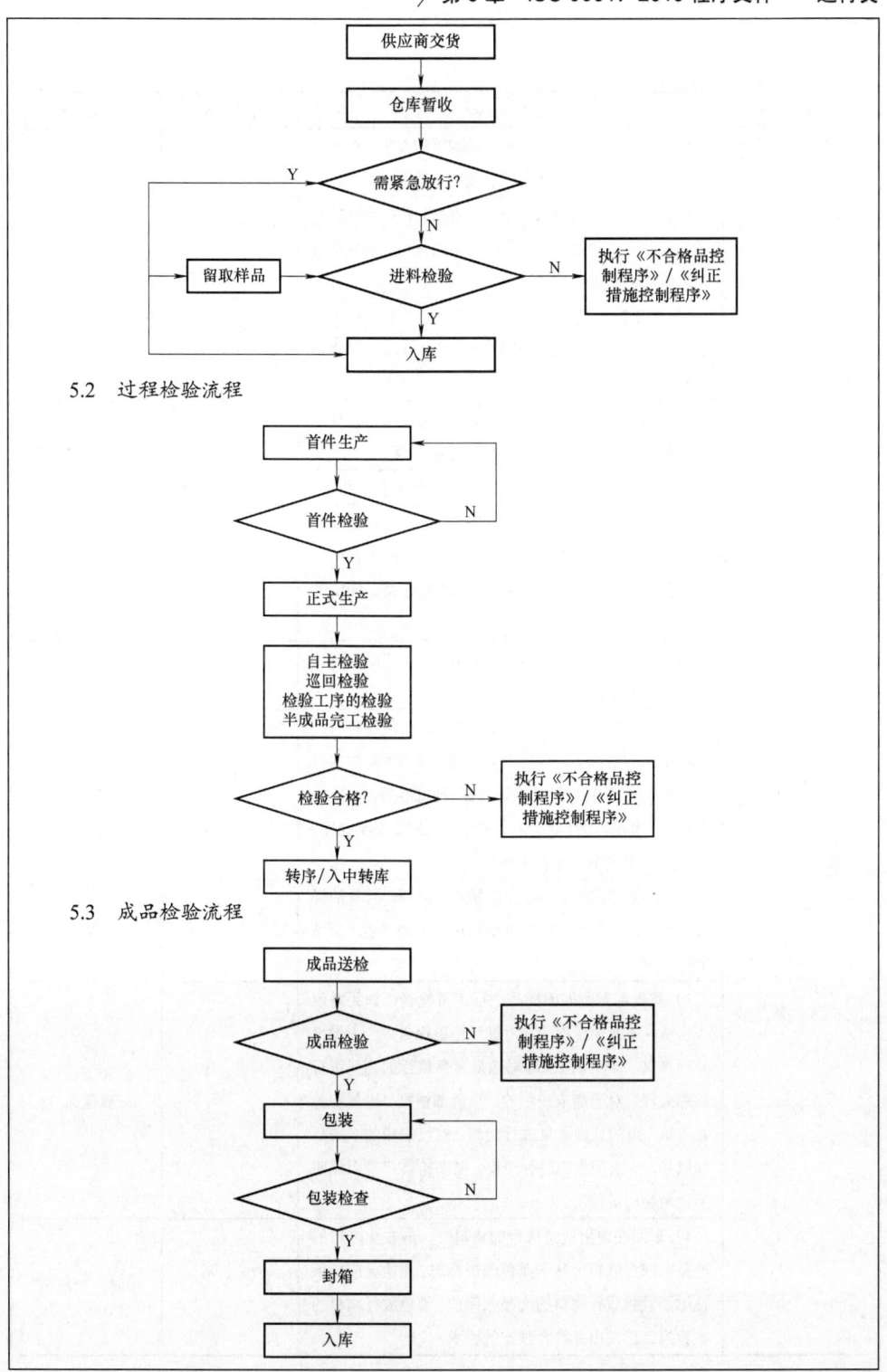

5.2 过程检验流程

5.3 成品检验流程

## 6. 作业程序与控制要求
### 6.1 进料检验

| 程序 | | 工作内容 | 输出文件 | 责任部门/人 |
|---|---|---|---|---|
| 6.1.1 | 供应商交货 | 供应商交货时，仓管员应按采购单的要求，对照供应商的"送货单"点清品名、规格、数量 | | 仓管员 |
| 6.1.2 | 仓库暂收 | 仓管员将所收物料放入待检暂存区，并在物料的合适位置贴上进料标识卡。做好上述工作后，须立即通知质量部进行进料检验 | | 仓管员 |
| 6.1.3 | 进料检验 | 1）质量部按进料检查作业指导书、《来料检查方案》、样板、图样等进行进料检验工作并填写"进料检验报告单" | 进料检验报告单 | 质量部 |
| | | 2）检验合格的物料，质量部按《检验状态管理要求》的规定在进料标识卡上盖"合格"章 | | 质量部 |
| | | 3）检验不合格的物料，执行《不合格品控制程序》 | | |
| | | 4）质量部对因检验能力有限而无法检验的物料，可通知采购部要求供应商随货附上相关检验合格证明文件，质量部参照供应商提供的检验合格证明文件对来料进行验证 | | 质量部 |
| 6.1.4 | 入库 | 仓库将合格或紧急放行的物料置于仓库指定区域，并办理入库手续 | | 仓库 |
| 6.1.5 | 紧急放行 | 1）如因生产紧急，进料来不及检验而须放行时，在可追回的情况下，由生产部计划员填写"紧急放行申请单"交质量部经理审核、总经理批准后，执行紧急放行。批准后的"紧急放行申请单"应分发至仓库、质量部、生产车间等有关部门 | 紧急放行申请单 | 生产部计划员 |
| | | 2）质量部留取《来料检查方案》中规定数量的样品，并在紧急放行物料的进料标识卡上盖黑色"紧急放行"章 | | 质量部 |
| | | 3）质量部对留取的样品进行正常检查，如果发现不合格，质量部经理应在"进料检验报告单"上做出处理意见。质量部应立即对该批紧急放行的物料进行跟踪处理。对于尚未使用的，质量部根据"进料检验报告单"上的处理意见进行处理；对已制成的半成品或成品，要由质量部进行全检，要在检验记录上注明所使用物料的情况 | | 质量部 |
| | | 4）车间在使用紧急放行的物料时，应在生产出的产品上或包装箱上贴一黄色圆形标志。质检员应确保使用了紧急放行物料的产品入库前，紧急放行物料的检验报告已发出并符合规定的要求 | | 车间、质检员 |

6.2 过程检验

| 程序 | | 工作内容 | 输出文件 | 责任部门/人 |
|---|---|---|---|---|
| 6.2.1 | 首件检验 | 1）在《首件检验规范》中要求进行首件检查的工序，每班次开始或者生产过程中因换料、换品种及工装、设备调整等改变工序条件后生产的1~3件产品，操作者自检后，还必须送质检员作首件检验，首件检验结果记录于"首件检验记录表"中 | 首件检验记录表 | 质检员 |
| | | 2）首件检查合格时，由质检员在首件上作首件标记并通知操作者继续作业。首件检查不合格时，质检员向操作者指出不合格部位，要求其改进。操作者返工或重新加工首件，直至检验合格，方可继续生产 | | 质检员 |
| 6.2.2 | 自主检验 | 生产车间作业员要在生产中按《自主检验规范》的要求进行自主检验，并将自主检验的结果记入"自主检验记录表"或者其他相应的记录表中。自主检验中作业员如果发现产品质量异常，应及时停止作业，并向组长报告，寻求改善对策 | 自主检验记录表 | 作业员 |
| 6.2.3 | 巡回检验 | 1）五金、塑胶车间的质检员按《五金产品检查作业指导书》/《塑胶产品检查作业指导书》、《质量部巡检管理规定》的要求对各机台进行巡查并作好"质检员巡查记录表"。巡查时不仅应按要求抽查产品，还应观察作业者的作业方法及设备、工装、量具使用等方面的情况。如果发现问题应及时指导作业者或者联系有关人员加以纠正。巡查中发现的不合格品应做好标记并适当隔离 | 质检员巡查记录表 | 质检员 |
| | | 2）质量工程师在装配、插件生产线进行巡回检查，观察车间的员工是否按规定的作业方法操作，使用的生产物料是否正确，设备、工装、量具是否处于受控状态，并随时对有疑点的工位进行抽检。质量工程师应及时将发现的问题通知生产车间的组长，必要时通知车间主管，以便调整生产。质量工程师巡检结果应填写在"质量工程师巡查日报表"上 | 质量工程师巡查日报表 | 质量工程师 |
| | | 3）如果巡检中发现严重质量问题，质量工程师、质检员应及时向质量主管报告，质量主管视情况的严重性，做出停止生产的决定，并适时发出"纠正措施报告单"要求有关部门改进。详见《纠正措施控制程序》 | | |
| 6.2.4 | 检验工序的检验 | 装配、插件车间是流水线作业，工艺技术部在编制生产工艺流程时，应同质量工程师一道确定检验工序。质量工程师应为检验工序编制检查作业指导书。质检员在检验工序处按检查作业指导书的要求对产品进行全检并填写"质控点检验记录表" | 质控点检验记录表 | 质检员 |

（续）

| 程序 | 工作内容 | 输出文件 | 责任部门/人 |
|---|---|---|---|
| 6.2.5 半成品完工检验 | 五金、塑胶车间、插件车间的半成品入中转仓或者转入下一车间前，应由所在车间的质检员按《五金产品检验作业指导书》/《塑胶产品检验作业指导书》/《插件产品检验作业指导书》、《半成品检查方案》的要求进行检查，合格后方可入库或者转入下一车间。质检员应将检查结果记入相应的"半成品检验报告"中 | 半成品检验报告 | 质检员 |

6.3 成品检验

| 程序 | 工作内容 | 输出文件 | 责任部门/人 |
|---|---|---|---|
| 6.3.1 成品检验 | 1）装配车间将完工的成品放入周转箱，并将周转箱放置在生产线尾部的成品待检区 | | 装配车间 |
| | 2）装配车间质检员按有关的产品检验作业指导书、客户订单的要求及《成品检查方案》对完工成品进行检验，检验的结果填写在"成品检验报告"中 | 成品检验报告 | 质检员 |
| | 3）检验合格的成品，由生产车间送入包装车间；检验不合格的成品，执行《不合格品控制程序》 | | |
| 6.3.2 包装、装箱 | 成品进入包装车间后，装箱员按《产品包装要求》的规定进行包装、装箱（不封口），并在外包装箱上贴"产品标识卡"。产品标识卡的内容包括：型号、名称、数量、生产批号、毛重、体积等 | | 装箱员 |
| 6.3.3 包装检查 | 质检员按《包装检验规范》的要求进行包装检查，填写"包装检验报告"，并在产品标识卡上盖"合格"章 | 包装检验报告 | 质检员 |
| 6.3.4 封箱、入库 | 检验合格后，装箱员进行封箱，车间统计员办理入库 | | 装箱员、车间统计员 |

## 7. 过程绩效的监视

| 目标名称 | 计算公式（计算方法） | 目标值 | 监视时机 | 监视单位 |
|---|---|---|---|---|
| 7.1 材料上线不良率 | 材料上线不良率 $=\frac{\text{生产线退库的不合格物料数量}}{\text{总领料数量}} \times 1000000$（ppm） | ≤5000ppm | 月度 | 仓库 |
| 7.2 来料上线异常次数 | 生产线上发现质量部进料检验合格的某种物料不合格率超过3%时，算1次异常 | ≤15次 | 月度 | 生产部 |
| 7.3 半成品入库批合格率 | 半成品入库批合格率 $=\frac{\text{检验合格批数}}{\text{检验总批数}} \times 100\%$ | ≥95% | 月度 | 质量部 |
| 7.4 顾客批退次数 | 顾客判整批退货次数 | 0次 | 月度 | 营销部 |
| 7.5 顾客退货率 | 顾客退货率 $=\frac{\text{顾客退货数量}}{\text{总出货数量}} \times 1000000$（ppm） | ≤3500ppm | 月度 | 营销部 |

8. 过程中的风险和机遇的控制（风险应对计划）

| 风险 | 应对措施 | 其他事项 | 执行时间 | 负责人 | 监视方法 |
|---|---|---|---|---|---|
| 8.1 未进行型式试验 | 在下列情况下进行型式检验：<br>1）新产品试制定型鉴定<br>2）产品长期（一年以上）停产，当恢复生产时，应进行型式检验<br>3）每年应进行一次，但在产品结构、工艺、电路和重要元件改变时应适时进行 | | | 质量保证工程师 | 质量部经理对"型式试验报告"进行检查 |
| 8.2 未按规定对成品进行全部项目的检验 | "成品检验报告"中的检验项目应与产品检验作业指导书中规定的检验项目一致 | | | 成品质检员 | 质量主管对"成品检验报告"进行检查 |

9. 支持性文件

9.1 《来料检查方案》

9.2 《检验状态管理要求》

9.3 《不合格品控制程序》

9.4 《首件检验规范》

9.5 《自主检验规范》

9.6 《质量部巡检管理规定》

9.7 《半成品检查方案》

9.8 《成品检查方案》

9.9 《包装检验规范》

10. 记录

10.1 进料检验报告单（见表 5.8-1）

10.2 紧急放行申请单

10.3 首件检验记录表（见表 5.8-2）

10.4 自主检验记录表

10.5 质检员巡查记录表（见表 5.8-3）

10.6 质量工程师巡查日报表

10.7 质控点检验记录表

10.8 半成品检验报告

10.9 成品检验报告（见表 5.8-4、表 5.8-5）

10.10 包装检验报告

表 5.8-1  进料检验报告单

| 来料日期：___年__月__日 | | | | 检查日期：___年__月__日 | | |
|---|---|---|---|---|---|---|
| 供应商 | | 物料名称型号 | | | 物料编号 | |
| 送货单号 | | 采购单号 | | | 要求交货日期 | |
| 来料数量 | | 抽样数量 | | | 检验指引号 | |
| 接收质量限 AQL | | | | 判断标准 | | |
| 严重不合格品 | | 轻微不合格品 | | 严重不合格品 | | 轻微不合格品 | |
|  | |  | | Ac | Re | Ac | Re |

不合格现象描述

| 序号 | 不 合 格 内 容 | 严重不合格品 | 轻微不合格品 |
|---|---|---|---|
|  |  |  |  |
|  |  |  |  |
|  |  |  |  |
|  | 不合格品合计 |  |  |

结论：□合格　□不合格　□其他：

质检员：_____　质检主管：_____

批量不合格品的处理：

采购部意见：

□生产急用，请考虑作有条件接收处理　　□退货　□其他：

签名/日期：

工艺技术部处理意见：

□特采　□加工使用　□挑选使用　□退货　□其他：

签名/日期：

副总经理批准：

□同意工艺技术部意见　　□其他：

签名/日期：

**表 5.8-2　首件检验记录表**

| 产品型号： | | 产品名称： | |
|---|---|---|---|
| 检验日期： | | 车间： | 线别： |

检验时机：

□初次运行　　□设计、材料改变　　□作业方法发生了改变　　□生产场地发生变化

□使用新的或变更了的设备和工装　　□对现有设备、工装进行了重大维修

□供方提供的零件、材料发生了变化　　□换产品

| 检验项目 | 检验要求 | 检验结果 | 判定 | 备注 |
|---|---|---|---|---|
| | | | | |
| | | | | |
| | | | | |
| | | | | |
| | | | | |
| | | | | |
| | | | | |
| | | | | |
| | | | | |
| | | | | |
| | | | | |
| | | | | |
| | | | | |

首件检验总结论：

□可以进行正式生产

□可以进行正式生产，但须解决检验中的问题

□不能进行正式生产

□其他：

| 检验人员签字： | 生产线组长签字： |
|---|---|

表 5.8-3 质检员巡查记录表

| 质检员: | | | 检查日期 2016/4/3 | 车间/班次: 注塑车间白班 | | 车间组长: | | N: 表示需返工挑选  √: 表示合格放行 |
|---|---|---|---|---|---|---|---|---|
| 机台号 | 模具号 | 产品编号/名称 | 作业者 | 巡查情况 | | | | |
| | | | | 8:00~10:00 | 8:00~12:00 | 14:00~16:00 | 16:00~18:00 | |
| No.1 | M002 | SA150 | CCC | √ | 划伤×2/√ | 划伤×2/划伤×1 N① | 划伤×3 N② | |
| ... | ... | | | | | | | |
| No.10 | M035 | | | | | | | |

| 返工记录 | 序号 | 机台 | 模具 | 产品编号/名称 | 作业者 | 时间 | 不合格数量 | 返工结果确认 | 确认人 | 确认时间 |
|---|---|---|---|---|---|---|---|---|---|---|
| | ① | No.1 | M002 | SA150 | CCC | 16:00 | 350 | 合格 | AAAA | 2016/4/3 16:30 |
| | ② | No.1 | M002 | SA150 | CCC | 18:00 | 400 | 合格 | AAAA | 2016/4/3 18:30 |

表 5.8-4　成品检验报告（1）

| 产品名称 | | 产品型号 | | 生产车间 | |
|---|---|---|---|---|---|
| 生产线 | | 生产日期 | | 检验日期 | |
| 生产数量 | | 抽样数量 | | 检验指引号 | |

| 接收质量限 AQL | | 判断标准 | | | |
|---|---|---|---|---|---|
| 严重不合格品 | 轻微不合格品 | 严重不合格品 | | 轻微不合格品 | |
| | | Ac | Re | Ac | Re |
| | | | | | |

不合格现象描述

| 序号 | 不 合 格 内 容 | 严重不合格品 | 轻微不合格品 |
|---|---|---|---|
| | | | |
| | | | |
| | | | |
| | | | |
| | 不合格品合计 | | |

包装材料及装箱物品核对（正确打"√"，不正确打"×"）：

1.箱唛准确　□　　2.说明书　□　　3.CE 标志　□　　4.其他　□

结论：□合格　　□ 不合格　　□其他：



质检员：_____　质量主管：_____

批量不合格品的处理：

质量部经理处理意见：

□让步接受　□降级　□返工　□其他：




签名/日期：

副总经理批准：

□同意质量部经理意见　　□其他：




签名/日期：

质检员:　　　　　检查日期:

表5.8-5　成品检验报告(2)

| 序号 | 生产线 | 产品名称/型号 | 箱数 | 批量 | 抽样数量 | 抽样箱号 | 判断标准 |||| 严重不合格品实际数量 | 轻微不合格品实际数量 | 结论 | 备注 |
|---|---|---|---|---|---|---|---|---|---|---|---|---|---|---|
| | | | | | | | 严重不合格品 || 轻微不合格品 || | | | |
| | | | | | | | Ac | Re | Ac | Re | | | | |
| 1 | No.1 | | 15 | 1500 | 125 | | 3 | 4 | 7 | 8 | 2 | 6 | 合格 | |
| 2 | | | | | | | | | | | | | | |
| 3 | | | | | | | | | | | | | | |
| 4 | | | | | | | | | | | | | | |
| 5 | | | | | | | | | | | | | | |
| 6 | | | | | | | | | | | | | | |

本日总检查数量:　　　本日检查合格数量:　　　本日一次通过数量:

| | 生产线 | 不合格类型及其数量 | 车间确认 | 不合格产品的处理 | 备注 |
|---|---|---|---|---|---|
| 不合格处理 | No.1 | 异响×2 / 刮花×6 | 七仙站 | 返工 | |

质检组长:　　　　　车间主管:　　　　　质量主管:

## 5.9 不合格品控制程序

**不合格品控制程序**

**1. 目的**

建立并保持对不合格品的有效控制机制，防止不合格品的非预期使用或出货。

**2. 适用范围**

适用于生产全过程中不合格品（含状态可疑产品）的处理。顾客退货执行《顾客退货管理规定》。

**3. 职责**

3.1 质量部负责组织对不合格品的处理工作。

3.2 采购部负责与供货商的联络和协调工作，并将拒收零件退给供应商。

3.3 生产车间负责车间生产的不合格品的返工。

**4. 过程分析乌龟图**

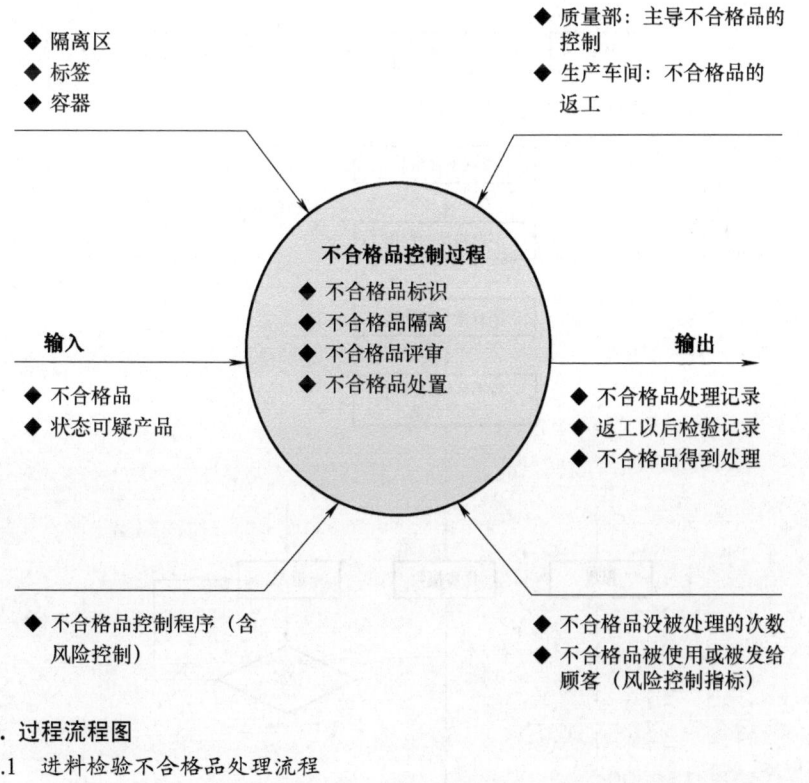

**5. 过程流程图**

5.1 进料检验不合格品处理流程

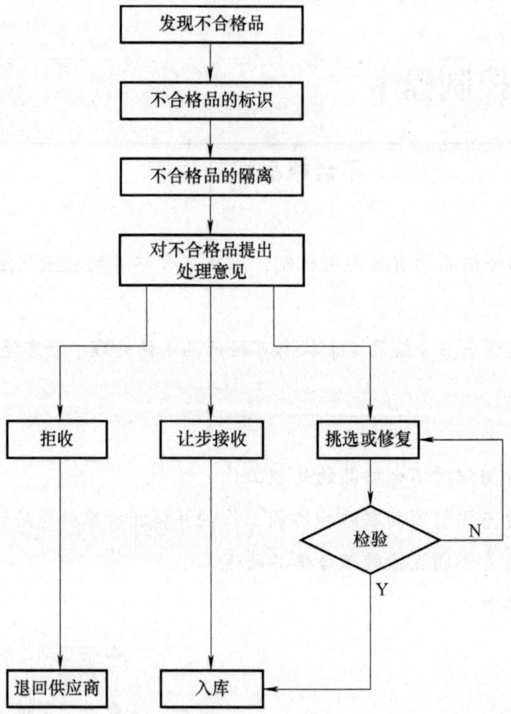

# ISO 9001：2015
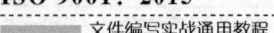

```
发现不合格品
   ↓
不合格品的标识
   ↓
不合格品的隔离
   ↓
对不合格品提出处理意见
   ↓
┌──────┬──────┬──────┐
拒收   让步接收  挑选或修复
                  ↓
                 检验 →N→(循环)
                  ↓Y
退回供应商  入库
```

## 5.2 半成品入库检验不合格品处理流程

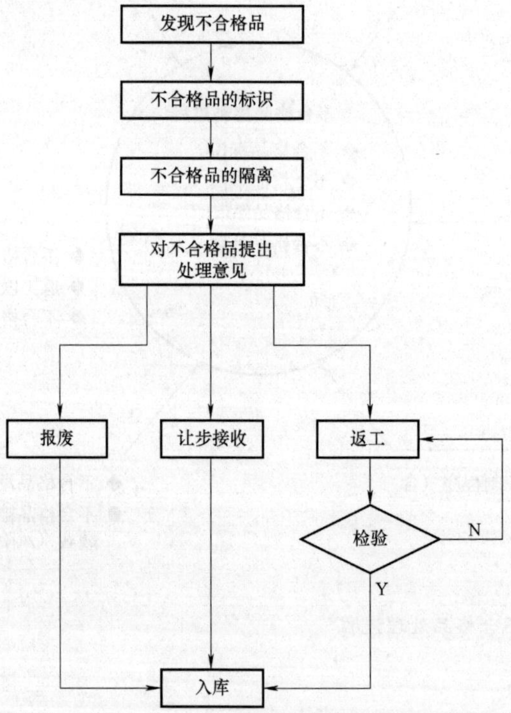

```
发现不合格品
   ↓
不合格品的标识
   ↓
不合格品的隔离
   ↓
对不合格品提出处理意见
   ↓
┌──────┬──────┬──────┐
报废   让步接收   返工
                  ↓
                 检验 →N→(循环)
                  ↓Y
        入库
```

5.3 成品入库检验不合格品处理流程

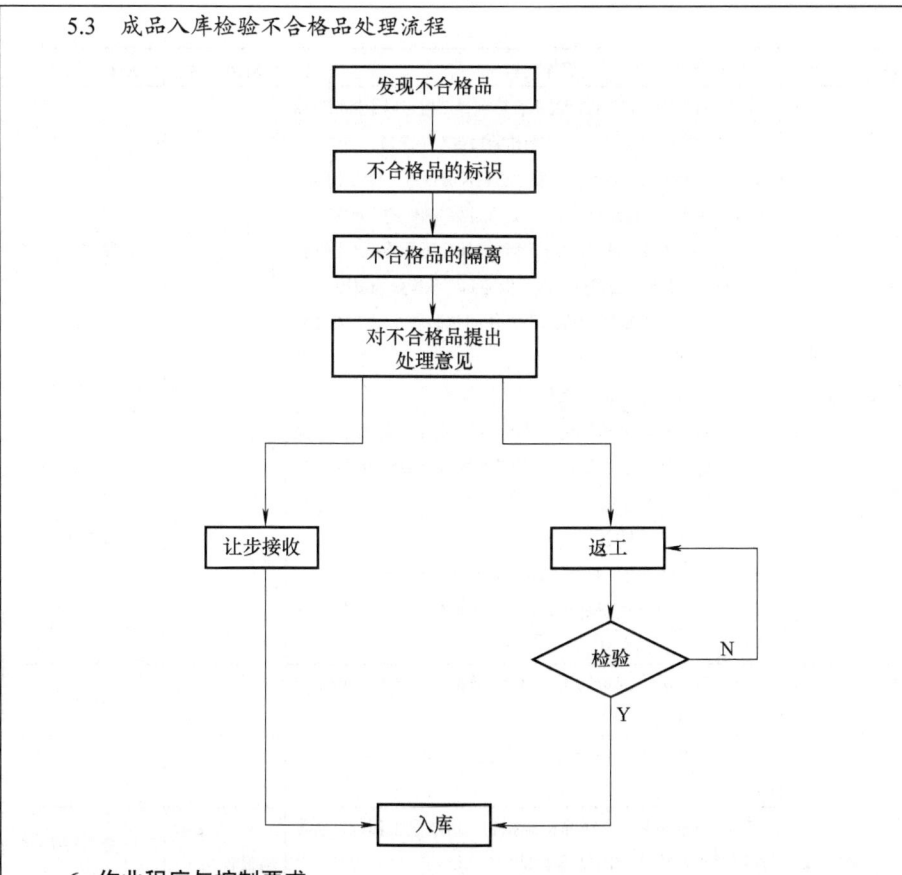

## 6. 作业程序与控制要求

| 程序 | 工作内容 | 输出文件 | 责任部门/人 |
| --- | --- | --- | --- |
| 6.1 进料检验不合格品的控制 | 6.1.1 进料检验中发现整批或部分零件不合格时,质检员应在其包装箱上贴不合格品标签 | | 质检员 |
| | 6.1.2 仓库将不合格零件放置在不合格品区域,并做好隔离 | | 仓库 |
| | 6.1.3 质检员将"进料检验报告"送质量工程师 | | 质检员 |
| | 6.1.4 对于不影响整机性能的不合格项目,且不用做任何处理(挑选或修复)的零件,质量工程师应在"进料检验报告"中选择"让步接收",经质量部经理审核同意后,写明让步接收的原因,交生产副总经理对让步接收的物料进行折价并做最终批准<br>质检员在"让步接收"零件的包装箱上贴"让步接收"标签。<br>仓库将"让步接收"的零件放进仓库特定位置,并办理入库手续 | 进料检验报告 | 质量工程师 |

（续）

| 程序 | 工作内容 | 输出文件 | 责任部门/人 |
|---|---|---|---|
| 6.1 进料检验不合格品的控制 | 6.1.5 对于影响整机性能的不合格项目，但可以做挑选或修复的零件，质量工程师应在"进料检验报告"中选择"可修复或挑选"，经质量部经理批准后，将"进料检验报告"传给采购部<br>采购部接到"进料检验报告"后，根据零部件的生产需求情况，确定该不合格品是否由供应商亲自处理还是委托本公司生产车间处理。委托本公司处理时，供应商应承担处理费用。<br>质检员应在"需修复或挑选"零件的包装箱上贴"需修复或挑选"标签<br>挑选或修复后的货品，要进行二次报验 | 进料检验报告 | 质量工程师 |
| | 6.1.6 对于影响整机性能的不合格项目，且不能做任何处理（挑选或修复）的零部件，质量工程师在"进料检验报告"中做出"拒收"处理意见，经质量部经理批准后，将"进料检验报告"传给采购部<br>质检员应在"拒收"的零件的包装箱上贴上"拒收"标签。<br>采购部负责进行退货处理，同时通知供应商按要求的时间重新供货 | 进料检验报告 | 质量工程师 |
| 6.2 半成品入库检验中发现的不合格品的控制 | 6.2.1 对检验中判定的不合格批，质检员应在其周转箱上贴不合格品标签 | | 质检员 |
| | 6.2.2 车间将不合格半成品放置在不合格品区域，并做好隔离 | | 车间 |
| | 6.2.3 质检员将"半成品检验报告"送质量工程师，质量工程师对不合格品做出处理意见 | 半成品检验报告 | 质量工程师 |
| | 6.2.4 如做返工处理，质量工程师开出"返工报告单"，经质量部经理批准后送车间执行。<br>质检员应在"需返工"的半成品的周转箱上贴"需返工"标签。<br>车间返工后的半成品由质量部复检 | 返工报告单 | 质量工程师 |
| | 6.2.5 如果做报废处理，质量工程师开出"报废申请单"，经质量部经理审核、生产副总经理批准后传给车间<br>质检员应在"报废"的半成品的周转箱上贴"报废"标签<br>车间将报废的半成品送到仓库，并办理入库手续。仓库应将报废的半成品定期卖掉 | 报废申请单 | 质量工程师 |
| | 6.2.6 如果生产车间认为不合格半成品可以让步接收而无需返工，生产车间应填写"让步接收申请表"，工艺技术部经理在考虑对下道工序或成品的影响程度的基础上，做出是否接收让步申请的决定，让步申请应由生产副总批准<br>对批准让步接收的不合格半成品，质检员应在其周转箱上贴"让步接收"标签<br>车间将"让步接收"的半成品送到仓库，并办理入库手续 | 让步接收申请表 | 生产车间 |

（续）

| 程序 | 工作内容 | 输出文件 | 责任部门/人 |
|---|---|---|---|
| 6.3 成品入库检验中不合格品的控制 | 6.3.1 对检验中判定的不合格批,质检员应在其包装箱上贴不合格品标签 | | 质检员 |
| | 6.3.2 车间将不合格成品放置在不合格品区域,并做好隔离 | | 车间 |
| | 6.3.3 质检员将"成品检验报告"送质量工程师,质量工程师对不合格品做出处理意见 | 成品检验报告 | 质检员 |
| | 6.3.4 如果做返工处理,质量工程师应开出"返工报告单",经质量部经理批准后送车间执行<br>质检员应在"需返工"成品的包装箱上贴"需返工"标签<br>车间返工后的成品由质量部复检 | 返工报告单 | 质量工程师 |
| | 6.3.5 如果生产车间认为不合格成品可以让步接收而无需返工,生产车间应填写"让步接收申请表",送产品研发部经理审核、总经理批准<br>对批准让步接收的不合格成品,质检员应在其包装箱上贴橙色"合格"标签<br>车间将"让步接收"的成品送到仓库,并办理入库手续 | 让步接收申请表 | 生产车间 |

## 7. 过程绩效的监视

| 目标名称 | 计算公式（计算方法） | 目标值 | 监视频率 | 监视单位 |
|---|---|---|---|---|
| 7.1 不合格品没被处理的次数 | 1）采购部应在3天内对进料不合格品进行处理,否则就判采购部没有对不合格品进行处理 | ≤2次/月 | 月度 | 仓库 |
| | 2）车间应在1天内对不合格品进行处理,否则就判车间没有对不合格品进行处理 | ≤2次/月 | 月度 | 质量部 |

## 8. 过程中的风险和机遇的控制（风险应对计划）

| 风险 | 应对措施 | 其他事项 | 执行时间 | 负责人 | 监视方法 |
|---|---|---|---|---|---|
| 8.1 不合格品被使用或被发给顾客 | 1）质量部对不合格品进行100%标识 | | | 质检员 | 质量保证工程师每天对检验状态的标识情况进行检查,发现问题及时处理 |
| | 2）仓库/车间按要求对不合格品进行隔离 | | | 仓库/车间 | 质量保证工程师每天对不合格品的隔离情况进行检查,发现问题及时处理 |
| | 3）严明纪律,谁使用、发出不合格品,都将按《员工奖惩制度》进行处罚 | | | 质量部经理 | 生产副总监督质量部经理开出"员工处罚单" |

## 9. 支持性文件
（无）

## 10. 记录
10.1 进料检验报告
10.2 返工报告单（见表 5.9-1）
10.3 报废申请单
10.4 让步接收申请表（见表 5.9-2）

表 5.9-1 返工报告单

| 订单号 | | 产品名称 | | BOM 号 | |
|---|---|---|---|---|---|
| 本批总数量 | | 不良数量 | | 不良发生日 | |

返工要求：

提出人/日期：

返工结果简述：

返工损耗的计算：

A—投入总人数： B—返工花费时间（小时）： C—辅料损失： D—其他：

投入工时费用 E=A×B×单位小时人工费用=

合计：本次返工损耗 F = E+C+D=

返工责任比例建议（外协厂写真实名称，由返工提出人落实）：

| 部门 | | | | | |
|---|---|---|---|---|---|
| 比例% | | | | | |
| 分摊费用 | | | | | |

车间主任/日期： 返工提出人/日期：

责任部门会签/日期：

返工产品复验、验证：

检验员/日期：

批准人意见：

批准/日期：

### 表 5.9-2　让步接收申请表

| 产品名称： | 规格/型号： |
|---|---|
| 生产单位： | 生产日期： |
| 数量： | 检验报告单号： |
| 申请部门： | 申请日期： |
| 申请理由：<br><br><br><br><br><br><br><br>申请人/日期： | |
| 产品研发部意见：<br><br><br><br><br><br><br>设计师/日期：　　　　　　　　　经理/日期： | |
| 质量部意见：<br><br><br><br><br><br><br><br><br><br>质量部经理/日期： | |
| 总经理批准意见：<br><br><br><br><br><br><br><br><br>总经理/日期： | |

# 第 6 章

# ISO 9001：2015 程序文件——绩效评价类

## 6.1 顾客满意度调查控制程序

**顾客满意度调查控制程序**

**1. 目的**

对顾客满意度调查活动进行规范，确保调查的客观性和有效性，使得调查的结论能真实地反映顾客的满意程度。

**2. 适用范围**

适用于本公司的顾客满意度调查活动。

**3. 职责**

3.1 营销部负责顾客满意度的调查工作。

3.2 管理者代表监督顾客满意度的调查工作。

**4. 过程分析乌龟图**

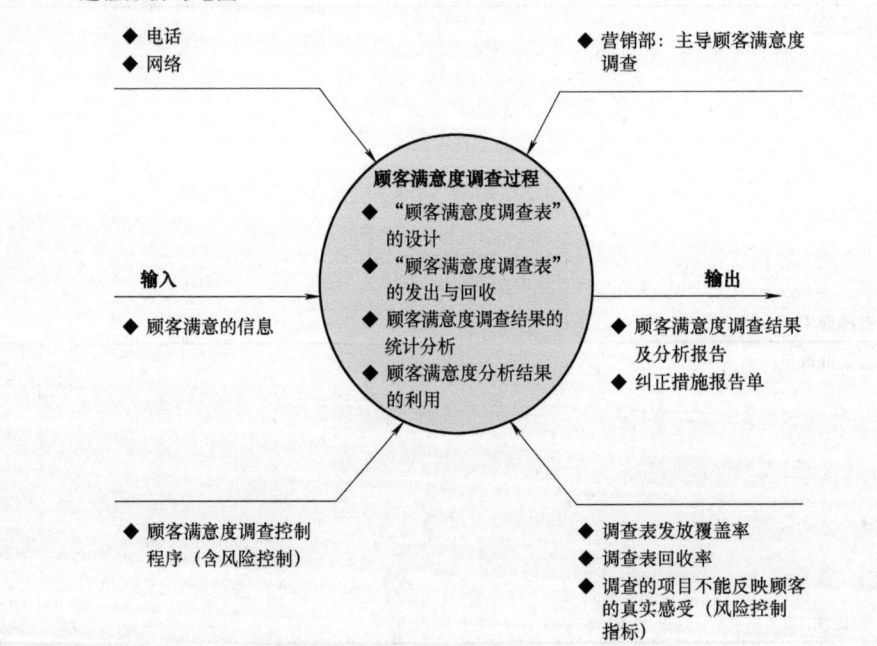

5. 过程流程图

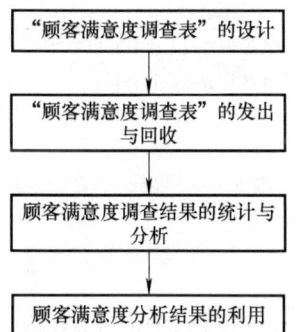

6. 作业程序与控制要求

| 程序 | 工作内容 | 输出文件 | 责任部门/人 |
|---|---|---|---|
| 6.1 "顾客满意度调查表"的设计 | 6.1.1 调查表中评估项目、评估项目占满意度总分的比率见下表<br><br>| 评估项目 | 评估项目占满意度总分的比率 |<br>|---|---|<br>| 产品质量 | 25% |<br>| 交货及时性 | 25% |<br>| 处理顾客问题的速度、效果 | 25% |<br>| 服务态度 | 25% | |  | 营销部 |
| | 6.1.2 针对每一评估项目由顾客给出满意度的等级。等级及其对应的分数见下表<br><br>| 等级 | 对应分数 |<br>|---|---|<br>| 满意 | 100 分 |<br>| 比较满意 | 80 分 |<br>| 一般 | 60 分 |<br>| 不太满意 | 40 分 |<br>| 不满意 | 0 分 | | | 营销部 |
| | 6.1.3 在每次调查时,可根据调查的重点、调查的对象,对调查表中的评估项目数量,以及它们所占的分值比率进行适当的调整 | | 营销部 |
| | 6.1.4 设计出的"顾客满意度调查表"样式需经管理者代表审核、总经理批准 | 顾客满意度调查表 | 营销部 |
| 6.2 "顾客满意度调查表"的发出与回收 | 6.2.1 每年 12 月或者公司认为必要时,营销部向每个顾客派发"顾客满意度调查表",收集顾客对本公司产品、服务质量的意见 | | 营销部 |
| | 6.2.2 营销部要保证发出后的 5 天内 100%收回"顾客满意度调查表" | | 营销部 |

（续）

| 程序 | 工作内容 | 输出文件 | 责任部门/人 |
|---|---|---|---|
| 6.3 顾客满意度调查结果的统计分析 | 6.3.1 每次进行顾客满意度调查后，营销部都要对收回的"顾客满意度调查表"进行整理和统计分析，计算出：<br>1）每一个评估项目的平均分数 = 评估项目的原始分数之和÷调查表数量<br>2）每一个被调查顾客的满意度 = ∑（每一个评估项目的原始分数×设定比率）<br>3）顾客的平均满意度 = 每一个被调查顾客的满意度之和÷调查表的数量 | | 营销部 |
| | 6.3.2 营销部根据对"顾客满意度调查表"的统计分析结果，编制"顾客满意度调查结果及分析报告" 分发总经理、管理者代表、质量部等部门和人员<br>"顾客满意度调查结果及分析报告"至少包括下列内容：<br>1）每一评估项目及总的顾客满意度的统计结果<br>2）特殊统计数值说明。例如，平均分数最低的评估项目，与前次调查结果比较分数降低较大的项目、上升最高的项目<br>3）顾客满意度分析的总结论及改进建议 | 顾客满意度调查结果及分析报告 | 营销部 |
| 6.4 顾客满意度分析结果的利用 | 6.4.1 将分析得出的顾客满意度与相应的质量目标、前几次调查的结果进行对照，以确定：<br>1）顾客满意度的趋势<br>2）顾客满意度与设定目标值的比较结果 | | 营销部 |
| | 6.4.2 在顾客满意度下降（下降≥5%）、顾客满意度达不到目标值、某些评估项目分值很低（≤70分）、顾客有明确投诉时，管理者代表应适时要求有关部门采取纠正措施，详见《纠正措施控制程序》 | | 管理者代表 |

## 7. 过程绩效的监视

| 目标名称 | 计算公式<br>（计算方法） | 目标值 | 监视时机 | 监视单位 |
|---|---|---|---|---|
| 7.1 调查表发放覆盖率 | 调查表发放覆盖率=$\dfrac{\text{进行调查的顾客数量}}{\text{公司的顾客数量}}\times 100\%$ | 100% | 每次调查结束后第5日 | 营销部经理 |
| 7.2 调查表回收率 | 调查表回收率=$\dfrac{\text{回收的调查表数量}}{\text{发放的调查表数量}}\times 100\%$ | 100% | 每次调查结束后第5日 | 营销部经理 |

## 8. 过程中的风险和机遇的控制（风险应对计划）

| 风险 | 应对措施 | 其他事项 | 执行时间 | 负责人 | 监视方法 |
|---|---|---|---|---|---|
| 8.1 调查的项目不能反映顾客的真实感受 | 每次调查均需重新设计调查表。设计调查表前，需向不少于5家重点顾客就调查的项目征询意见，以保证调查的项目能够真实地反映顾客的满意程度 | | | 营销部市场调查员 | 营销部经理检查市场调查员是否就调查项目征询了不少于5家重点顾客的意见 |

## 9. 支持性文件

9.1 《纠正措施控制程序》

## 10. 记录

10.1 顾客满意度调查表（见表 6.1-1）

10.2 顾客满意度调查结果及分析报告（见表 6.1-2）

**表 6.1-1　顾客满意度调查表**

尊敬的顾客：

请您将意见或建议填写在这张表中发给我们，以便我们更好地为您服务。谢谢！

填表注意事项：

1. 请打"√"选择满意度等级

2. 请在 3 天内寄（传）回 AA 科技有限公司销售部

公司地址：深圳市宝安区福永镇永和路 BB 大厦 6 层

电话：0755-88888888-888　　　　电子邮箱：

| 顾客名称 | | | | | | |
|---|---|---|---|---|---|---|
| 顾客地址 | | | | | | |
| 电　　话 | | | | 电子邮箱 | | |
| 填 表 人 | | | | 填表日期 | | |
| 评估项目 | 满意程度 | | | | | 备注 |
| | 满意 | 比较满意 | 一般 | 不太满意 | 不满意 | |
| 产品质量 | | | | | | |
| 交货及时性 | | | | | | |
| 处理质量问题的速度、效果 | | | | | | |
| 服务态度 | | | | | | |

其他不满意之处或建议：

表 6.1-2　顾客满意度调查结果及分析报告

| 编写/日期： | 批准/日期： |
|---|---|

调查起止时间：

调查对象：

调查组织：

（1）主持人：

（2）执行人：

调查概述：

调查结果的统计与分析：

## 6.2 分析与评价控制程序

**分析与评价控制程序**

**1. 目的**

分析质量管理体系的现状，评价质量管理体系运行的绩效和有效性，进而发现趋势，寻找改进质量管理体系的机会和需求。

**2. 适用范围**

适用于与公司产品、过程、体系有关的数据和信息的收集、分析和评价。

**3. 职责**

3.1 管理者代表是数据和信息收集、分析和评价的归口管理者，并负责质量管理体系运行数据和信息的收集、分析和评价。

3.2 质量部负责产品质量、风险控制方面的数据和信息的收集、分析和评价。

3.3 生产部负责生产过程数据和信息的收集、分析和评价。

3.4 采购部负责供应商方面的数据和信息的收集、分析和评价。

3.5 营销部负责市场经营、顾客服务、顾客满意程度、竞争对手方面的数据和信息的收集、分析和评价。

3.6 产品研发部、工艺技术部、财务部等部门负责其业务范围内的数据和信息的收集、分析和评价。

**4. 过程分析乌龟图**

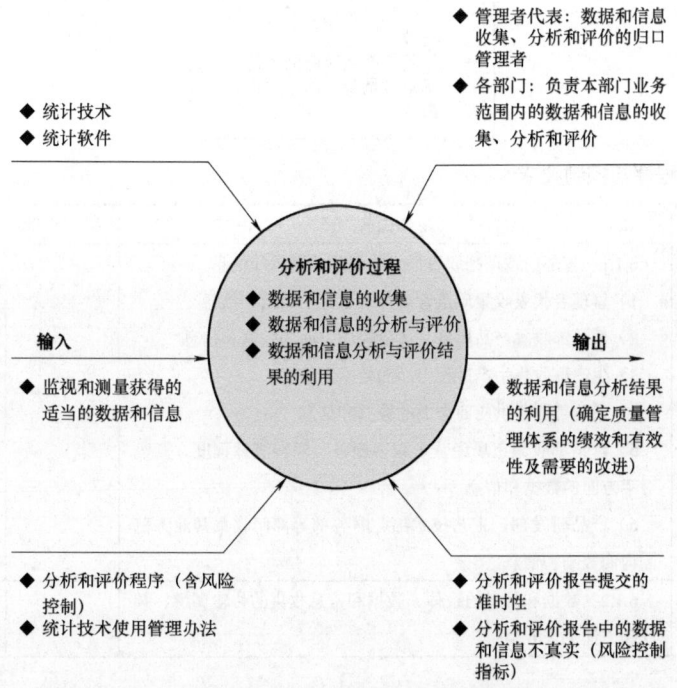

## 5. 过程流程图

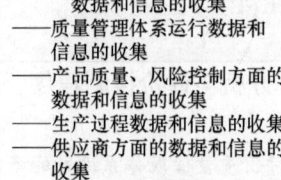

## 6. 作业程序与控制要求

| 程序 | 工作内容 | 输出文件 | 责任部门/人 |
|---|---|---|---|
| 6.1 数据和信息的收集 | 6.1.1 各部门按下列职责要求收集相关数据和信息：<br>1）管理者代表收集质量管理体系运行的数据和信息<br>2）质量部收集产品质量、风险控制方面的数据和信息<br>3）生产部收集生产过程方面的数据和信息<br>4）采购部收集供应商方面的数据和信息<br>5）营销部收集市场经营、顾客服务、顾客满意程度、竞争对手方面的数据和信息<br>6）产品研发部、工艺技术部、财务部等部门收集其业务范围内的数据和信息<br>6.1.2 数据和信息的载体、数据和信息收集的传输渠道、频次和方法见表 6.2-1 | | 相关部门 |

（续）

| 程序 | 工作内容 | 输出文件 | 责任部门/人 |
|---|---|---|---|
| 6.2 数据和信息的分析与评价 | 6.2.1 质量部对产品质量、风险控制方面的数据和信息进行分析和评价，每月编制"质量与风险控制分析报告"，内容包括：<br>1）进料检验、过程检验、成品检验中产品的质量状况和趋势<br>2）产品不合格、顾客退货情况分析<br>3）风险控制措施的有效性分析<br>4）纠正措施实施情况<br>5）所监管的过程绩效指标达成情况及风险控制情况 | 质量与风险控制分析报告 | 质量部 |
| | 6.2.2 营销部对市场经营、顾客服务、顾客满意程度、竞争对手方面的数据和信息进行分析和评价，每月编制"营销与顾客服务分析报告"，内容包括：<br>1）销售情况分析<br>2）订单达成情况分析<br>3）市场趋势、竞争对手情况分析<br>4）回款情况统计与分析<br>5）顾客开拓及进展情况统计与分析<br>6）顾客投诉处理的情况<br>7）顾客的满意度<br>8）所监管的过程绩效指标达成情况及风险控制情况 | 营销与顾客服务分析报告 | 营销部 |
| | 6.2.3 生产部对生产过程方面的数据和信息进行分析和评价，每月编制"生产控制分析报告"，内容包括：<br>1）生产计划达成率分析<br>2）生产效率分析<br>3）生产成本、物料耗损分析<br>4）现场环境、劳动纪律、安全生产情况总结<br>5）所监管的过程绩效指标达成情况及风险控制情况 | 生产控制分析报告 | 生产部 |
| | 6.2.4 采购部对供应商方面的数据和信息进行分析和评价，每月编制"采购与供应商业绩分析报告"，内容包括：<br>1）采购计划达成率分析<br>2）采购成本控制分析<br>3）主要物料的市场价格趋势分析<br>4）供应商业绩分析<br>5）供应商不符合整改情况总结<br>6）所监管的过程绩效指标达成情况及风险控制情况 | 采购与供应商业绩分析报告 | 采购部 |

（续）

| 程序 | 工作内容 | 输出文件 | 责任部门/人 |
|---|---|---|---|
| 6.2 数据和信息的分析与评价 | 6.2.5 工艺技术部对工艺设计、工艺纪律检查、过程能力分析方面的数据和信息进行分析和评价，每月编制"工艺技术与工艺管理分析报告"，内容包括：<br>1）工艺设计与改进情况总结<br>2）工装设计与改进情况总结<br>3）特殊过程的确认及监控情况总结<br>4）关键过程能力分析情况总结<br>5）工艺纪律检查情况总结<br>6）所监管的过程绩效指标达成情况及风险控制情况 | 工艺技术与工艺管理分析报告 | 工艺技术部 |
| | 6.2.6 管理者代表对质量管理体系的运行情况进行监控，并在例行的管理评审前，按《管理评审控制程序》的要求对收集的质量管理体系运行信息进行整理分析，形成"质量管理体系运行情况分析报告"，内容包括：<br>1）公司质量方针、目标实施情况<br>2）过程绩效指标的实现情况<br>3）前次管理评审跟踪措施的落实情况和效果评价<br>4）内、外部质量审核的总结及分析<br>5）质量管理体系文件的变动、组织结构的变动及其他内外部环境的变化<br>6）资源的充分性分析<br>7）质量管理体系适宜性、充分性、有效性，以及与组织战略方向的一致性的初步总体评价 | 质量管理体系运行情况分析报告 | 管理者代表 |
| | 6.2.7 其他部门对其业务范围内的数据和信息进行分析和评价，每月编制"部门总结报告" | 部门总结报告 | 相关部门 |
| | 6.2.8 在数据和信息的分析和评价过程中，可采用相关的统计技术，如趋势图、排列图、直方图、控制图和过程能力分析等，详见《统计技术使用管理办法》 | | |
| | 6.2.9 上述数据和信息的分析和评价报告应按表 6.2-1 的规定发至管理者代表及相关部门 | | |
| 6.3 数据和信息分析与评价结果的利用 | 6.3.1 数据和信息分析与评价结果有助于公司了解、确定：<br>1）产品和服务的符合性<br>2）顾客满意程度<br>3）质量管理体系的绩效和有效性<br>4）策划是否得到有效实施<br>5）风险和机遇应对措施的有效性<br>6）外部供应商的绩效<br>7）质量管理体系改进的需求 | | |

（续）

| 程序 | 工作内容 | 输出文件 | 责任部门/人 |
|---|---|---|---|
| 6.3 数据和信息分析与评价结果的利用 | 6.3.2 在进行数据和信息的分析与评价时，应考虑将结果与相应的质量目标、过程绩效指标进行对照，以确定：<br>1) 过程运行的趋势<br>2) 问题解决的优先顺序 | | |
| | 6.3.3 管理者代表对各部门提交的分析和评价报告进行审查，发现问题时，应按《纠正措施控制程序》的要求责成相关部门采取改进和纠正措施 | | 管理者代表 |
| | 6.3.4 应将数据和信息分析与评价的结果作为绩效考核的重要依据 | | |

**7. 过程绩效的监视**

| 绩效指标 | 计算公式<br>（计算方法） | 指标值 | 监视频率 | 监视单位/人 |
|---|---|---|---|---|
| 7.1 分析和评价报告提交的准时性 | 分析和评价报告提交的准时性<br>$=\dfrac{\text{准时提交的报告数量}}{\text{应提交的报告数量}}\times 100\%$ | ≥98% | 月 | 管理者代表 |

**8. 过程中的风险和机遇的控制**（风险应对计划）

| 风险 | 应对措施 | 其他事项 | 执行时间 | 负责人 | 监视方法 |
|---|---|---|---|---|---|
| 8.1 分析和评价报告中的数据和信息不真实 | 质量保证工程师每月抽5个部门的报告进行检查，复核其原始数据是否准确，数据的加工是否造假，得出的结论是否具有逻辑性。检查结论填写在"数据和信息真实性检查表"中 | | 每月10号对上月报告进行检查 | 质量保证工程师 | 管理者代表对"数据和信息真实性检查表"进行审查 |

**9. 支持性文件**

9.1 《统计技术使用管理办法》

**10. 记录**

10.1 数据和信息传输要求一览表（见表6.2-1）

10.2 质量与风险控制分析报告

10.3 营销与顾客服务分析报告

10.4 生产控制分析报告

10.5 采购与供应商业绩分析报告

10.6 工艺技术与工艺管理分析报告

10.7 质量管理体系运行情况分析报告

10.8 部门总结报告

表 6.2-1 数据和信息传输要求一览表

| 序号 | 类别 | 信息表单 | 具体内容 | 密级 | 发出岗位 | 周期 | 具体时间 | 仓管 | 接收岗位 |
|---|---|---|---|---|---|---|---|---|---|
| 1 | 质量 | 物料入厂检验合格报告 | 来料检验合格数据 | 普通 | 检验室来料检验 | 每天 | 报检后2小时内 | 仓管 | 仓管、工艺、品保、采购 |
| 2 | | 物料入厂检验不合格报告 | 来料检验不合格数据 | 普通 | 检验室来料检验 | 每天 | 报检后2小时内 | 仓管 | 工艺、品保、计划、采购 |
| 3 | | 来料不合格情况日报表 | 每天来料不合格处理情况汇总 | 普通 | 检验室来料检验 | 每天 | 次日9:00前 | 品保 | 品保 |
| 4 | | 来料质量分析月报 | 来料批次合格率、趋势、不合格原因分析等 | 秘密 | 检验室质量统计 | 每月 | 5日前 | 检验室/质量统计 | 检验室/质量统计 |
| 5 | | 总装不良项目记录表 | 总装不良项目、数量 | 普通 | 总装车间质量主管 | 每天 | 次日9:00前 | 品保 | 品保 |
| 6 | | 物料使用过程批量不合格处理单 | 使用过程物料批量不合格数据 | 普通 | 总装车间、配件车间质量主管 | 不定 | 处理完毕1个工作日内 | 品保 | 品保 |
| 7 | | 不合格物料处理统计月报 | 车间工废、料废物料统计 | 普通 | 总装车间、配件车间质量主管 | 每月 | 5日前 | 品保 | 品保 |
| 8 | | 微波炉出厂检验合格报告 | 出厂检验合格数据 | 普通 | 检验室成品检验 | 每天 | 报检后2小时内 | 总装 | 总装 |
| 9 | | 微波炉出厂检验不合格报告 | 出厂检验不合格数据 | 普通 | 检验室成品检验 | 每天 | 报检后2小时内 | 总装 | 总装、工艺 |
| 10 | | 装配质量分析月报 | 装配直通率、不合格项统计、DPMO | 秘密 | 检验室质量统计 | 每月 | 5日前 | 品保 | 品保、检验 |
| 11 | | 配件车间质量日报表 | 配件加工不合格率、不合格项统计 | 普通 | 配件车间检验主管 | 每天 | 次日9:00前 | 品保 | 品保、检验 |
| 12 | | 自制半成品检验报告 | 自制半成品检验记录 | 普通 | 检验室配件检验员 | 每天 | 次日9:00前 | 配件车间 | 配件车间 |
| 13 | | 配件质量分析月报 | 自制件不合格率、不合格项、趋势、原因分析、DPMO | 普通 | 配件车间检验主管 | 每月 | 5日前 | 品保 | 品保 |
| 14 | | 纠正预防措施单 | 内部问题纠正预防 | 普通 | 各部门 | 不定 | 发现问题1个工作日内 | 品保 | 品保 |
| 15 | | 过程异常信息反馈单 | 过程异常情况及处理建议 | 普通 | 总装、配件、研发、仓库等 | 不定 | 发现异常1个工作日内 | 品保 | 品保 |
| 16 | | 成品质量分析月报 | 成品出厂检验合格率、顾客验货合格率、趋势、不合格原因分析及对策 | 秘密 | 检验室配件检验员 | 每月 | 5日前 | 品保 | 品保 |
| 17 | | 产品质量综合分析月报 | 来料、成品、市场品质状况统计分析、趋势、不合格原因分析及对策 | 秘密 | 品保 | 每月 | 10日前 | 各部门负责人、股份公司 | 各部门负责人、股份公司 |

## 6.3 内部质量管理体系审核控制程序

**内部质量管理体系审核控制程序**

**1. 目的**

审核质量管理体系涉及的各部门所开展的质量活动及其结果是否符合要求,确保质量管理体系持续有效地运行,并为质量管理体系的改进提供依据。

**2. 适用范围**

本程序适用于公司内部质量管理体系审核工作。

**3. 职责**

3.1 管理者代表负责制订年度内部质量管理体系审核方案,经总经理批准后实施。

3.2 审核组长负责编写每次内审计划,选定审核员,编写每次审核内审报告。

3.3 审核员接受审核组长的安排,按职责分工编制内审检查表,完成审核工作,做好记录,编写不合格项报告,跟踪验证纠正措施。

3.4 各部门对审核中发现的不合格项,负责制定纠正措施并组织实施。

**4. 过程分析乌龟图**

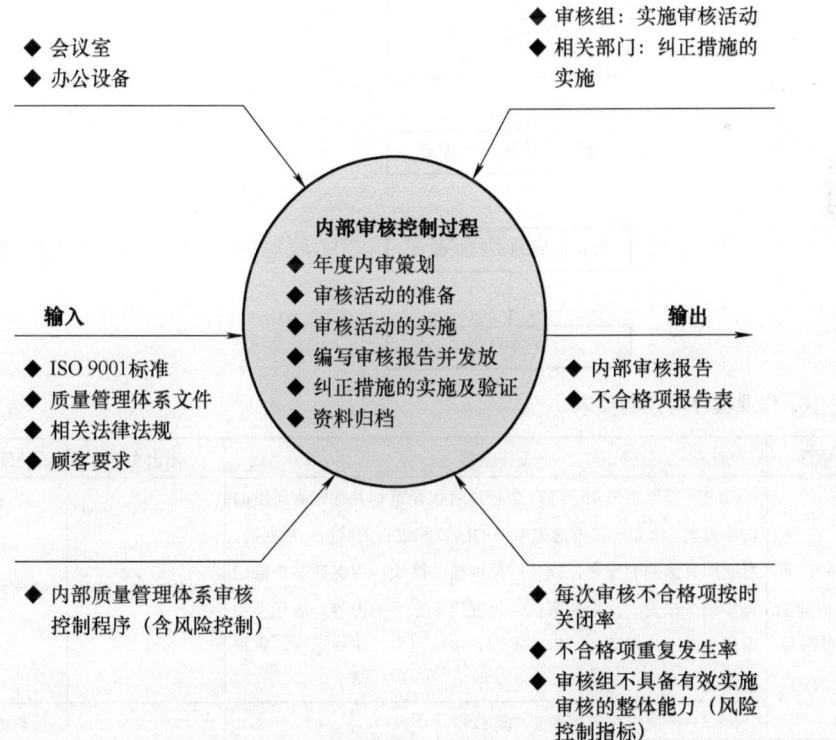

## 5. 过程流程图

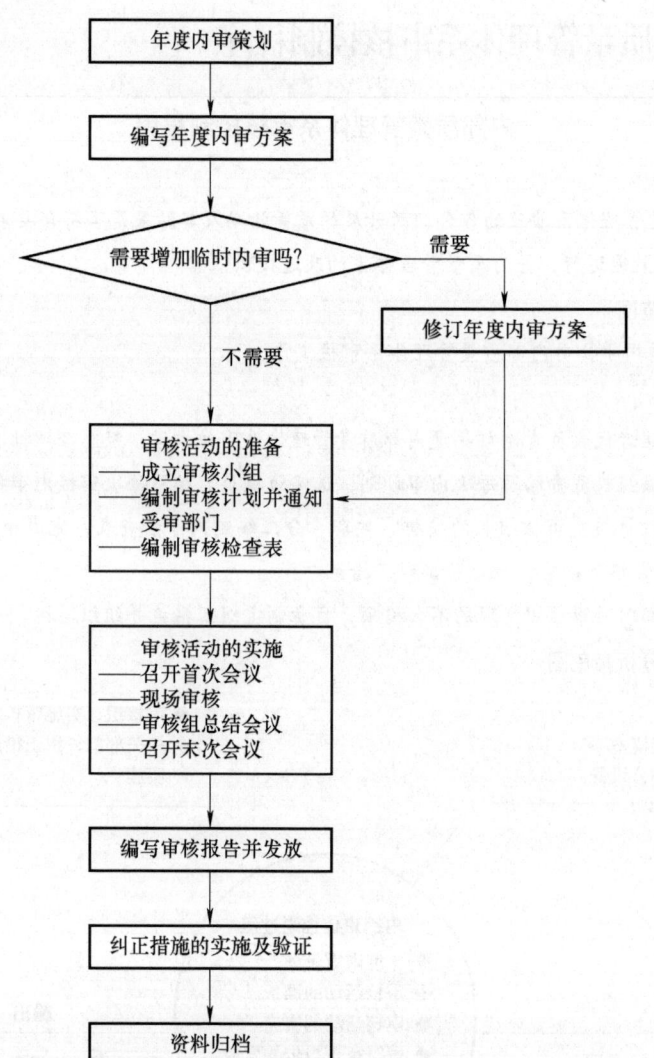

## 6. 作业程序与控制要求

| 程序 | 工作内容 | 输出文件 | 责任部门/人 |
| --- | --- | --- | --- |
| 6.1 年度内审方案的编写 | 6.1.1 每年1月15号前,由管理者代表策划并编制本年度的内审方案,策划时要考虑拟审核的区域和过程的状况、重要性、对组织有影响的变更,以及以往审核的结果。应保证每个部门每年至少接受一次内部审核。年度内审方案的内容一般包括:审核目的、审核职责、审核准则、审核范围、审核频次、审核方法等 | 年度内审方案 | 管理者代表 |
| | 6.1.2 年度内审方案经总经理批准后下发 | | 管理者代表 |

（续）

| 程序 | 工作内容 | 输出文件 | 责任部门/人 |
|---|---|---|---|
| 6.2 年度内审方案的修订 | 6.2.1 在质量管理体系发生重大变化、社会要求（或环境条件）发生变化或者发生严重的质量问题等情况下，管理者代表应根据需要对年度内审方案进行修订，增加内审次数 | 年度内审方案 | 管理者代表 |
| | 6.2.2 修订后的年度内审方案经总经理批准后下发 | | 管理者代表 |
| 6.3 审核活动的准备 | 6.3.1 由管理者代表指定审核组长，并成立审核小组。由审核组长分配审核小组成员的任务。在分配审核任务时应确保审核人员必须是与被审核领域无直接责任的人员 | | 管理者代表 审核组长 |
| | 6.3.2 审核组长负责制订内部审核计划，经管理者代表批准后，在审核前5天下发给受审部门<br>内部审核计划的内容包括：<br>1）受审核的部门、审核的目的、范围、日期<br>2）审核准则<br>3）审核的主要内容及时间安排<br>4）审核员分工 | 内部审核计划 | 审核组长 |
| | 6.3.3 受审部门收到内部审核实施计划以后，如果对审核日期和审核的主要项目有异议，可在2天之内通知审核组，经过协商可以再行安排 | | 受审部门 |
| | 6.3.4 审核组长组织审核组成员编制审核检查表<br>1）由审核员负责编写评价质量管理体系要求的审核检查表<br>2）审核组长协助审核员准备并最终审定审核检查表 | 审核检查表 | 审核员 |
| 6.4 审核活动的实施 | 6.4.1 召开首次会议。召开有审核组全体人员、受审核部门代表、主要工作人员及其陪同人员、管理者代表、高层管理者（必要时）参加的首次会议。首次会议由审核组长主持<br>首次会议的内容包括：<br>1）审核组长介绍审核组成员及其分工<br>2）重申审核的范围、准则和目的<br>3）简要介绍审核采用的方法<br>4）澄清审核实施计划中不明确的内容 | 首次会议签到表、首次会议记录 | 审核组长 |
| | 6.4.2 现场审核。按审核计划的安排进行现场审核<br>1）审核的具体内容按照"审核检查表"进行<br>2）审核员通过交谈，查阅文件、记录，检查现场；收集证据，检查质量体系的运行情况<br>3）现场发现问题时应当场让该项工作负责人（或作业者）确认并记录在"审核检查表"中，以保证不合格项能够完全被理解，有利于纠正 | 填写了审核记录的"审核检查表" | 审核员 |

（续）

| 程序 | 工作内容 | 输出文件 | 责任部门/人 |
|---|---|---|---|
| 6.4 审核活动的实施 | 6.4.3 审核组总结会议。现场审核结束后，末次会议召开前，审核组长召集审核组成员召开审核组总结会议，汇总审核发现，确定所有不合格项报告 | 不合格项报告 | 审核组 |
| | 6.4.4 末次会议。由审核组长主持召开有审核组全体人员、受审核部门代表、主要工作人员及其陪同人员、管理者代表、高层管理者（必要时）参加的末次会议，会议内容包括：<br>1）重申审核的范围、准则和目的<br>2）向受审核方说明审核发现，以使他们清楚理解审核结论<br>3）宣读并发出"不合格项报告表"<br>4）提出审核小组的结论和建议<br>5）审核组长说明对纠正措施采取的监督工作 | | 审核组长 |
| 6.5 审核报告的编制与发放 | 6.5.1 由审核组长编写"审核报告"。"审核报告"的内容包括：<br>1）受审核的部门，审核目的、范围、日期<br>2）审核准则<br>3）审核员、受审部门主要参加人员<br>4）审核概况（审核发现，不合格项的数量，不合格项分布情况等）<br>5）审核结论<br>6）不合格项及纠正要求<br>7）今后质量管理体系改进的建议 | 审核报告 | 审核组长 |
| | 6.5.2 "审核报告"经管理者代表批准后，由审核组长负责分发至正、副总经理、管理者代表、受审核部门、不合格项所涉及的相关部门 | | 审核组长 |
| 6.6 纠正措施的实施与验证 | 6.6.1 纠正措施的制定。责任部门负责人接到"不合格项报告"后，组织对不合格原因进行分析，针对问题产生的原因，拟定纠正措施，交审核员认可。若审核员对纠正措施不予认可，则要求不合格责任部门重新拟定纠正措施 | 填写了纠正措施的"不合格项报告" | 责任部门 |
| | 6.6.2 纠正措施的审批。纠正和预防措施经管理者代表批准后由责任部门执行 | | 管理者代表 |
| | 6.6.3 纠正措施的验证。审核员接到纠正措施计划已完成的通知后，应对所采取的纠正措施的有效性进行验证，填写验证记录。纠正措施采取不力或无效时，审核员报告审核组长或管理者代表，责令责任部门重新制定和实施纠正措施 | 填写了验证记录的"不合格项报告" | 审核员 |
| | 6.6.4 验证有效的纠正措施，涉及文件修改时，应按《文件控制程序》的要求对文件进行修改控制 | 修改后的文件 | 责任部门 |

| 程序 | 工作内容 | 输出文件 | 责任部门/人 |
|---|---|---|---|
| 6.7 资料归档 | 审核结束后的 10 天内,审核组长应将本次审核的全部资料和记录（审核计划,首、末次会议的记录,签到表,审核检查表,不合格项报告及审核报告）全部移交给管理者代表保存,并执行《记录管理要求》 | | 管理者代表 |

**7. 过程绩效的监视**

| 目标名称 | 计算公式（计算方法） | 目标值 | 监视时机 | 监视单位 |
|---|---|---|---|---|
| 7.1 每次审核不合格项按时关闭率 | 每次审核不合格项按时关闭率 $=\dfrac{\text{按计划时间关闭的不合格项}}{\text{审核发现的总不合格项}}\times 100\%$ | ≥98% | 每次审核结束后的第 30 个工作日 | 管理者代表 |
| 7.2 不合格项重复发生率 | 不合格项重复发生率 $=\dfrac{\text{一年中重复发生的不合格项数量}}{\text{一年中审核发现的不合格项总数}}\times 100\%$ | ≤2% | 每年 12 月底进行统计 | 管理者代表 |

**8. 过程中的风险和机遇的控制**（风险应对计划）

| 风险 | 应对措施 | 其他事项 | 执行时间 | 负责人 | 监视方法 |
|---|---|---|---|---|---|
| 8.1 审核组不具备有效实施审核的整体能力 | 选择审核员时,要保证审核员不仅具备 ISO 9001 的知识、审核知识,而且要对受审核部门的工作很熟悉 | | 每次审核都要严格执行 | 审核组长 | 每次审核组成审核组时,管理者代表要对审核员的资格进行审查 |

**9. 支持性文件**

9.1 《文件控制程序》

**10. 记录**

10.1 内部审核方案（见表 6.3-1）

10.2 内部审核计划（见表 6.3-2）

10.3 不合格项报告表（见表 6.3-3）

10.4 内部审核报告（见表 6.3-4）

10.5 不符合项分布表（见表 6.3-5）

10.6 内部审核检查表（见表 6.3-6、表 6.3-7）

### 表 6.3-1　内部审核方案

年度：2016 年

| 方案目的 | 1）检查本公司管理体系是否正常运行，评价管理体系的有效性和符合性<br>2）评价主要供应商的质量管理体系是否有持续提供合格产品的能力 |
|---|---|
| 审核范围 | 1）本公司质量管理体系覆盖的所有部门和过程<br>2）主要供应商的合同评审、设计和开发、采购、生产、检验、防护、售后服务过程 |
| 审核准则 | 1）本公司内部审核准则：ISO 9001：2015 标准、质量手册、程序文件及其他相关文件、适用的法律法规及其他要求<br>2）供应商审核准则：采购合同、ISO 9001 标准 |
| 审核的程序及文件记录 | 内部审核按《内部审核程序》执行，供应商审核执行《供应商管理办法》 |
| 审核方式 | 按部门进行审核 |
| 审核频次、日程、审核组安排 | 1）2016 年 5 月进行第一次内部质量管理体系审核（集中式审核），由曹××、袁××、袁××组成审核组进行审核<br>2）2016 年 11 月进行第二次内部质量管理体系审核（集中式审核），由刘××、孙××、鲁××组成审核组进行审核<br>3）2016 年 6 月对 A 供应商进行审核，由曹××、袁××组成审核组进行审核<br>4）2016 年 8 月对 B 供应商进行审核，由刘××、孙××组成审核组进行审核 |
| 所需资源 | 质量管理部在 2016 年 3 月前购买 30 本内审员培训教材 |
| 审核方案的监视 | 1）审核计划的审核与批准。每次审核组长编制的审核计划，要由质量管理部经理负责审核，检查其与审核方案、审核程序的符合性及策划的合理性，最后由管理者代表批准后予以实施<br>2）审核实施过程的监视。每次审核时由质量管理部派体系专员监督审核实施情况，发现问题，及时解决。每次审核结束后，体系专员要对审核的实施情况进行总结并编写总结报告上交管理者代表、质量管理部经理<br>3）审核结果的监视。管理者代表参加每次审核的末次会议，为审核结论把关，并对实施改进措施提供指导<br>4）审核文件的监视。审核组完成审核后，要将审核的文件与记录交管理者代表，管理者代表按有关规定对其完整性和符合性进行评审 |
| 审核方案的评审 | 1）每次内审结束后，管理者代表召集审核组成员及受审核部门代表对审核工作进行总结，对审核工作是否按《内部审核程序》执行及审核的有效性进行评价<br>2）12 月由管理者代表组织召集审核组长、部门负责人对一年来的审核方案实施情况进行总结，评审审核方案的合理性、审核方案实施的有效性，以及审核工作对企业管理水平提高的贡献程度，并提出改进意见 |
| 内审员的评价与管理 | 1）质量管理部经理负责对所有内审员进行一次考核。考核不合格者，送相关机构培训<br>2）内审员数量不够，2016 年 4 月之前由人力资源部请咨询公司的讲师来公司培训一批内审员，各部门主管要参加内审员培训 |
| 审核报告的分发 | 每次的内审报告要发至受审核部门、质量管理部、管理者代表、正副总经理 |
| 其他 | 1）鉴于 2015 年最后一次审核中在产品研发部发现较多问题，因此 2016 年 5 月进行本年度第一次内审时，需对产品研发部增加审核时间，并由质量管理部经理审核<br>2）应保证审核人员不审核自己的部门 |
| 编制/日期： | 审核/日期：　　　　　　　　批准/日期： |

## 第6章 ISO 9001：2015 程序文件——绩效评价类

**表 6.3-2　内部审核计划**

| 编写/日期： | | 批准/日期： |
|---|---|---|
| 审核目的 | 检查质量管理体系是否正常运行，评价质量管理体系的有效性和符合性 | |
| 审核范围 | 质量手册所要求的相关活动及各有关职能部门，包括公司高层（总经理、管理者代表、副总经理）、产品研发部、质量部、生产部、采购部、营销部、人事行政部（文控中心）、仓库、工艺设备部 | |
| 审核准则 | 1）ISO 9001：2015 标准<br>2）质量手册、程序文件及其他相关文件<br>3）组织适用的法律法规及其他要求 | |
| 审核组成员 | 审核组长：张三<br>审核员：张三、王生（A组）；刘生、赵生（B组）；谢生、钱生（C组） | |
| 审核日期 | 2016 年 3 月 21 日~2016 年 3 月 22 日 | |
| 审核报告发布日期及范围 | 审核报告将于 2016 年 3 月 25 日发布，发放范围为公司正、副总经理，各部门经理，管理者代表及审核组各成员 | |

审核日程安排与分工：

| 日期/时间 | | 审核小组 | 受审部门 | 主要活动及涉及的标准条款 |
|---|---|---|---|---|
| | 9：00~9：30 | 所有成员 | 所有部门 | 首次会议 |
| 3月21日 | 9：30~12：00 | A | 仓库 | 8.5.1、8.5.2、8.5.3、8.5.4、8.7 |
| | | C | 生产部 | 7.1.5、8.5.1、8.5.2、8.5.4、8.5.6、8.6、8.7 |
| | 14：00~17：00 | A | 营销部 | 8.2、8.3、8.5.1、8.5.5、9.1.2 |
| | | B | 采购部 | 8.4、8.7、9.1.3、10.2 |
| | | C | 产品研发部 | 7.1.5、8.2、8.3、8.5.1、8.5.4、8.5.6、8.7 |
| | 17：00~17：30 | 所有成员 | | 审核组内部会议（沟通一天审核情况） |
| 3月22日 | 9：00~12：00 | A | 公司高层 | 4.1、4.2、4.3、4.4、5、6、7、8.1、9.1.1、9.1.3、9.2、9.3、10.1、10.3 |
| | | B | 工艺设备部 | 7.1.3、7.1.4、8.3、8.5.1、8.5.4、8.5.6、8.7 |
| | | C | 质量部 | 7.1.5、8.1、8.3、8.4、8.5.1、8.5.2、8.6、8.7、10.2 |
| | 14：00~16：00 | B | 行政人事部 | 7.1.2、7.1.6、7.2、7.3、7.5.2、7.5.3 |
| | 16：00~16：30 | 所有成员 | | 审核组内部总结会议（整理审核结果、开不符合项报告） |
| | 16：30~17：30 | 所有成员 | 所有部门 | 末次会议 |

注：ISO 9001 中的 5.3、6.1、6.2、7.1.2、7.1.3、7.1.4、7.1.6、7.2、7.3、7.4、7.5.2、7.5.3、9.1.3、10.2、10.3 等为公用条款，在每个部门都可以审核

**ISO 9001：2015**

文件编写实战通用教程

### 表 6.3-3　不合格项报告表

| 受审核区域/负责人：机械加工车间/孙×× | | 审核日期：2016.9.14 |
|---|---|---|
| 审核员：刘×× | 向导：张×× | 描述不合格项的检查表：检查表 No. 0007 |

**不合格陈述：**

机械加工车间在半年内（2016 年 3 月至 9 月）连续发生三起类似的质量问题，即加工完的齿轮箱内有切屑及工件未倒角，锐边割伤工人手指等，每次都采取扣奖金及教育的办法，未能收到避免再发生的效果

不符合　　文件：　　COP36《纠正措施控制程序》（A/1）
　　　　　标准：　　ISO 9001：2015 中的 10.2.1 条款

不合格类型：□严重　　■一般

审核员/日期：_____　　责任部门负责人/日期：_____

**原因分析：**
1. 箱体加工后缺少一道检验工序来检查内部清洁
2. 锐边倒角未纳入设计图样及工艺文件
3. 工时定额过紧，工人为追求定额而放松质量

**纠正措施计划：**
1. 建议检验规程中增加检查工件内部清洁的检验工序
2. 建议设计图样上一律注明需倒角的地方
3. 建议工艺文件中增加倒角工序
4. 请人事行政部研究箱体加工及其他零件加工工时定额是否过紧，是否需调整

纠正措施预计完成时间：_____

责任部门负责人/日期：_____　　管理者代表/日期：_____

**纠正措施验证结果：**
1. 检验科已在有关检验规程中增加检查加工后清洁度的工序，已于 9 月 16 日完成
2. 设计科已开始全面检查各产品零件图样，如果发现未注明锐边倒角之处，均增加 1×45° 或 1.5×45° 倒角的字样，此工作可望在 9 月 30 日前完成
3. 工艺科已开始全面检查工艺文件，在机械加工工艺卡中增加倒角程序，此工作可望在 9 月 30 日前完成
4. 人事行政部研究后认为工时定额不算太紧，无调整的必要

审核员/日期：_____

表 6.3-4  内部审核报告

| | |
|---|---|
| 审核目的 | 检查质量管理体系是否正常运行,评价质量管理体系的有效性和符合性 |
| 审核范围 | 质量管理体系覆盖的所有部门及工作现场,包括总经理、管理者代表/副总经理、产品研发部、质量部、生产部、仓库、营销部、人事行政部、工艺设备部 |
| 审核准则 | 1）ISO 9001：2015 标准<br>2）质量手册、程序文件<br>3）相关法律法规及其他要求 |
| 审核组成员 | 组长：张生<br>第一组：张生、李四<br>第二组：王二、张三 |
| 审核日期 | 20××年 6 月 18 日~6 月 20 日 |
| 审核过程综述（含审核发现） | 按公司计划,审核组 4 人于 6 月 18 日开始进行为期 3 天的现场审核<br>公司对这次审核很重视,正、副总经理等出席了首、末次会议,并为审核提供了支持和方便,审核过程中也得到公司各有关部门主管和全体人员的积极配合,整个审核过程是在认真、求实、坦诚的气氛中进行的。由于大家的共同努力,使审核活动能按计划圆满完成<br>在 3 天的审核中,审核组检查了与公司质量管理体系有关的各个部门,包括总经理、管理者代表/副总经理、产品研发部、质量部、生产部、仓库、营销部、人事行政部、工艺设备部。同时查看了生产现场和各项设施,同公司领导、管理者代表、部门主管及普通员工等 20 多人进行了交谈。对 ISO 9001 的所有要求作了抽查证实<br>通过检查,审核组发现:公司的质量管理体系在文件规定和实际运行方面完全按照 ISO 9001 标准的要求进行,但各部门对 ISO 9001 标准、程序文件的熟悉方面尚有一定差距,需进一步完善与提高<br>在审核中发现了 1 个严重不符合项、7 个一般不合格项,填写了 8 张不合格报告单,分别涉及到 ISO 9001 中的产品和服务的设计和开发（8.3）、外部提供过程、产品和服务的控制（8.4）、生产和服务提供的控制（8.5.1）、标识和可追溯性（8.5.2）、防护（8.5.4）、交付后的活动（8.5.5）、产品和服务的放行（8.6）、不合格输出的控制（8.7）等过程。这些不合格项分布在产品研发部、采购部、生产部、仓库、营销部、质量部 6 个部门。这些不符合报告已得到了责任部门的确认,并提出了纠正措施的完成期限<br>需要指出的是,审核是抽样进行的,可能有些实际存在的问题未被发现。在一些部门发现不符合,并不意味着这些部门搞得不好,没发现或者发现很少不符合,也不表示这些部门工作不存在问题。对没审核到的,各部门应按标准和规定的质量管理体系要求进行自查。在采取改进措施时,要做到举一反三,切忌"头疼医头、脚疼医脚",应从整体着手,系统地改进和不断完善自身的质量管理体系,使之更趋完善和协调 |
| 审核结论 | 审核组认为:<br>（1）公司的质量管理体系**基本符合** ISO 9001 标准的要求<br>（2）公司的质量管理体系**运行有效**,具体表现在:<br>1）过程识别充分<br>2）法律、法规和其他要求的识别很充分并能在工作中得到认真遵守<br>3）质量方针得到全面贯彻 |

（续）

| | |
|---|---|
| 审核结论 | 4）质量目标得到全面落实<br>5）文件化体系得到有效的实施<br>6）人力资源、基础设施、工作环境充分，知识管理得到实现<br>7）主要过程、关键活动、风险得到有效控制，过程绩效逐步提高（可附上过程绩效统计表作为附件）<br>8）产品一次交付合格率逐月提高（可附上产品一次交付合格率统计表作为附件）<br>9）员工质量意识得到了提高，能自觉遵守与本岗位有关的程序和作业文件的规定<br>10）顾客投诉能得到及时处理，顾客满意度达到公司的要求<br>11）质量管理体系通过了A、B、C等公司的第二方审核，并达到了这些公司的优秀供应商的水平<br>12）内审、管理评审、纠正措施等自我完善机制运行有效，能及时发现问题并改进<br>注意：审核结论中必须有符合性、有效性方面的结论 |
| 纠正措施实施要求和期限 | 要求各个部门于20××年7月10日前完成纠正措施并向审核组长提交书面报告，审核组将采取书面与现场相结合的方式予以验证 |
| 审核报告发布日期及范围 | 1）正、副总经理、管理者代表、质量部<br>2）受审核部门<br>3）审核组成员 |
| 附件 | 1）质量管理体系审核不符合项分布表<br>2）不符合报告 |

| 编制/日期 | | 批准/日期 | |
|---|---|---|---|

## 表 6.3-5　不符合项分布表

| ISO 9001 标准要求 | 各部门不符合项数量 | | | | | | | | | | 合计 | |
|---|---|---|---|---|---|---|---|---|---|---|---|---|
| | 总经理 | 管理者代表 | 副总经理 | 仓库 | 质量部 | 产品研发部 | 生产部 | 营销部 | 采购部 | 工艺设备部 | 人事行政部 | 一般不符合 | 严重不符合 |
| 4　组织环境 | | | | | | | | | | | | | |
| 4.1　理解组织及其环境 | | | | | | | | | | | | | |
| 4.2　理解相关方的需求和期望 | | | | | | | | | | | | | |
| 4.3　确定质量管理体系的范围 | | | | | | | | | | | | | |
| 4.4　质量管理体系及其过程 | | | | | | | | | | | | | |
| 5　领导作用 | | | | | | | | | | | | | |
| 5.1　领导作用和承诺 | | | | | | | | | | | | | |
| 5.1.1　总则 | | | | | | | | | | | | | |

# 第6章 ISO 9001：2015程序文件——绩效评价类

（续）

| ISO 9001 标准要求 | 各部门不符合项数量 | | | | | | | | | | 合计 | |
|---|---|---|---|---|---|---|---|---|---|---|---|---|
| | 总经理 | 管理者代表 | 副总经理 | 仓库 | 质量部 | 产品研发部 | 生产部 | 营销部 | 采购部 | 工艺设备部 | 人事行政部 | 一般不符合 | 严重不符合 |
| 5.1.2 以顾客为关注焦点 | | | | | | | | | | | | | |
| 5.2 方针 | | | | | | | | | | | | | |
| 5.3 组织岗位、职责和权限 | | | | | | | | | | | | | |
| 6 策划 | | | | | | | | | | | | | |
| 6.1 应对风险和机遇的措施 | | | | | | | | | | | | | |
| 6.2 质量目标及其实现的策划 | | | | | | | | | | | | | |
| 6.3 变更的策划 | | | | | | | | | | | | | |
| 7 支持 | | | | | | | | | | | | | |
| 7.1 资源 | | | | | | | | | | | | | |
| 7.1.1 总则 | | | | | | | | | | | | | |
| 7.1.2 人员 | | | | | | | | | | | | | |
| 7.1.3 基础设施 | | | | | | | | | | | | | |
| 7.1.4 过程运行环境 | | | | | | | | | | | | | |
| 7.1.5 监视和测量资源 | | | | | | | | | | | | | |
| 7.1.6 组织的知识 | | | | | | | | | | | | | |
| 7.2 能力 | | | | | | | | | | | | | |
| 7.3 意识 | | | | | | | | | | | | | |
| 7.4 沟通 | | | | | | | | | | | | | |
| 7.5 形成文件的信息 | | | | | | | | | | | | | |
| 7.5.1 总则 | | | | | | | | | | | | | |
| 7.5.2 创建和更新 | | | | | | | | | | | | | |
| 7.5.3 形成文件的信息的控制 | | | | | | | | | | | | | |
| 8 运行 | | | | | | | | | | | | | |
| 8.1 运行策划和控制 | | | | | | | | | | | | | |
| 8.2 产品和服务的要求 | | | | | | | | | | | | | |
| 8.3 产品和服务的设计和开发 | | | | | | ★ | | | | | | | 1 |

（续）

| ISO 9001标准要求 | 各部门不符合项数量 | | | | | | | | | | | 合计 | |
|---|---|---|---|---|---|---|---|---|---|---|---|---|---|
| | 总经理 | 管理者代表 | 副总经理 | 仓库 | 质量部 | 产品研发部 | 生产部 | 营销部 | 采购部 | 工艺设备部 | 人事行政部 | 一般不符合 | 严重不符合 |
| 8.4 外部提供过程、产品和服务的控制 | | | | | | | | | × | | | 1 | |
| 8.5 生产和服务提供 | | | | | | | | | | | | | |
| 8.5.1 生产和服务提供的控制 | | | | | | | × | | | | | 1 | |
| 8.5.2 标识和可追溯性 | | | | | | | × | | | | | 1 | |
| 8.5.3 顾客或外部供方的财产 | | | | | | | | | | | | | |
| 8.5.4 防护 | | | | × | | | | | | | | 1 | |
| 8.5.5 交付后的活动 | | | | | | | | × | | | | 1 | |
| 8.5.6 更改控制 | | | | | | | | | | | | | |
| 8.6 产品和服务的放行 | | | | | × | | | | | | | 1 | |
| 8.7 不合格输出的控制 | | | | | × | | | | | | | 1 | |
| 9 绩效评价 | | | | | | | | | | | | | |
| 9.1 监视、测量、分析和评价 | | | | | | | | | | | | | |
| 9.1.1 总则 | | | | | | | | | | | | | |
| 9.1.2 顾客满意 | | | | | | | | | | | | | |
| 9.1.3 分析与评价 | | | | | | | | | | | | | |
| 9.2 内部审核 | | | | | | | | | | | | | |
| 9.3 管理评审 | | | | | | | | | | | | | |
| 10 改进 | | | | | | | | | | | | | |
| 10.1 总则 | | | | | | | | | | | | | |
| 10.2 不合格和纠正措施 | | | | | | | | | | | | | |
| 10.3 持续改进 | | | | | | | | | | | | | |
| 合计 一般不符合 | | | | 1 | 2 | | 2 | 1 | 1 | | | 7 | |
| 合计 严重不符合 | | | | | | | 1 | | | | | | 1 |

说明：×表示一般不符合项，★表示严重不符合项

表 6.3-6 内部审核检查表（按过程进行审核）

| 受审核过程：设备管理 | | 编制/日期： | | | 批准/日期： | | |
|---|---|---|---|---|---|---|---|
| 审核员： | | 审核日期： | | 依据文件：设备管理程序、相关设备操作及维护保养规定 | | | |

| 检查项目 | | 提问 | 检查方法 | | | | 审核地点 | 检查结果 |
|---|---|---|---|---|---|---|---|---|
| | | | 标准条款 | 文件条款 | 文件查阅 | 现场检查 | | |
| 1. 设备的配置 | | ◆ 是否根据生产的需要提出了"设备配置申请表"？ | | | √ | | 设备部 | |
| | | ◆ 设备外购时，是否开具了"请购单"交生产副总经理批准？ | | | √ | | 设备部 | |
| 2. 设备的验收 | | ◆ 设备购置时，是否要求供应商提供必要的备件、图样资料和使用说明书？ | | | √ | | 设备部 | |
| | | ◆ 设备购回后，设备部是否对购置的设备按说明书或用装箱单逐一进行了清点？技术资料是否归设备部存档？ | | | √ | | 设备部 | |
| | | ◆ 设备部是否组织生产部、生产工艺部等有关部门对井安装验收并填写"设备验收单"？ | | | √ | √ | 设备部 | |
| | | ◆ 设备部是否进行安装验收并对设备进行编号并记入设备台账？ | | | √ | √ | 设备部 | |
| | | ◆ 设备的精度、规格是否符合要求？操作控制系统是否稳定可靠？ | | | √ | √ | 生产部 | |
| 3. 设备的使用管理 | 3.1 设备的分类管理 | ◆ 是否将设备分为A、B、C三类，设备的类别是否在设备台账上做了注明？ | | | √ | √ | 设备部 生产现场 | |
| | 3.2 设备的操作与维护规程 | ◆ 设备部是否组织编写了设备的操作与维护规程？内容是否完整并具有可操作性？ | | | √ | √ | 设备部 生产现场 | |

(续)

| 受审核过程：设备管理 | | | 编制/日期： | | 批准/日期： | | |
|---|---|---|---|---|---|---|---|
| 审核员： | | | 审核日期： | | | | |
| | | | 依据文件：设备管理程序、相关设备操作及维护保养规定 | | | | |
| 检查项目 | | 提问 | 检查方法 | | | | 检查结果 |
| | | | 标准条款 | 文件条款 | 文件查阅 | 现场检查 | 审核地点 |
| 3. 设备的使用管理 | 3.3 设备操作人员 | ◆ 操作工是否经过培训，掌握了设备操作技能及日常保养方法？操作工是否持证上岗？ | | | √ | | 设备部 人力资源部 生产现场 |
| | | ◆ 操作工是否熟悉所使用设备的性能、操作要领及日常保养方法？是否严格遵守有关的设备操作与维护规程？ | | | √ | √ | 设备部 生产现场 |
| | 3.4 设备使用注意事项 | ◆ 对于A类设备，是否做好了"设备运行记录"？连续运行时，是否办理了"设备交接班记录"？ | | | √ | √ | 生产现场 |
| | | ◆ 长期闲置而又不报废的设备，设备部是否对该设备进行了封存并在设备上挂上了"闲置设备"牌？是否对闲置设备进行了防护处理？ | | | √ | √ | 设备部 生产现场 |
| | | ◆ 检修中的设备是否挂上了红色检修牌？ | | | √ | √ | 设备部 生产现场 |
| | 3.5 设备备件管理 | ◆ 设备维修、保养所常的备品、配件是否充足？备品、配件的管理是否符合规定要求？ | | | √ | √ | 设备部 设备仓库 |
| 4. 设备的保养 | | ◆ 使用者是否对设备进行了日常保养并填写了"设备日常保养记录"？ | | | √ | √ | 生产现场 |
| | | ◆ 设备部是否对设备进行了定期保养并填写了"设备定期保养记录"？ | | | √ | √ | 设备部 生产现场 |
| | | ◆ 每年12月份，设备部是否做好了下年度的设备定期保养计划？ | | | √ | | 设备部 |

(续)

受审核过程：设备管理　　　　　　　编制/日期：　　　　　　　批准/日期：
审核员：　　　　　　　　　　　　　审核日期：
依据文件：设备管理程序、相关设备操作及维护保养规定

| 检查项目 | | 提问 | 检查方法 | | | 审核地点 | 检查结果 |
|---|---|---|---|---|---|---|---|
| | | | 标准条款 | 文件条款 | 文件查阅 | 现场检查 | |
| 5.设备的维修 | | ◆设备在日常使用过程中发生故障时，是否及时进行了修理并填写了"设备检修单"？ | | | √ | | 设备部 | |
| 6.设备的转移 | | ◆设备转移至其他部门时，是否填写了"固定资产内部转移单"？ | | | √ | | 设备部 | |
| 7.设备的外借 | | ◆设备从所在部门借出时，是否办理了借用登记手续？ | | | √ | | 设备部 | |
| 8.设备的报废 | | ◆设备报废时，是否填写了"固定资产报废单"？ | | | √ | | 设备部 | |
| 9.设备的盘点 | | ◆设备部和财务部是否每年对设备作一次总盘点？ | | | √ | | 设备部/财务部 | |
| 10.设备事故的处理 | | ◆发生设备事故时，设备使用部门是否及时上报设备部等有关部门？设备部是否会同使用部门查明了事故原因及责任者，并采取了必要的整改措施？ | | | √ | | 设备部 | |
| 11.设备管理过程绩效的实现情况 | 11.1 设备能力100%合格 | ◆设备能力是否足够？有无达到目标要求？未达到目标要求时，如何改进？ | | | √ | | 设备部 | |
| | 11.2 平均故障率≤5% | ◆平均故障率是多少？有无达到目标要求？未达到目标要求时，如何改进？ | | | √ | | 设备部 | |
| | 11.3 备件可得率≥98% | ◆备件可得率是多少？有无达到目标要求？未达到目标要求时，如何改进？ | | | √ | | 设备部 | |
| 12.设备管理过程风险控制 | 12.1 风险——设备不能满足工艺要求 | ◆风险是如何控制的？设备不能满足工艺要求时，如何改进？ | | | √ | | 设备部 | |

表 6.3-7 内部审核检查表（按部门进行审核）

| 受审核部门：质量部 | | | | 编制/日期： | | 批准/日期： | | |
|---|---|---|---|---|---|---|---|---|
| 审核准则：ISO 9001、体系文件、适用法律法规 | | | | 审核日期： | | 审核员： | | |
| ISO 9001 条款 | 检查内容 | 是否适用 | 参考文件 | 检查方法 | | | | 检查结果记录 |
| | | | | 提问 | 文件查阅 | 现场检查 | | |
| 6.1 应对风险和机遇的措施 | ● 风险的识别、分析与评价及有关应对措施 | | | ● 是否对本公司面临的风险进行了识别、分析与评价？ | √ | | | |
| | | | | ● 本公司面临哪些风险？有无风险应对措施？采取的风险应对措施是否与风险应对产品、服务的符合性的潜在影响相适应？ | √ | √ | | |
| | ● 风险应对措施的监控与改进 | | | ● 是否对风险应对措施进行了监督检查，并根据检查结果，适时对应对措施进行了改进。 | √ | √ | | |
| 7.1.5 监视和测量资源 | ● 监测设备的配置 | | | ● 如何选择所需准确度和精确度的监测设备？能否证明监测设备能够满足监视和测量活动的需要？ | √ | √ | | |
| | | | | ● 采购时，是否有"监测设备采购申请单"（查 3~5 种量具）？ | √ | | | |
| | | | | ● 监测设备购回后，是否进行了验收并填写了"监测设备开箱验收单"？ | √ | | | |
| | | | | ● 质量部是否对所有监测设备进行了编号，并填写了"监测设备管理台账"？ | √ | | | |
| | | | | ● 监测设备领用部门领用监测设备时，是否在"监测设备领用登记表"上登记？ | √ | | | |

（续）

受审核部门：质量部　　　　　　　　　　　　　编制/日期：　　　　　　　　批准日期：

审核准则：ISO 9001、体系文件、适用法律法规　　审核日期：　　　　　　　　审核员：

| ISO 9001 条款 | 检查内容 | 是否适用 | 参考文件 | 检查方法 | | | 检查结果记录 |
|---|---|---|---|---|---|---|---|
| | | | | 提问 | 文件查阅 | 现场检查 | |
| 7.1.5 监视和测量资源 | ◆ 监测设备的校准（测量的可追溯性） | √ | | ◆ 是否在使用前或者按规定的周期对监测设备进行校准或检定（或确认）？其依据是否有可依据国际或国家标准？无标准时是否有可追溯到的校准规程？ | √ | | |
| | | | | ◆ 是否保存了检定、校准的记录？内校是否有"监测设备内部校准记录表"？ | √ | √ | |
| | | | | ◆ 是否编制了"监测设备校准周期一览表"？ | √ | | |
| | | | | ◆ 是否编制了年度"监测设备校准计划"并实施？ | √ | √ | |
| | | | | ◆ 校准人员有无培训合格（可现场要求校准人员进行操作演示）？ | √ | √ | |
| | | | | ◆ 有无校准状态标志？校准状态标志是否在有效期内？ | √ | √ | |
| | | | | ◆ 不适合标签时，如何识别校准状态？ | √ | | |
| | | | | ◆ 校准的环境（温度、湿度）是否符合规定 | √ | | |
| | ◆ 监测设备的使用、保管 | | | ◆ 是否建立了对测量人员、测试方法、测试设备管理部门行控制的过程，是否明确要求，测试环境进和责任人？ | √ | | |
| | | | | ◆ 是否有必要的监测设备使用说明书/作业指导书？ | √ | | |

· 237 ·

| 受审核部门：质量部 | | | | | | | (续) |
|---|---|---|---|---|---|---|---|
| 审核准则：ISO 9001、体系文件、适用法律法规 | | | | 编制/日期： | | 批准日期： | |
| | | | | 审核日期： | | 审核员： | |
| ISO 9001 条款 | 检查内容 | 是否适用 | 参考文件 | 检查方法 提问 | 文件查阅 | 现场检查 | 检查结果记录 |
|---|---|---|---|---|---|---|---|
| 7.1.5 监视和测量资源 | ◆ 监测设备的使用、保管 | √ | | ◆ 是否按规定调整测试设备，如何防止因调整不当引起校准失效或者测量结果无效？ | √ | | |
| | | | | ◆ 测试人员有无培训合格？ | √ | √ | |
| | | | | ◆ 有无防止监测设备在使用、搬运、维护和储存期间损坏或失效的措施（包括工作环境、储存条件等）？ | √ | √ | |
| | | | | ◆ 监测设备停用时要贴"封存证"标签，报废时应填写"监测设备报废申请单"，请问是否这样做了？ | √ | | |
| | ◆ 监测设备不合格时的处理 | √ | | ◆ 发现监测设备不合格时，是否对已测产品或监测设备进行了评价，并填写了"监测结果及监测设备的评价报告"？ | √ | | |
| | | | | ◆ 是否根据评价结果，采取了相应的处置措施？ | √ | | |
| | | | | ◆ 监测设备修理后是否进行了校准？ | √ | | |
| 8.3 产品和服务的设计和开发 | ◆ 如何参加新产品研发的评审、验证、确认工作？ | √ | | ◆ 质量部是否参加设计评审并在"设计评审报告"上签名？主要评审什么？有无评审不当之处？ | √ | | |
| | | | | ◆ 是否对试制样机与生产样机进行了检验？有无检验报告？ | | | |
| | | | | ◆ 质量部是如何参加样机鉴定与产品定型鉴定？是否在"样机鉴定报告"与"产品鉴定报告"上签名？ | √ | | |

（续）

| 受审核部门：质量部 | | | | 编制/日期： | | 批准/日期： | |
| --- | --- | --- | --- | --- | --- | --- | --- |
| 审核准则：ISO 9001、体系文件、适用法律法规 | | | | 审核日期： | | 审核员： | |
| ISO 9001 条款 | 检查内容 | 是否适用 | 参考文件 | 检查方法（提问） | 文件查阅 | 现场检查 | 检查结果记录 |
| 8.4 外部提供的过程、产品和服务的控制 | ◆参与采购控制 | | | ◆质量部在协助采购部选择供应商时起什么作用？<br>◆质量部每月是否对供应商供货的质量情况进行统计分析？<br>◆如何开展对供应商的质量管理体系的审核？ | √<br>√<br>√ | | |
| 8.5.1 生产和服务提供的控制 | ◆参与生产过程控制与特殊过程确认 | | | ◆为生产车间配置的监测设备是否合适？<br>◆是否在生产线的适宜位置设置了检验站（点）能否确保生产过程的输出满足要求？<br>◆是否在产品放行、交付前进行了检验？<br>◆质量部应协同生产部、工艺部、产品研发部一起对特殊过程进行确认。确认合格后，质量部应在"特殊过程确认报告"中签字，请问是否有这样做？做的情况如何？ | √<br>√<br>√<br>√ | √<br>√ | |
| 8.5.2 标识和可追溯性 | ◆产品检验状态标识 | | | ◆如何进行进货物料检验状态的标识？<br>◆半成品检验状态的标识如何做？<br>◆完成品检验状态的标识如何做？<br>◆包装出货产品检验状态的标识如何做？<br>◆是否保护好了检验状态标识？ | | √<br>√<br>√<br>√ | |

（续）

| 受审核部门：质量部 | | | | 编制/日期： | 批准/日期： | | |
| --- | --- | --- | --- | --- | --- | --- | --- |
| 审核准则：ISO 9001、体系文件、适用法律法规 | | | | 审核日期： | 审核员： | | |
| ISO 9001条款 | 检查内容 | 是否适用 | 参考文件 | 检查方法 | | | 检查结果记录 |
| | | | | 提问 | 现场检查 | 文件查阅 | |
| 8.6 产品和服务的放行 | ◆进货检验 | | | ◆是否进行了进料检查，是否按要求做好了相应的"进料检验记录"（抽12份）？ | √ | √ | |
| | | | | ◆供应商是否按要求提供了合格证书？ | √ | √ | |
| | ◆过程检验 | | | ◆是否按要求进行了巡检并填写巡检记录？ | √ | √ | |
| | | | | ◆是否按要求在检验工序对正在加工的产品进行了检验并填写了相关记录（如有的话）？ | √ | √ | |
| | ◆成品检验 | | | ◆是否对已完工成品进行了检验，并填写"产品检验报告"？ | √ | √ | |
| | | | | ◆产品放行时，是否所有规定的验证活动已经完成？ | √ | √ | |
| | ◆例外放行 | | | ◆例外放行是否得到相关授权人员的批准（必要时得到顾客的批准）？ | | √ | |
| | | | | ◆例外放行对让步放行有无影响产品质量？ | | √ | |
| | ◆检验记录的管理 | | | ◆是否规定了记录的保存周期、存放的地点、条件是否适宜？是否便于检索？ | | √ | |
| | | | | ◆记录是否项目清楚、数据齐全，是否能够证实符合批准则的要求？ | | √ | |
| | | | | ◆检验记录是否标明负责产品放行的授权责任者？ | | √ | |

# 第6章 ISO 9001：2015 程序文件——绩效评价类

（续）

受审核部门：质量部　　　　　　　　　　编制/日期：　　　　　　　　　批准日期：

审核准则：ISO 9001、体系文件、适用法律法规　　审核日期：　　　　　　　　审核员：

| ISO 9001 条款 | 检查内容 | 是否适用 | 参考文件 | 检查方法 | | | 检查结果记录 |
|---|---|---|---|---|---|---|---|
| | | | | 提问 | 文件查阅 | 现场检查 | |
| 8.7 不合格输出的控制 | ◆不合格输出控制的职责和权限 | | | ◆是否明确了不合格输出控制（标识、评审、处置等）的职责和权限？是否充分？ | √ | | |
| | | | | ◆对让步处理是否做出了规定？ | √ | | |
| | | | | ◆当发现进料整批或部分不合格时，如何进行处理？ | √ | √ | |
| | | | | ◆生产过程中发现零部件不合格时，如何进行处理？ | √ | √ | |
| | ◆不合格输出的处置 | | | ◆成品检验整批不合格时，如何进行处置？ | √ | √ | |
| | | | | ◆不合格输出的处置方式是否与不合格的性质及其对产品和服务符合性的影响相适应？ | √ | | |
| | | | | ◆是否对不合格的状况（状况记录可能涉及时间、地点、批次、产品编号、缺陷描述等）、评审结论、处置措施进行了记录？记录上是否指明对不合格做出处置决定的责任人？ | | √ | |
| | | | | ◆当发现发货顾客的产品不合格时，是否通知了顾客？ | √ | | |
| | | | | ◆不合格品得到纠正之后是否再次验证？ | √ | | |
| | | | | ◆交付或使用后发现的不合格品，本公司是否给予修理、调换或赔偿？ | √ | | |

· 241 ·

(续)

| 受审核部门：质量部 | | | | 编制/日期： | 批准/日期： | | |
|---|---|---|---|---|---|---|---|
| 审核准则：ISO 9001、体系文件、适用法律法规 | | | | 审核日期： | 审核员： | | |
| ISO 9001 条款 | 检查内容 | 是否适用 | 参考文件 | 检查方法 | | 检查结果记录 | |
| | | | | 提问 | 文件查阅 | 现场检查 | |
| 8.7 不合格输出的控制 | ◆让步放行 | | | ◆让步放行是否得到有关授权人员的批准（必要时得到顾客的批准）？ | √ | | |
| | | | | ◆有无让步放行记录，记录上有无指明授权让步的责任人？ | √ | | |
| 9.1.3 分析与评价 | ◆质量数据分析 | | | ◆质量部每月对质量检验信息进行统计分析，编制"月度质量分析报告"，内容包括进料检验、过程检验、成品检验中产品的质量状况和趋势等。"月度质量分析报告"报总经理、管理者代表及有关部门。请问质量部是否这样做？在分析报告里，是否根据分析结论提出了必要的纠正措施建议？ | √ | | |
| | | | | ◆质量部是否每月对过程绩效指标的达标情况进行分析？是否根据分析提出了必要的纠正措施建议？ | √ | | |
| | | | | ◆质量部是否按要求每季度对风险控制措施的有效性进行了分析与评价？是否根据分析提出了必要的纠正措施建议？ | √ | | |
| 10.3 持续改进 | | | | ◆质量部是否按要求每月对顾客投诉、退货情况进行了分析与评价？是否根据分析情况提出必要的纠正措施建议？ | √ | | |

（续）

| 受审核部门：质量部 | | | | 编制/日期： | | 批准日期： | |
|---|---|---|---|---|---|---|---|
| 审核准则：ISO 9001、体系文件、适用法律法规 | | | | 审核日期： | | 审核员： | |
| ISO 9001 条款 | 检查内容 | 是否适用 | 参考文件 | 检查方法 | | | 检查结果记录 |
| | | | | 提问 | 文件查阅 | 现场检查 | |
| 9.1.3 分析与评价 | ◆ 统计技术的使用及其效果 | √ | | ◆ 使用了哪些统计技术（查看"统计技术应用明细表"）？<br>◆ 统计技术使用的场合是否恰当？统计技术使用是否正确？<br>◆ 如何检查统计技术的应用效果（查看"统计技术应用检查报告"）。 | √<br>√<br>√ | √<br>√ | |
| 10.3 持续改进 | ◆ 对不合格做出的响应 | | | ◆ 发生不合格时，是否采取措施控制和纠正不合格？<br>◆ 是否采取措施消除不合格产生的影响？ | √<br>√ | √<br>√ | |
| 10.2 不合格和纠正措施 | ◆ 纠正措施实施的时机 | | | ◆ 当同一供应商同一种产品连续两批不合格（拒收）或者在生产过程中发现来料严重不合格时，质量部是否向该供应商发出"供货质量反馈单"，要求其采取纠正措施？<br>◆ 过程、产品出现重大质量问题时（这些质量问题来自检验报告、工作联系单等），质量部是否发出"纠正和预防措施通知单"，要求采取纠正和预防措施？ | √ | √ | |

| 受审核部门：质量部 | | | | 编制/日期： | | 批准/日期： | （续） |
|---|---|---|---|---|---|---|---|
| 审核准则：ISO 9001、体系文件、适用法律法规 | | | | 审核日期： | | 审核员： | |
| ISO 9001条款 | 检查内容 | 是否适用 | 参考文件 | 检查方法 | | | 检查结果记录 |
| | | | | 提问 | 文件查阅 | 现场检查 | |
| 10.2 不合格和纠正措施 | ◆纠正措施实施的时机 | √ | | ◆当成品出现翻箱时，质量部是否向责任部门发出"纠正和预防措施通知单"？ | √ | | |
| | | | | ◆顾客投诉，如属于产品质量问题，质量部是否向责任部门发出了"纠正和预防措施通知单"？ | √ | | |
| | | | | ◆采取纠正措施时，是否进行了下列工作：<br>1）评审不合格<br>2）分析并确定不合格原因<br>3）评价纠正措施的需求<br>4）制定纠正措施并在必要时更新以往策划的风险和机遇<br>5）实施纠正措施并评审其效果 | √ | | |
| | ◆纠正措施的实施 | | | ◆必要时，是否对质量管理体系进行了更新？是否将成功措施引起的更改纳入文件？ | √ | | |
| | | | | ◆是否保存纠正措施实施的记录，记录中包括不合格性质、原因分析、纠正措施的内容、完成情况、有效性评审的结论等？ | √ | | |

## 6.4 管理评审控制程序

### 管理评审控制程序

**1. 目的**

确保质量管理体系的持续适宜性、充分性、有效性，并与组织的战略方向一致。

**2. 适用范围**

适用于公司总经理组织公司的管理层对质量管理体系进行的评审。

**3. 职责**

3.1 总经理负责主持管理评审会议，批准管理评审计划和管理评审报告。

3.2 管理者代表负责编制管理评审的计划、管理评审报告，对落实管理评审输出中的决定和措施负责。

3.3 各部门负责人负责准备并提供本部门主管的各项工作的实施情况报告，制定并实施管理评审输出中与本部门有关的各项纠正、改进措施。

**4. 过程分析乌龟图**

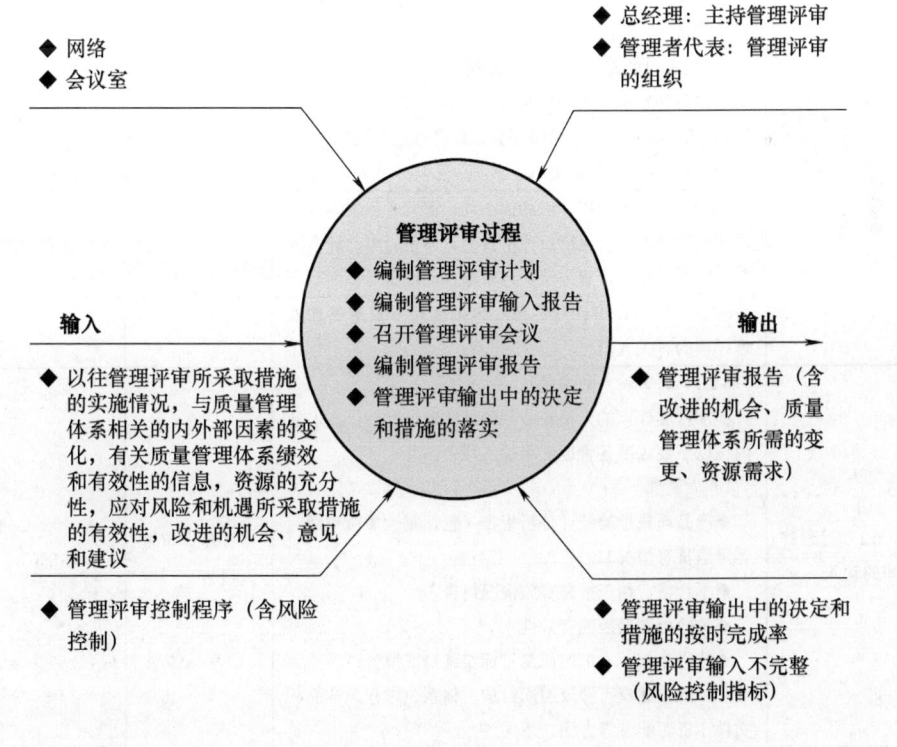

## 5. 过程流程图

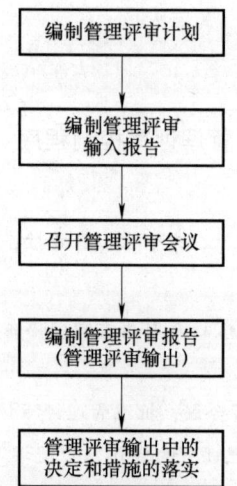

## 6. 作业程序与控制要求

| 程序 | 工作内容 | 输出文件 | 责任部门/人 |
|---|---|---|---|
| 6.1 编制管理评审计划 | 6.1.1 管理评审频次<br>一般情况下，公司于每年的1月就上一年的工作进行年终总结（管理评审）。在下列情况下，由公司总经理提出，适时进行阶段总结（管理评审）：<br>1）当公司的组织结构、产品结构发生重大调整、市场环境条件发生重大变化时<br>2）当公司发生重大质量事故、顾客有重大投诉时<br>3）当总经理认为必要时 | | |
| | 6.1.2 在实施管理评审的前2周，管理者代表编制管理评审计划，内容包括：评审目的、评审内容、评审人员、时间安排、评审方法、评审输入的准备等 | 管理评审计划 | 管理者代表 |
| | 6.1.3 管理评审计划经总经理批准后下发给参加管理评审的有关人员 | | |
| 6.2 管理评审的输入 | 6.2.1 评审输入的准备<br>参加管理评审的人员在收到管理评审计划后，在1周内按以下要求准备管理评审输入报告：<br>1）质量部<br>◆产品质量检验统计分析报告（包括重大质量事故、客户退货等情况）<br>◆不合格、纠正措施实施情况报告<br>◆风险控制措施的有效性<br>◆改进建议、本部门质量目标实施情况报告<br>注：改进建议可涉及组织结构、体系、过程、产品、文件、资源配置等方面，下同 | 管理评审输入报告 | 各部门 |

（续）

| 程序 | 工作内容 | 输出文件 | 责任部门/人 |
|---|---|---|---|
| 6.2 管理评审的输入 | 2）产品研发部<br>◆新产品开发情况报告<br>◆产品改进落实情况报告<br>◆改进建议、本部门质量目标实施情况报告<br>3）工艺设备部<br>◆工艺设计与改进情况总结<br>◆工艺检查情况报告（包括特殊过程的确认及监控情况，工艺纪律的执行情况等）<br>◆设备维修保养情况报告<br>◆改进建议、本部门质量目标实施情况报告<br>4）生产部<br>◆生产计划的执行情况报告<br>◆生产成本、物料耗损情况报告<br>◆生产现场控制情况报告<br>◆劳动纪律、生产安全执行情况报告<br>◆改进建议、本部门质量目标实施情况报告<br>5）仓库<br>◆仓库管理、产品储存状况报告<br>◆改进建议、本部门质量目标实施情况报告<br>6）采购部<br>◆采购计划达成率分析<br>◆采购成本控制分析<br>◆主要物料的市场价格趋势分析<br>◆供应商业绩分析<br>◆改进建议、本部门质量目标实施情况报告<br>7）人事行政部<br>◆组织机构、职责分配、人力资源的总体分析报告<br>◆人员培训情况报告<br>◆知识管理情况总结<br>◆改进建议（包括员工合理化建议）、本部门质量目标实施情况报告<br>8）营销部<br>◆服务情况报告（包括顾客满意度、顾客投诉处理的情况及顾客反馈的其他信息等） | | |

（续）

| 程序 | 工作内容 | 输出文件 | 责任部门/人 |
|---|---|---|---|
| 6.2 管理评审的输入 | ◆本年度销售及市场分析报告（包括市场环境的变化等）<br>◆合同的执行状况报告<br>◆新产品开发建议<br>◆改进建议、本部门质量目标实施情况报告<br>9）生产车间<br>◆车间生产计划完成情况报告<br>◆生产过程质量控制情况报告<br>◆生产现场控制情况报告<br>◆改进建议、本部门质量目标实施情况报告<br>10）管理者代表<br>管理者代表对各部门提交的报告进行分析，并在此基础上编写质量管理体系运行情况总结报告，内容包括：<br>◆公司质量方针、目标实施情况<br>◆过程绩效指标的实现情况<br>◆前次管理评审跟踪措施的落实情况和效果评价<br>◆内、外部质量审核的总结及分析<br>◆质量管理体系文件的变动、组织结构的变动及其他内外部环境的变化<br>◆资源的充分性分析<br>◆质量管理体系适宜性、充分性、有效性，以及与组织战略方向的一致性的初步总体评价<br>◆改进建议 | | |
| | 6.2.2 评审输入资料的提交<br>1）各职能部门/人员应于收到管理评审计划后的一周内将管理评审输入报告提交给管理者代表。管理者代表在此基础上，准备全面的质量管理体系运行情况总结报告<br>2）各职能部门/人员应在管理评审实施前1周，将其管理评审输入报告发送给所有参加管理评审的人员 | | 各部门 |
| 6.3 召开管理评审会 | 6.3.1 按管理评审计划中确定的时间召开管理评审会。管理评审会由总经理主持，管理者代表负责会议的准备工作，做好会议签到和会议记录并予以保存 | | 总经理 |

（续）

| 程序 | 工作内容 | 输出文件 | 责任部门/人 |
|---|---|---|---|
| 6.3 召开管理评审会 | 6.3.2 管理评审的内容。参加管理评审会议的人员，结合各部门提交的管理评审输入报告，就以下内容进行评审<br>1）以往管理评审所采取措施的实施情况<br>2）与质量管理体系相关的内外部因素的变化<br>3）有关质量管理体系绩效和有效性的信息，包括其趋势：<br>① 顾客满意和相关方的反馈<br>② 质量目标的实现程度<br>③ 过程绩效及产品和服务的符合性<br>④ 不合格及纠正措施<br>⑤ 监视和测量结果<br>⑥ 内、外部审核结果<br>⑦ 外部供方的绩效<br>4）资源的充分性<br>5）应对风险和机遇所采取措施的有效性<br>6）改进的机会、意见和建议 |  | 与会人员 |
|  | 6.3.3 管理评审中应确定需纠正、改进的项目，并落实责任部门 |  | 与会人员 |
|  | 6.3.4 评审结论（评审输出）。总经理在以上评审的基础上做出评审结论并对评审后的纠正、改进活动提出明确要求。评审结论包括：<br>1）质量管理体系的适宜性、充分性、有效性，并与组织的战略方向一致的结论<br>2）组织机构是否需要调整？<br>3）方针、目标是否适宜？是否需要修改？<br>4）质量管理体系是否需要变更？质量管理体系文件（主要指质量手册、程序文件）是否需要修改？<br>5）资源配备是否充足，是否需调整增加？<br>6）过程、产品、风险控制及其他方面改进的决定和措施<br>7）制订下一年度质量目标的建议 |  | 总经理 |
| 6.4 管理评审报告 | 6.4.1 管理评审会结束后 3 日内，由管理者代表组织编写出"管理评审报告"。报告应包括管理评审的结论（见 6.3.4） | 管理评审报告 | 管理者代表 |
|  | 6.4.2 管理评审报告经总经理审批后，分发给参加管理评审的有关部门/人员 |  | 管理者代表 |

（续）

| 程序 | 工作内容 | 输出文件 | 责任部门/人 |
|---|---|---|---|
| 6.5 管理评审输出中的决定和措施的落实 | 6.5.1 对管理评审中确定的需采取纠正措施的项目，由管理者代表责成质量部填写"纠正措施报告单"，下发给相应的责任部门。纠正措施的实施与跟踪验证执行《纠正措施控制程序》 | 纠正措施报告单 | 质量部 |
| | 6.5.2 需采取改进措施时，由责任部门提交相应的改进计划，经管理者代表审核，总经理批准后，发给相关部门予以执行。质量部对改进措施实施情况进行跟踪和验证 | | 质量部 |

**7. 过程绩效的监视**

| 目标名称 | 计算公式（计算方法） | 目标值 | 监视时机 | 监视单位 |
|---|---|---|---|---|
| 7.1 管理评审输出中的决定和措施的按时完成率 | $\dfrac{\text{按时完成的决定和措施的数量}}{\text{管理评审输出中的决定和措施的数量}} \times 100\%$ | 100% | 按计划 | 管理者代表 |

**8. 过程中的风险和机遇的控制**（风险应对计划）

| 风险 | 应对措施 | 其他事项 | 执行时间 | 负责人 | 监视方法 |
|---|---|---|---|---|---|
| 8.1 管理评审输入不完整 | 管理者代表对各部门的管理评审输入报告进行检查，不完整的要重写 | | | 管理者代表 | 管理评审输入报告必须有管理者代表审查签字 |

**9. 支持性文件**
9.1 《纠正措施控制程序》
**10. 记录**
10.1 管理评审计划（见表 6.4-1）
10.2 管理评审输入报告
10.3 管理评审报告（见表 6.4-2）

表 6.4-1　管理评审计划

| 编写/日期： | 批准/日期： |
|---|---|

**1. 评审目的**
确保质量管理体系的持续适宜性、充分性、有效性，并与组织的战略方向一致。
**2. 评审内容**
1）质量管理体系的适宜性：质量方针、质量目标及质量管理体系的过程及文件要求是否符合当前组织的现状？特别是在组织的内、外部环境变化时是否仍能符合组织的实际？
2）质量管理体系的充分性：组织是否已在质量管理体系建立时识别了与质量有关的全部过程？随组织内、外部环境的变化而进行的改进中是否考虑了对过程的补充与完善？过程是否充分细化展开？过程职责特别是过程的接口职责是否都已明确？资源（人员、资金、设施、设备、技术、方法、工作环境等）的配置是否充分？文件是否充分？顾客的需求和期望，特别是顾客潜在的需求和未来的需求是否充分识别清楚了？在组织内、外部环境变化引发产品、过程、资源需求增加时，原来系统、全面的体系是否还能保持充分性？

## 第6章 ISO 9001：2015 程序文件——绩效评价类

（续）

| 编写/日期： | 批准/日期： |
| --- | --- |

3）质量管理体系的有效性：质量方针是否得到有效贯彻？质量目标是否实现？对产品质量的控制是否有效？质量管理体系过程及其相互关系是否得到有效控制？产品质量是否得到改善和提高？顾客是否满意？顾客满意度是否提高？员工的能力、质量意识有无改善和提高？员工是否自觉遵守与本职工作有关的文件规定？组织自我监督、自我改进和自我完善的机制是否运行有效（可以监测结果为依据，通过监测和测量、不合格品控制、纠正措施、内部审核、管理评审等活动的实施状况和效果来判断）？风险控制措施是否有效？

4）质量管理体系与组织战略方向的一致性：质量管理体系与其他管理体系是否具有兼容性？质量管理体系的实施是否有助组织战略方向的实现？

5）质量管理体系适宜性、充分性、有效性、与组织战略方向的一致性方面需要进行哪些改进和变更？

**3. 管理评审的方式**

采用召开管理评审会议的方式，对评审的内容进行讨论、分析、评价，最后确认结果并形成管理评审报告。

**4. 评审人员及分工**

1）管理评审会议由总经理主持，质量管理体系负责人（管理者代表）协助。

2）各部门经理/主管参加管理评审。

**5. 管理评审的时间安排及地点**

2016年12月28日在三号会议室进行2016年度管理评审。

**6. 评审输入的准备**

各部门/人员准备下列报告，并在12月20日前提交给管理者代表。

注：各部门可将下列多份报告的内容汇总在一份报告里。

（1）质量部

1）产品质量检验统计分析报告（包括重大质量事故、客户退货等情况）。

2）不合格、纠正措施实施情况报告。

3）风险控制措施的有效性。

4）改进建议、本部门质量目标实施情况报告。

注：改进建议可涉及组织结构、体系、过程、产品、文件、资源配置等方面，下同。

（2）产品研发部

1）新产品开发情况报告。

2）产品改进落实情况报告。

3）改进建议、本部门质量目标实施情况报告。

（3）工艺设备部

1）工艺设计与改进情况总结。

2）工艺检查情况报告（包括特殊过程的确认及监控情况，工艺纪律的执行情况等）。

3）设备维修保养情况报告。

4）改进建议、本部门质量目标实施情况报告。

（4）生产部

（续）

| 编写/日期： | 批准/日期： |
|---|---|

1）生产计划的执行情况报告。

2）生产成本、物料耗损情况报告。

3）生产现场控制情况报告。

4）劳动纪律、生产安全执行情况报告。

5）改进建议、本部门质量目标实施情况报告。

（5）仓库

1）仓库管理、产品储存状况报告。

2）改进建议、本部门质量目标实施情况报告。

（6）采购部

1）供应商业绩情况报告。

2）改进建议、本部门质量目标实施情况报告。

（7）人事行政部

1）组织机构、职责分配、人力资源的总体分析报告。

2）人员培训情况报告。

3）知识管理情况总结。

4）改进建议（包括员工合理化建议）、本部门质量目标实施情况报告。

（8）营销部

1）服务情况报告（包括顾客的满意度、顾客投诉处理的情况，以及顾客反馈的其他信息等）。

2）本年度销售及市场分析报告（包括市场环境的变化等）。

3）合同的执行状况报告。

4）新产品开发建议。

5）改进建议、本部门质量目标实施情况报告。

（9）生产车间

1）各车间生产计划完成情况报告。

2）生产过程质量控制情况报告。

3）生产现场控制情况报告。

4）改进建议、本部门质量目标实施情况报告。

（10）管理者代表

管理者代表对各部门提交的报告进行分析，并在此基础上编写"质量管理体系运行情况总结报告"，内容包括：

1）公司质量方针、目标实施情况。

2）过程绩效指标的实现情况。

3）前次管理评审跟踪措施的落实情况和效果评价。

4）内、外部质量审核的总结及分析。

5）质量管理体系文件的变动、组织结构的变动，以及其他内外部环境的变化。

6）资源的充分性分析。

7）质量管理体系适宜性、充分性、有效性，以及与组织战略方向的一致性的初步总体评价。

8）改进建议。

# 第6章 ISO 9001：2015程序文件——绩效评价类

**表6.4-2 管理评审报告**

| 评审目的：确保质量管理体系的持续适宜性、充分性、有效性，并与组织的战略方向一致 | | | |
|---|---|---|---|
| 评审主持人：张总经理 | | 评审时间：2016年12月28日 | |
| 评审项目 | | 现状陈述、存在问题及改进建议（评审纪要） | 评审结论（包括改进措施） |
| 上次管理评审跟踪措施的完成情况 | | 3项纠正措施已按时验证完毕 | 公司自我完善能力较好 |
| 有无影响质量管理体系的变化环境 | | 不存在影响质量管理体系的变化环境 | 不存在影响质量管理体系的变化环境 |
| 质量管理体系的绩效和有效性（包括其趋势） | 顾客满意状况及其他相关方的反馈事宜 | 1）12月15日进行了顾客满意度调查，顾客满意度为95%<br>2）2016年1月以来到现在，共收到顾客书面投诉××次，电话投诉××次，这些投诉均得到了及时解决 | 1）顾客满意度达到了公司设定的目标<br>2）能及时处理顾客投诉 |
| | 质量方针、质量目标实施情况 | 1）质量目标实现情况见附表1（略）<br>2）建议将质量目标"成品入仓一次检验合格率"适当提高，提高到95% | 1）通过质量目标的分析，可以看出公司的质量方针、质量目标是适宜的。质量目标的实现有利于组织战略方向的实现<br>2）将质量目标"成品入仓一次检验合格率"提高到95% |
| | 过程绩效、产品与服务的符合性情况 | 1）过程绩效实现情况见附表2（略）<br>2）2016年产品检验统计分析表见附表3（略）<br>3）2016年顾客投诉及建议统计分析表见附表4（略）<br>4）S3型电话机投诉较多，主要反映该机易误操作。建议改进S3型电话机的按键设置 | 1）过程绩效呈稳步上升趋势<br>2）产品质量逐月提高<br>3）产品研发部对S3型电话机进行改进，2017年3月5日拿出样机 |
| | 不合格和纠正措施的状况 | 2016年1月至今，共发出××份"纠正和预防措施要求单"，已按时验证完毕 | 公司自我完善能力较好 |
| | 监视和测量结果 | 公司对各项工作的检查包括职能部门的检查、公司级的工作检查、部门的自查，这些检查情况都反映在各部门的总结报告中。从中可以看出，公司的各项工作都在顺利有效地进行 | 从公司的各项检查结果中，可以判定公司的各项工作都在顺利有效地进行 |
| | 内、外部质量审核结果 | 1）第一次内审开出的×项不合格项报告，已于×月×日验证完毕<br>…… | 对于运作过程中的问题，能迅速采取纠正措施 |
| | 外部供应商的绩效 | 外部供应商的绩效见附表5《供应商年度绩效统计分析表》（略） | 从《供应商年度绩效统计分析表》可知，供应商绩效在稳步上升，说明公司对供应商的管理是到位的 |

（续）

| 评审项目 | 现状陈述、存在问题及改进建议（评审纪要） | 评审结论（包括改进措施） |
|---|---|---|
| 资源配置的充分性 | 公司现有资源，总体上能够满足实现公司的质量方针和达到公司的质量目标 | 资源配置充分、得当 |
| 应对风险和机遇措施的有效性 | 本公司 2016 年未出现风险失控现象 | 风险控制措施有效 |
| 部门报告中的改进建议 | 质量部建议用颜色标识的方法对不同批次的来料进行标识，以保证先进先出 …… | 仓库将从 2017 年 1 月 5 日开始对不同批次的来料进行颜色标识 …… |
| 组织结构、管理职能 | 5 月份，公司将物控部取消，在生产部设立计划科，并设立独立的采购部。从运作的效果来看是合理的 | 组织结构、职能分配合理 |
| 质量手册、程序文件等体系文件 | 2016 年 5 月修改了质量手册、10 份程序文件，各部门反映良好 | 质量手册、程序文件有很强的可操作性 |

总结论：

（评审结论中必须有质量管理体系的适宜性、充分性、有效性、与组织战略方向的一致性的结论）

1）公司的质量方针是适宜的

2）公司的质量管理体系是适宜的、充分的、有效的，并与组织的战略方向一致

3）就本次管理评审提出的改进措施××××（注：需详细说明哪些改进措施，可使用附件列出改进措施），希有关部门尽快拿出计划并实施

4）制订下一年度质量目标、过程绩效指标的建议

……

评审参加人员：

| 评审人 | 部门 | 职位 | 评审人 | 部门 | 职位 |
|---|---|---|---|---|---|
|  |  |  |  |  |  |
|  |  |  |  |  |  |
|  |  |  |  |  |  |

| 编制/日期： | 审核/日期： | 批准/日期： |
|---|---|---|

# 第 7 章

# ISO 9001：2015 程序文件——改进类

## 7.1 纠正措施控制程序

**纠正措施控制程序**

**1. 目的**

规定纠正措施的实施，以消除不合格的原因，防止不合格的再次发生。

**2. 适用范围**

适用于对管理活动采取的纠正措施的控制（内部质量管理体系审核发现的不符合的纠正措施执行《内部质量管理体系审核控制程序》，顾客质量投诉执行《顾客投诉处理程序》）。

**3. 职责**

3.1 纠正措施由"纠正措施报告单"发出部门负责监督和检查其执行情况。

3.2 纠正措施责任部门的负责人组织进行原因分析和纠正措施的制定和实施。

3.3 总经理批准所需实施的纠正和预防措施。

3.4 管理者代表对纠正措施的实施过程进行监督。

**4. 过程分析乌龟图**

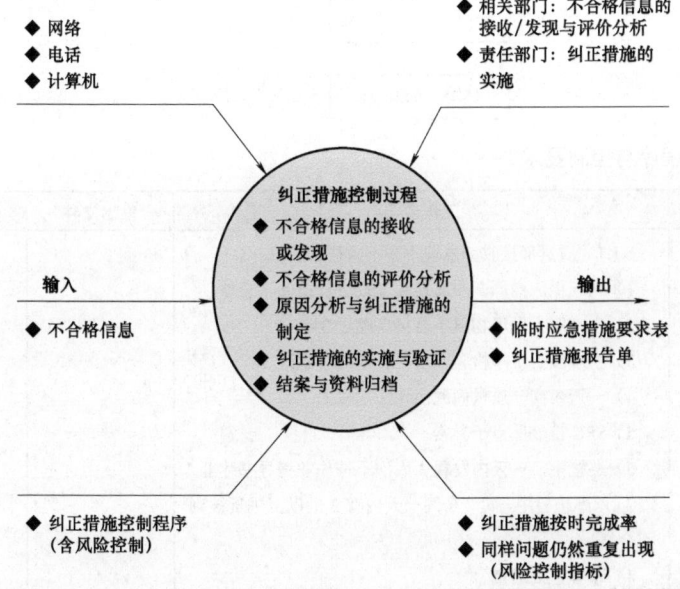

## 5. 过程流程图

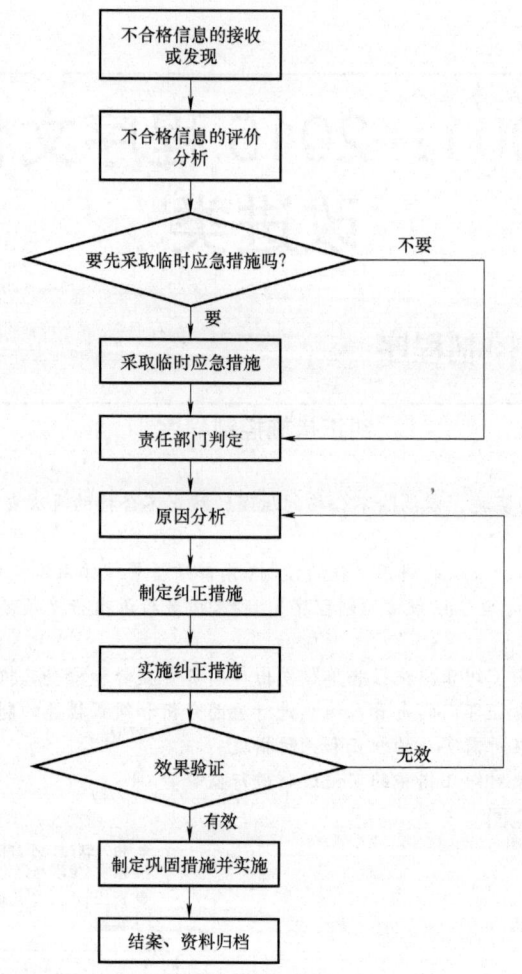

## 6. 作业程序与控制要求

| 程序 | 工作内容 | 输出文件 | 责任部门/人 |
|---|---|---|---|
| 6.1 不合格信息的接收或发现 | 6.1.1 质量部接收或发现下列不合格信息：<br>1）同一供应商同一产品连续 2 批进货检验不合格<br>2）生产线上发现物料不合格率超过 3%<br>3）生产线上工序检验发现不合格品率超过 3%<br>4）一天内同一质量问题出现 3 次以上<br>5）SPC 控制图点子异常<br>6）巡检中，一天内发现 3 人次不按作业指导书作业<br>7）入库检验中，同一车间一天内有 3 批以上进货被判不合格<br>8）顾客整批退货 | | 质量部 |

（续）

| 程序 | 工作内容 | 输出文件 | 责任部门/人 |
|---|---|---|---|
| 6.1 不合格信息的接收或发现 | 9）风险应对措施失效<br>10）过程绩效指标不达标<br>11）在生产现场发现新、旧文件并存<br>12）关键工序员工没有上岗证 | | 质量部 |
| | 6.1.2 采购部接收或发现下列不合格信息：<br>1）在每季度的定期评价中，供应商被评为 C 级<br>2）在每季度的定期评价中，供应商的交期得分少于目标值的 90%<br>3）采购中，一个月内 2 次以上发现本公司发给供应商的图样出错 | | 采购部 |
| | 6.1.3 生产车间接收或发现下列不合格信息：<br>1）批量生产中，一个月内 2 次以上发现作业标准有错<br>2）一个月内出现 3 次以上停工待料<br>3）生产线上发现物料不合格率超过 3%，且一个月内出现 2 次以上 | | 生产车间 |
| | 6.1.4 营销部接收或发现下列不合格信息：<br>1）向同一顾客供货，一个月内出现 2 次以上延迟交货，或延迟交货超过 2 天<br>2）在顾客对其供应商进行评价时，本公司被评为 B 级供应商<br>3）顾客重大投诉（不包括产品质量投诉） | | 营销部 |
| | 6.1.5 管理者代表接收或发现下列不合格信息：<br>1）顾客满意度调查中的问题：顾客满意度比上一年下降超过 5%、顾客满意度达不到目标值、某些评估项目分值很低（≤70 分）、顾客有明确投诉<br>2）管理评审中确定的需采取纠正措施的项目<br>3）外审中的不符合项目<br>4）不按要求进行员工培训<br>5）其他不按公司规章制度办事的情况 | | 管理者代表 |
| 6.2 不合格信息的评价分析 | 6.2.1 上述相关单位（见 6.1）对接收或发现的不合格信息进行评价分析，判断是否需要采取临时应急措施。临时应急措施包括停产、挑选、返工、修补、更换、停止发货等。一般在下列情况下需采取临时应急措施：<br>1）错误在继续发生<br>2）重大紧急的对外事项。这些对外事项如果处理得不及时，很可能被顾客"上纲上线"或者被竞争对手恶意利用 | | 相关单位（见 6.1） |

（续）

| 程序 | 工作内容 | 输出文件 | 责任部门/人 |
|---|---|---|---|
| 6.2 不合格信息的评价分析 | 6.2.2 如果需要采取临时应急措施,相关单位(见6.1)应将临时应急措施的要求填写在"临时应急措施要求表"中,经总经理批准后发至有关部门执行。如果不需要采取临时应急措施,则直接进入6.4条款 | 临时应急措施要求表 | 相关单位(见6.1) |
| 6.3 采取临时应急措施 | 6.3.1 有关部门接到"临时应急措施要求表"后,应立即实施 | | 有关部门 |
| | 6.3.2 "临时应急措施要求表"发出单位要对临时应急措施的实施情况进行监督检查 | | "临时应急措施要求表"发出单位 |
| 6.4 责任部门判定 | 6.4.1 相关单位(见6.1)判定不合格的责任部门 | | 相关单位(见6.1) |
| | 6.4.2 相关单位(见6.1)填写"纠正措施报告单"中的"不合格事实陈述""纠正措施任务的下达"栏,而后将"纠正措施报告单"发给责任部门 | 纠正措施报告单 | 相关单位(见6.1) |
| | 说明:<br>1)如果顾客要求使用其规定的表单处理其投诉,则整个处理过程中,均使用顾客规定的表单<br>2)向供应商发出"供应商纠正措施报告单" | | |
| 6.5 原因分析与纠正措施的制定 | 6.5.1 责任部门收到有关"纠正措施报告单"后应立即组织有关人员分析不合格的原因 | | 责任部门 |
| | 6.5.2 针对问题和原因制定相应的纠正措施,明确责任人和完成日期。纠正措施应与问题的影响程度相适应。应确保纠正措施的可行性及不产生新的问题 | | |
| | 6.5.3 纠正措施方案由责任部门负责人审核,总经理批准后实施 | | |
| 6.6 纠正措施的实施与效果验证 | 6.6.1 纠正措施实施过程中,"纠正措施报告单"发出单位要做好督促检查工作 | | "纠正措施报告单"发出单位 |
| | 6.6.2 当纠正措施实施计划完成日期已到,"纠正措施报告单"发出单位应派人员到现场验证纠正措施完成的情况。验证结果应通告相关部门 | 纠正措施报告单 | "纠正措施报告单"发出单位 |
| 6.7 制定巩固措施并实施 | 6.7.1 因纠正措施的实施而需修订作业指导书等有关文件时,应按《文件控制程序》中有关更改的规定进行更改 | | |

（续）

| 程序 | 工作内容 | 输出文件 | 责任部门/人 |
|---|---|---|---|
| 6.7 制定巩固措施并实施 | 6.7.2 必要时，要求人力资源部对员工进行培训，把这些有用的措施和经验普及到相关的员工，使他们掌握这些措施和经验并应用到工作中去，以确保以后不再发生同样的错误 | | |
| | 6.7.3 考虑在相类似的过程中实现这个有效措施的可能性，以放大这个有效措施的作用 | | 管理者代表 |
| 6.8 结案、资料归档 | 6.8.1 与纠正措施有关的质量记录，按《记录控制要求》的规定进行管理 | | |
| | 6.8.2 有关部门根据需要将纠正措施的实施情况通报或者提供给有要求的顾客、供应商 | | 有关部门 |

### 7. 过程绩效的监视

| 绩效指标 | 计算公式（计算方法） | 指标值 | 监视频率 | 监视单位/人 |
|---|---|---|---|---|
| 7.1 纠正措施按时完成率 | 纠正措施按时完成率 = $\dfrac{\text{按时完成的纠正措施}}{\text{纠正措施总数}} \times 100\%$ | 100% | 月 | 质量部 |

### 8. 过程中的风险和机遇的控制（风险应对计划）

| 风险 | 应对措施 | 其他事项 | 执行时间 | 负责人 | 监视方法 |
|---|---|---|---|---|---|
| 8.1 同样问题仍然重复出现 | 1）部门负责人、业务骨干要参与原因分析、纠正措施的制定<br>2）验证人员必须是非常熟悉业务的骨干人员<br>3）重新进行原因分析，制定新的纠正措施，直到问题解决 | | | 纠正措施实施部门、验证部门负责人 | 管理者代表每月对纠正措施实施情况进行复查 |

### 9. 支持性文件

9.1 《内部质量管理体系审核控制程序》

9.2 《顾客投诉处理程序》）

### 10. 记录

10.1 临时应急措施要求表（见表 7.1-1）

10.2 纠正措施报告单（见表 7.1-2）

10.3 供应商纠正措施报告单

表 7.1-1　临时应急措施要求表

| 采取临时应急措施的原因： |
| --- |
| 采取临时应急措施的要求： |
| 提出人/日期：　　　　　　　　　　　批准/日期： |
| 临时应急措施实施简述： |
| 当事部门主管/日期： |
| 临时应急措施的验证： |
| 验证人/日期： |

## 表 7.1-2　纠正措施报告单

不符合事实陈述：




填写/日期：

纠正措施任务的下达：

① 责任部门：＿＿＿＿＿＿＿

② 要求：




填写人/日期：　　　　　　审批/日期：

纠正措施的制定：

① 原因分析（由责任部门填写）：




② 纠正措施的制定（由责任部门填写）：

a）责任人：＿＿＿＿＿＿＿　　　b）预计完成日期：＿＿＿＿＿＿＿

c）制定的纠正措施：




编制/日期：　　　　　审核/日期：　　　　　批准/日期：

纠正措施的验证：

□纠正措施已按期在＿＿＿＿年＿＿月＿＿日完成

效果简述：




□纠正措施未在规定日期完成，推迟至＿＿＿＿年＿＿月＿＿日完成

未完成原因：




□其他：




验证人/日期：　　　　　　复核/日期：

## 7.2 创新管理程序

**创新管理程序**

**1. 目的**

为公司的创新活动提供准则，使公司的创新活动有序地进行。

**2. 适用范围**

适用于公司对创新活动的管理。

**3. 职责**

3.1 管理者代表负责创新活动的监管，负责组织评价组对创新活动的效果进行评价。

3.2 创新活动课题组负责创新活动的实施。

**4. 过程分析乌龟图**

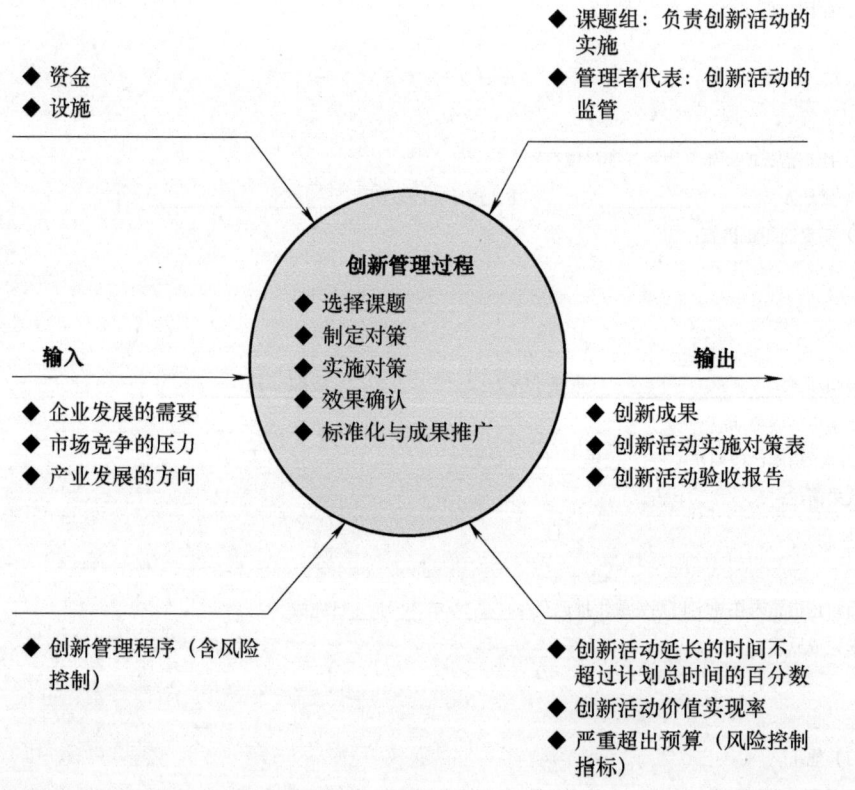

**5. 过程流程图**

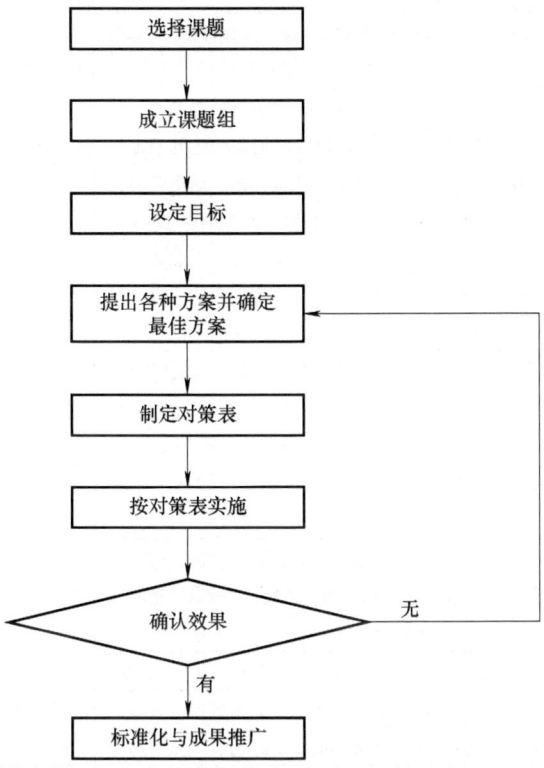

**6. 作业程序与控制要求**

| 程序 | 工作内容 | 输出文件 | 责任部门/人 |
|---|---|---|---|
| 6.1 选择创新课题 | 6.1.1 在每季度的高管会议上,公司高层根据企业发展的需要、行业的变化趋势等提出创新课题 | | 公司高层 |
| | 6.1.2 下列项目可以成为创新课题:<br>1）顾客提高要求的期望<br>2）生产工艺的优化<br>3）产品的技术革新<br>4）针对新产品开发的基础研究<br>5）生产效率的提高<br>6）新的管理、销售模式 | | |
| | 6.1.3 对所有提出的课题,由管理者代表组织有关人员从预期效益、可实施性、经济性、风险4个方面进行评估。只有评估得分≥80分的课题才会正式立项。评估时要填写"课题选择评估表" | 课题选择评估表 | 管理者代表 |
| 6.2 成立课题组、建立目标 | 6.2.1 总经理指定课题组组长,由课题组组长负责组织成立课题组 | | 课题组长 |

（续）

| 程序 | 工作内容 | 输出文件 | 责任部门/人 |
|---|---|---|---|
| 6.2 成立课题组、建立目标 | 6.2.2 课题组成员充分讨论，建立课题目标，目标要尽可能量化。课题目标应送总经理批准 | | 课题组成员 |
| 6.3 提出各种方案，并确定最佳方案 | 6.3.1 课题组全体成员用创造性思维，借助"头脑风暴法"，互相启发，深入思考，把可能达到预定目标的各种途径（方案）都充分地提出来。这里不要受常规思维、经验的束缚，不要拘泥于该途径（方案）技术上是否可行、经济上是否合理、能力上能否做到等，只要是可能达到预定目标，实现创新的途径（方案）均可提出来 | | 课题组 |
| | 6.3.2 课题组全体成员对所有方案逐个进行综合分析论证，做出评价。分析论证可以从技术的可行性（含难易程度）、经济合理性（含需投资多少）、预期效果（实现目标的概率）、耗时多少、对其他工作的影响，以及对环境的影响6个方面进行 | | 课题组 |
| | 6.3.3 在对各个方案进行综合分析、评价的基础上，通过各方案间的比较，选出最佳方案，即准备实施的方案。最佳方案应送总经理批准 | | 课题组 |
| 6.4 制定对策表 | 6.4.1 针对要实施的方案，课题组确定具体的措施 | | 课题组 |
| | 6.4.2 填写"课题实施对策表"，内容包括：方案、措施（实施方案的具体做法和步骤）、负责人、完成时间 | 课题实施对策表 | 课题组 |
| 6.5 按对策表实施 | 6.5.1 课题组组长监督课题组按对策表实施。实施过程中，要做好进度、成本、质量、风险的控制 | | 课题组组长 |
| | 6.5.2 实施过程中，未达到方案要求时，课题组组长要让课题组成员再讨论提出一些补充措施，并加以实施，直至达到方案要求 | | 课题组组长 |
| | 6.5.3 在实施过程中，要认真做好实施情况记录，包括有关的试验数据，并可适当穿插一些学习活动，以助于顺利实施 | | 课题组 |
| 6.6 确认效果 | 6.6.1 管理者代表组织验收评价组对创新活动的效果进行验收，验收的重点是经济指标、技术指标，以及在行业中的先进性 | | 管理者代表 |
| | 6.6.2 验收的结论填写在"创新课题验收报告"中 | 创新课题验收报告 | 管理者代表 |
| 6.7 标准化与成果推广 | 6.7.1 将创新的成果标准化。标准化可以是设计图样或工艺规程，或者管理制度（办法）等技术文件或管理文件 | | 课题组 |
| | 6.7.2 对创新成果进行推广，以便取得更大效益 | | 管理者代表 |

7. 过程绩效的监视

| 绩效指标 | 计算公式（计算方法） | 指标值 | 监视频率 | 监视单位/人 |
|---|---|---|---|---|
| 7.1 创新活动延长的时间不超过计划总时间的百分数 | 创新活动延长的时间不超过计划总时间的百分数 = $\dfrac{\text{延期的天数}}{\text{计划的天数}} \times 100\%$ | ≤5% | 课题验收通过后 3 天内统计分析 | 管理者代表 |
| 7.2 创新活动价值实现率 | 创新活动价值实现率 = $\dfrac{\text{实际创造的经济价值}}{\text{预计创造的经济价值}} \times 100\%$ | ≥95% | 课题验收通过 1 年后统计计算 | 财务部 |

8. 过程中的风险和机遇的控制（风险应对计划）

| 风险 | 应对措施 | 其他事项 | 执行时间 | 负责人 | 监视方法 |
|---|---|---|---|---|---|
| 8.1 严重超出预算 | 1）课题组组长每月对课题经费的使用情况进行报告 | | | 课题组组长 | 管理者代表对课题组组长的报告、财务审计报告进行复查 |
| | 2）对课题的实施情况进行分阶段的审计 | | | 财务部 | |

9. 支持性文件

（无）

10. 记录

10.1 课题选择评估表（见表 7.2-1）

10.2 课题实施对策表（见表 7.2-2）

10.3 创新课题验收报告

表 7.2-1 课题选择评估表

| 序号 | 课题 | 评估项目得分 | | | | 总得分 | 是否立项 |
|---|---|---|---|---|---|---|---|
| | | 预期效益 | 可实施性 | 经济性 | 风险 | | |
| | | | | | | | |
| | | | | | | | |

表 7.2-2 课题实施对策表

| 方案 | 措施 | 负责人 | 完成日期 | 备注 |
|---|---|---|---|---|
| | | | | |
| | | | | |

# 第8章

# 质量管理体系作业指导书

## 8.1 设计和开发类

### 8.1.1 产品图样和技术文件的编号方法

产品图样和技术文件的编号方法

**1. 范围**

本标准规定了冲压机产品图样和技术文件编号的基本原则和方法。

本标准适用于本公司设计制造的冲压机产品图样和技术文件的编号。

**2. 规范性引用文件**

（无）

**3. 基本原则**

3.1 机械部分的产品图样，均采用全隶属编号方式。

3.2 机械部分产品图样代号按其基本装配关系由零件、三级部件、二级部件、一级部件、产品五级组成（见图 8.1-1）。

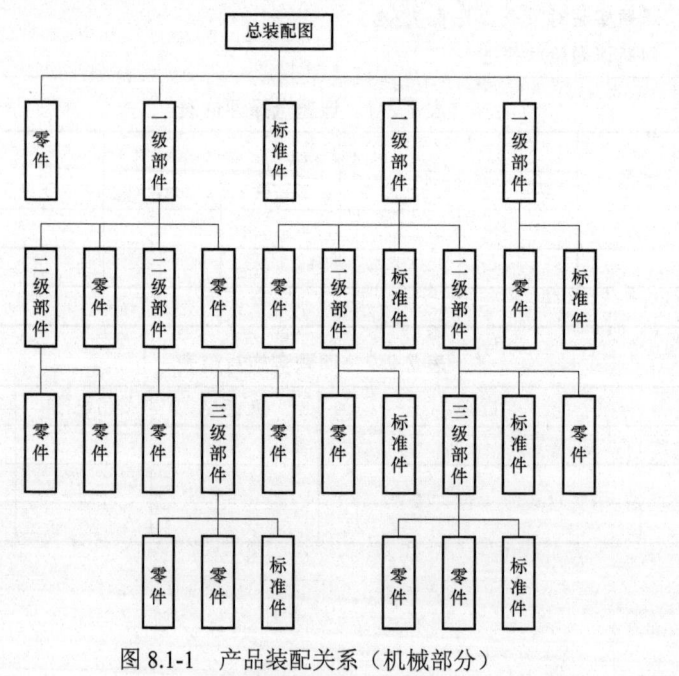

图 8.1-1 产品装配关系（机械部分）

3.3 产品图样中零件图的编号应尽量连续。

3.4 产品的每个图样及设计文件应有独立的代号。某一产品图样或设计文件使用过的代号不得再给予另一产品图样或设计文件使用，不允许一件多号。

1）同类产品制成表格时，对于表格中各种规格的零件要分别编号。

2）对同一产品、部件、零件的产品图样和设计文件，当用数张图样表达时，均应在每张图样上标注同一代号，并应编写页次号，产品图样的明细栏和技术要求的表达应在首页上。

3.5 产品图样上不允许出现无图样代号的零、部、组件。

3.6 产品图样中，凡借用其他产品的零部件（指零件、三级部件、二级部件、一级部件）的图样时，不论借用次数多少，仍保留其原图样的代号，不得更改，并须在明细栏备注项内填写"借用"字样。

3.7 产品中采用外购件（无须出图样）时，应在图样明细栏代号项中填写该产品规定的代号，并在备注项内填写"外购"字样。

**4. 机械部分装配图、部件图、零件图编号的方法**

4.1 机械部分装配图、部件图、零件图编号。

编号由七部分组成（见图8.1-2）。

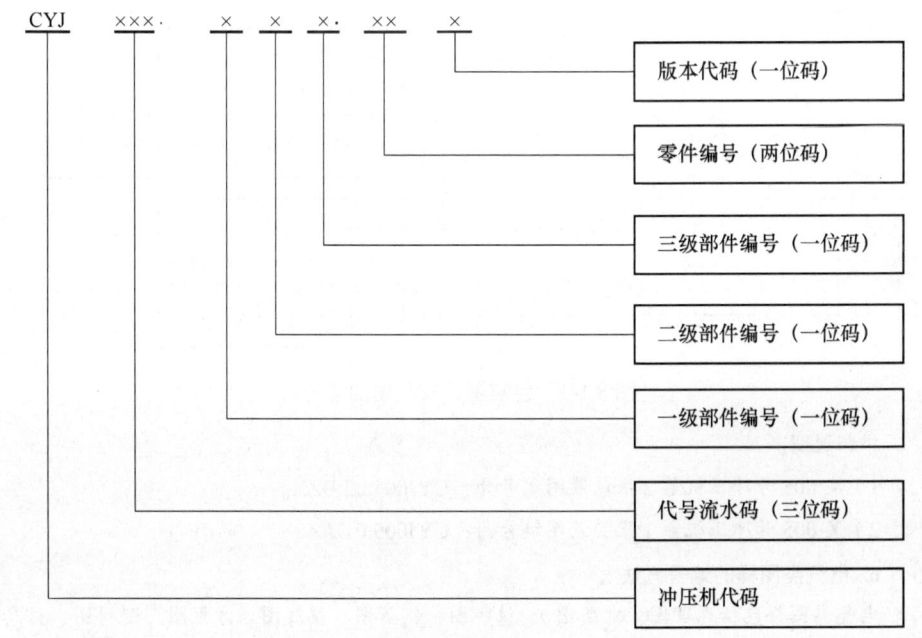

图 8.1-2 装配图、部件图、零件图编号

4.2 机械部分装配图、部件图、零件图编号说明。

1）产品、部件、零件图编号均采用0~9阿拉伯数字。

2）一级部件编号：1~8。

3）二级部件编号：1~9。

4）三级部件编号：1~9。

5）零件编号：01~99。

6）版本代码：用 a、b、c……表示。

4.3 装配图、部件图、零件图编号举例说明。

1）某005号冲压机装配图编号为：CYJ005.000.00a。

2）某005号冲压机一级部件图编号为：CYJ005.200.00a。

3）某005号冲压机一级部件中的零件图编号为：CYJ005.200.09a。

4）某005号冲压机二级部件图编号为：CYJ005.210.00a。

5）某005号冲压机二级部件中的零件图编号为：CYJ005.210.01a。

6）某005号冲压机三级部件中的零件图编号为：CYJ005.211.08a。

**5. 包装图、安装图的编号方法**

包装图、安装图不采用隶属关系编号，而是按图样的类别，以流水号的方式进行编号。编号的组成见图 8.1-3。

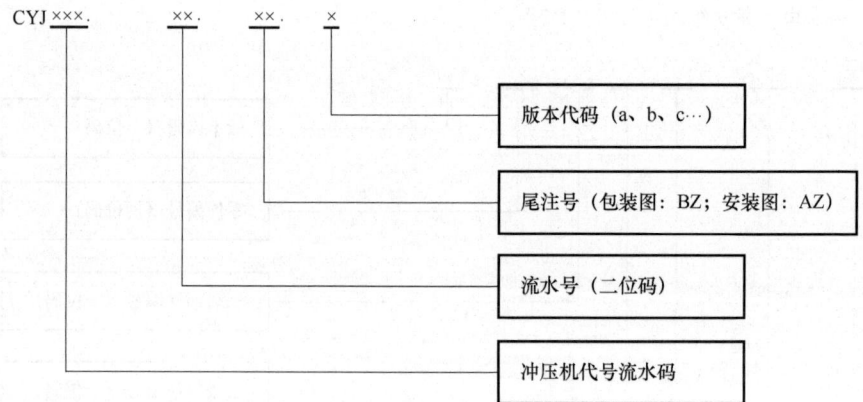

图 8.1-3 包装图、安装图的编号

举例说明。

1）某005号冲压机第2张包装图编号为：CYJ005.02.BZ.a。

2）某005号冲压机第1张安装图编号为：CYJ005.01.AZ.a。

**6. 电气类图样的编号方法**

电气类图样包括原理图（电路图）、丝印图、铜箔图、接线图、方框图、逻辑图、信息处理流程图、线缆连接图等。

电气类图样不采用隶属关系编号，编号时也不细分类别，按统一的流水号方式进行编号。

电气类图样的编号组成见图 8.1-4。

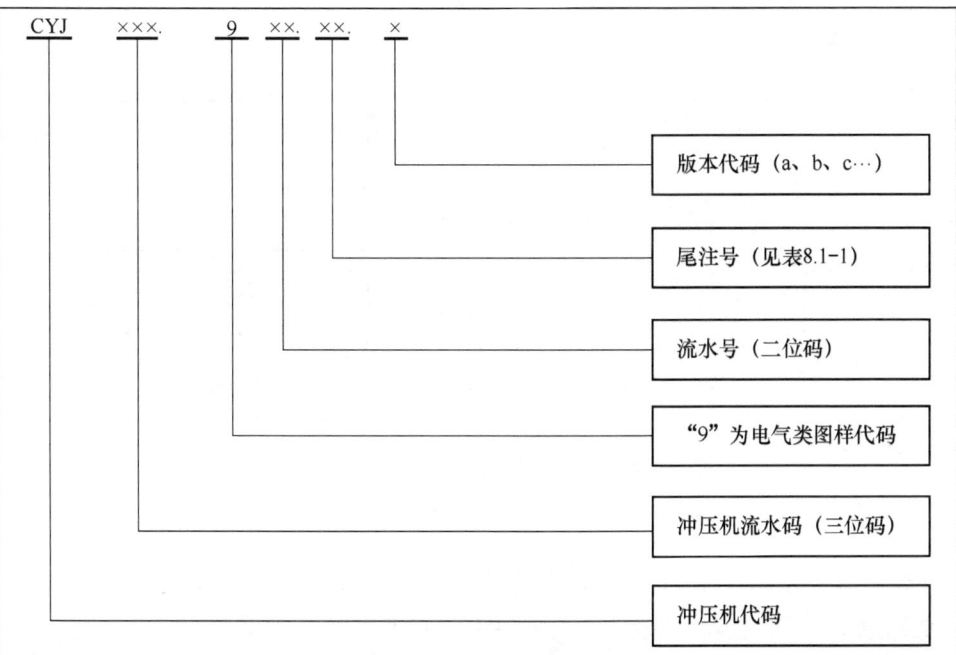

图 8.1-4　电气类图样编号

表 8.1-1 为电气类图样的尾注号。

表 8.1-1　电气类图样的尾注号

| 序号 | 尾注号 | 设计文件名称 | 字母含义 | 序号 | 尾注号 | 设计文件名称 | 字母含义 |
|---|---|---|---|---|---|---|---|
| 1 | DL | 原理图（电路图） | 电路 | 5 | FK | 方框图 | 方框 |
| 2 | SY | 丝印图 | 丝印 | 6 | LJ | 逻辑图 | 逻辑 |
| 3 | TB | 铜箔图 | 铜箔 | 7 | LC | 信息处理流程图 | 流程 |
| 4 | JX | 接线图 | 接线 | 8 | XL | 线缆连接图 | 线缆 |

举例说明。

1）某 005 号冲压机第 1 份电气类图样是电路图，编号为：CYJ005.901.DL.a。

2）某 005 号冲压机第 2 份电气类图样是电路图，编号为：CYJ005.902.DL.a。

3）某 005 号冲压机第 3 份电气类图样是丝印图，编号为：CYJ005.903.SY.a。

4）某 005 号冲压机第 4 份电气类图样是铜箔图，编号为：CYJ005.904.TB.a。

5）某 005 号冲压机第 5 份电气类图样是接线图，编号为：CYJ005.905.JX.a。

**7. 技术文件编号方法**

7.1　针对整机而言。

按技术文件的类别，以流水号的方式进行编号。编号的组成见图 8.1-5。

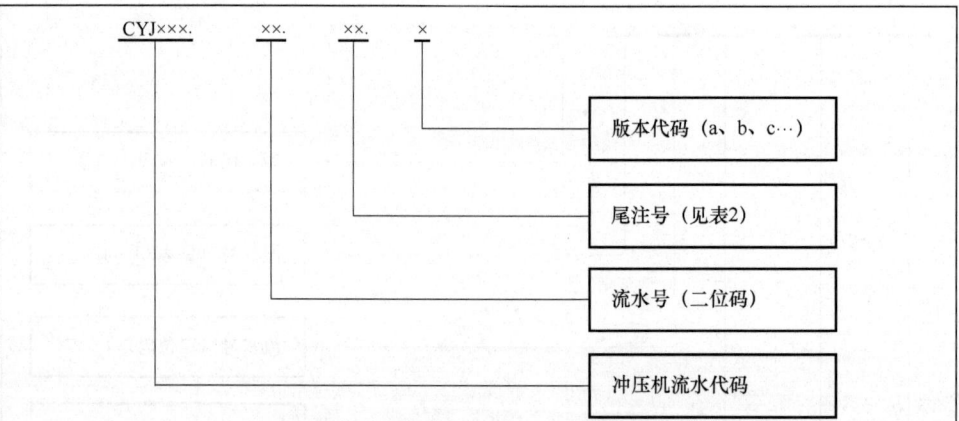

图 8.1-5　技术文件的编号（针对整机而言）

针对整机而言技术文件的尾注号一般用两个拉丁字母表示，见表 8.1-2 所示。

表 8.1-2　技术文件的尾注号

| 序号 | 尾注号 | 设计文件名称 | 字母含义 | 序号 | 尾注号 | 设计文件名称 | 字母含义 |
|---|---|---|---|---|---|---|---|
| 1 | JY | 项目开发建议书 | 建议 | 14 | HZ | 汇总表（BOM） | 汇总 |
| 2 | XY | 技术协议书 | 协议 | 15 | JL | 试制过程记录表 | 记录 |
| 3 | JH | 产品设计开发计划书 | 计划 | 16 | ZJ | 试制总结 | 总结 |
| 4 | SR | 设计任务书 | 设任 | 17 | FZ | 专用设备生产总结报告 | 非总 |
| 5 | FA | 设计方案 | 方案 | 18 | YJ | 样机鉴定报告 | 样鉴 |
| 6 | PS | 设计评审报告 | 评审 | 19 | CJ | 产品鉴定报告 | 产鉴 |
| 7 | JS | 设计计算书 | 计算 | 20 | SQ | 设计更改申请表 | 申请 |
| 8 | JT | 技术条件 | 技条 | 21 | TZ | 图样及技术文件更改通知单 | 通知 |
| 9 | SM | 技术说明书 | 说明 | 22 | ZX | 装箱清单 | 装箱 |
| 10 | BC | 编程说明书 | 编程 | 23 | GY | 工艺文件 | 工艺 |
| 11 | TS | 调试说明书 | 调试 | 24 | TY | 产品图样及文件移交清单 | 图移 |
| 12 | CZ | 操作说明书 | 操作 | 25 | BM | 文件归档编目清单 | 编目 |
| 13 | MX | 明细表 | 明细 | 26 |  | …… |  |

举例说明。

1）某 005 号冲压机第 1 份设计方案编号为：CYJ005.01.FA.a。
2）某 005 号冲压机第 2 份设计方案编号为：CYJ005.02.FA.a。
3）某 005 号冲压机操作说明书编号为：CYJ005.01.CZ.a。
4）某 005 号冲压机产品鉴定报告编号为：CYJ005.01.CJ.a。
5）某 005 号冲压机第 2 份装箱清单编号为：CYJ005.02.ZX.a。

7.2　针对零部件而言。
按技术文件的类别，以流水号的方式进行编号。编号的组成见图 8.1-6。

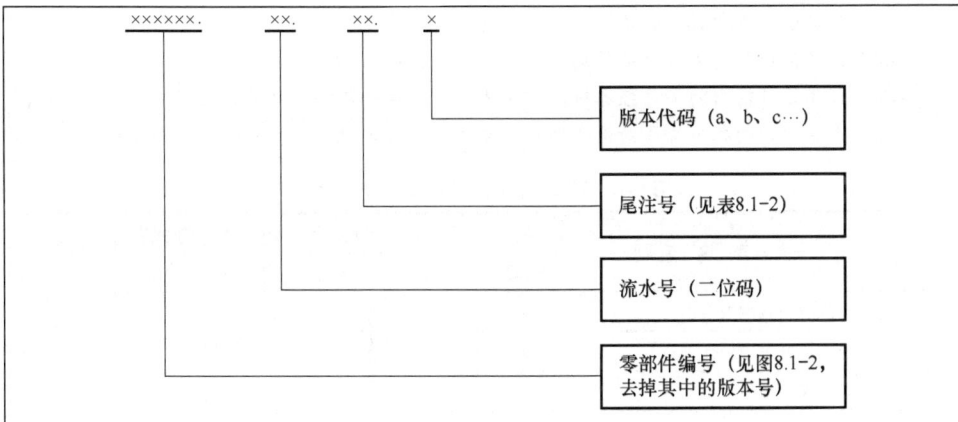

图8.1-6 技术文件的编号（针对零部件而言）

举例说明。
1）某005号冲压机一级部件明细表编号为：CYJ005.200.00.01.MX.a。
2）某005号冲压机二级部件明细表编号为：CYJ005.210.00.01.MX.a。

**8. 电脑中电子文档名称**

8.1 图样和技术文件电子文档名称。

图样和技术文件电子文档名称为：图样和技术文件编号+图样和技术文件名称。

举例说明。
1）某编号为"CYJ667.600.03a"的"翻板安装座"的电子文档名称为：CYJ667.600.03a翻板安装座。
2）某编号为"CYJ456.02.FA.a"的"设计方案"的电子文档名称为：CYJ456.02.FA.a设计方案。

8.2 文件夹名称。

如果将整机或部件的图样及技术文件放在1个文件夹里，则文件夹的名称为：整机或部件的编号（去掉版本代码）+整机或部件的名称。

举例说明。
部件"翻转下料机构"（其部件装配图编号为"CYJ667.600.00a"）包括很多张图样，为这些图样建一个文件夹，文件夹的名称为：CYJ667.600.00 翻转下料机构。

## 8.1.2 产品图样及设计文件完整性要求

**产品图样及设计文件完整性要求**

**1. 目的**
本规范规定了产品设计过程中所需产品图样及设计文件的完整性要求。

**2. 范围**
本规范适用于产品设计输出文件的完整性管理。

**3. 基本要求**
3.1 产品设计输出的文件应完整、成套、统一、正确、清晰。

3.2 产品设计输出文件的格式应统一、规范。
3.3 产品设计输出文件的编号应完整、统一、正确。
3.4 产品设计输出的文件经各级签字完善后,应按阶段将原件装订成册并归档。
3.5 产品设计的各个阶段输出文件的完整性应符合表 8.1-3 的规定。

表 8.1-3 产品图样及设计文件的完整性

| 序号 | 文 件 名 称 | 决策阶段 | 设计阶段 | 样机试制阶段 | 小批试制阶段 | 正式生产阶段 | 备注 |
|---|---|---|---|---|---|---|---|
| 1 | 市场分析预测报告 | ▲ | | | | | |
| 2 | 新产品开发项目计划 | ▲ | | | | | |
| 3 | 市场调研报告 | ▲ | | | | | |
| 4 | 新产品效果图(初步) | ▲ | | | | | |
| 5 | 技术经济分析报告 | | ▲ | | | | |
| 6 | 技术调研报告 | ★ | | | | | |
| 7 | 可行性分析报告 | ★ | | | | | |
| 8 | 新产品开发建议书 | ▲ | | | | | |
| 9 | 新产品立项申请书 | ▲ | | | | | |
| 10 | 新产品立项评审报告 | ▲ | | | | | |
| 11 | 产品及过程特殊特性清单(初步) | ▲ | | | | | |
| 12 | 过程流程图(初步) | ▲ | | | | | |
| 13 | 新产品立项审批表 | ▲ | | | | | |
| 14 | 设计开发项目组成立项决定 | ▲ | | | | | |
| 15 | 任命项目主管工程师决定 | ▲ | | | | | |
| 16 | 新产品设计任务书 | ▲ | | | | | |
| 17 | 新产品效果图(详细) | | ▲ | | | | |
| 18 | 模型评审记录 | | ▲ | | | | |
| 19 | 模型评审报告 | | ▲ | | | | |
| 20 | 模型确认报告 | | ▲ | | | | |
| 21 | 总体设计说明书 | | ▲ | | | | |
| 22 | 总布置设计简图 | | ★ | | | | |
| 23 | 设计计算书 | | ▲ | | | | |
| 24 | 零部件明细表 | | ▲ | | | | |
| 25 | 产品图样 | | ▲ | | | | |
| 26 | 产品及过程特殊特性清单(详细) | | ▲ | | | | |
| 27 | 标准件明细表 | | ▲ | | | | |
| 28 | 自制件、外购件明细表 | | ▲ | | | | |
| 29 | 试验大纲 | | ▲ | | | | |
| 30 | 设计评审记录 | | ▲ | | | | |

（续）

| 序号 | 文件名称 | 决策阶段 | 设计阶段 | 样机试制阶段 | 小批试制阶段 | 正式生产阶段 | 备注 |
|---|---|---|---|---|---|---|---|
| 31 | 设计评审报告 | | ▲ | | | | |
| 32 | 设计更改单 | | ▲ | ▲ | ▲ | | |
| 33 | 试制申请书 | | | ▲ | | | |
| 34 | 试制实施计划 | | | ▲ | | | |
| 35 | 试制协议 | | | ▲ | | | |
| 36 | 保密协议 | | | ▲ | | | |
| 37 | 技术质量协议 | | | ▲ | | | |
| 38 | 检验记录单 | | | ▲ | | | |
| 39 | 新产品样件确认表 | | | ▲ | | | |
| 40 | 试制记录表 | | | ▲ | ▲ | | |
| 41 | 试制总结 | | | ▲ | ▲ | | |
| 42 | 试验记录 | | | ▲ | ▲ | | |
| 43 | 试验报告（包括各种试验） | | | ▲ | ▲ | | |
| 44 | 设计确认评审记录表 | | | ▲ | | | |
| 45 | 设计确认报告 | | | ▲ | | | |
| 46 | 产品标准 | | ▲ | | | | |
| 47 | 关重件明细表 | | ▲ | | | | |
| 48 | 装箱清单 | | ▲ | | | | |
| 49 | 维修手册 | | ▲ | | | | |
| 50 | 产品使用维护说明书 | | ▲ | | | | |
| 51 | 配件目录及图册 | | ▲ | | | | |
| 52 | 小批量试装申请表 | | | | ▲ | | |
| 53 | 小批量试制总结 | | | | ▲ | | |
| 54 | 标准化审查报告 | | | | | ▲ | |
| 55 | 设计文件总目录 | | | | | ▲ | |
| 56 | 新产品定型检测报告 | | | | | ▲ | 国家检测 |
| 57 | 批产确认申请 | | | | | ▲ | |
| 58 | 批量生产批准表 | | | | | ▲ | |
| 59 | 新产品公告 | | | | | ▲ | |
| 60 | 移交文件清单 | | | | | ▲ | |

注：1."▲"表示要求必须具备的输出文件。

2."★"表示根据实际情况需要而确定的输出文件。

## 8.1.3　产品图样和设计文件审查程序及签署人员责任制

**产品图样和设计文件审查程序及签署人员责任制**

**1. 范围**

本标准规定了产品图样和设计文件的审查程序、签署原则及签署人员的责任。

本标准适用于开发决策阶段、方案设计阶段、技术设计阶段、工作图设计阶段、试制阶段、样机鉴定阶段、小批鉴定阶段、正式生产阶段、随机出厂阶段产品图样和设计文件的审查和签署（以下简称图样和文件）。

工艺装备图样和设计文件的审查和签署可参照执行。

**2. 规范性引用文件**

（略）

**3. 术语和定义**

（略）

**4. 审查程序**

4.1　开发决策阶段、方案设计阶段。

4.1.1　总图、简图的审查程序为：设计→主管设计→批准。

4.1.2　文件的审查程序为：编制→主管设计→审核→批准。

4.2　技术设计阶段。

4.2.1　图样的审查程序为：设计→主管设计→批准。

4.2.2　文件的审查程序为：编制→主管设计→审核→批准。

4.3　工作图设计阶段、试制阶段、样机鉴定阶段、小批鉴定阶段、正式生产阶段、随机出厂阶段。

4.3.1　总图、原理图、设备布置总图、一级部件图的审查程序为：设计→校核→主管设计→审核→工艺→标准化→批准。

4.3.2　其他图样的审查程序为：设计→校核→主管设计→工艺→标准化→批准。

4.3.3　所有图样中的焊接件、焊接组件和焊接结构件，在工艺审查中须进行焊接审查（即在工艺审查过程中须增加焊接审查环节）。

4.3.4　包含组装、试验相关内容的文件的审查程序为：编制→主管设计→审核→工艺→标准化→批准。

4.3.5　其他文件的审查程序为：编制→主管设计→审核→标准化→批准。

**5. 签署原则**

5.1　图样和文件签字区均应有相应责任者签名。

5.2　设计者不允许在签字区内同时签署工艺审查。

5.3　开发决策阶段、方案设计阶段、技术设计阶段图样由设计部门主管领导签字批准；文件由设计部门主管领导签字审核、副总工程师及授权的设计项目负责人签字批准。

5.4　工作图设计阶段及其他阶段总图、原理图、设备布置总图、一级部件图和文件由设计部门主管领导签字审核；由总工程师、副总工程师及授权的设计项目负责人签字批准；其他图样由设计部门主管领导签字批准。

**6. 签署人员的责任**

6.1 设计人员的责任。

a）对所设计产品的各项经济、性能指标是否达到设计任务书或技术协议书的要求负责。

b）对所设计产品是否满足加工、装配、安装调试、维护等可行性、经济性、方便性的要求负责。

6.2 校核人员的责任。

保证所校核的图样或文件与设计任务书或技术协议书要求的一致性与合理性，并应承担一定的设计技术责任。

6.3 主管设计人员的责任。

a）对设计方案合理、可行，是否满足设计任务书或技术协议书的要求负主管设计责任。

b）对图样和文件的内容正确，数据、尺寸准确无误负校核责任。

6.4 审核人员的责任。

除负有主管设计同等责任外，应承担设计的技术责任。

6.5 工艺审查人员的责任。

对图样和文件的工艺性、加工的可行性、实现的经济性负责。

6.6 焊接审查人员的责任。

按×××规定执行。

6.7 标准化人员的责任。

a）对图样和文件是否符合标准及标准化综合要求负责。

b）对设计人员提供有关标准资料及其应用情况负责。

6.8 批准人员的责任。

a）对图样的总体结构、主要性能及文件是否满足设计任务书或技术协议书的要求负责。

b）对图样和文件完整性负责。

## 8.1.4 产品图样及技术文件管理制度

### 产品图样及技术文件管理制度

**1. 主题内容与适用范围**

本标准规定了底图、蓝图、技术文件和外来技术资料的管理。

本标准适用于产品图样、技术文件、外来技术资料的管理。

**2. 引用文件**

（略）

**3. 总则**

3.1 产品图样和技术文件正本均由文控中心集中管理。技术部应在产品图样和技术文件移交后的5个工作日内将电子档备份一份给文控中心存档。

3.2 保存中的产品图样或技术文件，如果有损坏、遗失，应按本规定的要求办理复制、补领或注销手续。

**4. 图样及技术文件的管理**

4.1 经批量生产定型或设计定型的产品图样及技术文件，目前处于研制过程的产品图样及技术文件，以及工艺、工装方面的图样及文件，其正本（底图）都要归档到文控中心。

4.2　接收图样及技术文件时，应对图样及技术文件的完整性和各级签署进行验收。

4.3　验收合格后，应按产品类别、文件类别（如产品图、工艺、工装等）、产品型号分类放置图样及技术文件，并做好目录清单。

4.4　严格执行《产品图样及技术文件更改管理办法》。文控中心存档资料由文控中心专职管理人员凭"技术文件更改通知单"统一进行划改并对电子文件进行更改。

4.5　设计人员需取出所设计的图样或技术文件正本时，需向文控中心办理借用登记手续。

4.6　借出的图样或技术文件经设计人员修改并做好相关的签署手续后，应交回文控中心。需再次取出，应重新办理借用登记。

**5. 产品图样及工装图样的管理**

5.1　产品图样的编号方法按《产品图样代号编制办法》要求执行。

5.2　产品图样的发放由文控中心加盖"××年用图"章，并在右下角写上各部门名称，由各部门主管（或专人）签收、管理。

5.3　产品图样发放范围。

5.3.1　试制产品，由技术部按试制需要，提出发放范围和数量，技术部领导审核，技术副总批准。

5.3.2　定型产品，由文控中心按"定型产品技术资料发放表"发放至相关部门，各部门由专人管理并办理签收入账手续。

5.3.3　生产各车间需补充增加图样和文件时，由车间主任填写"图样、文件领用审批表"，经技术部审核、技术副总批准后，到文控中心领取图样和文件。

5.4　工装图样的管理。

5.4.1　工装图样编号方法。

工装总图的编号：产品图样代号＋工装类别代号＋顺序号（第××套工装）。工装零件图的编号见《工装图样代号编制办法》（略）。

工装类别代号见表8.1-4。

表8.1-4　工装类别代号

| 工装类别 | 代号 | 工装类别 | 代号 |
|---|---|---|---|
| 热加工用工装 | R | 液压模具 | YM |
| 冷压加工用工装 | C | 钻模 | ZM |
| 切削刀具 | D | 钻夹具 | JZ |
| 机床与切削加工辅具 | F | 车夹具 | JC |
| 检具 | L | 铣夹具 | JX |
| 其他工装 | Q | 刨夹具 | JB |
| — | — | 装配夹具 | JP |

5.4.2　工装图样发放至工装制作车间，由工装制作车间负责签收管理。工装制作完后向车间报检，车间通知质检组检验，报检时附上工装图样。质检组检验后应对工装图样进行整理、归档，每隔一个月将此月的工装图样交回文控中心。

5.4.3　文控中心应依据工装清单不定期对检验组存档的工装图样进行抽查。

5.5 外发图样及技术文件的管理。

5.5.1 外购件由技术部下发"外购件明细表";外协件由技术部根据实际加工生产能力、质量、成本等,确定外协件产品目录。其中,试制的产品,以"技术通知单"形式下发采购、生产、质管等部门;批量生产的产品,需将图样明细表(外购件、外协件、标准件)目录发至采购部。

5.5.2 需向供方或外协厂提供图样及技术文件时,由采购部填写"图样、文件领用审批表",经技术部审核、技术副总批准后,文控中心方可按5.2条款要求发放。

5.5.3 由供方提供的外协件产品资料,经技术部与供方共同确认后移交文控中心,由文控中心复印下发有关部门。

5.5.4 "更改通知单"由采购部及时转发或传真给供方,并做好记录。对于外发的图样及技术文件,采购部每年与文控中心办理一次核对、销账处理。

5.6 图样及技术文件的领用和借阅仅限于公司内部使用,任何人不得将图样及技术文件带离出厂,流失厂外。

5.7 图样及技术文件应妥善保管,年久破损可以旧换新。图样及技术文件遗失时,应提出补领申请,经技术副总批准,由文控中心补发。

5.8 图样及技术文件的回收。

5.8.1 属以下情况,文控中心应及时将产品图样或技术文件收回。

1)原自制生产,后因取消或被替代的零部件图样或技术文件。

2)原自制生产,后改为外购或外协件的零部件图样或技术文件。

3)原外购或外协件,后改为自制件生产的零件图样或技术文件。

4)误发的图样或技术文件。

5.8.2 上述1)、2)、3)项由技术部用"工作联络单"通知文控中心收回,4)项由文控中心自行收回。

### 6. "技术更改通知单"和"技术临时通知单"的管理

6.1 技术部编制"技术更改通知单"时,必须对在制品或成品及其相关配套产品提出处理意见。

6.2 "技术临时通知单"只有临时或暂时效应,其使用仅限于以下范围。

1)产品单件试制、采购过程。

2)试验或试制中临时改变。

3)特殊需要时(如临时返修工艺等)。

6.3 "技术临时通知单"中必须明确与技术要求相对应的产品数量和时效。

6.4 "技术临时通知单"不包括在技术资料更改范围之列。

### 7. 外来技术资料管理

7.1 用于生产配套的外来图样、技术资料,均归文控中心管理。由文控中心核对、清点、验收、分类登记归档,或者下发质量部供产品进厂验收用。

7.2 未生产定型,尚处研制过程的外来图样、技术资料,由技术部负责管理,待生产定型后移交文控中心。

### 8. 技术文件的回收、作废与销毁

8.1 技术文件换发新版或者其他原因引起更换时,应在新版文件发放的同时将旧版文件收回,并在"文件发放/回收记录"内记录。

8.2 对已下发又暂不使用的技术文件应由文控中心及时回收，以防文件流失及误用。各相关部门及相关车间应积极配合文控中心做好暂不使用文件的回收工作。

8.3 文控中心应定期回收临时或旧版的技术更改单、技术通知单、临时生产用图及由于新文件重新制定而作废的旧文件。

8.4 收回的旧版文件副本，文控中心予以销毁。旧版文件正本加盖"作废"章后，作为知识积累的需要予以保存 3 年，但须与其他有效文件严格隔离。作废文件严禁使用，但用作参考时可借阅。

文控中心、技术部分别对本部门所保管的技术资料定期清理，按《产品图样及技术文件更改管理办法》的要求改版或作废；对确已失去保存价值的资料列出清单移交文控中心统一销毁处理。

**9. 技术文件的监控**

9.1 文控中心应每月不定期（每月最少一次）对各部门的技术文件进行抽查。如果发现丢失的，则一律按×××规定进行处罚，检查的结果应汇总上报。对于之前发放的技术文件由文控中心进行重新核对，由各部门主管签字确认（如有丢失先补齐）。

9.2 为避免人员变动对技术文件管理的影响，各部门主管人员变动时，应进行技术资料交接，交接清单应送文控中心备案。

**10. 技术文件的借阅**

10.1 公司内部人员因工作需要到文控中心借阅技术资料时，文控人员应在"借阅登记表"内记录，并保证能及时收回。

10.2 外来人员借阅技术文件须经管理者代表批准。

10.3 外来技术资料的借阅，按《文件控制程序》执行。

**11. 电子媒体储存资料的管理**

11.1 储存在电脑硬盘中的技术文件由使用者编好目录以便检索。

11.2 电脑硬盘中的技术文件应拷贝在光盘上，作为备份，交文控中心统一保管。文控中心应对光盘加以标识并造册登记光盘标识名、文件名、版本号、拷贝时间、作者。

**12. 技术资料的购置**

12.1 各部门如需购置有关标准或技术资料，应事先提出申请，经总经理批准。购置后交文控中心登记建档，再办理借阅手续。

12.2 技术部应掌握有关标准的最新动态，对应及时购置新版本。

**13. 记录**

（略）

## 8.1.5 产品图样及设计文件的更改办法

**产品图样及设计文件的更改办法**

**1. 范围**

本标准规定了产品图样及设计文件(包括 PLM 系统中 CAD 图和设计文件)的更改原则、方法、程序与管理等。

本标准适用于产品图样及设计文件（包括 CAD 产品图样及设计文件，以下简称图样及文件）的更改，其他图样及技术文件可参照采用。

**2. 规范性引用文件**

（略）

**3. 更改原则**

3.1　图样及文件应按《规格变更管理办法》的规定，审批后，根据"规格变更通知"的内容，按本标准的规定进行更改。

3.2　更改图样及文件时，相关文件如果同一代号不同媒体介质的文件（如CAD图样、文件与纸质图样、文件等），应进行相应的更改，以保证相关文件的协调一致。

3.3　更改后的图样及文件不得降低产品质量，并应保证所更改的图样和技术文件的正确、完整、统一、清晰，能反映更改前后的真实情况，保证更改前的原图样及文件有据（档）可查。

3.4　纸质的图样和文件，一律用黑色墨水更改图样、文件，填写"更改标记"栏的更改文件号、标记、处数、分区代号、更改签字、日期、更改前后内容等。

**4. 更改方法**

4.1　带更改标记的方法。

4.1.1　划改。

4.1.1.1　将图样或文件上需要更改的尺寸、文字、符号、图形等用有一定斜度的细实线划去，被划去部分应能清楚地看出更改前的内容，然后填写新的尺寸、文字、符号、图形等，在更改部位附近写上更改标记——用加圆的小写汉语拼音字母表示，如ⓐ、ⓑ、ⓒ……等，在不易识别、易引起混淆或者位置不够时可用细实线将更改标记引至更改部位，见图 8.1-7、图 8.1-8、图 8.1-9。

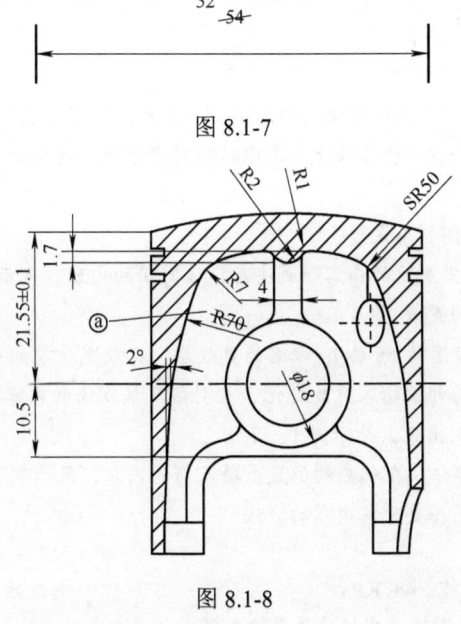

图 8.1-7

图 8.1-8

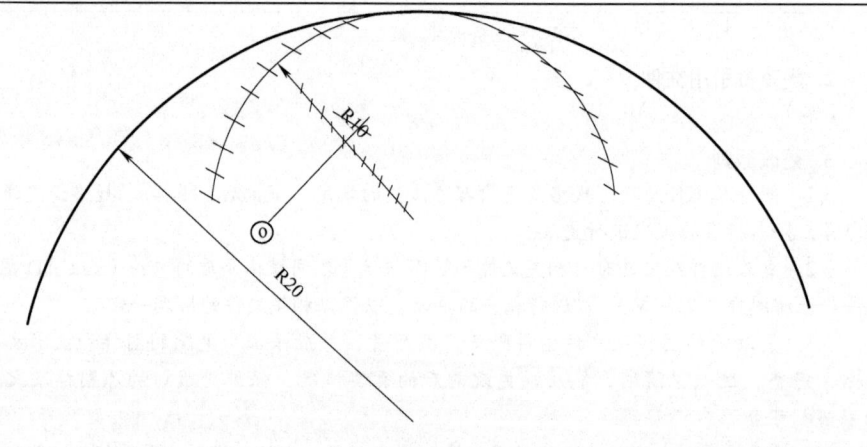

图 8.1-9

4.1.1.2 更改标记按更改次数顺序采用，如第一次更改采用标记ⓐ，第二次更改采用标记ⓑ等。

4.1.1.3 更改标记一般按每张图样或文件编排，同页中同次各更改部位的更改标记应一致。有多张表示同一代号的图样或文件时，更改标记应按全份图样或文件编排同一更改标记，填写在所需更改的各张图样或文件上，也可填写在该份图样或文件的第一张上。

4.1.1.4 当划改的部位不能清楚地表达更改后的图形时，可在原图形附近或者图样空白处的适当位置用局部视图表示更改后的图形。

4.1.2 换图。

若图样或文件的底图经过多次更改或因污损、破损不能继续使用时，需重换新的底图。新底图应根据最后更改的尺寸、文字、图形等重新绘制，在标记栏填写最后一次的更改标记，在处数栏填写"换图"字样。

4.2 不带更改标记的更改。

所有更改均应使用"带更改标记"的方法进行更改，只有在不影响技术内容、无必要保留更改痕迹的情况下（如在制图方法上、文字的错别字等明显错误时），允许使用"不带更改标记"的方法进行更改。

4.2.1 刮改（纸质图样或文件）。

将图样或文件上需要更改的内容等刮去后，填写新的内容，见示例1、示例2。

4.2.2 CAD 文件的更改。

a）增加新层（一般用第15层），命名为更改层，存放更改前的内容。

b）在更改层相应的部位输入更改标记、指引线及被删除的内容。关闭此层，该层的内容既不显示，也不被绘制出来，见示例1、示例2。

c）删除被更改的部分，在相应的位置上输入新的内容，见示例1、示例2。

d）也可采用直接删去更改前内容的方法。

示例1：
更改前：447KPa　　　　　　　　更改后：447kPa
CAD 图样及文件更改层输入项：　ⓐ——447KPa

示例 2：
更改前（向视图标记）：A 向　　　　更改后：A
CAD 图样及文件更改层更改层输入项：　ⓐ——A 向

4.3　填写更改栏。
4.3.1　填写更改栏的各项内容。
a）更改文件号：规格变更通知的编号。
b）标记：ⓐ，ⓑ，ⓒ……。
c）处数：同一标记下的更改处数，每一次更改的处数只填写一次。
d）分区代号：填写更改处坐标位置的分区代号。
e）签字：更改人员签字。
f）更改后内容：每一项更改后内容的填写（一处更改内容填写一栏）。
g）更改前内容：每一项更改前内容的填写（一处更改内容填写一栏）。
h）日期：更改时间，　　年　月　日。
4.3.2　如果图样的更改次数较多，更改标记栏增加至图幅中无法放置时，则可随 PLM 系统换版升级程序检出的新图样，按顺序依次记载（I、O、X 除外）。如果换版升级前图样已标记到ⓕ，则换版升级后图样从ⓖ开始依次记载。

## 5. 更改程序

5.1　图样及技术文件的更改按《规格变更管理办法》的规定实施工作流程。
5.2　按规格变更申请或者规格变更通知更改有关的图样和文件。
5.3　下述情况的更改可另行处理。
5.3.1　联合设计的图样及文件，由负责保管底图的单位向持有该底图复印图（或副底图）的单位发出规格变更通知副本（或复印图），该单位可根据规格变更通知副本（或复印图）进行更改。
5.3.2　单台（件）和一次性生产的图样及文件，有明显错误而妨碍正常生产时，允许先更改复印图，事后应及时补办更改手续。
5.3.3　未归档的样机试制的图样及文件，有明显错误而妨碍正常生产时，允许先更改复印图并做好记录，通知有关部门。归档的图样和文件必须按最后一次更改情况重新绘制图样和文件，方能归档。
5.4　更改日期采用 6 位阿拉伯数字表示年、月、日，如 161218 即表示 2016 年 12 月 18 日。

## 6. 更改的管理

6.1　规格变更申请或者规格变更通知应编号，编号方法依照附录 A（略）的规定。其原件、复印件必须存档或者存于磁盘、光盘等存储介质中备查。
6.2　图样及文件因更改增加页数时，页次号用前页次号加 a、b、c……表示。例如，前页次号为 8，则新增的页次号为 8a。
6.3　若更改引起其他有关产品设计文件（如技术条件、明细表、汇总表等）的更改，则应在规格变更申请或规格变更通知规定的栏目"关联变更部品"或"同时处理的文件号"中写出有关文件的册号、页次、文件代号、更改标记、处数、分区代号，凭本规格变更通知进行更改；也可单独办理规格变更申请或规格变更通知进行更改。
6.4　责任单位按《规格变更管理办法》的规定进行更改。

6.5 若图样和文件的图样（包括底图），经过多次更改或者因污损、破损不能使用需换图时，可重新打印或者绘制新图，具体办法如下。

a）申请部门按《规格变更管理办法》规定的流程进行申请、通过审批。

b）新图根据图样的最终有效版本打印或者根据最后一次更改的尺寸、文字、图形等重新绘制。

c）在新图标记栏抄录旧图最后一次的更改文件号，更改标记，更改处数、（即规格变更申请或规格变更通知的编号），更改分区代号，更改前，后内容，签字人员姓名及日期，同时另行填写换图时依据的更改文件号，在处数空格内填写"换图"字样，由换图人员进行签字并注明日期。

d）新底图上应有规定人员签字，如果新底图上不便取得原有人员签字，则用长仿宋体填写原有人员的姓名、日期。

e）在旧底图标题栏附近空白处注明或者盖"作废存档、已换新图"章，并注明更改文件号，由换图人员签署姓名及日期。

f）更改后的图样及文件应立即晒制并发至各有关原图单位，收回旧图，统一保存或销毁。

6.6 作废。

6.6.1 由设计部门或申请部门填写规格变更申请或规格变更通知，在规格变更申请或规格变更通知"变更原因"或"变更原因及依据"空格内填写取消和终止的原因及依据，在"更改后"的空格内填写"作废存档"字样。

6.6.2 按《规格变更管理办法》规定的流程进行申请、通过审批。

6.6.3 在作废的图样和文件底图标题栏附近空白处注明"作废存档"字样，并注明更改文件号、更改人员签字及日期。

6.7 增加。

经审批后的规格变更申请或规格更改通知有新增图样和文件时，更改人员在新增加的图样和文件底图更改栏内填写增图依据的变更文件号并签字，在"更改后内容"空格内填写"增图"字样。

## 8.2 质量检验类

### 8.2.1 来料检验方案

**来料检验方案**

**1. 检验方案设计说明**

1）ABS、PC 塑料等材料不采用 GB/T 2828.1 进行抽样检验。对这些材料，只抽取少量样品进行检验，根据检验结果作出判断。

2）对某些材料，采用试做的方法进行检验。

3）对连续供货，工艺条件成熟，产品质量稳定的供应商所提供的产品，用 GB/T 2828.1 规定的抽样方案进行检验。

4）检验项目及要求详见相关的检验作业指导书。

**2. 检验方案设计**

2.1　塑料类材料检验方案。

抽 1~5 包进行外观检查：$[Ac, Re]=[0, 1]$。

通知注塑车间试做 1~5 包，抽 5 包进行检查：$[Ac, Re]=[0, 1]$。

2.2　铜枝类检验方案。

2.2.1　抽 3~5 箱，每箱抽 1 枝，如果有 1 枝不合格，则判整批不合格，即：$[Ac, Re]=[0, 1]$。

2.2.2　如果来料是散装而非分箱包装，则每批抽 5 枝，如果其中有 1 枝不合格，则判整批不合格，即：$[Ac, Re]=[0, 1]$。

2.3　冷板类材料检验方案。

冷板类材料用试料的方法检查，通知冲压车间试用 1 小块，如果不合格，则作整批退货处理。

2.4　生产辅料检验方案。

助焊剂、松香、焊锡、热熔胶等生产辅料用少量试做的方式进行检查，试做由 IQC 工程师、生产部协助进行。如果试做不合格，则整批退货。

2.5　电子类材料检验方案。

2.5.1　检验方案设计说明。

1）来料数量 $N \leqslant 50$，采用 100%检验，合格者入仓，不合格者作退货处理；来料数量 $N \geqslant 51$ 时，采用 GB/T 2828.1 进行抽样检验。

2）考虑材料供应的时断时续，因此只使用 GB/T 2828.1 中的正常检验一次抽样方案。

2.5.2　抽样方案设计因素。

1）检验项目及要求：详见相关的检验作业指导书。

2）不合格品分类。

① 严重不合格品。有一个或一个以上严重不合格，也可能还有轻微不合格的单位产品，称为严重不合格品。

② 轻微不合格品。有一个或一个以上轻微不合格，但不包含严重不合格的单位产品，称为轻微不合格品。

不合格分类见表8.2-1。

表8.2-1 电子类材料不合格分类

| 严重不合格 | 轻微不合格 | 备注 |
|---|---|---|
| ◆参数、尺寸不符合要求<br>◆功能失效<br>◆氧化不能上锡<br>◆开路、短路、无丝印、缺脚、严重破裂 | ◆零件标记、符号不清晰<br>◆轻微脱色 | |

3）检验方式：计件（不合格品百分数检验）

4）检验方法：详见相关的检验作业指导书。

5）批量范围：来料数量$N>35000$时，可拆分成多批处理。要保证每批数量$N\leqslant 35000$。

6）检验水平IL：一般检验水平Ⅱ。

7）接收质量限AQL：

① 严重不合格品 AQL=0.65；

② 轻微不合格品 AQL=1.5。

8）抽样方案类型：正常检验一次抽样方案。

2.5.3 抽样检验方案。

1）抽样检验方案见表8.2-2。

2）表8.2-2中对批量$51\leqslant N\leqslant 280$的情况作了特别处理，规定批量$51\leqslant N\leqslant 280$时，抽取样本量$n=32$，相应判断标准如下。

严重不合格品：$[Ac, Re]=[0, 1]$。

轻微不合格品：$[Ac, Re]=[1, 2]$。

表8.2-2 电子类材料进料检验抽样方案

| 批量范围<br>（$N$） | 样本量<br>（$n$） | 接收质量限（$AQL$） | | | |
|---|---|---|---|---|---|
| | | 严重不合格品 | | 轻微不合格品 | |
| | | 0.65 | | 1.5 | |
| | | $Ac$ | $Re$ | $Ac$ | $Re$ |
| 51~280 | 32 | 0 | 1 | 1 | 2 |
| 281~1200 | 80 | 1 | 2 | 3 | 4 |
| 1201~3200 | 125 | 2 | 3 | 5 | 6 |
| 3201~10000 | 200 | 3 | 4 | 7 | 8 |
| 10001~35000 | 315 | 5 | 6 | 10 | 11 |

2.6 其他材料检验方案。

2.6.1 检验方案设计说明。

1）来料数量 $N\leqslant 50$，采用 100%检验，合格者入仓，不合格者作退货处理；来料数量 $N\geqslant 51$ 时，采用 GB/T 2828.1 进行抽样检验。

2）考虑材料供应的时断时续，因此只使用 GB/T 2828.1 中的正常检验一次抽样方案。

2.6.2 抽样方案设计因素。

1）检验项目及要求：详见相关的检验作业指导书。

2）不合格品分类。

① 严重不合格品。有一个或一个以上严重不合格，也可能还有轻微不合格的单位产品，称为严重不合格品。

② 轻微不合格品。有一个或一个以上轻微不合格，但不包含严重不合格的单位产品，称为轻微不合格品。

不合格分类见表 8.2-3。

表 8.2-3  其他类材料不合格分类

| 物资类别 | 严重不合格 | 轻微不合格 | 备注 |
| --- | --- | --- | --- |
| 金属件 | ◆尺寸不符合图样和样板要求<br>◆尖锐刮手的披锋<br>◆外层电镀、油漆剥落影响焊接（上锡不良）<br>◆变形影响装配<br>◆生锈情况在 60mm 距离外目测可见 | ◆轻微凹痕不造成尖角<br>◆外层电镀、油漆剥落不影响上锡及外观<br>◆轻微生锈，在 30mm 距离外目测不察觉 | |
| 塑料件 | ◆尺寸不符合图样和样板要求<br>◆缺丝印、错丝印和颜色<br>◆丝印字体、符号不能清楚辨别<br>◆破裂、损伤、塞孔、断柱、变形影响外观和装配<br>◆披锋、手触有尖锐刮手感觉，在 1m 距离外目测可见<br>◆在 60mm 距离外目测可见到刮痕、缩水、发白、气纹 | ◆不影响装配及外观的轻微损裂<br>◆在 30mm 距离外目测不察觉的外观性问题 | |
| 机械组合件 | ◆参数、尺寸不符合要求<br>◆功能失效<br>◆缺零件和错零件<br>◆零件变形影响功能和外观<br>◆金属件锈蚀 | ◆丝印不良不影响外观<br>◆轻微污迹不影响功能 | |
| 包装材料 | ◆包装材料的字体、图案、颜色错误<br>◆在离眼 30cm 距离处作外观检查，立即发现的外观缺陷，如文字、图案模糊，污迹，等等 | ◆在离眼 30cm 距离处作外观检查，4~5s 才发现的外观缺陷，如文字、图案模糊，等等 | |
| …… | …… | …… | |

3）检验方式：计件（不合格品百分数检验）。
4）检验方法：详见相关的检验作业指导书。
5）批量范围：来料数量 $N>35000$ 时，可拆分成多批处理。要保证每批数量 $N\leqslant 35000$。
6）检验水平 IL：一般检验水平 Ⅱ。
7）接收质量限 AQL：
① 严重不合格品 AQL=1.0；
② 轻微不合格品 AQL=2.5。
8）抽样方案类型：正常检验一次抽样方案。

2.6.3 抽样检验方案。
1）抽样检验方案见表8.2-4。
2）表8.2-4中对批量 $51\leqslant N\leqslant 150$ 的情况作了特别处理，规定批量 $51\leqslant N\leqslant 150$ 时，抽取样本量 $n=20$，相应判断标准如下。

严重不合格品：$[Ac, Re]=[0, 1]$。
轻微不合格品：$[Ac, Re]=[1, 2]$。

表8.2-4 非电子类材料进料检验抽样方案

| 批量范围 (N) | 样本量 (n) | 接收质量限（AQL) | | | |
|---|---|---|---|---|---|
| | | 严重不合格品 1.0 | | 轻微不合格品 2.5 | |
| | | Ac | Re | Ac | Re |
| 51~150 | 20 | 0 | 1 | 1 | 2 |
| 151~500 | 50 | 1 | 2 | 3 | 4 |
| 501~1200 | 80 | 2 | 3 | 5 | 6 |
| 1201~3200 | 125 | 3 | 4 | 7 | 8 |
| 3201~10000 | 200 | 5 | 6 | 10 | 11 |
| 10001~35000 | 315 | 7 | 8 | 14 | 15 |

2.7 特殊情况处理。
在抽检不合格，而生产又紧急的情况下，可按IQC主管的要求，由抽检转为100%检验。
2.8 特殊的检验方案。
特殊的检验方案见相关的作业指导书。

## 8.2.2 成品入库检验方案

成品入库检验方案

**1. 检验计划设计说明及检验中的注意事项**

1）按《复读机成品检查作业指导书》要求的检查项目对抽取的样品进行检查。
2）检查前，应首先查看内箱、外箱、彩盒、胶袋是否用错，如果用错，则整批退车间返工。

3）检查前，按"生产说明书"的要求，查看随产品发出的配件、资料（包括说明书、保证卡等）是否齐全，如果不齐全或装错，则整批退车间返工。

4）检查中如果发现有产品混装，则整批退车间返工。

5）数量 $N \leqslant 50$，采用 100% 检验，合格品入仓，不合格品退回装配车间返工；数量 $N \geqslant 51$ 时，采用 GB/T 2828.1 进行抽样检验。

6）考虑复读机是直接面向消费者的产品，因此只执行正常检验、加严检验、暂停检验及其相互间的转移规则。

**2. 抽样计划设计因素**

1）检验项目及要求：详见《复读机成品检验作业指导书》。

2）不合格品分类。

① 严重不合格品。有一个或一个以上严重不合格，也可能还有轻微不合格的单位产品，称为严重不合格品。

② 轻微不合格品。有一个或一个以上轻微不合格，但不包含严重不合格的单位产品，称为轻微不合格品。

不合格分类见表 8.2-5。

表 8.2-5　不合格分类

| 严重不合格 | 轻微不合格 | 备注 |
| --- | --- | --- |
| a）产品性能不合格<br>b）披锋、零部件损伤、各零部件配合不良<br>c）金属件保护层起层、剥落，LCD 挂伤<br>d）扣位松脱，零部件易拉脱<br>e）塑胶件裂纹、缺料、明显的变形等<br>f）标志、字体、图案错误<br>g）在离眼 30cm 距离处作外观检查，立即发现的外观不良为严重不良<br>h）扣位连接、螺钉联接、超声波焊接处有松脱现象<br>i）机内有异物（摇摆产品，听到异响）<br>j）转动处，转动不灵活<br>k）螺钉有滑牙现象 | a）在离眼 30cm 距离处作外观检查，4~5s 才发现的外观不良为轻微不良<br>b）产品上留有贴纸之类能去除的异物<br>c）贴片粘贴不牢靠，有鼓胀、四周翘起现象 | |

3）检验方式：计件（不合格品百分数检验）。

4）检验方法：详见《复读机成品检验作业指导书》。

5）批量范围：检查批量 $N \leqslant$ 半天的产量。

6）检验水平 IL：一般检验水平 II。

7）接收质量限 AQL：

① 严重不合格品 AQL=1.0；
② 轻微不合格品 AQL=2.5。
8) 抽样方案类型：一次。

**3. 抽样检验方案**

1) 正常检验一次抽样方案见表8.2-6。

表8.2-6　正常检验一次抽样方案

| 批量范围 (N) | 样本量 (n) | 接收质量限（AQL） | | | |
|---|---|---|---|---|---|
| | | 严重不合格品 | | 轻微不合格品 | |
| | | 1.0 | | 2.5 | |
| | | Ac | Re | Ac | Re |
| 51~150 | 20 | 0 | 1 | 1 | 2 |
| 151~500 | 50 | 1 | 2 | 3 | 4 |
| 501~1200 | 80 | 2 | 3 | 5 | 6 |
| 1201~3200 | 125 | 3 | 4 | 7 | 8 |
| 3201~10000 | 200 | 5 | 6 | 10 | 11 |
| 10001~35000 | 315 | 7 | 8 | 14 | 15 |

说明：表8.2-6中对批量 $51 \leqslant N \leqslant 150$ 的情况作了特别处理。规定批量 $51 \leqslant N \leqslant 150$ 时，抽取样本量 $n=20$，相应判断标准如下。

严重不合格品：$[Ac, Re]=[0, 1]$。

轻微不合格品：$[Ac, Re]=[1, 2]$。

2) 加严检验一次抽样方案见表8.2-7。

表8.2-7　加严检验一次抽样方案

| 批量范围 (N) | 样本量 (n) | 接收质量限（AQL） | | | |
|---|---|---|---|---|---|
| | | 严重不合格品 | | 轻微不合格品 | |
| | | 1.0 | | 2.5 | |
| | | Ac | Re | Ac | Re |
| 51~150 | 32 | 0 | 1 | 1 | 2 |
| 151~1200 | 80 | 1 | 2 | 3 | 4 |
| 1201~3200 | 125 | 2 | 3 | 5 | 6 |
| 3201~10000 | 200 | 3 | 4 | 8 | 9 |
| 10001~35000 | 315 | 5 | 6 | 12 | 13 |

说明：表8.2-7中对批量 $51 \leqslant N \leqslant 150$ 的情况作了特别处理。规定批量 $51 \leqslant N \leqslant 150$ 时，抽取样本量 $n=32$，相应判断标准如下。

严重不合格品：$[Ac, Re]=[0, 1]$。

轻微不合格品：$[Ac, Re]=[1, 2]$。

**4. 转移规则**

1) 在检验开始时应使用正常检验。

2）除需要按转移规则改变检验的严格度外，下一批检验的严格度继续保持不变。

3）正常检验到加严检验。

当正在采用正常检验时，只要初次检验中连续5批或少于5批中有2批是不可接收的，则转移到加严检验。

4）加严检验到正常检验。

当正在采用加严检验时，如果初次检验的接连5批已被认为是可接收的，应恢复正常检验。

5）加严检验到暂停检验。

加严检验后累计5批是不可接收时，应暂时停止检验，要求车间停工进行原因分析并采取纠正措施。

6）暂停检验后的恢复。

在暂停检验后，若生产车间确实采取了有效的改进措施，则经质检部现场检查合格后，可恢复生产。恢复检验从使用加严检验开始。

**5. 抽样检验流程**

1）车间将做好的产品分批放在车间待检区，做好"成品标识卡"后，通知QA进行检验。

2）QA根据以前的检验信息及检验严格度转移规则，判断采用正常或加严检验，并查正常检验一次抽样方案（见表8.2-6）或加严检验一次抽样方案（见表8.2-7），确定抽取样本量及判定数组。

3）根据确定的样本量随机抽取样本进行检验。

4）根据检验结果，判定整批产品合格与否。

5）检查后的处理。

① 合格批整批接收，办理入库手续。

② 不合格批和不合格品退回装配车间返工。

## 8.2.3 产品质量不合格严重性分级标准

### 产品质量不合格严重性分级标准

**1. 目的**

制定产品质量不合格分级标准，为检验作业指导书中检验项目不合格的分级提供指导。

**2. 适用范围**

适用于公司的所有来料、零部件及成品。

**3. 质量不合格严重性分级原则**

| 不合格级别 \ 涉及的方面 | 安全性 | 运转或运行 | 寿命 | 可靠性 | 装配 | 使用安装 | 外观 |
|---|---|---|---|---|---|---|---|
| 致命不合格（A） | 影响安全的所有缺陷 | 会引起难以纠正的非正常情况 | 会影响寿命 | 必然会造成产品故障 | 无 | 会造成产品安装的困难 | 一般外观缺陷不构成致命缺陷 |
| 严重不合格（B） | 不涉及 | 可能引起易于纠正的异常情况 | 可能影响寿命 | 可能会引起易于修复的故障 | 肯定会造成装配困难 | 可能会影响产品顺利安装 | 使产品外观难于接受 |

（续）

| 涉及的方面<br>不合格级别 | 安全性 | 运转或运行 | 寿命 | 可靠性 | 装配 | 使用安装 | 外观 |
|---|---|---|---|---|---|---|---|
| 一般不合格（C） | 不涉及 | 不会影响运转或运行 | 不影响 | 不会成为故障的起因 | 可能影响顺利装配的 | 不涉及 | 对产品有影响 |

### 4. 零部件不合格分类

4.1 压铸、铸造、冲压、喷涂类零件不合格分类。

| 致命不合格（A） | 严重不合格（B） | 一般不合格（C） |
|---|---|---|
|  | 1. 裂纹、断裂<br>2. 变形影响装配<br>3. 尺寸超差（图样要求及实测值）<br>4. 形位公差超差（图样要求及实测值）<br>5. 有飞边、尖锐刮手的披锋<br>6. 实物与图号不符<br>7. 粗糙、多肉或缺肉<br>8. 有大量气孔、砂眼<br>9. 厚度不匀，会影响装配<br>10. 冲击试验不通过<br>11. 颜色不符、漏喷、附着力差、油漆剥落、流挂<br>12. 焊接不牢固、开焊<br>13. 焊接粗糙、不美观<br>14. 位置干涉 | 1. 厚度不匀，不足以影响装配<br>2. 毛坯清理不良<br>3. 少量、细小气孔、砂眼<br>4. 有轻微脏污<br>5. 外层油漆剥落，不影响外观 |

4.2 塑料、橡胶、铝型材、标准件类零件不合格分类

| 致命不合格（A） | 严重不合格（B） | 一般不合格（C） |
|---|---|---|
| 1. 不阻燃<br>2. 螺栓等紧固类标准件出现断裂现象 | 1. 破裂、损伤、塞孔、断柱、变形影响外观和装配<br>2. 塑料件试验不过<br>3. 在60cm距离外目测可见刮痕、缩水、发白、气纹<br>4. 刻度不对<br>5. 尺寸不符合图样和样板要求<br>6. 手触有尖锐刮手感觉，在1m距离外目测可见 | 1. 有脏污<br>2. 不影响装配及外观的轻微损裂<br>3. 在30cm距离外目测不察觉的外观性问题 |

### 5. 半成品、成品不合格分类
#### 5.1 刨类产品

| 致命不合格（A） | 严重不合格（B） | 一般不合格（C） |
| --- | --- | --- |
| 1. 开关失灵，不起动，电机倒转<br>2. 绝缘不良<br>3. 耐压不合格<br>4. 接地电阻<br>5. 泄漏电流<br>6. 电器件认证标识不符合要求 | 1. 表面喷涂存在颜色不符、漏喷、附着力差、流挂等现象<br>2. 电镀、发黑件不良，有面积较大的严重锈迹<br>3. 有飞边、尖锐刮手的披锋；粗糙，多肉或缺肉<br>4. 零件漏装、错装、混装，零件破损，紧固件安装不正确、有松动现象<br>5. 零件内有切屑等异物<br>6. 标牌漏贴、位置不正确、粘贴不牢靠，标牌印刷错误、规格错误<br>7. 使用说明书等附属资料缺少、错误，印刷字迹不清晰，纸张质量差<br>8. 纸箱材质不好、质量不好、潮湿<br>9. 焊接不牢固、开焊<br>10. 开关动作时伴杂音<br>11. 电机缺接地标志或者接地标志位置不对<br>12. 空载电流<br>13. 空载功率<br>14. 低压起动<br>15. 制动不良<br>16. 拉不脱松<br>17. 噪声大、振动、异音<br>18. 工作台与切削圆之间的径向距离<br>19. 刀片与刀体结合面<br>20. 刀体装配后的振动，刀体的径向跳动<br>21. 刀体对工作台面的段差,刀体对后工作台面的平行度<br>22. 前后工作台纵向的平行度<br>23. 导向板的直线度,导向板对工作台的垂直度<br>24. 进、出料轴对工作台的平行度<br>25. 止逆爪功能<br>26. 压刨工作台平面度,压刨工作台对刀体的平行度 | 1. 外观有轻微伤痕、污点,轻微的缝隙、段差及色差<br>2. 电镀、发黑件不良，有轻微锈迹<br>3. 标牌印刷不良，不影响外观<br>4. 使用说明书附属资料的印刷有污点、字迹略有模糊<br>5. 焊接粗糙、不美观<br>6. 工作台与床身的固定结合面的结合程度<br>7. 刀片的径向伸出量<br>8. 前工作台最大调整量<br>9. 平刨工作台的平面度、直线度<br>10. 试件切割的平面度、垂直度、均匀度 |

5.2  台钻类产品。

| 致命不合格（A） | 严重不合格（B） | 一般不合格（C） |
|---|---|---|
| 1. 开关失灵，不起动，电机倒转<br>2. 绝缘不良<br>3. 耐压不过<br>4. 接地电阻<br>5. 泄漏电流<br>6. 电器件认证标识不符合要求 | 1. 表面喷涂存在颜色不符、漏喷、附着力差、流挂等现象<br>2. 电镀、发黑件不良，有面积较大的严重锈迹<br>3. 有毛刺、尖锐刮手的披锋，粗糙，多肉或缺肉<br>4. 零件漏装、错装、混装，零件破损，紧固件安装不正确、有松动现象<br>5. 零件有切屑等异物<br>6. 标牌漏贴、位置不正确，粘贴不牢靠，标牌印刷错误、规格错误<br>7. 使用说明书等附属资料缺少、错误，印刷字迹不清晰，纸张质量差<br>8. 纸箱材质不好、质量不好、潮湿<br>9. 焊接不牢固、开焊<br>10. 开关动作时伴杂音<br>11. 电机缺接地标志或者接地标志位置不对<br>12. 空载电流<br>13. 空载功率<br>14. 低压起动<br>15. 制动不良<br>16. 拉不脱松<br>17. 噪声大、振动、异音<br>18. 齿轮套筒流畅并自由回弹<br>19. 刻度盘体自由旋转、锁紧可靠<br>20. 工作台自由双向调整<br>21. 工作台绕立柱旋转灵活<br>22. 主轴旋转轴线对工作台的垂直度，主轴的轴向窜动，主轴外锥轴线的径向跳动<br>23. 钻夹头的径向跳动<br>24. 主轴莫氏锥孔跳动<br>25. 激光灯照射线交叉点的准确度 | 1. 外观有轻微伤痕、污点，轻微的缝隙、段差及色差<br>2. 电镀、发黑件不良，有轻微锈迹<br>3. 标牌印刷不良，不影响外观<br>4. 使用说明书附属资料的印刷有污点，字迹略有模糊<br>5. 焊接粗糙、不美观<br>6. 罩壳符合要求<br>7. 传动带涨紧后与罩壳的间隙<br>8. 工作台升降、锁紧可靠<br>9. 转速超差<br>10. 指针不良<br>11. 钻夹头夹持力矩<br>12. 中间皮带轮的高度差、端跳、径跳 |

**6. 不合格品分类**

6.1  致命不合格品（A）。

存在一个或一个以上致命不合格（A），也可能存在严重不合格（B）或一般不合格（C）的单位零部件或产品，称为致命不合格品。

6.2 严重不合格品（B）。

存在一个或一个以上严重不合格（B），也可能存在一般不合格（C），但不存在致命不合格（A）的单位零部件或产品，称为严重不合格品。

6.3 一般不合格品（C）。

存在一个或一个以上一般不合格（C），但不存在致命不合格（A）和严重不合格（B）的单位零部件或产品，称为一般不合格品。

## 8.2.4 进料检验规程

**进料检验规程**

| 文件编号 | | 文件版本 | |
|---|---|---|---|
| 编写/日期 | | 审核/日期 | | 批准/日期 | |
| 产品类别 | 电子元器件 | 名称/规格 | 插件用电解电容 |
| 抽样方案 | | | |
| 作业文件 | | | |

| 文件编号 | | 文件版本 | | |
|---|---|---|---|---|
| 编写/日期 | | 审核/日期 | | 批准/日期 |
| 产品类别 | 电子元器件 | 名称/规格 | 插件用电解电容 | |
| 抽样方案 | 1）采用 GB/T2828.1 正常检验一次抽样方案<br>2）检验水平 IL：一般检验水平Ⅱ<br>3）接收质量限 AQL：严重不合格品（MA）AQL=0.65；轻微不合格品（MI）AQL=1.5<br>4）特殊处理：对于致命不合格品（CR），$[Ac, Re] = [0, 1]$ | | | |
| 作业文件 | 1）《LCR 数字电桥操作指引》<br>2）《数字电容表操作指引》 | | | |

| 检验项目 | 不合格类别 | 检验要求 | 检验方式 | 备注 |
|---|---|---|---|---|
| 包装检验 | MI | a. 根据来料送检单核对外包装或标签上的 P/N 及实物是否都正确，任何有误，均不可接受 | 目测 | |
| 外观检验 | MI | a. 极性等标记符号印刷不清，难以辨认，不可接受<br>b. 电解电容的热缩套管破损、脱落，不可接受<br>c. 本体变形、破损等，不可接受<br>d. 管脚生锈氧化，均不可接受 | 目测 | |
| 可焊性检验 | CR | a. 管脚上锡不良，或者完全不上锡，不可接受。（将管脚沾上松香水，再插入小锡炉 5s 钟左右后拿起观看管脚是否 100%良好上锡，如果不是则拒收） | 试做 | 每批取 5~10 PCS 在小锡炉上验证上锡性 |
| 尺寸规格检验 | MA | a. 外形尺寸不符合规格要求，不可接受 | 卡尺 | 若用于新的型号，需在 PCB 上对应的位置进行试插 |
| 电性检验 | MA | a. 电容值超出规格要求，不可接受 | 用数字电容表或 LCR 数字电桥测试仪进行测量 | |

## 8.2.5 实验室样品管理规定

**实验室样品管理规定**

**1. 目的**

使本实验室样品的标识、传递、保存、使用、保存得到有效控制，保证样品的完好与完整。

**2. 适用范围**

本程序适用于实验室根据取、制样程序获得的样品和公司其他部门的送样。

**3. 职责**

实验室样品管理员负责监督本程序的实施。

**4. 工作程序**

4.1 样品标识制度。

4.1.1 样品的唯一性标识。

4.1.1.1 取样人员取样时，在样品上按规定施加唯一性试样编号（当一个检验批中有多个样品时，样品可用编号加序号的方法加以标识，保证样品标识的唯一性。但必须在取样原始记录上注明序号和其对应样品的炉/件号、批号等之间的对应关系）。

4.1.1.2 制样人员必须在制好供试验用的试样上或者其包装容器上加注上述唯一性试样编号。

4.1.2 试样检测状态的标识。

根据各部门具体情况使用下列方法区分试样的"未检测""检测中""检测完毕"状态。

1）区域法。在试验室内划分专门区域存放"未检测"试样、"检测中"试样和"检测完毕"试样。

2）标记法。在盛试样的容器上加注"未检测""检测中""检测完毕"标记，或在容器上（甚至直接在试样上）加贴"未检测""检测中""检测完毕"标签来标识试样检测状态。

4.2 样品的传递。

4.2.1 取样人员取样时在样品上标识样品的试样编号，将带标识的样品传递给制样人员制样，同时传递制样要求。

4.2.2 制样人对收到的样品进行验收，对任何异常或者偏离与有关检验方法、标准中描述的正常或规定的情况均应记录，大样与提供的描述不符合时或者对大样的适用性有疑问时，都应与取样人员联系，获得妥善的解决。

4.2.3 制样人将带标识的、按制样要求制好的试样传递给有关检验人员。

4.2.4 当其他部门送样时，由实验室样品管理员负责接样。接样时，应了解样品的有关背景资料，记录样品的状况，确知样品是否经过了适当制备，或者是否要求由本实验室承担或安排制样。然后将样品传递给有关制样人或有关检验人员。

4.2.5 检验人员对接到的试样是否达到制样要求、满足检验要求及其状态进行验收，对异常情况进行记录。对试样未达到制样要求及对其适用性有疑问的，在开始工作之前，检验人员应作进一步说明，与制样人员、取样人员甚至送样部门进行联系，以得到满意的解决，必要时加以记录。

4.2.6 检验人员对试样验收后,在试验的全过程中即时对试样的检测状态按标识方式进行标识,并加以妥善保管。

4.2.7 当检验工作(包括取、制样)不是由一人完成时,样品传递流程中应记录交接情况,传递有关工作要求。

4.3 样品的保留。

4.3.1 一般情况,每批检验都应保存足够的样品,以满足将来重复试验的要求。

4.3.2 保留的样品可以为:

4.3.2.1 制备试验用样后剩余的大样;

4.3.2.2 与试样同时制备而成的保留样品;

4.3.2.3 检验完毕后的试样样余,但都必须能满足再次试验的需求。

4.3.3 根据保留样品的来源,由制样人或检验人员直接将其交给样品管理员,并进行登记、交接,样品管理员对样品的状况、数量进行验收、记录,对不能满足再次检验要求的情况,与传递者联系解决。传递者向样品保管员说明保存要求。

4.3.4 对于在技术规范上可以不保留、无法用大样制取保留样品、样品长期保留无法保持取制样时状态的情况,可不保留样品。

4.4 样品的保存。

4.4.1 当一份样品或者其中一部分需妥善保存时(如因为记录、安全或价值的原因,使补充试验或再次试验在以后进行),交样品管理员妥善保管,以保护样品的良好状态与完整性。

4.4.2 样品保存按其理化性质分类存放,防止泄漏、相互渗透、污染。

4.4.3 在各类样品的传递、搬运、制备、测试、保存时,要注意样品保存的环境条件。如果有特殊条件,传递者向下传递样品时,应提出要求,接样人严格按条件保护好样品,以防样品变质或损坏。保存在样品室的样品由样品管理员定期检测保存条件, 检查样品状况。

4.4.4 一般保留样品保存半年。如果有特殊要求,则可由检验员通知样品管理员将该样品根据实际情况要求予以保存。

4.4.5 过期样品由样品管理员征得检验部门同意后进行处理。如果送样部门有退回样品的要求,则将其退还给送样部门。

4.4.6 过期的样品,如果认为有保存价值,可延长保存期限。

4.4.7 保留样品未经质量负责人同意不得调用。

4.5 样余的处理。

样余不作保留样品用时,按过期样品处理。

**5. 支持性文件**

(略)

**6. 记录**

(略)

## 8.3 监测设备、生产设备、工装管理类

### 8.3.1 内部校准规程

**内部校准规程**

**1. 目的**
对二次元进行内部校准，确保其准确度和适用性保持完好。

**2. 范围**
适用于二次元的内部校准（检定）。

**3. 校准用基准设备**
外校合格的二次元设备。

**4. 环境条件**
日常的检测环境。

**5. 校准步骤**
5.1 被检定的二次元不应有妨碍读数和影响正常工作的机械损伤，操作要灵活。
5.2 选择 10 个零件作为校准用标准件。
5.3 用外校合格的二次元对 10 个标准件进行测量，得出测量值 $A$。
5.4 用被校的二次元对 10 个标准件进行测量，得出测量值 $B$。
5.5 根据下式计算相对误差：

$$\Delta(\%) = (B-A) \div A \times 100\%$$

式中： $A$——外校合格的二次元所测值；
$B$——被校的二次元所测值。
5.6 所有测量值的相对误差均在±1%以内，判校准（检定）合格。

**6. 记录**
6.1 监测设备内校记录表
（略）。

### 8.3.2 设备维护保养规程

**汽车吊维护保养规程**

**1. 日常保养项目**
1）对车身进行清洁。
2）检查各部位紧固螺栓，加注润滑油，检查排除各联接处的漏水、漏油、漏气现象。
3）检查轮胎的气压状况，检查全车的仪表和灯具。
4）检查和补充润滑油（曲轴箱机油、燃料油）。
5）检查各部线路和电瓶工作状况，并加注电瓶水。

6）检查驻车制动、制动踏板。
7）检查全车所配的附件（如钢丝绳、卡扣、垫木等）。
8）检查起吊部分的工作状况和卷扬机的工作状况。
9）检查全车平衡支腿的工作状况。
10）检查液压油。

**2. 定期保养项目**（保养周期：1200h 或 6 个月）
1）检查、清洗并适时更换调气门。
2）检查大、小瓦，更换活塞环。
3）检查、清理散热器、缸体。
4）检查、清洗、更换、调整离合器电片、变速器、传动轴、减速器。
5）检查、清洗、更换四轮刹车片、轴头内外轴承油封。
6）检查、调整、清洗全车电路、发电机、起动机、分电器等。
7）更换三滤（机油滤清器、空气滤清器、燃料油滤清器），更换加注全车润滑油（机油、黄油等）。
8）更换起重部分液压油，检查起重部分的卷扬机。
9）清洗、检查起重部分的制动，给分动箱更换油料。

### 8.3.3 工装日常使用、维护、保管规程

**工装日常使用、维护、保管规程**

**1. 目的**
提高工装的使用寿命及效率，确保其保持良好的技术状态。

**2. 适用范围**
适用于公司工装使用、维护保养、保管工作的管理。

**3. 职责**
3.1 工模具厂负责对工装使用、维护保养及保管进行技术指导，对工装使用单位的工装使用情况进行监督、考核。
3.2 工装使用单位负责对所领用的工装进行保管并做好分账户管理。
3.3 工装使用单位负责按 TPM 要求开展全员生产维护工作。
3.4 工装使用单位负责按照《模具、夹具使用维护手册》要求维护保养工装。
3.5 工装使用单位负责对模具的作业次数进行记录和统计。

**4. 管理要求**
4.1 工装使用前的检查要求。
 4.1.1 做好 TPM 检查表：按照工装 TPM 检查表内容检查工装。
 4.1.2 外观检查：上、下模面和模腔有无异物、表面是否清洁干净。
 4.1.3 导向部位检查：导向工作面、导柱、导套、导板清洁、润滑。
 4.1.4 顶料装置：气垫顶杆布置、气管进口接头、限制器等防错标识无异常。
 4.1.5 安全装置：侧销、安全螺钉完好无异常。
 4.1.6 成型型面：工作型面无拉伤、烧结、裂纹等。

4.2 工装使用中的注意事项。

4.2.1 模具调试时，应将模具开闭 2~3 次，确认无误后方可正式试压。

4.2.2 合理调整顶出距，模具顶出机构是否滑动平稳、灵活，无卡滞且无异响；

4.2.3 导柱、导套导向顺利，定位可靠。

4.2.4 闭模后，各承压面（或分型面）之间不得有间隙。

4.3 工装使用后的检查要求。

4.3.1 安全装置：侧销、安全螺钉等是否有松动、脱落现象。

4.3.2 成型型面：工作型面有无拉伤、烧结、裂纹等。

4.3.3 修冲工作面：凸凹模刃口完好，废料排出通畅，刃口周边无铁屑脏物。

4.3.4 翻边侧冲工作面：翻边刃口（凸凹模）、侧冲机构等无异常。

4.4 工装维护保养要求。

4.4.1 模具生产完后清理残留在模具内的废料、余料，擦干净模具上的杂物、料尘、油垢、水迹等，紧固所有紧固件，模具工作面用洁布擦干净后，喷上防锈油，滑动部位注入润滑油，对末件进行检查确认合格后入库待用。

4.4.2 对留在模具里的末件，要做好防锈处理。

4.4.3 保养后应如实做好记录，工装管理员做好定期检查。

4.5 工装保管的要求。

4.5.1 工装的堆放安全、清洁整齐、无磕碰、高度不允许超过 3.5m、间距不少于 0.5m。

4.5.2 工装入库前由车间负责管理。

4.5.3 工装入库后由中心库房负责管理。

4.5.4 工装出库（被使用单位领用）由使用单位负责管理。

4.5.5 工装出库后由工装管理员建立工装台账并做好重点工装分类管理。

4.5.6 工装使用单位负责对本部门使用的工装进行日常维护保养、检测，对损坏严重的开具"工装修理通知单"送工模具厂维修。

4.5.7 对于长时间不用的工装标识清楚并分类保存在专门的场所，定期清理及维护，尤其做好防锈处理。

**5. 相关文件及表单**

（略）

## 8.4 人力资源类

### 8.4.1 岗位说明书

质量部经理岗位说明书见表 8.4-1，质检组组长岗位说明书见表 8.4-2，质检员岗位说明书见表 8.4-3。

表 8.4-1 质量部经理岗位说明书

| 岗位概况 | 岗位名称 | 质量部经理 | 所属部门 | | 品管部 | 岗位定员 | | 1 |
|---|---|---|---|---|---|---|---|---|
| | 直接上级 | 生产副总经理 | 岗位编号 | | | 薪资等级 | | |
| | 直接下属 | 质量检验科科长、质量保证科科长、质量工程科科长 | | | | | | |
| 工作概述 | 全面负责公司的质量管理与质量检验工作 | | | | | | | |
| 工作内容和职责 | 1）统筹建立并不断完善公司的质量管理体系<br>2）组织制定并完善公司的质量管理标准和规章制度<br>3）组织制定公司的各项质量管理工作计划与质量活动的实施计划<br>4）负责组织制定并完善公司的质量责任制度，确保对该制度的落实进行检查考核<br>5）负责组织、推动 QCC 品管圈、六西格玛活动<br>6）计划、组织并实施内部质量管理体系审核、产品审核、过程审核<br>7）配合培训部门制定并实施质量培训计划<br>8）参与设计评审、产品鉴定工作，参与供应商评审和合同评审工作<br>9）对公司内的重大质量争议进行协调和处理，负责解决客户的重大质量投诉<br>10）组织先进的质量管理方法的推广工作，组织做好质量成本的分析与控制工作<br>11）主持重大的质量改进项目<br>12）制定本部门的工作目标、工作计划并组织实施<br>13）做好年、季、月度的部门工作总结报告 | | | | | | | |
| 工作权限 | 1）质量控制计划的批准权。2）重大质量争议的最终裁决权。3）外购品收货和成品出货的否决权。4）重大质量改进项目立项的批准权。5）重大质量问题的惩罚权。6）对本部门员工的调动权、检查权、考核权，对科长级人员的处分、异动、升职的提议权。对科长以下级员工的处分决定权，对科长以下级别员工的聘用权、任免权。7）下属决定的否决权 | | | | | | | |
| 任职资格 | 身体条件 | 年龄 | 30~45 岁 | | 性别 | | 不限 | |
| | | 身高 | 无特殊要求 | | 相貌 | | 无特殊要求 | |
| | 学历要求 | 大学本科以上学历 | | | | | | |
| | 专业要求 | 机械制造、机电一体化等相关专业 | | | | | | |
| | 经验要求 | 5 年以上质量管理、质量检验工作经验，2 年以上本职务工作经验 | | | | | | |
| | 必备工作技能 | 计算机 | 熟练使用办公软件操作系统 | | | | | |
| | | 外语 | 无 | | | | | |
| | | 其他 | 普通话流利 | | | | | |
| | 必备资格证 | 无特殊要求 | | | | | | |
| 所需技能培训 | ISO 9001、QQC、六西格玛培训、企业程序文件培训、中层经理管理艺术与技巧培训 | | | | | | | |
| 职业发展 | 可直接晋升的职位 | 生产副总经理 | | | | | | |
| | 可相互转换的职位 | 研发部经理、生产部经理、生产技术部经理 | | | | | | |
| | 可升迁至此的职位 | 质检科科长、质量保证科科长、质量工程科科长 | | | | | | |
| 离岗时职务代理人 | 生产副总经理、品管科科长 | | | | | | | |

**表 8.4-2　质检组组长岗位说明书**

| 岗位概况 | 岗位名称 | 质检组组长 | | 所属部门 | | 品管部 | 岗位定员 | |
|---|---|---|---|---|---|---|---|---|
| | 直接上级 | 质量检验科科长 | | 岗位编号 | | | 薪资等级 | |
| | 直接下属 | 质检员 | | | | | | |
| 工作概述 | 负责组织对车间完工品进行检验 ||||||||
| 工作内容和职责 | 1) 督促质检员按有关的检验作业指导书、图样、工艺规程等进行检验工作，严格执行检验制度，对本组人员的工作差错负责<br>2) 对现场作业中的不合理之处提出修正意见和建议，发现不合格批要及时上报<br>3) 协助技术部工程师、质量工程师对生产过程中的质量问题进行研究和分析，并协助对改进措施的效果进行验证<br>4) 负责审核本组人员的检验记录，对记录的完善、齐全及正确无误负责<br>5) 与车间组长对检查中的不合格品进行共同确认<br>6) 及时向直接上级报告检验中引起争端的质量问题，并参与问题的分析与解决<br>7) 每天对产品检验情况进行统计分析，并及时上报分析报告 ||||||||
| 工作权限 | 1) 完工品的放行权。2) 检验规范改进的建议权。3) 生产线因质量问题停产的建议权。4) 生产质量控制的检查权与监督权。5) 质量问题的报告权。6) 对本部门质检员的调动权、检查权、考核权；对质检员的处分、异动、聘用、升职的提议权 ||||||||
| 任职资格 | 身体条件 | 年龄 | | 25岁以上 | | 性别 | | 不限 |
| | | 身高 | | 无特殊要求 | | 相貌 | | 无特殊要求 |
| | 学历要求 | 中专以上学历 |||||||
| | 专业要求 | 机械制造、机电一体化、电子技术等相关专业 |||||||
| | 经验要求 | 2年以上质量检验工作经验 |||||||
| | 必备技能工作 | 计算机 | | 熟练使用办公软件操作系统 |||||
| | | 外语 | | 无 |||||
| | | 其他 | | 普通话流利 |||||
| | 必备资格证 | 无特殊要求 |||||||
| 所需技能培训 | ISO 9001、QQC、GB/T 2828.1 抽样检验技术、新旧QC七大手法、企业程序文件培训、相关作业指导书培训、基层主管管理艺术与技巧培训 ||||||||
| 职业发展 | 可直接晋升的职位 | 质量检验科科长 |||||||
| | 可相互转换的职位 | |||||||
| | 可升迁至此的职位 | 质检员 |||||||
| 离岗时职务代理人 | 质量检验科科长、质检员 ||||||||

表 8.4-3  质检员岗位说明书

| 岗位概况 | 岗位名称 | 质检员 | 所属部门 | | 品管部 | 岗位定员 | |
|---|---|---|---|---|---|---|---|
| | 直接上级 | 质检组组长 | 岗位编号 | | | 薪资等级 | |
| | 直接下属 | | | | | | |
| 工作概述 | 负责对车间完工品进行检验 | | | | | | |
| 工作内容和职责 | 1）执行产品质量检验规范，做好入库产品（半成品或成品）的检验工作<br>2）按规定做好产品的检验状态标识，做好检验记录，并做好检验记录的传递、整理、归档工作，对记录的正确性负责<br>3）做好检查中发现的不合格品的隔离工作<br>4）及时向组长报告检查中发现的不合格情况，对因不汇报造成的后果负责<br>5）有权放行检查合格的产品，有权在规定的职责范围内对不合格品进行处理<br>6）积极参加质量改进活动，并提出质量改进的建议<br>7）对仓库中超过检验有效期的产品进行复检 | | | | | | |
| 工作权限 | 1）检验规范改进的建议权。2）生产线因质量问题停产的建议权。3）违规生产的纠正权和处罚建议权。4）质量问题的报告权 | | | | | | |
| 任职资格 | 身体条件 | 年龄 | 18 岁以上 | | 性别 | 不限 | |
| | | 身高 | 无特殊要求 | | 相貌 | 无特殊要求 | |
| | 学历要求 | 中专以上学历 | | | | | |
| | 专业要求 | 专业不限 | | | | | |
| | 经验要求 | | | | | | |
| | 必备技能 | 计算机 | 无 | | | | |
| | | 外语 | 无 | | | | |
| | | 工作其他 | 普通话流利 | | | | |
| | 必备资格证 | 无特殊要求 | | | | | |
| 所需技能培训 | ISO 9001、QQC、GB/T 2828.1 抽样检验技术、新旧 QC 七大手法、相关作业指导书培训、岗位操作培训 | | | | | | |
| 职业发展 | 可直接晋升的职位 | 质检组组长 | | | | | |
| | 可相互转换的职位 | | | | | | |
| | 可升迁至此的职位 | | | | | | |
| 离岗时职务代理人 | 其他质检员 | | | | | | |

## 8.4.2 岗位绩效指标

岗位绩效指标见表 8.4-4。

岗位名称：质量部经理

表 8.4-4 岗位绩效指标

| 编号 | | 指标名称 | 设置目的 | 计算公式（计算方法） | 标准值 | 加扣分方式（考核方式） | 权重 | 考核周期或考核时间 | 考核人或考核单位 | 信息来源 |
|---|---|---|---|---|---|---|---|---|---|---|
| KPI | P1 | 百元产值内部损失率 | 考核企业内部的质量效益 | 百元产值内部损失率=内部质量损失总金额/总产值×100% | ≤2% | 1.9%～2%，得100分；≤1.9%，得100分，且每降低0.1%，奖励绩效总分5分。每超过标准值0.1%，扣10分，损失绩效超过3%，全扣，并扣绩效总分10分 | 10% | 月 | 财务部 | 质量成本汇总表，会计报表 |
| | P2 | 客户投诉次数（质量方面） | 了解出货质量情况 | 每收到一张顾客纠正措施要求单，算一次投诉 | ≤5次/月 | 增加1次扣10分，超过10次，全扣 | 20% | 月 | 销售部 | 顾客投诉登记表 |
| | P3 | 客户验货一次通过率 | 了解质量控制情况 | 客户验货一次通过率=一次通过次数/验货次数 | ≥98% | （一次通过次数/验货次数）×100% | 20% | 月 | 销售部 | 客户验货记录 |
| | P4 | 外部审核开出的不符合项报告数量 | 了解质量管理体系运行情况 | 每次外审收到的不符合项报告数量 | ≤2张/次 | 每超过1张，扣20分；6张以上，且每超过1张扣绩效总分5分 | 20% | 外审所在月份 | 管理者代表 | 外审报告 |
| | P5 | 上级交办事项及时完成率 | 衡量执行能力 | 上级交办事项及时完成次数/任务总数 | 100% | 每降低1%，扣10分；低于95%，全扣 | 10% | 月 | 副总经理 | 工作日志 |
| KBI | B1 | 工作表现上级满意度 | 衡量下属取得上司信任的能力 | 对"工作表现满意度打分表"进行统计，得出满意度百分数 | ≥95% | 每降低1%，扣10分；低于90%，全扣 | 6% | 月 | 副总经理 | 工作表现满意度打分表 |
| | B2 | 工作表现下级满意度 | 衡量带团队的能力 | 对"工作表现满意度打分表"进行统计，得出满意度百分数 | ≥80% | 每降低1%，扣10分；低于75%，全扣 | 6% | 月 | 直接下属 | 工作表现满意度打分表 |
| | B3 | 工作表现平级满意度 | 衡量合作能力 | 对"工作表现满意度打分表"进行统计，得出满意度百分数 | ≥90% | 每降低1%，扣10分；低于85%，全扣 | 8% | 月 | 平级同事 | 工作表现满意度打分表 |

## 8.5 其他类

### 8.5.1 记录管理制度

**记录管理制度**

**1. 目的**

规范质量记录的管理，客观、真实、准确地反映质量活动和质量管理体系的有效运行，为产品的可追溯性及采取改进、纠正措施提供依据。

**2. 适用范围**

本程序文件适用与公司质量管理体系有关的所有记录。

**3. 职责**

3.1 公司各级负责人负责相关质量记录编制、处理的审批。

3.2 各部门负责相关质量记录的编制、填写、收集、保存、归档、移交、处理。

3.3 行政人事部负责监督、审查质量记录控制的实施情况。

3.4 质量记录的填写人员，对所记录的每一个数据文字负责。

**4. 作业程序**

4.1 质量记录的分类、范围和形式。

4.1.1 凡质量管理体系中的记录、报告、检查证据等，均属"质量记录"的范围。对需要控制的质量记录，可分为下列两种类型。

1）与质量管理体系运行有关的质量记录，主要有：质量管理体系审核、管理评审、合同评审、合格供应商评定、纠正和预防措施、培训及考核等记录。

2）与产品、服务有关的记录，主要有：检查、不合格处置等记录。

4.1.2 质量记录可以是表格、图表、报告、光盘、照片等形式。

4.2 质量记录样式的编制和审批。

4.2.1 各部门根据工作需要，可自行编制质量记录样式的草案。编制时，应按《文件控制程序》的要求给质量记录样式唯一的编码。

4.2.2 新编制的质量记录样式，需经部门负责人/公司主管领导审批（可与文件一同审批。单独审批时，采取在背面签名的方式进行）。

4.3 质量记录样式的发放与更改。

4.3.1 质量记录样式可与其支持的文件一同发放，也可单独发放。

4.3.2 管理者代表组织编制在用质量记录样式目录——"质量记录目录及其保存期"，分发至各部门，以便各部门使用。

4.3.3 质量记录样式的更改，需经部门负责人/公司主管领导批准。质量记录样式更改时，应给予新的版号。发放更改后的质量记录样式时，要收回旧样式。

4.4 质量记录的管理。

4.4.1 填写要求。

质量记录的字迹应清晰、真实,并按要求正确填写,且不应随意涂改。如果有错误,应用画线的方式进行更正,并签名,必要时注明日期。

4.4.2 收集、归档。

1)质量活动的开展均伴随有质量记录的产生,每一项活动结束后,该项活动的负责人应将该项记录整理成文交予相关部门/人员。

2)质量记录原件持有人应根据需要将质量记录的复印件分发至有关部门/人员,分发时应要求收件人在原件背后签字(必要时)或者将记录直接送至有关部门/人员。

3)各岗位员工根据需要保存其工作中产生或收到的质量记录。

4.4.3 查阅、借阅。

1)已归档的质量记录,借出时应填写必要的"文件借阅登记表"。

2)经相关部门负责人同意,可查阅其质量记录。

3)所有记录的原件一律不借给公司以外的单位/人员。

4.4.4 质量记录的标识、储存和保护。

1)质量记录按类别装订成册(至少1年装订一次),做好必要的名称、部门、时间标识,保存在适当的档案柜(箱、夹)中便于查阅,并注意做好防虫鼠、防潮等工作,防止质量记录损坏、变质和丢失。

2)采用其他媒介的质量记录,也应有相应的储存条件,如光盘应注意防潮、防压、防磁,以免储存内容丢失,必要时可复制备份。

4.5 外来质量记录的控制。

4.5.1 供应商提供的物资,其有关的质量记录,由质检部等相关部门予以管理。

4.5.2 顾客的质量投诉,由质检部等相关部门进行管理。

4.5.3 其他外来记录由相关部门保存。

4.6 质量记录的保存期。

质量记录的保存期按"质量记录目录及其保存期"的规定执行,没有特别规定的,保存期为1年。

4.7 质量记录的处理。

4.7.1 已超过保管期或者无查考价值的质量记录,可做剔除处理。

4.7.2 质量记录的处理方式为销毁。

4.7.3 文件管理员负责销毁过期的质量记录。

**5. 支持性文件**

5.1 《文件控制程序》

**6. 记录**

6.1 文件借阅登记表

6.2 质量记录目录及其保存期(见表8.5-1)

## 第8章 质量管理体系作业指导书

表8.5-1 质量记录目录及其保存期

| 序号 | 记录名称 | 表格样式编码 | 保存期限 | 保存单位 | 备注 |
|---|---|---|---|---|---|
| 1 | 文件取号登记表 | COP01-01 | 长久保存 | 相关部门 | |
| 2 | 文件分发清单 | COP01-02 | 1年 | 行政人事部 | |
| 3 | 文件归档编目清单 | COP01-03 | 长久保存,及时更新 | 行政人事部 | |
| 4 | 受控文件分发回收记录 | COP01-04 | 长久保存,及时更新 | 行政人事部 | |
| 5 | 文件领用申请表 | COP01-05 | 1年 | 行政人事部 | |
| 6 | 文件更改通知单 | COP01-06 | 1年 | 行政人事部 | |
| 7 | 文件评审表 | COP01-07 | 1年 | 行政人事部 | |
| 8 | 文件借阅登记表 | COP01-08 | 单页用完后保存1年 | 行政人事部 | |
| 9 | 文件外发记录 | COP01-09 | 长久保存,及时更新 | 行政人事部 | |
| 10 | 图样及技术文件更改通知单 | COP01-10 | 保存到下次更改为止 | 行政人事部 | |
| 11 | 质量记录目录及其保存期 | COP02-01 | 长久保存,及时更新 | 行政人事部 | |
| 12 | 信息联络单 | COP03-01 | 1年 | 接受单位 | |
| 13 | 管理评审计划 | COP04-01 | 3年 | 管理者代表 | |
| 14 | 管理评审输入报告(年终总结报告及下一年度计划) | COP04-02 | 3年 | 管理者代表 | |
| 15 | 管理评审报告 | COP04-03 | 3年 | 管理者代表 | |
| 16 | 会议/培训签到表 | COP05-01 | 1年 | 各使用部门 | |
| 17 | 培训计划 | COP05-02 | 1年 | 行政人事部 | |
| 18 | 员工培训记录表 | COP05-03 | 保存至员工离职后2年 | 行政人事部 | |
| 19 | 培训申请表 | COP05-04 | 1年 | 行政人事部 | |
| 20 | 培训效果评价表 | COP05-05 | 1年 | 行政人事部 | |
| 21 | 考试试卷 | | 1年 | 行政人事部 | |
| 22 | 员工档案 | | 保存至员工离职后2年 | 行政人事部 | |
| 23 | 设备(设施)台账 | COP06-01 | 长久保存,及时更新 | 行政人事部/生产部 | |
| 24 | 设施、设备保管记录本 | | 用完后保存1年 | 行政人事部 | |
| 25 | 设备验收单 | COP06-02 | 保存至设备报废 | 生产部 | |
| 26 | 设备日常保养记录 | COP06-03 | 1年 | 生产部 | |
| 27 | 设备定期保养记录 | COP06-04 | 1年 | 生产部 | |
| 28 | 设备检修单 | COP06-05 | 1年 | 生产部 | |
| 29 | 固定资产报废申请单 | COP06-06 | 1年 | 行政人事部/生产部 | |
| 30 | 生产指令单 | COP07-01 | 1年 | 销售部 | |
| 31 | 报价单 | COP07-02 | 1年 | 销售部、财务部 | |
| 32 | 生产统计表 | COP07-03 | 1年 | 生产部 | |

（续）

| 序号 | 记录名称 | 表格样式编码 | 保存期限 | 保存单位 | 备注 |
|---|---|---|---|---|---|
| 33 | 物料使用统计表 | COP07-04 | 1年 | 生产部 | |
| 34 | 长期加工协议 | | 协议终止为止 | 销售部 | |
| 35 | 顾客采购订单 | | 结算后保存1年 | 销售部 | |
| 36 | 客诉品质统计分析 | COP08-01 | 1年 | 质检部 | |
| 37 | 销售部客户档案 | | 长久保存，及时更新 | 销售部 | |
| 38 | 项目任务书 | COP09-01 | 1年 | 销售部 | |
| 39 | 供应商调查表 | COP10-01 | 采购终止为止 | 销售部/行政人事部 | |
| 40 | 供应商调查表 | COP10-02 | 采购终止为止 | 销售部/行政人事部 | |
| 41 | 供应商现场评价报告 | COP10-03 | 采购终止为止 | 销售部/行政人事部 | |
| 42 | 样品/物料（试用）确认报告 | COP10-04 | 采购终止为止 | 销售部/行政人事部 | |
| 43 | 供应商入选审查表 | COP10-05 | 采购终止为止 | 销售部/行政人事部 | |
| 44 | 合格供应商清单 | COP10-06 | 长久保存，及时更新 | 销售部/行政人事部 | |
| 45 | 供应商年度考核表 | COP10-07 | 采购终止为止 | 销售部/行政人事部 | |
| 46 | 请购单 | COP10-08 | 1年 | 销售部/行政人事部 | |
| 47 | 请购单（非物料类） | COP10-09 | 1年 | 销售部/行政人事部 | |
| 48 | 采购合同 | | 5年 | 销售部/行政人事部 | |
| 49 | 进料标识卡 | | 物料用完为止 | 生产部 | |
| 50 | 完工品标签 | | 随货物发出 | 生产部 | |
| 51 | 顾客财产异常记录表 | COP13-01 | 1年 | 仓库 | |
| 52 | 入库单 | COP14-01 | 财务部保存15年，仓库保存3年，其他部门保存1年 | 财务部、仓库等 | |
| 53 | 领料单 | COP14-02 | 财务部保存15年，仓库保存3年，其他部门保存1年 | 财务部、仓库等 | |
| 54 | 委外加工单 | COP14-03 | 财务部保存15年，仓库保存3年，其他部门保存1年 | 财务部、仓库等 | |
| 55 | 送货单 | COP14-04 | 财务部保存15年，仓库保存3年，其他部门保存1年 | 财务部、仓库等 | |
| 56 | 退货单 | COP14-05 | 财务部保存15年，仓库保存3年，其他部门保存1年 | 财务部、仓库等 | |
| 57 | 仓库台账 | | 15年 | 仓库 | |
| 58 | 盘点表 | | 3年 | 财务部、仓库 | |
| 59 | 监测设备内校记录表 | COP15-01 | 保存一个校准周期 | 质检部 | |
| 60 | 监测设备台账 | COP15-02 | 长久保存，及时更新 | 质检部 | |

（续）

| 序号 | 记录名称 | 表格样式编码 | 保存期限 | 保存单位 | 备注 |
|---|---|---|---|---|---|
| 61 | 年度监测设备校准计划 | COP15-03 | 1年 | 质检部 | |
| 62 | 监测结果的评估报告 | COP15-04 | 1年 | 质检部 | |
| 63 | 顾客满意度调查表 | COP16-01 | 1年 | 销售部 | |
| 64 | 顾客满意度调查结果及分析报告 | COP16-02 | 1年 | 销售部 | |
| 65 | 年度内部质量管理体系审核方案 | COP17-01 | 3年 | 管理者代表 | |
| 66 | 内部质量管理体系审核实施计划 | COP17-02 | 3年 | 管理者代表 | |
| 67 | 质量管理体系审核检查表 | COP17-03 | 3年 | 管理者代表 | |
| 68 | 不合格项报告表 | COP17-04 | 3年 | 管理者代表 | |
| 69 | 内部质量管理体系审核报告 | COP17-05 | 3年 | 管理者代表 | |
| 70 | 首件检验报告 | COP18-01 | 1年 | 质检部 | |
| 71 | 来料检验报告 | COP18-02 | 1年 | 质检部 | |
| 72 | IPQC巡检记录表 | COP18-03 | 1年 | 质检部 | |
| 73 | IPQC巡检检验报告 | COP18-04 | 1年 | 质检部 | |
| 74 | 全尺寸检验报告 | COP18-05 | 1年 | 质检部 | |
| 75 | 成品检验报告 | COP18-06 | 1年 | 质检部 | |
| 76 | 不合格品处理报告 | COP19-01 | 1年 | 质检部 | |
| 77 | 改进项目计划 | COP20-01 | 1年 | 管理者代表 | |
| 78 | 改进项目的实施及验证报告 | COP20-02 | 1年 | 管理者代表 | |
| 79 | 供应商品质异常处理报告 | COP21-01 | 1年 | 质检部 | |
| 80 | 制程异常处理报告 | COP21-02 | 1年 | 质检部 | |
| 81 | 纠正和预防措施要求表 | COP21-03 | 1年 | 质检部 | |
| 82 | _____年度质量目标清单 | QM00-01 | 3年 | 行政人事部 | |
| 83 | 质量目标统计表 | QM00-02 | 3年 | 管理者代表 | |
| 84 | 月度报告 | | 1年 | 相关部门 | |
| 85 | 工装夹具验收单 | WI/GC/002-01 | 工装夹具报废为止 | 生产部 | |
| 86 | 专用工装夹具台账 | WI/GC/002-02 | 长久保存，及时更新 | 生产部 | |
| 87 | 环境卫生检查表（适合仓库） | WI/SC/005-01 | 1年 | 行政人事部 | |
| 88 | 环境卫生检查表（适合生产现场） | WI/SC/005-02 | 1年 | 行政人事部 | |
| 89 | 外协厂商调查表 | WI/XS/002-01 | 合作终止为止 | 销售部 | |
| 90 | 外协厂商现场评价报告 | WI/XS/002-02 | 合作终止为止 | 销售部 | |
| 91 | 外协厂商入选审查表 | WI/XS/002-03 | 合作终止为止 | 销售部 | |
| 92 | 合格外协厂商清单 | WI/XS/002-04 | 长久保存，及时更新 | 销售部 | |
| 93 | 外协厂商年度考核表 | WI/XS/002-05 | 合作终止为止 | 销售部 | |

## 8.5.2 协商和沟通管理制度

**协商和沟通管理制度**

**1. 目的**

建立有效的协商和沟通机制,保证员工充分参与质量、环境、OHS 事务的协商与管理,保证内外部信息得到及时、有效地交流。

**2. 适用范围**

适用于质量、环境、OHS 事务的协商和内外部信息交流的管理。

**3. 职责**

3.1 产品研发部、生产技术部、营销部、采购部等部门负责收集对应相关方的信息。

3.2 质量部负责协商和沟通的综合管理,负责统筹内外部信息的传递、处理,并做好相关信息的汇总、保存工作。

3.3 各部门负责工作范围内信息的传递和收集。

3.4 人事行政部负责监督处理公司内部员工反映的问题。

3.5 管理者代表对信息的传递和处理进行监督。

**4. 作业程序**

4.1 质量、环境、OHS 事务的协商。

4.1.1 公司和各部门在组织进行下列活动时,应与员工或其代表协商。

1)质量、环境、OHS 方针的制定、修订、评审。

2)管理体系文件,特别是作业指导书的制订、修订和评审。

3)过程的识别与确定,环境因素的识别与评价,危险源辨识、风险评价和风险控制的策划。

4)可能影响工作场所环境、OHS 变化的任何活动。

4.1.2 协商前,要做好"质量、环境、OHS 事务协商计划",按计划进行。必要时,将"质量、环境、OHS 事务协商计划"及协商的结果通报给相关方,以得到他们的理解与支持。

4.1.3 员工或其代表参与协商的方式有:口头或书面意见和建议,参与会议讨论等。

4.1.4 人事行政部收集员工的意见和建议,并将这些意见反馈给相关部门,并监督其处理。

4.2 信息的交流与沟通。

4.2.1 信息的分类。

4.2.1.1 外部信息。

1)安全生产监督管理局、劳动局、环保局、产品检查机构、质量技术监督局、认证机构等检查或监测的结果及反馈的信息。

2)市场动态。

3)相关方反馈的信息及其投诉。相关方指顾客、工程合同方、供应商、运输公司、社区居民等。

4)政策法规、标准类信息,如法律、法规、条例、标准等。

5)其他外部信息,如各部门直接从外部获取的有关质量、环境、OHS 等方面的信息。

4.2.1.2 内部信息。

1）内部日常信息，指正常情况下的各类信息。

2）内部异常突发信息，指活动中发生偏差的信息，如质量、环境、OHS 不符合信息。

3）紧急信息，如火灾、伤亡、环保设施失灵等紧急情况。

4）其他内部信息，如员工的建议等。

4.2.2 信息的交流。

信息可通过报告、记录、讨论交流、电子媒体、通信等方式予以传递。

4.2.2.1 外部信息的交流。

1）质量部、人事行政部、营销部负责环保局、安全生产监督管理局、劳动局、产品检查机构、质量技术监督局、认证机构等监测或检查结果及反馈信息的收集。这类信息汇总到质量部，由质量部传递到公司相关部门。当监测或检查结果出现不符合情况时，按照《纠正和预防措施控制程序》的要求进行处理。

2）政策法规、标准类的资料信息由R&D、质量部等相关部门负责收集、更新、整理，交文控中心保存。详见《文件控制程序》《法律法规和其他要求控制程序》。

3）生产技术部负责与工程合同方、采购部负责与供应商、营销部负责与运输公司、质量部负责与社区居民等相关方进行沟通。对这些相关方传来的信息，各责任部门应尽快处理。如果问题严重，相关部门应及时将信息传达到质量部、管理者代表等有关部门。

① 如果是书面信息，则直接将其复印件分发至有关部门。

② 如果是口头信息，则应将其填写在"信息联络单"上，复印后分发至有关部门。

质量部组织相关部门针对相关方反映的问题，采取纠正措施，详见《纠正和预防措施控制程序》。

当相关方要求答复时，应将处理结果通告对方。

4）市场信息、顾客不满意信息、客户投诉的处理由营销部负责。对客户反映比较严重的问题，营销部应及时转达给质量部、管理者代表等有关部门。参照《顾客服务控制程序》执行。

5）各部门直接从外部获取的其他信息，以"信息联络单"的方式反馈到质量部等有关部门。

4.2.2.2 内部信息的交流。

1）日常信息由各部门按"数据和信息传输要求一览表"的规定收集并传递。

2）异常的不符合信息，由发现者填写"信息联络单"交由责任部门处理。如果问题严重，则应将"信息联络单"送质量部、上级主管一份。质量部应据此适时向有关责任部门发出"纠正和预防措施要求单"，详见《纠正和预防措施控制程序》。

3）火灾、伤亡、环保设施失灵等紧急情况，执行《应急准备和响应控制程序》。

4）其他内部信息，如员工的建议，提出者以"信息联络单"的形式反馈给质量部等部门进行处理。

4.2.3 信息的归档与保存。

4.2.3.1 各部门做好信息的接收、传递、分类和归档工作。

4.2.3.2 质量部作为信息控制中心，应做好信息的整理分类、索引编制、保护管理工作，确保信息的完整、可靠与可用。

4.2.3.3 质量部每月都应将整理、分类的信息传递到有关部门，供有关部门进行归纳、分析，以寻求改进的机会。

  4.2.4 信息的公开。

  4.2.4.1 对于可为公众所获知的信息，如宣传画、实况照片、绩效监测结果等，应定期或不定期地张贴在公司、部门的宣传栏中，以提高员工的警觉性。

  4.2.4.2 当相关方想了解本公司的质量、环境、OHS方针及其他可公开的信息（如环境、OHS信息）时，质量部应及时发送。

**5. 支持性文件**

5.1 《纠正和预防措施控制程序》

5.2 《文件控制程序》

5.3 《顾客服务控制程序》

5.4 《应急准备和响应控制程序》

5.5 《记录控制程序》

**6. 记录**

6.1 质量、环境、OHS事务协商计划

6.2 信息联络单

6.3 数据和信息传输要求一览表（见第6章6.2节）

## 8.5.3 产品标识和可追溯性管理制度

**产品标识和可追溯性管理制度**

**1. 目的**

  对产品用适当方式进行标识，以防止产品混淆。对有可追溯性要求的产品实行控制和追溯。

**2. 适用范围**

  适用于产品的标识和可追溯性活动。

**3. 职责**

  3.1 仓库负责对购进物品进行标识，负责仓库中产品标识的维护。

  3.2 质量部负责产品生产全过程标识有效性的监督。当发生需要追溯的情况时，组织并协调追溯工作的进行和控制。

  3.3 生产部各车间负责在制品、半成品、成品的标识，负责保护标识在流转过程中的有效性。

**4. 作业程序**

  4.1 进货标识控制。

  4.1.1 物料进厂，仓管员应给物料贴上"进料标识卡"，内容包括：名称、编号、型号/规格、供应商、进厂日期、数量、供应商生产批号（可能时）。

  4.1.2 质量部按照《进料检验和试验控制程序》对原材料、外协件、外购件进行检验或试验，并依照《检验和试验状态控制程序》对货品的检验状态进行标识。

  4.1.3 入库的物料，仓库应记入台账，并按要求分门别类地摆放在指定位置。

  仓库应对不同进厂日期的购入货品做好区分。

4.1.4 管理上应保持卡、账、物一致。
4.1.5 发放时应核对物资与领用要求的一致性，发放遵循先进先出的原则。
4.2 生产过程中流转物品的标识
各车间根据需要在流转物品的盛装容器上标识其名称、型号/规格等内容。
4.3 入库半成品、成品的标识。
4.3.1 入库半成品用"半成品标识卡"进行标识，标识卡的内容包括：产品型号、班组/作业员/机台、数量/重量、生产日期等。
4.3.2 入仓成品用内、外标识卡进行标识。
内标识卡贴在内包装箱上，内容包括：名称、型号、数量、生产批号。
外标识卡贴在外包装箱上，内容包括：型号、名称、数量、生产批号、毛重、体积。
如果顾客有特殊标识要求，生产计划科应在"生产通知单"上说明，生产车间应按"生产通知单"上的要求做好标识。
4.3.3 入库半成品、成品的检验状态标识参见《检验和试验状态控制程序》。
4.4 产品标识的管理。
4.4.1 质量部监督做好各类标识，防止不同类型、状态的物品混淆。
4.4.2 各部门负责对所属区域内各类标识的维护，如果发现标识有损坏、遗失等情况，需报原标识部门处理。
4.5 产品的可追溯性。
4.5.1 外购件、外购材料的追溯范围是从进厂入库至被使用为止。通过标识卡、进出仓记录对其进行追溯。
4.5.2 成品可以通过"产品合格证"上的生产批号（日期），通过查看检验证录，追溯至产品的生产日期、检验员、生产班组。
4.5.3 客户有特殊追溯要求时，质量部应按客户的要求制定"产品追溯清单"，明确规定需追溯的产品、追溯的起点和终点、追溯的内容及途径、标识及记录方式。一旦发生问题，质量部应组织有关部门依"产品追溯清单"进行追溯。

**5. 支持性文件**
5.1 《进货检验和试验控制程序》
5.2 《检验和试验状态控制程序》
**6. 记录**
6.1 进料标识卡
6.2 半成品标识卡
6.3 （成品）内、外标识卡
6.4 产品合格证
6.5 产品追溯清单

## 8.5.4 检验和试验状态管理制度

**检验和试验状态管理制度**

**1. 目的**
规定检验状态的标识种类和管理办法，确保不同状态的产品不会混淆。

**2. 适用范围**

本文件适用于对进料、在制品、半成品及成品的检验和试验状态的控制。

**3. 职责**

3.1 质量部负责制定产品检验状态标识的办法，监督检查各执行部门对本程序文件的实施。

3.2 各有关部门（生产车间、仓库等）应熟悉并掌握各类检验状态标识并严格执行。

**4. 作业程序**

4.1 进货物料检验状态标识。

4.1.1 仓管将所收物料放入待检暂存区。

4.1.2 检验合格的物料，在其合适的位置贴上蓝色的"IQC检验合格"标签。

4.1.3 检验不合格，但做特采处理的物料，在其合适的位置上贴橙色"IQC特采接收"标签。

4.1.4 检验不合格，但做"加工/挑选使用"的物料，在其合适位置上贴黄色"加工/挑选使用"标签。

4.1.5 检验不合格做退货处理的物料，在其合适位置上贴红色"IQC退货"标签。

4.2 生产过程中检查或自检发现单个不合格品时，在其相应部位贴红色箭头纸或者将其放在有"不合格品"标识的容器/红色容器中，或者将其放在不合格品区域。

4.3 五金、塑胶车间QC巡检检验状态标识

4.3.1 做好的产品放在机台旁待检。

4.3.2 QC巡检判定的合格批，QC质检员在"半成品标识卡"上盖蓝色"QC巡检合格"章，或者将其放在有"合格"标识的容器中，或者将其放在合格区。

4.3.3 QC巡检判定的不合格批，如果做返工（挑选）处理，则在其上贴黄色"巡检返工（挑选）"标签。

4.3.4 QC巡检判定的不合格批，如果做报废处理，则在其上贴红色"巡检报废"标签。

4.3.5 QC巡检判定的不合格批，如果做让步接收处理，则在其上贴橙色"QC让步接收"标签。

4.4 五金、塑胶车间QA半成品入仓检验状态标识

4.4.1 做好标识的产品放在待检区。QA正在检查中的产品，应挂上"QA正在检查中"标牌。

4.4.2 QA入仓检查判定的合格批，QA质检员在"半成品标识卡"上盖蓝色"QA检查合格"章。

4.4.3 QA入仓检查判定的不合格批，如果做返工（挑选）处理，在其上贴黄色"QA返工（挑选）"标签。

4.4.4 QA入仓检查判定的不合格批，如果做报废处理，在其上贴红色"QA报废"标签。

4.4.5 QA入仓检查判定的不合格批，如果做让步接收处理，在其上贴橙色"QA让步接收"标签。

4.5 装配车间、插件车间检验工序QC检验状态标识。

检验工序QC对产品进行全检，检验状态标识如下。

4.5.1 经QC质检员检验合格的产品，QC质检员在产品上贴"QC PASS"标签或者用铅笔作一标记或者将产品放在合格区域（位置）。

4.5.2 对QC质检员检验不合格的产品，QC质检员在产品的不合格位置贴"坏机纸"标签或者将其放入有"不合格"标识的容器/红色容器中。

4.6 装配车间QA成品入仓检验状态标识。

4.6.1 做好标识的产品放在生产线尾端待检区。QA正在检查中的产品，应挂上"QA正在检查中"标牌。

4.6.2 经QA检验合格的产品，在产品的外箱上贴蓝色"QA PASS"标签。

4.6.3 经QA检验不合格的产品，如果做返工处理，在其上挂黄色"QA返工"标牌，或者贴黄色"QA返工"标签。

4.6.4 经QA检验不合格的产品，如果做报废处理，在其上贴红色"QA报废"标签。

4.6.5 经QA检验不合格的产品，如果做让步接收处理，在其上贴橙色"QA CONCESSION"标签。

4.7 检验状态标识的管理。

4.7.1 合格章应盖在标识卡的相应位置。标牌、标签、坏机纸、标记等检验状态标识均应置于明显而不影响使用的位置，各使用部门或人员应注意保护标识的牢固和完整。

4.7.2 不合格区域应有标明"不合格"的字样。红色容器用来盛装不合格品，用其他颜色的容器盛装不合格品时，应有标明"不合格"的字样。

4.7.3 质量部负责处理各类检验状态标识运行中的问题。

4.7.4 各有关部门严格按照本程序文件的规定保护各类检验状态标识，发现标识不清或无标识的情况，应及时报告质量部。

**5. 支持性文件**
（略）

**6. 记录**
（略）

## 8.5.5 顾客财产管理制度

顾客财产管理制度

**1. 目的**

对顾客的财产进行标识、验证、保护和维护的控制，确保顾客财产的完整性和正确性。

**2. 适用范围**

适用于顾客提供的产品（原材料、零配件、包装材料等）、技术文件（知识产权），以及顾客退回本公司维修的产品的控制和管理。

**3. 职责**

3.1 质量部负责对顾客提供的产品进行验证，负责对顾客退回维修的产品进行检验。

3.2 仓库负责对顾客提供的产品、顾客退回维修的产品进行入库数量点收并做好标识与贮存保护。

3.3 生产技术部（PE）负责对顾客退回维修产品的修理。

3.4 文控中心负责顾客提供的文件的发放、回收、销毁及原稿的保存。

**4. 作业程序**

4.1 顾客提供产品的控制。

4.1.1 顾客提供的产品进厂时，仓库管理员应核对对方的"送货单"，确认品名、规格、数量等无误，包装无损后，将其放置在待检区，并在物料上贴"客供物料标识卡"，然后立即通知 IQC 进行检验工作。

4.1.2　IQC 按照《进货检验和试验控制程序》的规定，对顾客提供的产品进行检验，出具"IQC 检验报告单"。

检验不合格时，应填写"顾客财产异常记录表"，连同"IQC 检验报告单"一起及时反馈给顾客，与顾客协商处理办法。

4.1.3　验收后准予入仓的物料，仓库应将其置于专门的区域存放，并按《产品防护和交付控制程序》的要求，做好产品的储存保管工作。

4.1.4　顾客提供的产品应用于顾客指定的用途，未经顾客书面同意不得挪作他用或者做不适当的处理。

4.1.5　在储存、维护、使用中发现顾客提供的产品有异常现象（丢失、损坏、不适用等）时，应对产品进行隔离和适当标识，并及时开出联络单给质量部。质量部确认事实后，填写"顾客财产异常记录表"，及时反馈给顾客，与顾客协商处理办法，而后按协商的办法对顾客的产品做出处理并记录。

未经顾客同意，不得对顾客提供的产品做出修理、报废等处理。

4.2　顾客退回本公司维修的产品的控制。

4.2.1　维修的退货由营销部运回或者客户送回。营销部将维修的退货送至仓库，仓管员点清品名、数量后，在营销部的"客户产品维修报告单"上签名。营销部将仓管员签名后的"客户产品维修报告单"送至 QE。

4.2.2　仓管员将维修的退货放置在待检区，并在其上贴"客户维修产品标识卡"，然后通知 QE 工程师对退货维修品进行检验。

4.2.3　质量部 QE 工程师对退回维修的产品进行检查，检查的结论及处理意见应填写在"顾客产品维修报告单"上，而后将"顾客产品维修报告单"分发给 PE、营销部、仓库。

如果 QE 工程师在检查中发现产品的损坏是因客户使用不当造成的，QE 工程师应出具联络单给营销部，营销部应就此提醒顾客正确的使用方法以防止再发生。

4.2.4　PE 将顾客退回维修的产品从仓库领出进行修理，修理后的产品需经质检员检验，合格后，贴专用的"顾客产品维修合格"标签。

4.2.5　PE 将合格的修理品送至仓库，仓库通知营销部将修理好的产品送给顾客。

4.2.6　如果发现顾客退回维修的产品丢失、修理不经济等异常问题，相关部门应出具"顾客财产异常记录表"给营销部，由营销部与顾客协商解决办法。

4.3　顾客提供的技术文件的控制。

顾客提供的技术文件的控制参照《文件控制程序》执行。应在每份客供文件上醒目地标识顾客名称。

未经顾客同意，不得向外泄露顾客的技术文件。

**5. 支持性文件**

5.1　《进货检验和试验控制程序》

5.2　《产品防护和交付控制程序》

5.3　《文件控制程序》

**6. 记录**

6.1　顾客财产异常记录表（见表 8.5-2）

6.2　客户产品维修报告单

表 8.5-2　顾客财产异常记录表

| 物品名称 | | 型号规格 | | 数　量 | |
|---|---|---|---|---|---|
| 顾客财产类别 | □顾客提供的物资，用于：_____<br>□顾客退回维修的产品<br>□其他： | | | | |
| 发现部门 | | 发现日期 | | 填表日期 | |

发现问题记录：














签名/日期：

顾客处理意见：













签名/日期：

顾客处理意见的确认：









确认人/日期：

## 8.5.6 4M 变更管理

ISO 9001:2015 在"8.5.6 更改控制"条款中专门就生产和服务提供的更改提出了控制要求。实际上,生产和服务提供的更改的管理,主要就是 4M 变更管理。4M 变更就是:

1)人员(Man)变更,如新员工上岗;
2)设备(Machine)变更,如设备大修;
3)材料(Material)变更,如换了一种新材料,材料厂家变换;
4)方法(Method)变更,如工艺方法改变;
5)环境(Environment)及其他变更,如转厂生产。

变更的效果要进行确认。不同种类的变更由不同的部门进行确认。工艺部门一般对设计更改、工艺更改的效果进行确认。确认的方法包括人员资格认可、首件鉴定、作业准备验证等。在进行确认时,要注意同步更改,如设计更改可能牵涉到工艺文件更改、工装改进,可能影响采购在途件、在制零部件及已发出的产品,等等。表 8.5-3 是某公司的 4M 变更效果确认管理表。

表 8.5-3  4M 变更效果确认管理表

| | 变更项目 | 效果确认方法 | 确认部门 |
|---|---|---|---|
| 人 | 新员工上岗 | 资格认可 | 质量部 |
| | 对产品质量有影响的重要岗位人员变更 | 资格认可 | 质量部 |
| | 临时顶岗 | 采取多能工替代 | 质量部 |
| 机 | 使用新的设备和工装(包括设备更换) | 设备验收、首件鉴定 | 工艺部、设备部等 |
| | 对现有设备、工装进行了重大维修 | 设备验收、首件鉴定 | 工艺部、设备部等 |
| | 模具的更新、修理及改造 | 工装验收、作业准备验证 | 工艺部、工装部等 |
| | 机械加工条件的变更 | 作业准备验证 | 工艺部等 |
| | 人工操作改自动操作 | 设备验收、首件鉴定 | 工艺部、设备部等 |
| | 辅助工装夹具的变更 | 工装验收、作业准备验证 | 工艺部、设备部等 |
| | 设备保养频次变化 | 事前认可 | 工艺部 |
| 料 | 供方材料、材质的变更 | 首件(批)样品检验或者 PPAP 生产件批准 | 质量部等 |
| | 材料厂家的变更 | 首件(批)样品检验或者 PPAP 生产件批准 | 质量部等 |
| | 供方生产线/加工区变更 | 首件(批)样品检验或者 PPAP 生产件批准 | 质量部等 |
| | 供方制造工艺变更 | 首件(批)样品检验或者 PPAP 生产件批准 | 质量部等 |
| | 辅助材料改变(如金属加工油、脱模剂变更) | 事前认可 | 工艺部 |

（续）

| | 变更项目 | 效果确认方法 | 确认部门 |
|---|---|---|---|
| 法 | 初次运行 | 首件鉴定 | 工艺部等 |
| | 生产线换产品 | 首件检验或者作业准备验证 | 工艺部、质量部等 |
| | 作业方法发生了改变（工艺更改） | 首件鉴定或者作业准备验证 | 工艺部等 |
| | 工艺的追加、综合、分散、废止 | 首件鉴定或者作业准备验证 | 工艺部等 |
| | 作业步骤的变更 | 首件鉴定或者作业准备验证 | 工艺部等 |
| | 设计更改 | 首件鉴定或者作业准备验证 | 工艺部等 |
| 其他 | 工厂/加工区的变更 | 首件鉴定 | 工艺部等 |
| | 生产线的变更（A 线生产变成 B 线生产）或删除 | 首件鉴定或者作业准备验证 | 工艺部等 |

注：PPAP（Production Part Approval Process）生产件批准程序、作业准备验证、首件鉴定请参考本书作者所编著的《品管部工作指南》《技术部工作指南》（机械工业出版社）。

# 参考文献

[1] 张智勇. 内审员与管理者代表速查手册[M]. 北京：机械工业出版社，2006.
[2] 张智勇. ISO 9001：2008 内审员实战通用教程[M]. 北京：机械工业出版社，2009.
[3] 张智勇. 品管部工作指南[M]. 北京：机械工业出版社，2012.
[4] 张智勇. ISO 9001：2015 内审员实战通用教程[M]. 北京：机械工业出版社，2016.
[5] 张智勇. 技术部工作指南[M]. 北京：机械工业出版社，2013.